MICHAEL G. MÜLLER

POLEN ZWISCHEN PREUSSEN

UND RUSSLAND

Souveränitätskrise und Reformpolitik 1736—1752

Colloquium Verlag

Berlin 1983

Gedruckt mit Unterstützung der Stiftung Deutsche Klassenlotterie, Berlin.
Die Schriftenreihe der Historischen Kommission zu Berlin erscheint
mit Unterstützung des Senators für Wissenschaft und Forschung, Berlin.

Lektorat der Schriftenreihe
Christian Schädlich

CIP-Kurztitelaufnahme der Deutschen Bibliothek

Müller, Michael G.:
Polen zwischen Preußen und Rußland: Souveräni-
tätskrise u. Reformpolitik 1736—1752 / Michael G.
Müller. — Berlin: Colloquium-Verlag, 1983.
 (Einzelveröffentlichungen der Historischen Kom-
 mission zu Berlin; Bd. 40: Publ. zur Geschichte d.
 dt.-poln. Beziehungen; Bd. 3)
 ISBN 3-7678-0603-7

NE: Historische Kommission ‹ Berlin, West ›: Einzelveröffentlichungen der Historischen Kommission zu Berlin / Publikationen zur Geschichte der
deutsch-polnischen Beziehungen

© 1983 Colloquium Verlag Otto H. Hess, Berlin
Satz und Umbruch: Historische Kommission zu Berlin
Druck: Color-Druck, Berlin
Einband: Schöneberger Buchbinderei, Berlin
Printed in Germany

VORWORT

Dieser Versuch, über bekannte Probleme der Geschichte Polens um die Mitte des 18. Jahrhunderts neu nachzudenken, geht auf die Anfangsjahre meiner Tätigkeit als wissenschaftlicher Mitarbeiter am Frankfurter Seminar für Osteuropäische Geschichte zurück. Das Manuskript wurde 1977 vom Fachbereich Geschichtswissenschaften an der Johann Wolfgang Goethe-Universität als Dissertation angenommen. Herrn Professor Dr. Klaus Zernack, meinem akademischen Lehrer, habe ich nicht nur für die Anregung zur Beschäftigung mit dem Dissertationsthema und für geduldige und engagierte Betreuung während der Ausarbeitung zu danken; vielmehr bin ich ihm auch darin in Dankbarkeit verpflichtet, daß er mich in jenen Jahren in ständigem Gespräch an seiner konzentrierten Beschäftigung mit den Grundfragen der Geschichte der deutsch-polnischen Beziehungen hat teilhaben lassen. Aus dem Bemühen, an diese Überlegungen anzuknüpfen, und im Aufnehmen von Problemstellungen der polnischen Historiographie zum Nachdenken über die Geschichte der deutsch-polnischen Beziehungen in Deutschland beizutragen, soll die vorliegende Arbeit verstanden werden.

Für die Aufnahme der Arbeit in die Reihe der Einzelveröffentlichungen der Historischen Kommission zu Berlin danke ich den Herausgebern. Es war auch die großzügige Förderung seitens der Historischen Kommission, welche die Aufbringung der Kosten für den Druck des Bandes ermöglicht hat. Mein Dank gilt schließlich auch jenen Freunden in Polen und Deutschland, die durch ihren Rat und durch ihre Hilfe zur Fertigstellung der Arbeit beigetragen haben, vor allem Marianne Spohner und Włodzimierz Borodziej.

Da das Manuskript der Arbeit bereits 1980 zum Druck gegeben worden ist, konnten Publikationen jüngeren Datums nicht mehr berücksichtigt werden. Besonders zu bedauern ist dies im Hinblick auf die gewichtige Untersuchung von Zofia Zielińska, *Walka »familii« o re-*

formę Rzeczypospolitej, 1743—1752, Warszawa 1983. Denn die Erörterung etlicher der unten angesprochenen Probleme wird durch diese vorzügliche Studie auf neue Grundlagen gestellt; deren Ergebnisse wären daher komplementär stets zu beachten.

Gießen,   *Michael G. Müller*
im Juni 1983

INHALT

ERSTES KAPITEL

Heeresreform und Bündnisdiplomatie
Polen in der europäischen Mächtepolitik
zwischen 1736 und dem Siebenjährigen Krieg

ZWEITES KAPITEL

Republikanische Verfassung
und »oligarchia magnacka«

DRITTES KAPITEL

Staatliche Modernisierung
und wirtschaftliche Stagnation

FÜR JANY

EINLEITUNG

Betrachtet man die deutsche Geschichtsschreibung der letzten beiden Jahrzehnte, so ist ein Wandel der Sicht auf die Geschichte Polens und der deutsch-polnischen Beziehungen deutlich auszumachen. Auch in den Beurteilungen der Probleme des 18. Jahrhunderts und besonders der Teilungszeit hat sich dieser Einstellungswandel niedergeschlagen.[1] Apologetische Deutungen der Teilungen Polens, wie sie sich in der deutschen Historiographie des 19. und noch des 20. Jahrhunderts beharrlich gehalten hatten, sind inzwischen von verschiedenen Seiten in Frage gestellt worden;[2] und ebenso hat das überkommene negative Urteil über die frühneuzeitliche polnische Republik und ihre Entwicklungsmöglichkeiten eine wesentliche Korrektur erfahren.[3]

[1] Zur Frage der Entwicklung der deutschen Sicht auf die polnische Geschichte des 18. Jahrhunderts und die Teilungen vgl. vor allem Marian Henryk Serejski, *Europa a rozbiory Polski. Studium historiograficzne*, Warszawa 1970; Jerzy Topolski, *Poglądy na rozbiory Polski*, in: *Stosunki polsko-niemieckie w historiografii*, Cz. 1: *Studia z dziejów historiografii polskiej i niemieckiej* (= Studium niemcoznawcze Instytutu Zachodniego, Nr. 25), Poznań 1974, S. 410—515 (dazu ergänzend und in einigen Aspekten kritisch Tadeusz Cegielski, *Poglądy na rozbiory Polski*, in: *Kwartalnik Historyczny*, Bd. 83 [1976], nr. 3, S. 636—642); Klaus Zernack, *Das Jahrtausend deutsch-polnischer Beziehungsgeschichte als geschichtswissenschaftliches Problemfeld und Forschungsaufgabe*, in: Wolfgang H. Fritze/Klaus Zernack (Hrsg.), *Grundfragen der geschichtlichen Beziehungen zwischen Deutschen, Polaben und Polen* (= Einzelveröffentlichungen der Historischen Kommission zu Berlin, Bd. 18, Publikationen zur Geschichte der deutschpolnischen Beziehungen, Bd. 1), Berlin 1976, S. 3—46.

[2] Über neue Tendenzen (aber auch traditionelle Züge) in der deutschen Interpretation J. Topolski, *Poglądy...*, in: *Stosunki polsko-niemieckie...*, S. 500 ff.; Klaus Zernack, *Preußen als Problem der osteuropäischen Geschichte*, in: *Studia Historica Slavo-Germanica*, Bd. 6 (1977), S. 31—48. Zur Interpretation in der aktuellen Preußen-Forschung vgl. Peter Baumgart, *Epochen der preußischen Monarchie im 18. Jahrhundert*, in: *Zeitschrift für Historische Forschung*, Bd. 6 (1979), S. 287—316.

[3] Dies vor allem das Verdienst von Kurt Georg Hausmann, Hans Roos und Jörg K. Hoensch. Vgl. Kurt Georg Hausmann, *Die politischen Begriffe und Wertungen in der polnischen Aufklärung. Zum Selbstverständnis der Polen in ihrer Reformpublizistik am Ende der Adelsrepublik (zweite Hälfte des 18. Jahrhunderts)* [Maschinenschrift], Phil. Diss., Göttingen 1957; Hans Roos, *Der Fall der polnischen Nation und die Idee der*

Dennoch wird man konstatieren müssen, daß sich eine moderne deutsche Forschung zur Geschichte der deutsch-polnischen Beziehungen des 18. Jahrhunderts noch immer in den Anfängen befindet. Denn auch dort, wo bestimmte Grundfragen neu erörtert und beantwortet wurden, mußte es zunächst vor allem darum gehen, bislang nicht wahrgenommene oder programmatisch ausgegrenzte Probleme sichtbar zu machen. So besteht die Bedeutung der (für die deutsche Geschichtswissenschaft in den sechziger und siebziger Jahren gleichsam nachgeholten) Debatte um die »Reformwürdigkeit, die Reformfähigkeit und den Reformwillen« (Jörg K. Hoensch) der polnischen Republik des Aufklärungszeitalters[4] für die an Beziehungsfragen interessierte Forschung wohl vor allem darin, daß sie weiterführende Fragestellungen vorbereitet und angeregt hat. Auf dieser zweiten Ebene aber ist der Dialog mit der produktiven, von jeher stärker auf die Beziehungsaspekte eingestellten polnischen Forschung über das 18. Jahrhundert erst im Entstehen begriffen.[5]

Dies gilt unter anderem in bezug auf die vielfältigen Probleme, die mit der Vorgeschichte der Teilungen, das heißt mit dem »Niedergang« der polnischen Republik seit der Wende des 17. Jahrhunderts und den Voraussetzungen für die Entstehung der Teilungskonstellation, ver-

---

Demokratie [Maschinenschrift], Habil.Schr., Tübingen 1961 (leider ungedruckt und auch als Manuskript im Leihverkehr der Bibliotheken nicht zugänglich); ders., *Der Adel der polnischen Republik im vorrevolutionären Europa*, in: *Der Adel vor der Revolution*, Göttingen 1971, S. 41—76; ders., *Ständewesen und parlamentarische Verfassung in Polen (1505—1772)*, in: Dietrich Gerhard (Hrsg.), *Ständische Vertretungen in Europa im 17. und 18. Jahrhundert*, Göttingen 1969, S. 310—367; Jörg K. Hoensch, *Sozialverfassung und politische Reform. Polen im vorrevolutionären Zeitalter* (= Beiträge zur Geschichte Osteuropas, Bd. 9), Köln-Wien 1973. — In diesem Zusammenhang aber auch Klaus Zernack, *Stanislaus August Poniatowski. Probleme einer politischen Biographie*, in: *Jahrbücher für Geschichte Osteuropas*, N.F., Bd. 15 (1967), H. 3, S. 371—392, sowie Hermann Vahle, *Die polnische Verfassung vom 3. Mai 1791 im zeitgenössischen deutschen Urteil*, in: *Jahrbücher für Geschichte Osteuropas*, N.F., Bd. 19 (1971), H. 3, S. 347—370.

[4] Siehe vorige Anm.

[5] Konstruktive Beiträge zu einem solchen Dialog haben jüngst zwei Tagungen polnischer und deutscher Historiker in Berlin (1979) und Münster (1980) geleistet; vgl. *Polen und die polnische Frage in der Geschichte der Hohenzollernmonarchie* (= Jahrbuch für die Geschichte Mittel- und Ostdeutschlands, Bd. 30, 1981), Berlin 1981, auch erschienen als Bd. 33 der Einzelveröffentlichungen der Historischen Kommission zu Berlin, Berlin 1982, sowie zuletzt *Reformen im Bereich des politischen Lebens, der Verfassung und der Bildung in Polen und Deutschland im Zeitalter der Aufklärung* (= Schriftenreihe des Georg-Eckert-Instituts für internationale Schulbuchforschung, Bd. 22/4), Braunschweig 1982.

knüpft sind.[6] Die außerpolnische Geschichtsschreibung — und dabei
auch die deutsche Forschung — hat sich in der Frage der Periodisierung
dieser Vorgeschichte bis heute meist an der konventionellen Epochengrenze von 1764 orientiert. Sie unterscheidet eine Epoche des kontinu-
ierlichen inneren Verfalls der Adelsrepublik bis zum Ende der »Sachsenzeit« von einer Epoche der aufgeklärten Reformbemühungen seit
der Wahl Stanisław August Poniatowskis; und sie betrachtet die zu den
Teilungen führende mächtepolitische Entwicklung im wesentlichen als
eine Entwicklung der zweiten Epoche, nämlich als eine Folge des inneren Verfalls der Republik, der auch durch den »geistigen Umbruch« um
die Jahrhundertmitte und die daraus resultierenden Reformanstren-
gungen nicht mehr rechtzeitig habe aufgehalten werden können.[7] In der
polnischen Forschung ist die universelle Bedeutung der Epochengrenze
von 1764 dagegen schon seit langem durchaus umstritten. Neben den
Symptomen für wesentliche Veränderungen um die Mitte des Jahrhunderts treten hier die langfristigen, über die stanislaische Zeit zurückrei-
chenden Prozesse der inneren Entwicklung wie der äußeren Lageverän-
derung deutlicher hervor. Dabei scheint sich namentlich in der neueren
Literatur eine — zumindest partielle — Revision des historiographischen Urteils über die Entwicklung von Gesellschaft und Staat in der
ersten Jahrhunderthälfte abzuzeichnen.[8]

[6] Dazu von deutscher Seite in den letzten Jahren nur Jörg K. Hoensch, *Der Streit um
den polnischen Generalzoll 1764—1766. Zur Rolle Preußens und Rußlands beim Scheitern
der Finanzreform Stanisław Augusts*, in: *Jahrbücher für Geschichte Osteuropas*, N.F., Bd.
18 (1970), H. 3, S. 355—388; sowie Klaus Zernack, *Negative Polenpolitik als Grundlage
deutsch-russischer Diplomatie in der Mächtepolitik des 18. Jahrhunderts*, in: Uwe Liszkowski (Hrsg.), *Rußland und Deutschland. Festschrift Georg von Rauch* (= Kieler Historische Studien, Bd. 22), Stuttgart 1974, S. 144—159; vgl. auch ders., *Das Zeitalter der
nordischen Kriege als frühneuzeitliche Geschichtsepoche*, in: *Zeitschrift für Historische
Forschung*, Bd. 1 (1974), H. 1, S. 55—79.

[7] In der Periodisierung der mächtepolitischen Entwicklung so etwa Herbert H.
Kaplan, *The First Partition of Poland*, New York-London 1962, sowie David Stone,
Polish Politics and National Reform 1775—1788, New York 1976; in der neueren
deutschen Literatur vgl. Friedhelm B. Kaiser/Bernhard Stasiewski (Hrsg.), *Die erste
polnische Teilung* (= Studien zur Geschichte des Deutschtums im Osten, Bd. 10),
Köln-Wien 1974. — In bezug auf die »innere« Entwicklung der Adelsrepublik wird die
Signifikanz der Epochengrenze von 1764 — als Beginn der Ära aufgeklärten Denkens
— auch bei K. G. Hausmann, *Die politischen Begriffe...*, und J. K. Hoensch, *Sozialverfassung und politische Reform...*, nicht grundsätzlich in Frage gestellt.

[8] Dieser Wandel des Epochenbildes hat seinen Niederschlag nicht zuletzt in den
(unterschiedlichen) Periodisierungskonzepten der drei neuen, zwischen 1975 und 1979
erschienenen Gesamtdarstellungen der polnischen Geschichte gefunden (Jerzy Topolski [Hrsg.], *Dzieje Polski*, Warszawa 1975, 2. Aufl. 1978; Janusz Tazbir [Hrsg.],

Besonders zwei Denkrichtungen einer solchen Reinterpretation lassen sich klar erkennen. Es ist zum einen die Reflexion auf die bereits vor 1764 sichtbaren Ansätze zu jenen Entwicklungen in Richtung auf Modernisierung, welche gegen Ende des Jahrhunderts zum Durchbruch gelangten. In diesen Zusammenhang gehört nicht nur die Beachtung der Anfänge des aufgeklärten Reformdenkens lange vor der Mitte des 18. Jahrhunderts, deren konstruktive Wirkung bereits Władysław Konopczyński aufgezeigt hat.[9] Vielmehr konnten auch im wirtschaftlichen Bereich früher einsetzende Tendenzen zu Konsolidierung und neuer Dynamisierung nach den großen krisenhaften Einbrüchen im 17. und am Beginn des 18. Jahrhunderts nachgewiesen werden;[10] und nicht

Zarys historii Polski, Warszawa 1979; Józef Andrzej Gierowski, *Historia Polski, 1505—1864*, 2 Bde, Warszawa 1978); vgl. dazu Stanisław Russocki, *Nad periodyzacją dziejów Polski*, in: *Przegląd Humanistyczny*, Bd. 24 (1980), H. 1, S. 1—17. — Zu den neueren Forschungstendenzen in bezug auf die Sachsenzeit vgl. die programmatischen Aufsätze von Józef Andrzej Gierowski, *U źródeł polskiego Oświecenia*, in: Andrzej Zahorski (Hrsg.), *Wiek XVIII. Polska i świat* (Festschrift B. Leśnodorski), Warszawa 1974, S. 41—50, und Jacek Staszewski, *Absolutyzm oświecony a Polska XVIII stulecia*, in: *Zeszyty naukowe uniwersytetu Łódzkiego. Nauki humanistyczno-społeczne*, Seria 1, zesz. 48 (1979), S. 33—48 (mit konstruktiven Überlegungen zu einer vergleichenden, an Kategorien der Modernisierungsforschung orientierten Betrachtung des 18. Jahrhunderts); sowie den instruktiven Literaturüberblick bei J. A. Gierowski, *Historia Polski...*, Bd. 1, S. 242—265.

[9] Zur Aktualität der Forschungen Konopczyńskis auf diesem Gebiet Józef Andrzej Gierowski, *Władysław Konopczyński jako badacz czasów saskich*, in: *Studia Historyczne*, Bd. 22 (1979), H. 1 (84), S. 71—74. — Die Diskussion um die Periodisierung der Geschichte der Aufklärung in Polen ausführlich nachgezeichnet bei Zdzisław Libera, *Problemy polskiego Oświecenia. Kultura i styl*, Warszawa 1969; vgl. auch Bogusław Leśnodorski, *Le siècle des Lumières en Pologne. L'état des recherches dans le domaine de l'histoire politique, des institutions et des idées*, in: *Acta Poloniae Historica*, Bd. 4 (1961), S. 147—174; und Ryszard W. Wołoszynski/Andrzej Woltanowski, *Recherches sur le Siècle des Lumières en Pologne de 1961 à 1968*, in: *Acta Poloniae Historica*, Bd. 21 (1970), S. 141—175.

[10] Über die ökonomischen Trends im 18. Jahrhundert und ihre Beurteilung in der neueren Forschung vgl. zum Problemüberblick Witold Kula, *L'Histoire économique de la Pologne du dix-huitième siècle*, in: *Acta Poloniae Historica*, Bd. 4 (1961), S. 133—146; ders., *Sur les transformations économiques de la Pologne au dix-huitième siècle*, in: *Annales. Histoire de la Révolution Française*, Bd. 36 (1964), H. 3, S. 261—277; Andrzej Wyczański, *Polska — Rzeczą pospolitą szlachecką 1454—1764*, Warszawa 1965, S. 307 ff.; Jerzy Topolski, *Gospodarka Polski w XVIII wieku na tle europejskim*, in: *Pamiętnik X powszechnego zjazdu historyków polskich w Lublinie*, Bd. 3, Warszawa 1971, S. 457—487; ders., *Gospodarka*, in: Bogusław Leśnodorski (Hrsg.), *Polska w epoce Oświecenia. Państwo, społeczeństwo, kultura*, Warszawa 1971, S. 171—211; ders., *A propos de la conception d'un modèle de l'histoire économique de la Pologne (XVIe—*

zuletzt die kulturelle Entwicklung der ersten Jahrhunderthälfte scheint in mancher Beziehung auf die veränderten Lebens- und Denkweisen des Aufklärungszeitalters vorauszuweisen.[11]

Neben solche Überlegungen zur inneren Regeneration der Adelspublik aber tritt als zweite, komplementäre Denkrichtung in der neueren Beurteilung der Sachsenzeit die Reflexion auf die Kontinuität der äußeren, mächtepolitischen Krise seit dem großen Nordischen Krieg.[12] Hier hat die Auffassung der älteren Forschung, nach der die polnische Republik noch in der ersten Hälfte des 18. Jahrhunderts zumindest potentiell über einen gewissen Handlungsspielraum für eine von den Nachbarstaaten unabhängige Außenpolitik verfügt hatte, keine Bestätigung durch die polnische Forschung der Nachkriegszeit gefunden. Es ist vielmehr deutlich geworden, daß die »negative Polenpolitik« der künftigen Teilungsmächte, wie sie sich in der Folge des Nordischen

XVIIIe s.), in: *Studia Historiae Oeconomicae,* Bd. 13 (1978), S. 3—18; zu den methodischen Problemen besonders auch ders. u.a. (Hrsg.), *Badania nad historią gospodarczospołeczną w Polsce. Problemy i metody* (= Badania z dziejów społecznych i gospodarczych, Bd. 56), Poznań 1978. — Über die Anfänge wirtschaftlichen Reformdenkens Janina Bierniarżówna, *Projekty reform magnackich w połowie XVIII wieku. Nowe dążenia ekonomiczne,* in: *Przegląd Historyczny,* Bd. 42 (1951), S. 304—330.

[11] Bemerkenswert in diesem Zusammenhang die intensive Diskussion der neueren Forschung um Fragen der Adelskultur im 17. und 18. Jahrhundert; vgl. dazu zuletzt die Sammelbände *Tradycje szlacheckie w kulturze polskiej.* Warszawa 1976; Jerzy Wojtowicz/Jerzy Serczyk (Hrsg.), *Narodziny i rozwój nowoczesnej kultury polskiej,* Wrocław usw. 1976; Józef Andrzej Gierowski (Hrsg.), *Dzieje kultury politycznej w Polsce,* Warszawa 1977. — Zum Stand der Forschung über die Entstehung einer politisch-kulturellen »Öffentlichkeit« sowie über die Entwicklung von Bildung, Wissenschaft und Kunst in der Sachsenzeit vgl. die Hinweise bei J. A. Gierowski, *Historia Polski...,* S. 254 ff.

[12] Im Blick auf die gesamte Epoche Józef Andrzej Gierowski, *Sytuacja międzynarodowa Polski w czasach saskich,* in: *Pamiętnik VIII powszechnego zjazdu historyków polskich w Krakowie,* Bd. 1,1, Warszawa 1958, S. 191—205; sowie Emanuel Rostworowski, *Polska w układzie sił politycznych Europy XVIII wieku,* in: B. Leśnodorski (Hrsg.), *Polska w epoce Oświecenia...,* S. 11—59. Sehr genau herausgearbeitet in der neueren Forschung die Wende des großen Nordischen Kriegs (vgl. vor allem Józef Andrzej Gierowski, *W cieniu ligi północnej,* Wrocław 1971; Jacek Staszewski, *O miejsce w Europie. Stosunki Polski i Saksonii z Francją na przełomie XVII i XVIII wieku,* Warszawa 1973), die mächtepolitischen Abläufe des vorletzten Interregnums (Emanuel Rostworowski, *O polską koronę. Polityka Francji w latach 1725—1733,* Wrocław 1958), aber auch die »längere« Vorgeschichte der ersten Teilung (vor allem Emanuel Rostworowski, *Ostatni król Rzeczypospolitej,* Warszawa 1966; ders., *Podbój Śląska przez Prusy a pierwszy rozbiór Polski,* in: *Przegląd Historyczny,* Bd. 63 [1972], S. 389—412).

Krieges als mächtepolitisches Prinzip einspielte, spätestens seit dem vorletzten Interregnum keinen Raum mehr für alternative Orientierungen beließ. So stellt sich aus dieser Sicht das ganze 18. Jahrhundert als die Epoche der »Souveränitätskrise« (Emanuel Rostworowski) Polens dar, in der sich nicht nur die Teilungskonstellation gleichsam in eigener mächtepolitischer Dynamik langfristig anbahnte, sondern auch die innere politische Entwicklung der Republik durch die fortschreitende äußere Einengung von Anfang an überschattet war.[13]

Die Faktoren, deren Zusammenwirken zum »Niedergang« Polens und letztlich zur Entstehung der Teilungssituation führte, erscheinen mithin in einer anderen Konstellation als sie in den skizzierten herkömmlichen Interpretationen des Teilungsproblems vorausgesetzt wurde. Innere und äußere Einflüsse wären in bezug auf die Sachsenzeit demnach neu gegeneinander zu gewichten, und es wäre — darin besteht eine spezifische Aufgabenstellung auch für die Forschung zur Geschichte der deutsch-polnischen Beziehungen — genauer zu überprüfen, inwieweit der äußere »Souveränitätsverlust« bereits in der ersten Hälfte des 18. Jahrhunderts ein dominanter Faktor der Beeinträchtigung in der politischen Entwicklung der polnischen Republik war. Die nachfolgenden Überlegungen, die die Heeresreformversuche der polnischen Reichstage in der Zeit Augusts III., oder genauer: die Ursachen für das Scheitern dieser ersten größeren Reforminitiative zum Gegenstand haben,[14] soll auf die Beantwortung dieser Frage, oder doch zumindest auf ihre historiographische Präzisierung hinführen.

---

[13] Instruktiv in diesem Zusammenhang auch die einleitenden Überlegungen bei Emanuel Rostworowski, *Czasy saskie i Oświecenie*, in: J. Tazbir (Hrsg.), *Zarys...*, S. 295—370, hier S. 296 ff. Gründliche Auseinandersetzung mit der deutschen und der polnischen Forschung bei K. Zernack, *Negative Polenpolitik...*, in: U. Liszkowski (Hrsg.), *Rußland und Deutschland...*, passim; sowie ders., *Preußen und Polen in der europäischen Mächtepolitik 1701—1763*, in: *Polen und die polnische Frage...*, S. 1—20.

[14] Die politische Geschichte Polens in der Zeit Augusts III. und — in diesem Zusammenhang — die Geschichte der Auseinandersetzungen um eine Heeresreform auf den Reichstagen der 1730er und 1740er Jahre ist auch von polnischer Seite in der neueren Forschung wenig beachtet worden. Speziell zur Frage der Reformbestrebungen jener Jahrzehnte maßgeblich noch immer vor allem die Arbeiten von Władysław Konopczyński; daneben Mieczysław Skibiński, *Europa a Polska w dobie wojny o sukcesyę austryacką w latach 1740—1745*, Bd. 1—2, Kraków 1913; in neuerer Zeit Hieronim Krawczak, *Sprawa aukcji wojska na sejmach za panowania Augusta III.*, in: *Studia i materiały do historii wojskowości*, Bd. 7, T. 2, Warszawa 1961, S. 3—44. (Zu dem Buch von Skibiński vgl. auch den sehr kritischen Rezensionsartikel von Władysław Konopczyński in *Kwartalnik Historyczny*, Bd. 28 [1914], S. 227—254.)

»Schatz und Heer« *(skarb i wojsko)* standen im Mittelpunkt einer intensivierten Reformdiskussion seit der militärischen Katastrophe des großen Nordischen Krieges. Die Kriegsmacht der Adelsrepublik, die unter Jan III. Sobieski noch 1683 vor Wien erfolgreich gewesen war, hatte die Verteidigung des eigenen Landes kaum zwei Jahrzehnte später nicht mehr zu gewährleisten vermocht. Sie hatte weder der schwedischen Invasion von 1701 bis 1709 widerstanden, noch war sie im Bürgerkrieg von 1715/16, im Kampf der Konföderation von Tarnogród mit Sachsen und Russen, erfolgreich zu mobilisieren gewesen. Aber auch in der Folge des Krieges war es nicht zu einer den Erfordernissen der modernen Kriegführung entsprechenden Verbesserung der polnischen Wehrverfassung gekommen; der »Stumme Reichstag« des Jahres 1717 hatte vielmehr eine drastische Reduktion des stehenden Heeres beschlossen und damit gleichsam die Demilitarisierung der Adelsrepublik besiegelt.[15]

Dieser rapide Verfall der militärischen Macht Polens, wie er nach 1701 offenbar wurde, hatte komplexe Ursachen. Sie sind sowohl in der bereits um die Mitte des 17. Jahrhunderts manifesten Strukturschwäche des adelsrepublikanischen Staats zu suchen als auch in den unmittelbaren Auswirkungen der Krise des Nordischen Krieges selbst. Unbestritten ist in der Forschung zunächst, daß Polen militärisch schon vor dem großen Nordischen Krieg nur mehr zu den Mächten zweiten Ranges gehörte. Während alle bedeutenderen Staaten West- und Mitteleuropas spätestens nach dem Dreißigjährigen Krieg die fiskalischen und militärorganisatorischen Voraussetzungen für den Aufbau großer stehender

---

[15] Zur Geschichte des polnischen Heerwesens im 17. und 18. Jahrhundert allgemein — neben den noch immer wertvollen Gesamtdarstellungen von Tadeusz Korzon und Konstanty Górski — Marian Kukiel, *Zarys historji wojskowości w Polsce*, 3. Aufl., Kraków 1929, S. 89 ff.; Andrzej F. Grabski u. a., *Zarys dziejów wojskowości polskiej do roku 1864*, Bd. 2: *1648—1864*, Warszawa 1966; vgl. auch Stanisław Herbst, *Les problèmes de l'armée polonaise et de l'art militaire au XVIIIᵉ siècle*, in: *Acta Poloniae Historica*, Bd. 3 (1960), S. 33—48 (mit Schwerpunkt auf der zweiten Hälfte des 18. Jahrhunderts); sowie vor allem die einleitenden Kapitel bei Emanuel Rostworowski, *Sprawa aukcji wojska na tle sytuacji politycznej przed Sejmem Czteroletnim*, Warszawa 1957, S. 11—76 (mit gründlicher Erörterung der polnischen Militärdoktrin auf dem Hintergrund der zeitgenössischen europäischen Diskussion). — Über die Entwicklung des polnischen Heerwesens vor und während des großen Nordischen Kriegs sowie über die Militärreform des »Stummen Reichstags« im einzelnen Jan Wimmer, *Wojska polskie w drugiej połowie XVII wieku*, Warszawa 1965; ders., *Wojsko Rzeczypospolitej w dobie wojny północnej (1700—1717)*, Warszawa 1956; Michał Nycz, *Geneza reform skarbowych sejmu niemego. Studium z dziejów skarbowo-wojskowych z lat 1697—1717*, Poznań 1938.

Heere geschaffen hatten, waren die polnischen Söldnertruppen noch
nach dem Türkenkrieg Jan Sobieskis aus Mangel an ausreichenden
Staatseinnahmen fast vollständig demobilisiert worden, und der
Reichstag von 1699 hatte auch im Rahmen des stark verringerten neuen
Heeresetats *(komput)* keine »ständige Bezahlung« *(stała płaca)*, das
heißt, keine unbefristet geltenden und jährlich neu zu erhebenden Steuern für den Heeresunterhalt festsetzen können. Als wenig später der
große europäische Krieg zum Ausbruch kam, fehlte es Polen mithin an
der wichtigsten Voraussetzung für militärischen Erfolg — nämlich an
ausreichenden Geldquellen zur Finanzierung jener aufwendigen, mit
großen Söldnerheeren ausgeführten Feldzüge, welche in der Kriegführung des 18. Jahrhunderts bestimmend waren. Zwar erschien das erneut
rasch erweiterte polnische Feldheer dem schwedischen Gegner bei
Kriegsbeginn annähernd ebenbürtig; doch es sollte sehr bald offenbar
werden, daß der Staatsschatz die außerordentlich rasch wachsenden Belastungen eines längeren Verteidigungskrieges nicht decken konnte.[16]

Freilich ist das Ausmaß des militärischen Debakels im Nordischen
Krieg, namentlich der rasche Zusammenbruch der polnischen Verteidigung gegen die schwedische Invasion, durch die Mängel der polnischen
Wehrverfassung allein nicht hinreichend erklärt. Offenbar trugen auch
andere, und zwar politische Faktoren zur Entstehung einer Situation
bei, in der die relative militärische Unterlegenheit der Adelsrepublik in
beinahe vollständige Handlungsunfähigkeit gegenüber dem Angriff von
außen umschlagen konnte. Gemeint ist der Konflikt zwischen Krone
und Republik, »inter maiestatem ac libertatem«, der die gesamte Regierungszeit Augusts des Starken überschattete, im Verlauf des Krieges
aber bis zum offenen Kampf zwischen den Parteiungen sich auswei-
tete.[17] Der Krieg um die polnische Krone — Schwedens Angriff auf das

---

[16] Die Ursachen und die Symptome jener Entwicklung der Militärverfassung, welche
Polen im Verlauf des 17. Jahrhunderts in einen Rückstand gegenüber den anderen
europäischen Mächten hatte geraten lassen, genau analysiert bei J. Wimmer, *Wojska
polskie...*, passim; über die militärischen Kräfteverhältnisse bei Ausbruch des Nordischen Kriegs ders., *Wojsko Rzeczypospolitej...*, S. 38 ff. Die u. a. von M. Kukiel (*Zarys
historji wojskowości...*, S. 138) vertretene Auffassung, derzufolge Polens Kriegsmacht
erst nach Sobieskis Feldzug vor Wien in eine strukturelle Krise geriet, kann durch
Wimmer als widerlegt gelten.

[17] Die Verflechtungen von innerer und äußerer Krise sind inzwischen präzise rekonstruierbar aufgrund der Arbeiten von Józef Andrzej Gierowski, *Między saskim absolutyzmem a złotą wolnością. Z dziejów wewnętrznych Rzeczypospolitej 1712—1715*, Wrocław 1953; ders., *Traktat pryjaźni Polski z Francją z 1714 r.*, Warszawa 1965; ders., *W
cieniu...*; vgl. auch Andrzej Kamiński, *Konfederacja sandomierska wobec Rosji po trak-

wettinische Königtum, die Inthronisierung Stanisław Leszczyńskis durch die siegreichen Interventen und endlich der durch Rußland unterstützte Kampf Augusts II. um die Restitution seiner Königsmacht in Polen — erhielt die Adelsrepublik im Zustand auch der inneren Spaltung, und das Gegeneinander von Fraktionen und Konföderationen verhinderte letztlich eine wirksame Zusammenfassung der Kräfte zugunsten der äußeren Verteidigung. Bereits 1702, in der Entscheidungsschlacht von Kliszów gegen das schwedische Invasionsheer, wurden die Wirkungen der Krise im Mißerfolg der sächsisch-polnischen militärischen Kooperation offenbar.[18] Vollends aber kam es 1704 mit der Entstehung der konkurrierenden Konföderationen von Sandomierz und Warschau zu jener innenpolitischen Polarisierung, welche bis 1717, in ihren verfassungspolitischen Folgen aber auch noch weit darüber hinaus, krisenhaft wirksam bleiben sollte.

So blieb die polnische Adelsrepublik für die Dauer des Nordischen Krieges faktisch ohne effektiven militärischen Schutz; und mehr noch: Die Tatsache, daß das Übergreifen der Kriegsereignisse auf Polen und deren verheerende Auswirkungen auf das Land nicht hatten abgewendet werden können, mußte nun auch die politischen und materiellen Möglichkeiten künftiger Reforminitiativen in Frage stellen. Für einenhalb Jahrzehnte wurde Polen gewissermaßen zum offenen Terrain für die militärischen Operationen der kriegführenden Mächte; große Teile des Landes fielen Zerstörungen anheim, deren Ausmaße denen des »Potop«, der »Sintflut« des 17. Jahrhunderts, gleichkamen;[19] und der durch Rußlands Intervention schließlich erzwungene innenpolitische Kompromiß von 1716/17 konnte auch für die Folgezeit keine Einheit zwischen Krone und Republik in der Perspektive möglicher Reformpolitik herstellen. Wenn der »Stumme Reichstag« von 1717 also eine weitere Verringerung des stehenden Heeres beschloß, so geschah dies nicht nur aufgrund des russischen Diktats, sondern auch in der zwingenden Konsequenz der akuten und universellen Krise des adelsrepublikanischen Staats.[20] Nachdem sich die Beschlüsse zur Heeresvermehrung des

---

tacie altransztadzkim 1706—1709, Wrocław 1969; sowie Johannes Kalisch/Józef Gierowski (Hrsg.), *Um die polnische Krone. Sachsen und Polen während des Nordischen Krieges 1700—1721,* Berlin [Ost] 1962; zusammenfassend Józef Andrzej Gierowski, *Polska, Saksonia i plany absolutystyczne Augusta II,* in: B. Leśnodorski (Hrsg.), *Polska w epoce Oświecenia...,* S. 60—105.

[18] So die Deutung von M. Kukiel, *Zarys historji wojskowości...,* S. 140.

[19] Zur Frage der Kriegszerstörungen und ihrer Folgen siehe unten, Kap. III.

[20] Vgl. M. Nycz, *Geneza reform skarbowych...,* S. 188 ff.

Kriegsreichstags von 1703 ebensowenig hatten verwirklichen lassen wie
die des Warschauer Rats von 1710,[21] reduzierte der neue *komput* von
1717 die Kriegsmacht der Republik nunmehr auf ein Maß, das dem realen Steuerpotential in der aktuellen Notlage, zugleich aber dem gegenseitigen Sicherheitsinteresse von König, Republik und äußerer Schutz-
macht, Rußland, zu entsprechen schien.

Diese Heeres- und Steuerbeschlüsse des »Stummen Reichstags«, welche, obgleich eigentlich ein Provisorium der Krisenzeit, *de facto* für ein
halbes Jahrhundert in Geltung blieben und welche nun den — gleichsam
negativen — Ausgangspunkt für die Reformbestrebungen der folgenden Jahrzehnte bildete sollten, sind in der Historiographie unterschiedlich bewertet worden. Einigkeit herrscht in der militärgeschichtlichen
Forschung darüber, daß die 1717 festgeschriebene Wehrverfassung in
ihrer Verbindung von Allgemeinem Aufgebot und kleinem stehenden
Heer auf lange Sicht weder den realen wirtschaftlichen und demographischen Möglichkeiten der Adelsrepublik noch den Erfordernissen der
modernen Kriegführung angemessen war. Dagegen ist die in der Literatur gelegentlich vertretene Auffassung, die Beschlüsse von 1717 seien
vor allem als ein Ausdruck des gegenüber der Krise blinden altsarmatischen ‚Antimilitarismus‘ und der standesegoistischen Modernisierungs-
feindlichkeit der Szlachta zu interpretieren, aus guten Gründen nicht
unumstritten.[22] Es bedarf hier einer differenzierten Betrachtung der besonderen Züge dieser Wehrverfassung, um sie auf dem Hintergrund ihrer Entstehungsvoraussetzungen, aber auch auf dem Hintergrund der
zeitgleichen Entwicklung in anderen europäischen Staaten richtig zu
beurteilen.[23]

---

[21] Zu den Reformversuchen der Kriegszeit ausführlich J. Wimmer, *Wojsko Rzeczypospolitej*, S. 242 ff., sowie M. Nycz, *Geneza reform skarbowych…*, S. 150 ff. Die 1703
und 1710 beschlossenen zusätzlichen Steuern hatten nur einen Bruchteil der erwarteten
Mehreinnahmen erbracht.

[22] Vgl. die vorsichtige Beurteilung der Motive für die Beschlüsse von 1717 bei E.
Rostworowski, *Sprawa aukcji wojska…*, S. 27, aber auch bei M. Nycz, *Geneza reform
skarbowych…*, S. 209 ff.; dezidierter negativ dagegen zuletzt J. K. Hoensch, *Sozialverfassung und politische Reform…*, S. 427 f.

[23] Schwierigkeiten bereitet ein Vergleich mit anderen Staaten insofern, als sich das
gesamte europäische Militärwesen an der Wende vom 17. zum 18. Jahrhundert in einer
Phase der Krise und des Umbruchs befand. Aus den beiden großen Kriegen der Jahrhundertwende, dem Spanischen Erbfolgekrieg und dem großen Nordischen Krieg, waren
alle beteiligten Mächte militärisch extrem geschwächt und wirtschaftlich erschüttert
hervorgegangen; die Erfolge aber, welche zur Jahrhundertmitte auf dem Gebiet der
Heeresfinanzierung, der Rekrutierung und der quantitativen und qualitativen Aufrü-

Das Verdikt des Anachronismus scheint am eindeutigsten auf die Institution des Allgemeinen Aufgebots als — zumindest nominelle — Grundlage auch der neuen Wehrverfassung zuzutreffen. Die Verpflichtung der Szlachta zur Heerfolge im Rahmen des *pospolite ruszenie* wurde 1717 »gemäß den Bestimmungen der Gesetze ... und besonders der Konstitutionen der Jahre 1621, 1634 und 1676« erneut ausdrücklich bestätigt,[24] obgleich das Aufgebot im Kampf gegen äußere Feinde der Republik schon nach 1657 nicht mehr in Erscheinung getreten war. Tatsächlich hatte das Allgemeine Aufgebot nicht nur durch den Wandel von Strategie und Taktik in der neuzeitlichen Kriegführung seine frühere Bedeutung verloren, sondern auch und vor allem aufgrund der Schwerfälligkeit der Prozedur seiner Einberufung sowie der rechtlichen Beschränkungen seines Einsatzes im Kriege. So kam weder 1702/03, im Nordischen Krieg, noch 1733, bei Ausbruch des polnischen Thronfolgekrieges, auch nur der zur Berufung des Aufgebots erforderliche Reichstagsbeschluß zustande; und auch die durch die Konstitution von 1621 vorgeschriebenen Musterungen durch die Wojewoden hatten schon in der zweiten Hälfte des 17. Jahrhunderts jeweils nicht wesentlich mehr als 10 000 Mann registrieren können und waren seit dem Beginn des 18. Jahrhunderts ganz unterblieben.[25] Die Beibehaltung des *pospolite ruszenie* als Bestandteil der neuen Wehrverfassung von 1717 mußte daher zunächst als eine eher politisch denn im eigentlichen Sinn

stung zu verzeichnen waren, hatten auch die führenden Staaten meist nur um den Preis schwerer struktureller Krisen zu erzielen vermocht. Vgl. dazu die aufschlußreichen Angaben über England, Frankreich, Österreich und die Niederlande bei P. G. M. Dickson/John Sperling, *War Finance, 1689—1714*, in: *The New Cambridge Modern History*, Bd. 6, Cambridge 1970, S. 284—315; sowie den Sammelband Béla K. Király/Gunther E. Rothenberg (Hrsg.), *War and Society in East Central Europe*, Bd. 1: *Special Topics and Generalizations on the 18th and 19th Centuries*, New York 1979; noch immer wichtig aber auch die vergleichenden Betrachtungen bei Hans Delbrück, *Geschichte der Kriegskunst im Rahmen der politischen Geschichte*, Teil 4: *Neuzeit*, Berlin 1962 (Nachdruck der Ausg. von 1920), S. 255 ff. (mit nüchterner Erörterung der Modernisierungsleistungen der einzelnen Staaten im 18. Jahrhundert und Kritik an der Überschätzung der Erfolge namentlich der preußischen Militärpolitik). Wenig ergiebig erscheint es jedenfalls, den polnischen *komput* von 1717 an den stehenden Heeren der europäischen Staaten um die Mitte des 18. Jahrhunderts oder auch an deren Kriegsstärke am Jahrhundertanfang zu messen.

[24] *Volumina legum*, Bd. 6, S. 279; die analogen Bestimmungen der Konstitution von 1736 *a.a.O.*, S. 657 f.

[25] Zur Entwicklung der Institution des *Pospolite ruszenie* seit dem 17. Jahrhundert vgl. A. F. Grabski u. a., *Zarys dziejów wojskowości...*, Bd. 2, S. 26 f.

militärisch motivierte Entscheidung gelten: Sie legitimierte vordergründig die Begrenzung des stehenden Heeres (und damit der Steuerlasten), und sie betonte zugleich die auch militärische Autonomie der Adelsnation gegenüber dem König.

Dies bedeutet jedoch nicht, daß die — auch in der Reformdiskussion der folgenden Jahrzehnte keineswegs aufgegebene — Vorstellung einer Reaktivierung des Allgemeinen Aufgebots unter militärischen Gesichtspunkten schlechthin abwegig gewesen sei. Wie das Beispiel Ungarns lehrt, rekurrierten auch andere Staaten noch im 18. Jahrhundert auf diese Form der Landesverteidigung.[26] In Ungarn erwirkten die Habsburger nach dem Spanischen Erbfolgekrieg die Wiederherstellung des Adelsaufgebots, um das stehende Heer des Landes, dessen Unterhalt von der Steuerbewilligung durch den ungarischen Reichstag abhing, ohne zusätzliche Aufwendung durch Adelskontingente zu verstärken. Das durch die Krone inspirierte Heeresgesetz des Reichstags von 1715 verpflichtete unter anderem den Adel im Kriegsfall zum Dienst in der *insurrectio;* und die auf dieser Grundlage aufgestellten Einheiten kamen etwa im Siebenjährigen Krieg erfolgreich zum Einsatz. In Polen selbst fand die Tradition des *pospolite ruszenie* in Gestalt der Konföderationen auch im 18. Jahrhundert ihre Fortsetzung.[27] In den inneren Konflikten der Republik wie im Kampf gegen fremde Interventen bildeten diese *ad hoc* einberufenen Teil-Aufgebote bis hin zur Kościuszko-Insurrektion ein zumindest partiell einsatzfähiges militärisches Instrument. Gerade das Aufgebot der Kościuszko-Zeit aber knüpfte zudem indirekt an eine andere Tradition an, die in einem Zusammenhang mit dem alten *pospolite ruszenie* stand: an die auf Landschafts- beziehungsweise Wojewodschaftsebene organisierten bäuerlichen ‚Milizen' des 16. und 17. Jahrhunderts. Zweifellos beruhte die Aktivierung nicht-adliger Schichten für den Kriegsdienst im Rahmen des Koś-

[26] Béla K. Kiraly, *War and Society in Western and East Central Europe during the Eighteenth and Nineteenth Centuries. Similarities and Contrasts,* in: B. K. Kiraly/G. E. Rothenberg, *War and Society...,* S. 1—33, hier S. 7 f. — Gerade das ungarische Beispiel wurde in Polen in der Debatte um die Heeresreform oft als Vorbild zitiert; so votierte auch Krongroßkanzler Andrzej Zaluski auf dem Reichstag von 1744 für eine Reform des Pospolite ruszenie »à l'exemple des valeureux Hongrois« (Mowa kanclerza w.k., A. Załuskiego w izbie senatorskiej, 12. Okt. 1744; M. Skibiński, *Europa a Polska...,* Bd. 2: *Dokumenty,* S. 266).

[27] Hierzu und zum folgenden E. Rostworowski, *Sprawa aukcji wojska...,* S. 26—44; vgl. auch Jan Kowecki, *Pospolite ruszenie w insurekcji 1794 r.,* Warszawa 1963 (über den Wandel des Aufgebots zur Levée der Landesbevölkerung).

ciuszko-Aufstands auf anderen, modernen politischen und sozialen Grundlagen; doch war das Prinzip der dezentralen, auf der ‚Repräsentation' der Landesbevölkerung gegründeten Verteidigung in Verbindung mit dem Allgemeinen Aufgebot bereits in Institutionen wie der »Hufeninfanterie« (*piechota łanowa* oder auch *wybraniecka*) in Ansätzen verwirklicht worden.[28] Nicht zuletzt aufgrund solcher Aspekte jedenfalls konnte die Idee eines an das *pospolite ruszenie* anknüpfenden Milizsystems auch im Reformdenken des 18. Jahrhunderts lebendig bleiben, und zwar, wie Emanuel Rostworowski gezeigt hat, gleichsam als adelsrepublikanisches Gegenkonzept zu den Wehrverfassungen der absolutistischen Staaten mit ihren zentral gelenkten stehenden Soldheeren.[29]

Nach der Wehrverfassung von 1717 freilich mußte die Hauptlast bei der Verteidigung in Wahrheit doch dem stehenden Heer zufallen. Dieses aber wurde aufgrund des durch den »Stummen Reichstag« verabschiedeten *komput* auf einen Bestand reduziert, der, gemessen an dem Territorium der Adelsrepublik und ihrem demographischen Potential,

---

[28] Konstanty Górski, *Historya piechoty polskiej*, Kraków 1893, S. 57 ff.; über Ansätze, das Aufgebot durch Wojewodschaftsmiliz abzulösen, interessante Details bei Stanisław Piotrowski, *Uchwały podatkowe Sejmiku generalnego wiszeńskiego 1572—1772*, Lwów 1932, S. 52 ff.; allgemein Jan Gerlach, *Chłopi w obronie Rzeczypospolitej. Studium o piechocie wybranieckiej*, Lwów 1939; J. Wimmer, *Wojska polskie...*, passim; über die Gründe für den Verfall dieser Institution auch M. Nycz, *Geneza reform skarbowych...*, S. 47 ff.

[29] E. Rostworowski, *Sprawa aukcji wojska...*, S. 36 ff. — Im Sinne einer solchen republikanischen Militärideologie, wie sie Andrzej Maksymilian Fredro im 17. Jahrhundert formuliert hatte, argumentierten nach der Jahrhundertwende auch Stanisław Szczuka (*Eclipsis Poloniae*, hrsg. von Ksawery Kluczycki, Kraków 1902, S. 117 ff.) oder auch der Verfasser des *Głos wolny* (Stanisław Leszczyński, *Głos wolny, wolność ubezpieczający*, hrsg. von Andrzej Rembowski, Kraków 1903, S. 67). In den Reichstagsdebatten der 1730er bis 1750er Jahren berief sich auf solche Konzepte freilich fast ausschließlich die »republikanische«, reformfeindliche Opposition; exemplarisch das Votum von Jan Tarło, Wojewoden von Sandomierz, auf dem Reichstag von 1738 (Kazimierz Jarochowski [Hrsg.], *Teka Gabryela Junoszy Podoskiego*, Bd. 4, Poznań 1856, S. 390). — Zur Charakteristik der absolutistischen Heere im Unterschied zu Miliz- sowie modernen Wehrpflicht-Systemen vgl. vor allem H. Delbrück, *Geschichte der Kriegskunst...*, Teil 4, S. 283 ff.: Im Unterschied zu Curt Jany (*Geschichte der Königlich-Preussischen Armee bis zum Jahre 1807*, Bd. 2, Berlin 1928, S. 236 ff.) betrachtet Delbrück etwa die Reformen des preußischen Rekrutierungswesens unter Friedrich Wilhelm I. nicht als Vorstufen zur Einführung der modernen Wehrpflicht, sondern als eher konservative Maßnahmen, die der Beibehaltung des Söldnerheeres unter den Bedingungen vermehrten Rekrutenbedarfs dienten.

in der Tat weit unter dem europäischen Durchschnitt lag,[30] aber auch in der Geschichte des polnischen Heeres einen Tiefpunkt der zahlenmäßigen Entwicklung markierte. Im Konflikt mit Schweden und Rußland in den Jahren 1655 bis 1660 hatte Polen über ein vergleichsweise großes Heer von etwa 60 000 Mann verfügt; während des Türkenkrieges von 1673 bis 1676 waren es etwa 48 000 gewesen; und im Nordischen Krieg hatten die vereinigten Heere Polens und Litauens sogar noch eine Soll-Stärke von etwa 70 000 erreicht.[31] Nunmehr beschloß der Reichstag eine Verringerung der Stärke auf eine Gesamtzahl von 24 100 Einheiten (*porcje* beziehungsweise *konie*) für die ganze Adelsrepublik, von denen in der Krone (das heißt in Kronpolen mit Rotreußen) 6000 auf die Kavallerie (*autorament polski, autorament narodowy*) sowie 12 000 auf Dragoner und Infanterie (*autorament cudzoziemski*), in Litauen aber 2300 auf Kavallerie sowie 3800 auf Dragoner und Infanterie entfallen sollten.[32]

Wohlgemerkt bezeichneten diese Zahlen nicht die jeweilige Soll-Stärke an Mannschaften und Offizieren, sondern lediglich die verfügbaren Soldeinheiten, wobei Offiziere, Unteroffiziere und zivile Bedienstete der Regimenter meist zwei oder mehr *porcje* beziehungsweise *konie* beanspruchen konnten. Nach den Berechnungen von Jan Wimmer verringerte sich der eigentliche Mannschaftsetat für das Heer der Krone dadurch um 17 Prozent beim *autorament narodowy*, um 47 Prozent bei der Infanterie und gar um 62 Prozent bei den Dragonern, und die eigentliche Soll-Stärke betrug demnach bei 18 000 Soldeinheiten nur etwa 12 000, die Offiziere eingeschlossen.[33] Noch weiter aber reduzieren sich diese Zahlen, wenn man außerdem die durch willkürliche Einrichtung

---

[30] Vergleichszahlen bei J. Wimmer, *Wojsko Rzeczypospolitej*..., S. 38 ff.; E. Rostworowski, *Sprawa aukcji wojska*..., S. 12; H. Delbrück, *Geschichte der Kriegskunst*..., T. 4, S. 304. Nach dem neuen *komput* von 1717 mag die Soll-Stärke des polnischen Heeres etwa 0,4—0,5 Prozent der Landesbevölkerung entsprochen haben. Eine ähnliche Rate erreichten in Friedenszeiten die Heere Frankreichs, Österreichs oder Rußlands bereits in der zweiten Hälfte des 17. Jahrhunderts; nach der Jahrhundertwende aber stieg sie rasch über 1 Prozent und erreichte 1740 in Preußen sogar 4,4 Prozent.

[31] A. F. Grabski u. a., *Zarys dziejów wojskowości*..., Bd. 2, S. 31 ff.; J. Wimmer, *Wojsko Rzeczypospolitej*..., S. 74 f.

[32] M. Nycz, *Geneza reform skarbowych*..., S. 212 f.

[33] J. Wimmer, *Wojsko Rzeczypospolitej*..., S. 436 u. 445 ff. Der Verzicht auf die Abgrenzung eines eigenen Etats für Offiziersgagen erwies sich als gravierender Mangel des neuen *komput*. Da die Reduktionen von 1717 ausschließlich zu Lasten des Bestandes an Gemeinen gingen, ergab sich ein deutlicher Überhang an Offizieren. Ein ähnlich ungünstiges Zahlenverhältnis von Offizieren und Mannschaften wies nur die französische Armee auf — um 1740 etwa 1:11; in Preußen zur gleichen Zeit etwa 1:29.

zusätzlicher Offizierschargen, durch Unterschlagungen oder durch anderen Mißbrauch bedingten Abweichungen der Ist-Stärke von der Soll-Stärke bei den einzelnen Regimentern in Betracht zieht. Die Vermutung, daß diese Abweichungen zum Teil sehr erheblich waren, wird nicht nur durch Jędrzej Kitowiczs drastische Schilderung der Mißstände in den Garnisonen bestätigt; auch die vereinzelten Revisionen in den Jahrzehnten nach 1717 erbrachten sehr ungünstige Ergebnisse.[34] So erscheint es nicht unrealistisch, wenn der preußische Gesandte Gross die tatsächliche Stärke des Heeres im Jahre 1756 auf etwa 50 Prozent der im *komput* enthaltenen Zahlen schätzte, nämlich auf nicht wesentlich mehr als 12 000 Mann in der ganzen Republik.[35] Eine solche Streitmacht aber vermochte praktisch kaum mehr, als Polizeifunktionen im Innern wahrzunehmen; und selbst für diese Aufgabe reichte ihre Stärke letztlich nicht aus, wie sich in den Auseinandersetzungen mit Hajdamaken und rebellischen Bauern in den östlichen und südöstlichen Landschaften der Adelsrepublik erwies. Tatsächlich bedurfte es hier immer wieder des Eingreifens der von den großen Magnatengeschlechtern unterhaltenen Privatarmeen, die gründlicher ausgebildet und besser bewaffnet waren — und die zusammengenommen eine wesentlich größere Streitmacht gebildet hätten als das stehende Heer der Republik.[36]

[34] Die bei Konstanty Górski, *Historja jazdy polskiej*, Kraków 1894; ders., *Historja piechoty...*; sowie bei Władysław Konopczyński, *Polska w dobie wojny siedmioletniej*, Bd. 1, Warszawa 1909, angeführten Einzeldaten korreliert und ergänzt bei M. Nycz, *Geneza reform skarbowych...*, S. 224 f.; genaue Berechnungen für einzelne Regimenter auch bei Marian Lech, *Regimenty gwardii w Warszawie 1717—1764*, in: *Rocznik Warszawski*, Bd. 3 (1962), S. 108—123; sowie ders., *Jazda autoramentu polskiego wojsk Wielkiego Księstwa Litewskiego w dobie saskiej*, in: *Studia i materiały do historii wojskowości*, Bd. 7, T. 2, Warszawa 1961, S. 45—93; ders., *Autorament cudzoziemski wojsk Wielkiego księstwa Litewskiego w epoce saskiej*, in: *Studia z historii wojskowości*, Bd. 7,1 (1961), S. 91—112. — Vgl. ansonsten das Kapitel »O stanie żołnierskim za Augusta III« bei Jędrzej Kitowicz, *Opis obyczajów za panowania Augusta III*, hrsg. von Roman Pollak, Wrocław 1951, S. 287—406.

[35] Vgl. W. Konopczyński, *Polska w dobie wojny...*, Bd. 1, S. 333.

[36] Über die militärischen Aspekte der Kämpfe gegen Bauernunruhen und Hajdamaken-Überfälle Marian J. Lech, *Wojsko Wielkiego Księstwa Litewskiego w dobie saskiej w walce z ruchami chłopskimi na Białorusi*, in: *Rocznik Białostocki*, Bd. 2 (1961), S. 101—140; ders., *Powstanie chłopów białoruskich w starostwie krzyczewskim (1740 r.)*, in: *Przegląd Historyczny*, Bd. 51 (1960), S. 314—327; ders., *Milicja Radziwiłłów jako oręż feudałów w walce z ruchami chłopskimi na Białorusi i Litwie*, in: *Rocznik Białostocki*, Bd. 3 (1962), S. 33—58; vgl. auch die aufschlußreiche Schilderung der Hajdamakenzüge sowie der gegen diese ergriffenen Maßnahmen bei J. Kitowicz, *Opis obyczajów...*, S. 330 ff. — Zur Funktion der magnatischen ‚Privatarmeen' im 18. Jahrhundert vor

Die Feststellung, daß das »Etat-Heer« *(wojsko komputowe)* von 1717 kein ausreichendes, den Heeren der großen Nachbarstaaten annähernd ebenbürtiges Kriegsinstrument darstellte, bedarf mithin keiner weiteren Erörterung. Nähere Beachtung verdient dagegen die Frage, ob die Heeres- und Steuerbeschlüsse des »stummen Reichstags« tragfähige Grundlagen für eine künftige Reform von *skarb i wojsko* geschaffen hatten, das heißt, inwieweit das neue stehende Heer als Kern für eine unter günstigeren politischen und wirtschaftlichen Voraussetzungen zu erweiternde, moderne Kriegsmacht dienen konnte. Diese Frage ist in bezug auf zwei verschiedene Aspekte zu stellen: in bezug auf die im engeren Sinne militärische Organisation und Ausstattung des Heeres und in bezug auf die fiskalischen Grundlagen des Heeresunterhalts.

Hinsichtlich des ersten Aspekts fällt die Antwort eindeutig negativ aus.[37] Lediglich die Gliederung und Bewaffnung des *autorament cudzoziemski*, der Infanterie- und Dragonereinheiten des Heeres, repräsentierten einen Entwicklungsstand, der annähernd den europäischen Maßstäben entsprach. Die Modernisierungen in diesem Bereich — etwa die Ausrüstung der Infanterieeinheiten mit den seit der Wende vom 17. zum 18. Jahrhundert üblichen Steinschloßgewehren und Bajonetten — waren freilich vor allem Errungenschaften des großen Nordischen Krieges, die ,Reform' von 1717 schrieb hier einen bereits erreichten Standard fest. Sehr viel ungünstiger stellte sich dagegen die Ausbildung und Übung der Truppen dar. Da die Regimenter keinen genauen und regelmäßigen Inspektionen durch zentrale Militärorgane unterlagen und kriegsmäßige Manöver nicht vorgesehen waren, blieb den Mann-

---

allem E. Rostworowski, *Sprawa aukcji wojska...*, S. 29 ff.; über ihre Entstehung Krzysztof Dembski, *Wojska nadworne magnatów polskich w XVI i XVII wieku*, in: *Zeszyty naukowe uniwersytetu im. Mickiewicza w Poznaniu*, nr. 3, *Historia*, zesz. 1, S. 49—96. Die politische Bedeutung dieser Privatarmeen als Instrumente einer informellen Territorialherrschaft der Magnatengeschlechter sowie als Machtmittel in den Konflikten zwischen den Parteiungen ist in der Literatur mit Recht unterstrichen worden. Freilich bildeten die von J. Kitowicz (*Opis obyczajów...*, S. 387 f.) erwähnten regulären Privatheere modernen Zuschnitts, wie sie Hieronim Radziwiłł oder Mikołaj Potocki in der Sachsenzeit unterhielten, die Ausnahme. Sehr verbreitet waren dagegen kleine, meist irreguläre Schutzverbände auf den Latifundien und größeren Szlachta-Gütern, vor allem sog. *kozacy horodowi*, die, wie Kitowicz ebenfalls berichtet (*a.a.O.*, S. 340 f.), hervorragende Dienste bei der Abwehr und Verfolgung der — ebenfalls kosakischen — Hajdamaken leisteten.

[37] Vgl. J. Wimmer, *Wojsko Rzeczypospolitej...*, S. 458 ff.; sowie H. Krawczak, *Sprawa aukcji wojska...*, in: *Studia i materiały...*, Bd. 7, T. 2, S. 4 ff.

schaften die für die Taktik des 18. Jahrhunderts unverzichtbare strenge Drillausbildung vorenthalten. Auch das Offizierskorps des *autorament cudzoziemski* wies einen Mangel an ‚Professionalität‘ auf, der das polnische Heer im Lauf des 18. Jahrhunderts in einen deutlichen Rückstand gegenüber anderen Armeen geraten ließ. Eine 1729 durch August II. in Warschau gegründete Offiziersschule mußte aufgrund unzureichender finanzieller Ausstattung bereits 1733 wieder geschlossen werden,[38] und bei der Besetzung von Offizierschargen gab verstärkt die Herkunft und die finanzielle Ausstattung des Bewerbers den Ausschlag, nicht die militärische Qualifikation.[39] So blieb die Kampfkraft der Infanterie- und Dragonerregimenter ungeachtet ihrer relativ modernen Struktur auf einem niedrigen Niveau — sieht man von den besser gehaltenen Garderegimentern ab.

[38] Alina Haliczowa, *Próba utworzenia przez Augusta II korpusu kadetów*, in: *Zeszyty naukowe uniwersytetu Łódzkiego. Nauki humanistyczno-społeczne*, seria 1, zesz. 40 (1965), S. 87—91; vgl. auch Władysław M. Grabski, *Kilka uwag o początkach szkoły rycerskiej Stanisława Augusta Poniatowskiego*, in: *Zeszyty naukowe uniwersytetu Łódzkiego. Nauki humanistyczno-społeczne*, seria 1, zesz. 40 (1965), S. 93—114; sowie Józef Karwin u. a., *Z dziejów wychowania wojskowego w Polsce od początku państwa polskiego do 1939 roku*, Warszawa 1965, S. 70 ff.

[39] Vor allem zwei Faktoren trugen zur ‚Entprofessionalisierung‘ des Heeres bei: 1. die wachsende soziale Bedrohung der mittleren und vor allem unteren Adelsschichten; sie führte zu einem beträchtlichen Anwachsen der Zahl derjenigen Szlachta-Angehörigen, die aus finanziellen Gründen militärische Ränge anstrebten — wodurch, ähnlich wie in anderen europäischen Staaten, Nicht-Adlige sowie Ausländer ungeachtet professioneller Qualifikationen zunehmend aus den höheren und mittleren Chargen der Regimenter verdrängt wurden; 2. das Ausbleiben kriegerischer Konflikte seit dem großen Nordischen Krieg; während die Kriege des 17. Jahrhunderts und die schwere Aufgabe der Grenzsicherung den Heeresdienst für den begüterten Adel früher wenig attraktiv hatten erscheinen lassen, wuchs in der langen Friedensperiode nach 1717 das Interesse, sich entsprechend dem Vermögen wie dem politisch-sozialen Status mit dekorativen militärischen Rängen zu schmücken. So hatten vielfach Personen (zum Teil käuflich erworbene) Chargen inne, deren militärische Funktionen sie niemals wahrnahmen. Vgl. Marian J. Lech, *Skład narodowy i społeczny wojsk Rzeczypospolitej 1717—1762*, in: *Zeszyty historyczne uniwersytetu Warszawskiego*, Bd. 3 (1963), S. 102—122; die Auswirkungen dieser Entwicklungen auf die Kampfbereitschaft des Heeres drastisch dargestellt bei J. Kitowicz, *Opis obyczajów...*, S. 288 ff.; aufschlußreich in diesem Zusammenhang auch der Bericht des preußischen Gesandten Hoffmann aus Warschau vom 30. Januar 1740: »... Ich selbst kenne einen Officier (...), welcher sich 7 bis 8 Jahre allhier zu Warschau für sein Plaisir aufgehalten, ohne daß er in solcher Zeit seine Compagnie, geschweige denn sein Regiment gesehen oder nur Lust dazu gehabt hätte, und doch mittlerweile zum Major und Obrist-Lieutenant bei eben diesem Regiment avanciret worden.« (M. Skibiński, *Europa a Polska...*, Bd. 2: *Dokumenty*, S. 581 f.). — Über vergleichbare

In noch höherem Maße aber beeinträchtigten die erwähnten Mängel die Einsatzbereitschaft der Einheiten des _autorament narodowy_, der zum größten Teil aus Angehörigen der Szlachta rekrutierten Kavallerie. Anders als das _autorament cudzoziemski_ galt sie im Bewußtsein der Adelsnation als die der Republik angemessene Waffengattung, in deren Regimentern die Söhne des Adels Aufnahme und Auskommen fanden und die aufgrund dieses ‚adelsnationalen‘ Charakters vermeintlich nicht der Gefahr eines Mißbrauchs als absolutistisches Machtmittel der Krone ausgesetzt war. Derartige standespolitische Aspekte sollten eine wesentliche Rolle bei allen heeresorganisatorischen Entscheidungen spielen: Sie dienten nicht nur zur Rechtfertigung des bedenklich hohen Anteils des _autorament narodowy_ am _komput_ von 1717 (1/3 des gesamten Bestandes), sondern letztlich auch als Rechtfertigung dafür, daß die innere Gliederung jenes Heeresteils in den Grundzügen unverändert blieb.[40] Gegen die Rationalität militärischen Denkens verstieß vor allem die Beibehaltung der traditionellen, im Rahmen der Kriegführung des 18. Jahrhunderts fast vollständig funktionslos gewordenen Gattung der schweren, gepanzerten Kavallerie, aber auch die Aufrechterhaltung jener herkömmlichen Unterscheidung zwischen den adligen _towarzysze_ und den nicht-adligen _pocztowi_ in den Mannschaften der Kavallerieschwadrone, welche der Szlachta Privilegien selbst in den niederen Rängen des Heeres sicherte. Diese überkommenen Struktu-

---

Tendenzen in anderen europäischen Staaten, namentlich die universelle Tendenz zur Durchsetzung sozialer (adliger) Exklusivität in den Offizierskorps der stehenden Heere, H. Delbrück, _Geschichte der Kriegskunst..._, T. 4, S. 265; Carl Hans Hermann, _Deutsche Militärgeschichte_, Frankfurt a. M. 1966, S. 116ff.; J. W. Stoye, _Soldiers and Civilians_, in: _The New Cambridge Modern History..._, Bd. 6, S. 762—790.

[40] Vgl. E. Rostworowski, _Sprawa aukcji wojska..._, S. 42ff.; H. Krawczak, _Sprawa aukcji wojska..._, in: _Studia i materiały..._, Bd. 7, T. 2, S. 7. Das im _komput_ von 1717 vorgesehene Zahlenverhältnis von Kavallerie und Infanterie (1 : 2) galt nach den Maßstäben der Zeit als ungünstig — zumindest im Vergleich zu Frankreich, Preußen oder Rußland, wo der Anteil der Infanterie wesentlich höher war. Freilich setzte sich im Verlauf des 18. Jahrhunderts wiederum die Einsicht durch, daß ein höherer Anteil der Kavallerie — und zwar der leichten regulären Kavallerie (etwa die polnischen Ulanen) sowie der irregulären Reiterei (etwa die österreichischen Panduren und »Kroaten«) — taktisch durchaus vorteilhaft sei (vgl. H. Delbrück, _Geschichte der Kriegskunst..._, T. 4, S. 323ff.); im polnischen _autorament narodowy_ jedoch bildeten auch nach 1717 gerade die »schweren« Husaren und _pancerni_ die Hauptkontingente. — Für die ideologische Bedeutung des _autorament narodowy_ im Bewußtsein des Adels charakteristisch dessen Bezeichnung als die älteste Form der Landesmiliz, d. h. militärischer Landesrepräsentation bei J. Kitowicz, _Opis obyczajów..._, S. 188.

ren behinderten die Umgestaltung der alten Reiterarmee zu einem effizienten militärischen Instrument besonders nachhaltig; ja, ihre spezifische Ausrichtung auf die Ideologie der Szlachta-Gemeinschaft und deren materielle Interessen an militärischen Sinekuren bedingte, daß gerade das Problem einer Reform des *autorament narodowy* zu einer politischen Grundsatzfrage der Heeresreform im allgemeinen werden mußte.[41]

Offenkundig wurde der qualitative Rückstand Polens in der Entwicklung seines Heeres schließlich auch in jenen Bereichen, in denen andere Staaten gerade zu Beginn des Jahrhunderts erhebliche finanzielle Aufwendungen machten: in dem Ausbau moderner Festungen, in der systematischen Anlage von Magazinen oder in der Ausstattung der Artillerie.[42] Besonders das Beispiel der polnischen Artillerie macht freilich deutlich, daß der Versuch, zumindest in kleinem Maßstab ein modernes Heer zu unterhalten, nicht nur an der politischen Mentalität der Adelsnation scheiterte, sondern auch an der objektiven fiskalischen Notlage. Nachdem der Geschützpark der Adelsrepublik im Verlauf des Nordischen Kriegs fast vollständig verloren gegangen war — die schwedischen Invasoren hatten die Zeughäuser geplündert und nur veraltete oder defekte Geschütze zurückgelassen —, hätte es nunmehr Rüstungsanstrengungen bedurft, deren Kosten ein dem Reichstag von 1718 vorgelegtes Projekt auf beinahe 12 Millionen Gulden bezifferte.[43] Der *komput* von 1717 indessen wies insgesamt nur etwa 7,5 Millionen Gulden aus, von denen auf die Artillerie etwas mehr als 175 000, davon ca. 116 000 auf die Kron-Artillerie entfallen sollten. Auch die nachträg-

---

[41] Im Blick auf die Reformdebatte nach 1717 hat E. Rostworowski (*Sprawa aukcji wojska...*, S. 49) zu Recht festgestellt: »Im Zusammenhang mit dem Dualismus von *autorament polski* und *cudzoziemski* entwickelten sich in Polen zwei entgegengesetzte politisch-militärische Konzeptionen. Während die oligarchisch-anarchischen und altsarmatischen Elemente mit den Hetmanen an der Spitze für den Primat des Heeres der »towarzysze« votierten, gaben die Anhänger eines magnatischen Reformismus sowie einer Zentralisierung der Staatsgewalt dem *autorament cudzoziemski* den Vorrang und strebten nach Anpassung des polnischen Heeres an die Armeen der Nachbarstaaten.«

[42] Im europäischen Vergleich David G. Chandler, *The Art of War on Land*, in: *The New Cambridge Modern History...*, Bd. 6, S. 741—762; in bezug auf Polen Tadeusz Nowak, *Polska technika wojenna XVI—XVIII w.*, Warszawa 1970, passim; A. F. Grabski, *Zarys dziejów wojskowości...*, Bd. 2, S. 168 f.; J. Wimmer, *Wojsko Rzeczypospolitej...*, S. 473 ff.

[43] *A.a.O.*, S. 480 f.; vgl. auch Konstanty Górski, *Historja artyleryi polskiej*, Warszawa 1902, S. 154 ff.; T. Nowak, *Polska technika wojenna...*, S. 278 ff.

liche Aufbesserung des Kron-Etats auf 215 000 Gulden im Jahre 1722 (zu Lasten des Infanterie-Etats) konnte unter solchen Umständen keine nennenswerte Verbesserung erbringen;[44] und so wie andere vergleichbare Bereiche der Rüstung mußte auch das Artilleriewesen in der zweiten Hälfte des Jahrhunderts praktisch von Grund auf rekonstruiert werden. So konnte das »Etat-Heer« von 1717 seiner Struktur nach lediglich insofern als ‚Kern' einer künftig zu schaffenden modernen Armee gelten, als die Zahl der Stäbe, Regimenter und Schwadrone tatsächlich nicht entsprechend den Mannschaftsstärken reduziert worden war. Abgesehen von dieser, primär dem Versorgungsinteresse der Szlachta entspringenden Entscheidung jedoch, bewirkte die ‚Reform' des »Stummen Reichstags« *de facto,* daß das stehende Heer in wesentlichen Bereichen nicht mehr funktionsfähig war und damit auch nicht mehr kurzfristig zu einer schlagkräftigen Armee erweitert werden konnte. Die lineare Verringerung der Mittel bei gleichzeitiger Erhaltung der meisten überkommenen Organisationsprinzipien mußte auch die weitere Entwicklung und Modernisierung der verbliebenen Teile des Heeres hemmen.

Hinsichtlich des zweiten, des fiskalischen Aspektes freilich ist die Frage nach dem Reformcharakter der Beschlüsse von 1717 schwieriger zu beantworten. Denn obgleich der neue *komput* mit seinem extrem geringen Steuervolumen augenscheinlich keine ausreichende Grundlage für den Unterhalt des Heeres bildete, waren auf dem Gebiet der Besteuerungsprinzipien doch gewisse Reformerfolge gegenüber dem 17. Jahrhundert erzielt worden. Zumindest trifft das Verdikt des Anachronismus hier, wie sich nicht zuletzt aufgrund eines Vergleichs mit anderen Staaten zeigen ließe, nicht im gleichen Maße zu wie auf einzelne Bereiche der Heeresorganisation.

Das überkommene, bis 1717 in Geltung befindliche Steuersystem der Adelsrepublik war, wie nach Adolf Pawiński auch Michał Nycz urteilte, vor allem mit drei gravierenden Mängeln behaftet — dem Fehlen eines zentral kontrollierten, festen Staatsbudgets, der Unbeständigkeit der Staatseinnahmen aufgrund der jeweils schwankenden Steuerbewilligungen durch die Reichstage und der Ungleichmäßigkeit der Ausschöpfung vorhandener Steuerquellen, bedingt besonders durch die Steuerexemtion des Adels.[45] Im Hinblick auf diese fundamentalen Mängel

---

[44] M. Nycz, *Geneza reform skarbowych...*, S. 213 f.; über die Aufstockung des Etats der Kron-Artillerie zwischen 1717 und 1722 J. Wimmer, *Wojsko Rzeczypospolitej...*, S. 483.

[45] Vgl. M. Nycz, *Geneza reform skarbowych...*, S. 148 f.

brachten die Beschlüsse des »Stummen Reichstags« einzelne konstruktive Neuerungen, ohne allerdings allen Reformaufgaben gerecht zu werden. Sie verbesserten die zentrale Kontrolle über das Steuerwesen, und sie schufen auch wirklich erstmals einen ‚permanenten' Heeresetat; die vordringliche Aufgabe indessen, gerechtere und den wirtschaftlichen Verhältnissen angemessenere Besteuerungsgrundlagen zu finden, konnte nicht gelöst werden.

Den bedeutendsten Schritt zu einer Reform stellte zweifellos die Verabschiedung der neuen Steuersätze »pro lege perpetua« dar, das heißt, die Festlegung von Steuersummen, die nicht — wie in früherer Zeit — nur einmal, sondern bis zur Revision durch einen neuen Reichstagsbeschluß regelmäßig im jährlichen Turnus eingezogen werden sollten.[46] Eine solche Festschreibung jährlicher Abgaben war bereits vor 1710 von den Reformprogrammatikern Szczuka und Dunin-Karwicki als Grundlage einer neuen Wehrverfassung gefordert worden; und die Krone, in deren Auftrag der polnische Schatzkanzler *(podskarbi wielki koronny)* Jan Jerzy Przebendowski und der kujawische Bischof Konstanty Felicjan Szaniawski 1716 neue Heeresreformprojekte ausgearbeitet hatten, brachte diese Forderung nunmehr zur Verwirklichung, um nach dem Scheitern der Steuererhöhungsbeschlüsse von 1703 und 1710 zumindest die Stabilität des reduzierten *komput* zu sichern.[47] Tatsächlich wurde damit endlich die Grundlage für eine »regelmäßige pünktliche Bezahlung« (»stała a punktualna płaca«) des Heeres geschaffen — oder doch zumindest *eine* wesentliche Voraussetzung für die Gewährleistung einer gewissen Kontinuität in der Heeresfinanzierung erfüllt. Die andere Voraussetzung dafür bildete die ebenfalls schon früher verschiedentlich geforderte, erneute Zentralisierung des Systems der Steuerbewilligung und -erhebung. Hier jedoch führte die Reform nur in Teilbereichen zu positiven Resultaten, nämlich in der Beseitigung der Steuerautonomie der Landschaften und Wojewodschaften. Diese hatten im letzten Viertel des 17. Jahrhunderts außergewöhnliche Dimensionen erreicht, als die Landtage *(sejmiki)* nicht mehr nur das Recht der Steuererhebung und -redistribution in Anspruch genommen hatten, sondern auch dasjenige, Steuerbeschlüsse des Reichstags zu modifizie-

---

[46] *Volumina legum*, Bd. 6, S. 279 ff.

[47] Vgl. St. Szczuka, *Eclipsis Poloniae...*, S. 12; sowie Stanisław Dunin Karwicki, *De ordinanda republica*, hrsg. von Stanisław Krzyżanowski, Kraków 1871, S. 88 ff.; über die Reformprojekte zwischen 1703 und 1717 M. Nycz, *Geneza reform skarbowych...*, S. 154 ff.; J. Wimmer, *Wojsko Rzeczypospolitej...*, S. 430 ff.

ren oder gar abzulehnen.[48] Daher konnte zeitweise der gesamte Mechanismus der staatlichen Steuererhebung durch partikulare Interessenpolitik auf der Ebene der Landschaften gehemmt werden, und erst die vollständige Aufhebung aller fiskalischen und militäradministrativen Kompetenzen der *sejmiki* im Jahre 1717 gab dem Staat seine Handlungsfähigkeit auf fiskalischem Gebiet zurück. Allerdings blieb der zweite Schritt der Reform, die Einrichtung einer zentralen Steueradministration, unrealisiert. Entsprechende Pläne scheiterten einerseits an innenpolitischen Widerständen gegen die Ausstattung eines einzelnen Reichsamtes, desjenigen des *podskarbi*, mit weitreichenden administrativen Gewalten. Andererseits lag die Einrichtung einer ihrerseits Kosten verursachenden effizienten Steueradministration vorerst außerhalb der finanziellen Möglichkeiten.[49] So sah man sich in diesem Bereich — ähnlich übrigens wie auch ‚große‘ europäische Mächte in der ersten Phase nach den Kriegen des Jahrhundertanfangs — zu Provisorien genötigt: Die Regimenter des *autorament cudzoziemski* sowie die Schwadronen *(chorągwie)* des *autorament narodowy* wurden aufgrund von detaillierten Repartitions-Verzeichnissen auf die Landschaften beziehungsweise Wojewodschaften verteilt, die mit ihrer Steuerleistung für den Unterhalt der jeweiligen Einheiten aufzukommen hatten. Die festgestellten Steuersummen waren der betreffenden Finanzkasse der Landschaft abzuliefern und dort unmittelbar von den »Deputierten« der zugewiesenen Heereseinheiten einzuziehen; blieben die Zahlungen aus, so wurden die Heeresdeputierten ermächtigt, die Summe direkt bei den Steuerpflichtigen zu erheben und notfalls einzelne Dörfer in Zwangsverwaltung zu nehmen.[50] Die Vermittlung zwischen Steuer-

---

[48] Über die Entwicklung der Steuerkompetenzen der Landtage ausführlich Adolf Pawiński, *Rządy sejmikowe w epoce królów elekcyjnych 1572—1795* (= Dzieje Ziemi Kujawskiej oraz akta historyczne do nich służące), Bd. 1, Warszawa 1888, S. 127 ff.

[49] In bezug auf die Steueradministration ging der Reichstag von 1717 gleichsam wieder hinter die Beschlüsse von 1710 zurück, die eine weitgehend zentralisierte Steuererhebung unter der Kontrolle des *podskarbi* für die Kronländer vorgesehen hatte. Die politischen und wirtschaftlichen Gründe für die Rückkehr zu dem primitiveren System der dezentralen Steuerverwaltung, wie es auch früher in Kriegszeiten praktiziert worden war, genau analysiert bei M. Nycz, *Geneza reform skarbowych...*, S. 190 ff.

[50] *Volumina legum*, Bd. 6, S. 279 ff., die Repartitions-Listen sowie die Steuerregister *(taryfy)*, a.a.O., S. 332 ff. Bei den Modalitäten der Zuweisung der Heereseinheiten zu den jeweiligen Landschaften sowie zu den steuerpflichtigen Gütern ergaben sich gewisse Unterschiede zwischen der Krone Polen und Litauen aufgrund der voneinander abweichenden Besteuerungsarten. Unterschiedlich waren auch die Zuweisungsprinzipien bei

zahlern und -empfängern wurde dergestalt auf das einfachste mögliche Verfahren gebracht. Es gewährleistete wenn nicht größere Gerechtigkeit bei der Steuererhebung so doch eine Einschränkung der Möglichkeiten von Unterschlagungen durch vermittelnde Instanzen, und es sicherte dem Heer vor allem einen direkten Zugriff auf die für dessen Unterhalt erforderlichen Mittel.[51]

Wenn aber diese Bereiche des neuen Steuersystems von 1717 — und zwar auch in ihren negativen Aspekten — sich zumindest nicht fundamental unterscheiden von den entsprechenden Erscheinungen in anderen europäischen Staaten, so wird man in der Tat einen deutlichen Rückstand Polens beim Vergleich der Steuerarten sowie des Steueraufkommens insgesamt feststellen müssen. Auch bei sehr vorsichtiger Schätzung der Steuereinnahmen anderer Staaten sowie der jeweiligen Bevölkerungszahlen ist zu behaupten, daß Polen mit den im *komput* ausgewiesenen Einnahmen von etwa 7,5 Millionen Gulden nicht nur absolut, sondern auch nach dem Pro-Kopf-Aufkommen die weitaus geringste Steuerleistung unter den vergleichbaren Ländern aufwies.[52] Dies

---

autorament cudzoziemski und *narodowy;* während Infanterie und Dragoner-Regimenter die ihnen zugeschriebenen Steuersummen jeweils aus nur einer Quelle bezogen, waren den Kavallerie-Schwadronen oft weit auseinanderliegende Steuerbezirke in verschiedenen Wojewodschaften zugewiesen — wodurch die Deputationen zu langwierigen Reisen über Land gezwungen wurden. — Über die Praxis der Steuereinnahme durch die Deputierten des Heeres berichtet anschaulich J. Kitowicz, *Opis obyczajów...*, S. 301 ff.

[51] Vgl. M. Nycz, *Geneza reform skarbowych...*, S. 241 ff. Die Nachteile des Systems lagen weniger im fiskalischen Bereich (die Ausschaltung des Apparats der niederen Steuerverwaltung, aber auch der Gewalt der Hetmane erwies sich als vorteilhaft) als vielmehr im militärischen: Ein großer Teil der Kräfte wurde nun allein durch die Steuererhebung gebunden, und die Frage, wie Truppen im Kriegsfall fern von ihren zugewiesenen Standorten versorgt werden konnten, war ungelöst geblieben. — Zu gleichermaßen provisorischen Lösungen in der Steueradministration mußten allerdings auch Staaten wie Frankreich, Rußland oder selbst die Niederlande Zuflucht nehmen: Frankreich und die Generalstaaten griffen gezwungenermaßen auf das extrem ineffiziente System der Steuerpacht zurück; die daraus resultierenden Einnahmeverluste wurden durch weitere Verschuldung oder auch, wie in Frankreich, durch den massenhaften Verkauf militärischer und ziviler Sinekuren ausgeglichen (vgl. P. G. M. Dickson/J. Sperling, *War Finance...*, S. 295 ff.). In Rußland wurde, ähnlich wie in Polen, 1724 eine Dislozierung der Heereseinheiten auf die einzelnen Steuerprovinzen beschlossen — mit ähnlich nachteiligen Auswirkungen auf die Einsatzbereitschaft der Armeen (vgl. Manfred Hellmann/Gottfried Schramm/Klaus Zernack [Hrsg.], *Handbuch der Geschichte Rußlands*, Bd. 2, Teil 2, Stuttgart 1982, S. 298 ff.

[52] Zum Vergleich mit anderen europäischen Staaten Roman Rybarski, *Skarbowość Polski w dobie rozbiorów*, Kraków 1937, S. 442; M. Nycz, *Geneza reform skarbowych...*,

ist gewiß zu einem erheblichen Teil auf die wirtschaftlichen Auswirkungen des Nordischen Krieges zurückzuführen, wie die zeitgenössischen Berichte über die Kriegszerstörungen, die geringen Einkünfte aufgrund der vergleichsweise hohen Steuersätze von 1710, aber auch die skeptischen Beurteilungen des realen Steuerpotentials in den Reformprojekten von 1716 glaubhaft machen.[53] Doch bestand das gewichtigere Problem offenbar darin, daß der Reichstag mit dem *komput* von 1717 wiederum zu jenen überholten Besteuerungsgrundlagen zurückgekehrt war, welche die ergiebigsten potentiellen Finanzquellen aus standespolitischen Gründen ausgespart hatten. Gerade hier aber wird der politische Kompromißcharakter der Steuerbeschlüsse des »Stummen Reichstags« sichtbar: Konnten der Hof und die ihm verbundene magnatische Parteiung ihre Forderung in bezug auf die Zentralisierung des Steuerwesens und die Schaffung eines ‚permanenten' Etats realisieren, so erlangte die ‚Opposition' offenkundig eine sehr weitreichende Restitution der alten Privilegien der Steuerexemtion.[54]

Wirklich wurden die bescheidenen Ansätze zu einer Besteuerung auch der Einkünfte des Adels, wie sie die Warschauer Beschlüsse von 1710 mit der Einführung eines »Allgemeinen Zolls« und einer allgemeinen Schanksteuer für die ganze Republik gemacht hatten, 1717 wieder revidiert; nur überkommene Steuerarten kamen — wenngleich modifiziert — zum Ansatz. Für die Krone sollten die Abgaben ausschließlich aus direkten Steuern bestehen, nämlich:

1. der Kopfsteuer *(pogłówne generalne),* die von jedem Einwohner der Krone ohne Unterschied des Standes erhoben wurde und für die

---

S. 285 ff. vgl. auch die Angaben in Gerhard Kellenbenz (Hrsg.), *Handbuch der deutschen Wirtschafts- und Sozialgeschichte,* Bd. 1, Stuttgart 1971, S. 646 ff. — Am aufschlußreichsten ist die sorgfältige Vergleichsrechnung von Nycz (*Geneza reform skarbowych...,* S. 286), die sich im wesentlichen auf zeitgleiche (und insofern auch wirklich korrelierbare) Zahlen stützt und zudem die jeweilige Relation zwischen gesamtem Steueraufkommen und Heeresetat mit berücksichtigt. Daraus geht u. a. hervor, daß Preußen 1717 — im Vergleich zum polnischen Etat von 1717 — etwa das 5fache an Steuern einnahm und etwa das 2 ½fache an Heeresausgaben verbuchte; in Rußland betrugen die entsprechenden Summen etwa das 6fache beziehungsweise das 4fache. Freilich stellt sich diese Relation für Polen noch wesentlich ungünstiger dar, wenn man die Steigerung der Heeres-Etats in den betreffenden Staaten bis zur Jahrhundertmitte berücksichtigt: So steigerte Preußen seine Ausgaben bis 1740 um ca. 150 Prozent, Rußland aber zwischen 1700 und 1725 um ca. 300 Prozent; bei einer analogen Entwicklung in Polen wäre ein Etat erreicht worden, der den Unterhalt eines Heeres von mehr als 100 000 Mann ermöglicht hätte.

[53] M. Nycz, *Geneza reform skarbowych...,* S. 190 ff.

[54] *A. a. O.,* S. 262 f.

Szlachta 3 Gulden, für Bauern und Bürger aber 1 Gulden jährlich betragen sollte,[55]

2. dem »Winterbrot« *(chleb zimowy, hiberna)* oder dem *subsidium charitativum* der Starosteien *(s. grodowe* und *s. niengrodowe/tenuty)*, d. h. Krongüter *(królewszczyzny)* sowie der Kirchengüter (diese entrichteten allerdings eine Pauschale),[56]

3. dem »Alten Viertel« *(stara kwarta)*, ebenfalls von den Krongütern abgegeben, ursprünglich nominell in Höhe eines Fünftels der gesamten Erträge, und

4. schließlich der Judensteuer *(pogłówne żydowskie)*.[57]

Die Steuerleistungen des Großfürstentums Litauen dagegen setzen sich aus direkten wie indirekten Steuern zusammen:

1. der Rauchfangsteuer *(podymne)*, die der polnischen Kopfsteuer entsprach,[58]

---

[55] Die Steuersätze erläutert *a. a. O.*, S. 230 ff. Die Kopfsteuer war, obgleich ursprünglich als einmalige Sondersteuer beschlossen, bereits seit 1662 regelmäßig erhoben worden. Im *komput* von 1717 bildeten die genannten Summen von 3 beziehungsweise 1 złp allerdings nur nominelle Sätze. Nach den zugrunde gelegten Steuerregistern hätten sie nur etwa 1/3 der erforderlichen Einnahmen erbracht; die Kopfsteuer wurde daher in Höhe von 3 »sympla« angesetzt.

[56] Die Unterscheidung zwischen der (ursprünglich als Naturalleistung) verpflichtenden Heeresabgabe der Krongüter und der »freiwilligen« Kontribution der Kirche wurde auch 1717 nominell aufrechterhalten; die Kirche konnte sich dabei auf das Privileg der Befreiung »von jeglichen Heereskontributionen und -stationierungen« berufen, und gemäß dem Kompromiß von 1667 entrichtete die Kirche die *hiberna* lediglich in der Form des pauschal veranschlagten und von staatlicher Steuerexekution ausgenommenen *subsidium charitativum*. Über die Entwicklung von weltlicher und kirchlicher *hiberna* ausführlich Ziemowit Zbigniew Socha, *Hiberna. Studium z dziejów skarbowości w dawnej Polsce* (= Studja nad Historją Prawa Polskiego, Bd. 16, zesz. 2), Lwów 1937, besonders S. 25 ff. — Zur Unterscheidung der verschiedenen Kategorien von Krongütern Juliusz Bardach (Hrsg.), *Historia państwa i prawa Polski*, Bd. 1, 4. Aufl., Warszawa 1973, S. 459 f.

[57] Daneben beziehungsweise als Ersatz für die genannten Steuersätze wurden aufgrund besonderer landschaftlicher Traditionen auch andere Steuern erhoben — so die Rauchfangsteuer in den östlichen Landschaften Kleinpolens oder die Hufensteuer im königlichen Preußen; separat ausgewiesen war zudem eine von den Krongütern zu leistende »kwarta nowa« von 116 000—118 000 złp, die allein zum Unterhalt der Artillerie bestimmt war.

[58] Das *podymne* wurde aufgrund der alten Steuerregister, hier aber mit einem gegenüber dem Tarif von 1710 stark reduzierten Einheitssatz von 7 złp 20 gr. erhoben. Vgl. dazu auch R. Rybarski, *Skarbowość Polski...*, S. 232 ff.

2. der *hiberna*, in Litauen nur von den Krongütern entrichtet,

3. der Judensteuer,

4. dem »Schillings- und Spundgeld« *(czopowe i szelęźne)*, einer ‚Umsatzsteuer‘ auf Bier, Met, Wein und Branntwein,[59] sowie

5. dem Allgemeinen Zoll *(cło generalne)*, der im Unterschied zur Krone Polen von allen Ständen entrichtet wurde.[60]

Der Umstand, daß auf dieser Grundlage keine zulänglichen Steuereinnahmen erzielt werden konnten, ist freilich nicht allein auf die Exemtion der adligen Grunderträge zurückzuführen. Beträchtliche Einkünfte mußten dem Staat vielmehr auch bei den hier beschlossenen Steuersätzen entgehen, und zwar vornehmlich aufgrund zweier Faktoren: aufgrund des Fehlens verläßlicher Steuerregister *(taryfy)* sowie aufgrund der Steuerprivilegien einzelner Landschaften. So hatte etwa die *kwarta* den Charakter einer realen Ertragssteuer, als welche sie 1562 eingeführt worden war, *de facto* längst eingebüßt; und der *komput* von 1717 fixierte hier lediglich eine geschätzte Pauschalsumme, welche die finanzielle Leistungsfähigkeit der Krongüter im allgemeinen nicht annähernd ausschöpfte.[61] Tatsächlich waren die in fünfjährigem Turnus durchzuführenden »Lustrationen« der Krongüter, welche die geschuldete *kwarta* unter Berücksichtigung der veränderten Erträge jeweils neu festsetzen sollten, schon im 17. Jahrhundert nur noch selten vorgenommen worden; 1764 mußte der Reichstag sogar feststellen, daß sie mehr

[59] Auch hier lagen die 1717 veranschlagten Einkünfte wesentlich niedriger als in den Etats früherer Zeit; bereits 1715 allerdings war die erwartete Gesamteinnahme von 770 000 złp auf 500 000 złp herabgesetzt worden. Vgl. M. Nycz, *Geneza reform skarbowych...*, S. 240.

[60] Tatsächlich setzte sich das litauische *cło generalne* aus verschiedenen indirekten Steuern zusammen: aus dem alten sowie einem neuen, »erhöhten« Zoll, einer Kaufmannsabgabe *(donativum kupieckie)* und den Einnahmen aus dem Tabakmonopol; von den gesamten Einkünften sollten 100 000 złp für den Heeresunterhalt abgeführt werden; vgl. *Volumina legum*, Bd. 6, S. 313 f. — Die insgesamt auf 7 383 247 złp veranschlagten Einnahmen für den Heeres-Etat nach den Steuerarten aufgeschlüsselt bei M. Nycz, *Geneza reform skarbowych...*, S. 212 f.

[61] Vgl. J. Wimmer, *Wojsko Rzeczypospolitej...*, S. 79 ff.; M. Nycz, *Geneza reform skarbowych...*, S. 27 ff.; R. Rybarski, *Skarbowość Polski...*, S. 253 — Die Differenz zwischen Steuerpotential und realer Steuerleistung bei der *kwarta* dokumentiert eindrucksvoll die bei M. Nycz (*Geneza reform skarbowych...*, S. 30 f.) aufgestellte Vergleichsrechnung des Aufkommens der einzelnen Wojewodschaften Groß- und Kleinpolens zwischen 1688 und 1765: Danach lag etwa das Aufkommen der großpolnischen Wojewodschaften bis 1764 in der Regel zwischen 90 000 und 110 000 złp; das »gerechte Viertel« *(kwarta sprawiedliwa)* erbrachte nach der Revision 1765 dagegen mehr als 500 000 złp.

als ein halbes Jahrhundert lang ganz unterblieben waren.[62] War somit aber grundsätzlich schon keine ertragsgerechte Besteuerung mehr möglich, so wurde das Aufkommen aus der *kwarta* zudem dadurch geschmälert, daß eine ganze Reihe von Landschaften aufgrund von kriegsbedingten Exemtionen aus der Mitte des 17. Jahrhunderts ganz oder teilweise von dieser Steuer befreit war, und die von den anderen Provinzen vielfach geforderte erneute »Angleichung« (»koekwacja«) bis 1764 nicht zustande kam.[62a] Unter diesen Umständen mußte die 1717 festgesetzte Summe aus der »kwarta« offensichtlich weit unter der vorgeschriebenen Quote von einem Fünftel der Realeinkünfte aller Krongüter liegen: Zeitgenossen schätzen sie um die Mitte des 18. Jahrhunderts auf 1/20 der Einkünfte, eine Hochrechnung der von Nycz untersuchten Einzelfälle würde sogar noch eine wesentlich ungünstigere Zahl ergeben.[63] Erheblich war die Differenz zwischen realem Steuerpotential und erhobener Steuersumme aus den gleichen Gründen aber auch bei der Grundsteuer, der *hiberna* von den Krongütern oder bei der allgemeinen Kopfsteuer. In beiden Fällen beruhten die Steuerberechnungen nach 1717 auf den überholten Registern des 17. Jahrhunderts, auf der *taryfa* von 1676 für das *pogłówne* und den 1684 erstellten und einmal (1685) korrigierten *taryfy hibernowe* für die *hiberna*.[64] Wie bei der *kwarta* konnte die im kom-

---

[62] Vgl. *Volumina legum*, Bd. 7, S. 42.

[62a] Ganz oder teilweise von der *kwarta* befreit wurden im Verlauf des 17. Jahrhunderts gerade die wohlhabenden östlichen Wojewodschaften Kleinpolens, Kiev, Bracław und Podolien sowie die ruthenischen Landschaften Lwów und Halicz. Eine Aufhebung dieser mit Rücksicht auf erhebliche Kriegszerstörungen gewährten Entlastungen war 1717 aus politischen Gründen nicht durchzusetzen gewesen. So war bei Kleinpolen die Diskrepanz zwischen der bis 1764 entrichteten *kwarta* (*stara* und *nowa*) und der *kwarta sprawiedliwa* von 1765 noch wesentlich größer als bei Großpolen: Der Betrag stieg von gut 150 000 złp auf beinahe 1,8 Millionen złp (vgl. M. Nycz, *Geneza reform skarbowych...*, S. 30 f. und 237 ff.) — Die Exemtionen für die südöstlichen Landschaften der Republik galten wohlgemerkt nicht nur für die *kwarta;* auch bei der Kopfsteuer und vor allem bei der *hiberna* ergaben sich daraus eklatante Ungleichgewichtigkeiten bei der Verteilung der Steuerlasten — zum Nachteil Großpolens und Mazowiens. Die Tatsache aber, daß die Frage der *koekwacja* zwischen den Provinzen 1717 nicht hatte gelöst werden können, erwies sich in den Reformdebatten der folgenden Jahrzehnte als wesentliches Hindernis auf dem Weg zu einer Einigung; siehe unten, Kap. III.

[63] M. Nycz, *Geneza reform skarbowych...*, S. 27: Von den Gütern der Warschauer Starostei (im Besitz der Familie Potocki) etwa wurden 1740 nur 500 złp als *kwarta* entrichtet; bei jährlichen Erträgen von ca. 40 000 złp entsprach dies einer Rate von 1/80.

[64] Über die *taryfy* für das *pogłówne Volumina legum*, Bd. 6, S. 281 f.; für das litauische *podymne* galt das Register von 1690 (a.a.O., S. 352). Für die *hiberna* benennt die Konstitution von 1717 (a.a.O., S. 279) die Repartitionslisten; als Grundlage dienten ursprünglich die Register der später aufgehobenen Hufensteuer (*łanowe*); um eine der

put des Reichstags veranschlagte Summe angesichts der unklaren Besteuerungsgrundlagen daher nur ein auf niedrigem Niveau angesetzter Schätzwert sein; entsprechend setzte sich auch die Praxis durch, etwa das *pogłówne* nicht als Steuer »pro Kopf« zu erheben, sondern in den Wojewodschaften und *ziemie* die vorgegebene Summe auf die Steuerpflichtigen umzuverteilen.[65] *Pogłówne, podymne* und die *hiberna* von den Krongütern unterschieden sich insofern letztlich nicht wesentlich von den grundsätzlich pauschal veranschlagten Steuern, zu denen nicht nur die Judensteuer *(pogłówne żydowskie)* gehörte, sondern auch das *subsidium charitativum* der Kirchengüter. Letzteres war 1717 besonders drastisch reduziert worden — nämlich auf etwa 1/3 des in den Jahren des Nordischen Krieges aufgebrachten Betrags —, wodurch der Kirchenbesitz in noch höherem Maße entlastet wurde als die im Durchschnitt steuerlich ebenfalls nicht übermäßig beanspruchten Krongüter: Obgleich die Erträge der Kirchengüter nach vertretbaren Schätzungen die der Krongüter um ein Vielfaches überstiegen, mußten die *królewszczyzny* einen weitaus höheren Anteil an der beiden Güterkategorien gemeinsam auferlegten *hiberna* tragen.[66]

andersartigen Steuerkategorie der *hiberna* eher angemessene Berechnungsgrundlage zu schaffen, wurde dann das *hiberna*-Register von 1684/85 erstellt; jedoch scheint auch dieses von Anfang an einen wenig verläßlichen Nachweis der Steuerpflichtigkeiten gebildet zu haben, da schon wenige Jahre später neue Klagen wegen ungerechter Verteilung der Lasten geführt wurden. Vgl. im einzelnen Z. Z. Socha, *Hiberna...*, S. 49 ff. u. 83 f.

[65] Vgl. M. Nycz, *Geneza reform skarbowych...*, S. 233.

[66] J. Wimmer (*Wojsko Rzeczypospolitej...*, S. 81) schätzt die Relation zwischen den jeweiligen *hiberna*-Leistungen der Krongüter und der Kirchengüter der Krone Polen für die Zeit nach 1717 auf 14 : 1; die Leistungen der Kirchengüter lagen demnach erheblich unterhalb jener Rate, welche dem Anteil der Kirche am gesamten Landbesitz der Krone (geschätzt wurden 9 Prozent) entsprochen hätten. Vgl. auch Z. Z. Socha, *Hiberna...*, S. 25 ff. — Allgemein tritt gerade im Zusammenhang mit der *hiberna* die Diskrepanz zwischen Steuerpotential und Steuerertrag besonders deutlich hervor. Einerseits war die Summe aus der *hiberna* 1717 relativ sehr niedrig angesetzt worden, wie der Vergleich mit den früheren Sätzen, aber auch mit den Summen der Revision von 1775 zeigt; andererseits ergab sich aufgrund der vollständigen oder teilweisen Steuerbefreiung der östlichen Wojewodschaften Kleinpolens und des Kirchenbesitzes sowie aufgrund der Unzulänglichkeit der *taryfy*, daß die Hauptlasten von einer vergleichsweise kleinen Zahl von Steuerpflichtigen aufzubringen waren und viele Krongüter dadurch unter übermäßigen Steuerdruck gerieten. So ist es erklärlich, daß trotz geringer Steuersätze Tenutarier und (wegen des *pogłówne*) auch Eigentümer von Adelsgütern ihren Steuerverpflichtungen nicht nachzukommen vermochten; wie auf dem Reichstag von 1748 der Wojewode von Płock, Michał Podoski, und der Landbote Kuczyński erklärten, waren bis zu jener Zeit

Selbst wenn man berücksichtigt, daß auch für die ‚fortschrittlichsten' Staaten Europas die Erhebung von »gerechten«, der wirtschaftlichen Leistungsfähigkeit der Besteuerten wirklich angemessenen Ertragssteuern in der ersten Hälfte des 18. Jahrhunderts ein beinahe unlösbares Problem blieb, so wird man die polnischen Besteuerungsgrundlagen von 1717 mithin doch sehr eindeutig als rückständig bezeichnen müssen. Wie sich zeigt, war mit der ‚Reform' von 1717 weder ein Einbruch in das Adelsprivileg der Steuerfreiheit seiner Güter erzielt worden — mit der Beibehaltung des *pospolite ruszenie* konnte sich die Szlachta steuerlicher Verpflichtungen bezüglich der Verteidigung freilich erfolgreich entziehen —, noch waren auch nur die gravierendsten Mängel des überkommenen und in seinen Grundzügen unverändert fortgeschriebenen Steuersystems zu beheben gewesen. Die Beschlüsse des »Stummen Reichstags« wiesen in dieser Beziehung gewiß eher auf das 17. Jahrhundert zurück, als daß sie reformerische Prinzipien des 18. Jahrhunderts vorweggenommen hätten. Diejenigen unter den drängenden Problemen jedenfalls, deren Lösung von wesentlichen Eingriffen in die ökonomischen Beziehungen innerhalb der Adelsnation abhing, waren vorerst nicht berührt worden.[67]

So markierte die Konstitution von 1717 in der Tat keine positive Wende in der Entwicklung von Polens »Schatz und Heer«. Im Gegenteil: Die bereits für das 17. Jahrhundert erkennbaren strukturellen Krisenentwicklungen hatten sich katastrophal zugespitzt, und mögliche erste Ansätze zu konstruktiven Neuerungen waren angesichts der

---

bereits über 1300 Dörfer wegen Steuerrückständen in Zwangsverwaltung genommen worden (Władysław Konopczyński [Hrsg.], *Dyaryusze sejmowe z wieku XVIII*, Bd. 1, Warszawa 1911, S. 41 u. 215).

[67] So sieht M. Nycz (*Geneza reform skarbowych...*, S. 289) im Mißlingen der Reform im Jahre 1717, d. h. im Ausbleiben einer fundamentalen Neuordnung des Steuerwesens unter Ausschöpfung aller fiskalischen Ressourcen, denn auch die eigentlich entscheidende Wende zum Negativen in der Entwicklung der polnischen Wehrverfassung: Die bereits im 17. Jahrhundert manifesten Entwicklungsdefizite in einzelnen Bereichen des Heerwesens hatten nur einen relativen Rückstand Polens gegenüber den anderen europäischen Staaten begründet; die Festschreibung des tradierten Steuersystems gerade in jener Zeit, in der die meisten Staaten ihre Steuerressourcen durch tiefgreifende Reformen noch einmal wesentlich vermehrten, minimalisierten nun aber die Chance, kurzfristig wieder Anschluß an die expansive europäische Rüstungsentwicklung zu gewinnen. — Eine entsprechende Gewichtung der Finanzierungsfrage als Kernproblem der Heeresreform auch bei H. Krawczak, *Sprawa aukcji wojska...*, in: *Studia i materiały...*, Bd. 7, T. 2, passim, sowie zuletzt bei Jan Wimmer, *Zagadnienie badań nad historią finanso-*

beträchtlichen politischen und wirtschaftlichen Rückschläge im großen
Nordischen Krieg nicht auf einer hinreichend breiten Basis zum Tragen
gekommen. In diesem Sinne freilich wird man zu Recht behaupten
können, daß die politische Konstellation innerhalb der Adelsrepublik
im Jahre 1717, aber auch noch während der unmittelbar folgenden Zeit
durch die Dominanz der retardierenden Kräfte gekennzeichnet war.[68]

Wirklich kam es in der Frage der Heeresreform bis zum Ende der
Regierungszeit Augusts II. nicht mehr zu neuen Initiativen. Zwar
wurden die Kompromißlösungen von 1717 auch von ihren Urhebern
nicht anders denn als Provisorien betrachtet; in beiden politischen
Lagern — bei der Anhängerschaft des Hofs wie unter den ehemaligen
Parteigängern der Tarnogroder Konföderation — wurde die Notwendigkeit einer weiterreichenden, konsequenteren Reform der Wehrverfassung und vor allem einer »Vermehrung des Heers« (*aukcja wojska*)
gesehen. Doch ließ sich innenpolitisch vorerst keine tragfähige Grundlage für eine konstruktive, reformorientierte Reichstagspolitik schaffen.[69] Die alten Gegensätze blieben vielmehr auch nach der äußerlichen
Pazifizierung der Republik wirksam. Daneben aber zeichneten sich
neue Parteienrivalitäten ab, welche das politische Leben gleichermaßen
paralysierten wie der fortdauernde Konflikt zwischen Krone und Republik.

Ursache dieser Entwicklung war nicht nur der obstruktive Widerstand seitens der traditionellen Gegenerschaft der Dynastie, sondern
auch die Politik des Hofes selbst. Grundsätzlich folgte sie weiterhin
jenen Perspektiven, welche sich um 1714 als das neue, gemäßigtere
Programm einer ‚Staatsveränderung' in Polen herauskristallisiert hat-

wania wojska jako jeden z podstawowych elementów historii wojskowości, in: *Studia i
materiały do historii wojskowości*, Bd. 15,2 (1969), S. 3—12.

[68] Zur Charakterisierung der politischen Entwicklung in der letzten Regierungsphase
Augusts II. sowie zur Bedeutung der Zäsur von 1717 zuletzt Jacek Staszewski, *Pomysły
reformatorskie czasów Augusta II. Uwagi o dziełach i programach*, in: *Kwartalnik historyczny*, Bd. 82 (1975), S. 736—764 (mit interessanten Überlegungen zur Frage der
Periodisierung und Klassifizierungen der verschiedenen reformpolitischen Denktradi-
tionen im Zusammenhang des ganzen 18. Jahrhunderts).

[69] Vgl. H. Krawczak, *Sprawa aukcji wojska...*, in: *Studia i materiały...*, Bd. 7, T. 2,
S. 9 ff. Lediglich in der Vorbereitung des Reichstags von 1732 versuchte der Hof noch
einmal, für die Wiederaufnahme der Debatte um die Heeresreform zu werben. Es kam
jedoch nicht einmal zur Debatte um die betreffenden Propositionen der Krone; der
Reichstag scheiterte aufgrund des Konflikts um die Vergabe des vakanten Amts des
Krongroßhetmans.

ten. Auch angesichts der gewandelten — schwierigeren — Situation
nach 1717 blieben die Stärkung der königlichen Prärogativen im Rahmen der Verfassung, die Beschränkung der Machtbefugnisse der
Reichsminister (vor allem der Hetmane), die Sicherung der wettinischen Thronfolge sowie die Finanz- und Heeresreform als Zielsetzungen im Blickfeld der königlichen Politik. Es veränderte sich indessen
offenbar die Gewichtung der einzelnen Ziele. Jedenfalls zeigte sich, daß
reformerische Bestrebungen in der praktischen Politik letztlich zu-
rückstehen mußten und alle Kräfte sich auf die Wahrnehmung der
dynastischen Interessen, die Lösung der Thronfolgefrage zugunsten
des Hauses Wettin, konzentrieren sollten.[70] Auf dieses Ziel richtete
sich die verzweigte, mit wechselnden Optionen betriebene Europadi-
plomatie des Hofes ebenso wie dessen ‚Bündnispolitik' gegenüber den
Parteiungen der Republik; und auf beiden Ebenen wurde damit Stoff
für neue innere Konflikte geschaffen.[71] Vor allem die forcierten Bemühungen des Hofs, den Widerständen im Innern durch den Aufbau einer
neuen — von den dominierenden magnatischen Kräften unabhängigen
und in der Thronfolgefrage willfährigen — Anhängerschaft zu begegnen, führten zu einer nachhaltigen politischen Polarisierung.

Es war der politische Aufstieg der späteren Protagonisten des Reformgedankens, der Parteiung der »Familie«, welcher abermals heftige
Machtkonflikte innerhalb der Republik auslöste.[72] Zielstrebig hatten
die Häupter der neuen Parteiung, der ehemalige Gefolgsmann Leszczyńskis, Stanisław Poniatowski, und seine jungen Verbündeten Mi-

---

[70] Vgl. J. Staszewski, *Pomysły reformatorskie. . .*, in: *Kwartalnik Historyczny*, Bd. 82
(1975), S. 759 ff.; zur Frage der wettinischen Polenpolitik vor 1717 J. A. Gierowski,
Między saskim absolutyzmem. . ., passim.

[71] Die politischen Konstellationen der letzten eineinhalb Jahrzehnte der Regierung
Augusts II. sind im einzelnen freilich wenig bekannt; neuere Untersuchungen liegen
nicht vor. Den präzisesten Überblick vermittelt J. A. Gierowski, *Historia Polski. . .*, Bd.
1, S. 377 ff.; zur Frage der polnischen Thronfolge in der europäischen Diplomatie vor
1733 freilich ausführlich E. Rostworowski, *O polską koronę. . .*, passim.

[72] Im Zusammenhang mit der Entstehungsgeschichte der Parteiung der »Familie« ist
noch immer die ältere Literatur mit heranzuziehen; vgl. vor allem Richard Roepell,
Polen um die Mitte des 18. Jahrhunderts, Gotha 1876, S. 48 ff.; Klemens Kantecki,
Stanisław Poniatowski, kasztelan krakowski, ojciec Stanisława Augusta, Bd. 1, Poznań
1880; wichtig auch Władysław Konopczyński, *Dzieje Polski nowożytnej*, Bd. 2, War-
szawa 1936, S. 194 ff., sowie ders., *Feldmarszałek Flemming*, in: *Roczniki Historyczne*,
Bd. 18 (1949), S. 163—180; zuletzt J. K. Hoensch, *Sozialverfassung und politische
Reform. . .*, S. 232 ff. Den Durchbruch zur Macht erzielte die »Familie« 1731.

chał Fryderyk und Aleksander August Czartoryski, ihr politisches Avancement an der Seite und unter der Protektion des Königs betrieben. Die besondere Unterstützung Jacob Heinrich Flemmings, die erworbene Gunst Augusts II. und nicht zuletzt die Erfolge einer geschickten Heiratspolitik ermöglichten es ihnen, innerhalb weniger Jahre in die Reihen der einflußreichsten Familien aufzurücken und eine eigene Hausmacht zu begründen: Bereits zu Anfang der 1720er Jahre verhalf Flemming seinen Protégés (unter Umgehung anerkannter Verfassungsregeln sowie unter Mißachtung gewichtigerer Anwartschaften) zu senatorischen Würden im Großfürstentum Litauen; in den Angelegenheiten des Hofs wie der Republik wurden sie in der Folge mit besonderen Funktionen betraut; und als 1728 der Großhetman der Krone, Stanisław Rzewuski, starb, trachtete der Hof auch dieses herausragende, mit größter Machtfülle ausgestattete Reichsamt in die Hände der »Familie« zu spielen.

Der Versuch, der neuen Hofpartei auf solchem Wege endgültig ein politisches Übergewicht im Lande zu verschaffen, scheiterte indessen am Widerstand der alten senatorischen Eliten. Gleichzeitig mit dem Aufstieg der »Familie« — und in Reaktion darauf — hatte sich auch die Opposition formiert. Sie vereinigte informell den größeren Teil der einflußreichen Geschlechter, und sie repräsentierte eine weitaus stärkere politische Kraft als der Hof und seine Anhänger. Denn hatte bereits die ‚Ämterusurpation‘ Poniatowskis und der Czartoryski in den Jahren bis 1725 praktisch die gesamte litauische Magnatenschaft in die Reihen ihrer Gegner geführt, so ließ der verschärfte innere Machtkampf seit der Wende der 1720er Jahre eine noch breitere Front gegen Hof und »Familie« entstehen. Unter der Führung der Potocki in Polen sowie der Radziwiłł, Sapieha, Wiśniowiecki und Ogiński in Litauen formierten sich die späteren »Patrioten« oder »Republikaner«, und deren erfolgreiche Obstruktion gegen die Politik der Krone in der Frage der Erhebung Poniatowskis zum Kongreßhetman brachte die letzten Reichstage unter der Regierung Augusts II. zum Scheitern.[73]

---

[73] Zur Entstehungsgeschichte der oppositionellen Parteiung unter den Potocki vgl. ebenfalls die in Anm. 72 genannte Literatur. — Die Bezeichnung ‚republikanisch‘ bedürfte freilich der Präzisierung. J. Staszewski (*Pomysły reformatorskie...*, in: *Kwartalnik Historyczny*, Bd. 82 [1975], S. 758) weist auf die unterschiedlichen Konnotationen der — beide nur mit ‚republikanisch‘ zu übersetzenden — Termini *republikancki* und *republikański* hin: Der erste ist gemäß der üblichen Verwendung in der Literatur auf die verfassungs-konservativen, eher reformfeindlichen Kräfte im politischen Spektrum der

Erst die Ereignisse des Interregnums nach dem Tod des ersten wettinischen Königs ließen die innenpolitischen Fronten abermals in Bewegung geraten. Aus der Krise des Thronfolgekrieges[74] ging jene veränderte Konstellation hervor, welche es der »Familie« ermöglichen sollte, ihre Machtposition als Hofpartei längerfristig zu festigen und nun auch eine eigene, von einem konsistenten Programm getragene Politik zu realisieren. Obgleich die Häupter der »Familie« 1733 ebenfalls wieder in das Lager Leszczyńskis, des vermeintlich aussichtsreicheren Kandidaten im Thronkonflikt, übergegangen waren, gelang es ihnen, auch nach dem Sieg des Wettiners die Initiative zu behalten. Bereits 1734, unmittelbar nach der Kapitulation der Leszczyński-Partei im belagerten Danzig, konnte Poniatowski den erneuten Frontwechsel der »Familie« sowie deren Retablierung als Hofpartei und führende innenpolitische Kraft einleiten. Poniatowskis geschickte Wiederannäherung an den Hof ebnete dafür ebenso den Weg wie seine erfolgreiche Vermittlung zwischen den Lagern des Bürgerkriegs. Entscheidend für den abermaligen Aufstieg aber wurde die zwischen Poniatowski und Ernst Johann Biron, dem Favoriten der russischen Kaiserin Anna, angeknüpfte Verbindung der »Familie« zu Rußland. Sie nötigte den neuen polnischen König gleichsam, das Bündnis mit den Abtrünnigen seinerseits zu erneuern, und sie verschaffte der »Familie« perspektivisch eine relativ unabhängigere Stellung zwischen Krone und oppositionellem Lager, welche die Herausbildung eigener politischer Konzepte begünstigte.

So stand die Reichstagspolitik der folgenden Jahre zweifellos unter anderen Vorzeichen als während der letzten Regierungsperiode Augusts II.: Die Machtverhältnisse hatten sich soweit verändert und stabilisiert, daß die vertagten Fragen der Reform wieder in den Mittelpunkt der politischen Auseinandersetzung treten konnten. Ein entsprechen-

---

ersten Hälfte des 18. Jahrhunderts zu beziehen und läßt sich insofern auch auf die Parteiung der Potocki anwenden; der zweite wäre nach dem Vorschlag Staszewskis geeignet, die reformorientierten, dabei aber sowohl anti-absolutistischen als auch anti-oligarchischen Tendenzen zu kennzeichnen, wie sie vor allem in der zweiten Jahrhunderthälfte zum Tragen kamen.

[74] Über die innenpolitischen Entwicklungen während des Interregnums speziell Szymon Askenazy, *Przedostatnie bezkrólewie*, in: *Dwa stulecia, XVIII i XIX. Przyczynki i badania*, Bd. 1, Warszawa 1903; Józef Feldman, *Stanisław Leszczyński*, 2. Aufl., Warszawa 1959. Leider unergiebig — und völlig ohne Berücksichtigung der polnischen Forschung — die gerade erschienene Arbeit von John L. Sutton, *The King's Honor and the King's Cardinal. The War of the Polish Succession*, Lexington/Kentucky 1980.

des Programm gewann in den Reihen der »Familie« allmählich an Kontur und wurde durch sie in der Folge politisch umgesetzt.[75] Aber auch außerhalb der Kreise von Hof und »Familie«, so scheint es, waren angesichts des erneuten militärischen Debakels im Thronfolgekrieg das Bewußtsein über das Ausmaß der staatlichen Krise und die Bereitschaft zu Reformen gewachsen. Der konföderierte »Befriedungsreichstag« von 1736 tat mit der Berufung einer Heereskommission unter dem Vorsitz des Primas Teodor Potocki jedenfalls einen ersten Schritt zur Reform von *»skarb i wojsko«*[76] und erhob damit die »Wiederherstellung der Republik« (*naprawa Rzeczypospolitej*) zum politischen Programm. Die Bestrebungen der folgenden Reichstage aber sind mit Recht als eine erste konkrete Reforminitiative im 18. Jahrhundert zu bezeichnen. Freilich blieben die reformpolitischen Ansätze immer wieder unrealisiert und scheiterten mit dem Bruch zwischen Hof und »Familie« am Beginn der 1750er Jahre scheinbar endgültig. Der in den Reformdebatten jener Jahre eingeleitete politische Wandel behauptete seine Wirkung jedoch auch über die Phase erneuter politischer Stagnation und über das Ende der »Sachsenzeit« hinaus.

Bereits Władysław Konopczyński hat in seinen Studien zur Geschichte des politischen Denkens in Polen auf den ungeheuren Ertrag der Reformreichstage für Polens politische Kultur hingewiesen, der die frühe Regierungszeit Augusts III. »bei näherem Zusehen als eine im eigentlichen Sinne schöpferische Epoche ausweist«.[77] Mit ungleich größerer Intensität als in den ersten drei Jahrzehnten des Jahrhunderts entwickelte sich die politische Literatur in Polen zu einer kritischen und

---

[75] Über erste Konzeptionen zur Heeresreform aus dem Umkreis der »Familie« H. Krawczak, *Sprawa aukcji wojska...*, in: *Studia i materiały...*, Bd. 7, T. 2, S. 9. Diese Konzeptionen scheinen sich in den letzten Jahren der Regierung Augusts II. sowie in der Anfangsphase des Interregnums konkretisiert zu haben; bekannt ist ein detailliertes Projekt aus der Feder August Czartoryskis, das für den für 1734 erwarteten Reichstag vorbereitet worden war. Auf den beiden ersten Reichstagen Augusts III. war der Anteil der »Familie« an der Reformpolitik des Hofs allerdings vergleichsweise gering. Bis zum ‚Sturz‘ des ersten Favoriten Augusts III. und erklärten Feinds Poniatowskis, Józef Aleksander Sułkowski, im Februar 1738 blieb das Verhältnis zwischen Hof und »Familie« trotz der Wiederannäherung gespannt. In der Folge aber ging die Initiative schrittweise auf die »Czartoryscy« über. (Vgl. dazu auch K. Kantecki, *Stanisław Poniatowski...*, Bd. 2, S. 13 ff. bzw. 41 ff.).

[76] *Volumina legum*, Bd. 6, S. 665 f. u. 674.

[77] W. Konopczyński, *Dzieje Polski...*, Bd. 2, S. 218, vgl. auch ders., *Polscy pisarze polityczni XVIII wieku*, Warszawa 1966, S. 78 ff. — Freilich ist Konopczyńskis Inter-

konstruktiven Reflexion über die Entwicklungsmöglichkeiten, aber auch über die manifesten Defizite an ‚Modernität' in der Struktur des adelsrepublikanischen Staats. Obwohl politische Theorie in Polen, und zwar auch in den Reihen der »Familie«, bis zum Ende der Sachsenzeit im wesentlichen unterhalb jener Schwelle blieb, die durch die Rezeption französischer Aufklärung auf einer breiten Basis in der stanislaischen Epoche markiert wird, wies auch die quasi noch tranditionsimmanente Reflexion der dreißiger und vierziger Jahre über den Horizont bloß affirmativer Ideologie der oligarchischen Magnatenherrschaft hinaus.[78] Denn die konkreten Reformkonzepte, wie sie die Hofpartei, aber auch einzelne Vertreter des »patriotischen« Lagers in der Ära der Reformreichstage entwickelten, antizipierten unter verschiedenen Gesichtspunkten im besonderen, was nach 1764, durch die Wende der Aufklärung, universelle Programmatik wurde. Das konstruktive Moment voraufklärerischer Verfassungskonzeption darf auch insofern nicht unterschätzt werden, als sich gerade in der polnischen Verfassungstradition selbst, das heißt in der positiven Wendung des Prinzips der politischen ‚Anarchie' im Sinne des modernen Republikanismus, der eigentliche Ansatzpunkt für die ‚Geburt der modernen Nation', den spektakulären Modernisierungserfolg der polnischen Gesellschaft in der zweiten Hälfte des 18. Jahrhunderts bildete.[79]

Steht die Ära der reformpolitischen Debatten der Jahre 1736 bis 1752 somit unter dem Aspekt ihrer politischen Programmatik zweifellos nicht mehr dem »sarmatischen 17. Jahrhundert« nahe,[80] so gilt dies bedingt auch für die Entwicklung der politischen Praxis der Reichstage. Allerdings erfuhren Landtags- und Reichstagsverfassung bis zum

---

pretation der Entwicklung des politischen Denkens im 18. Jahrhunderts sowohl hinsichtlich der Periodisierung als auch hinsichtlich der Einordnung der einzelnen Denkrichtungen in die politische Entwicklung durch die neuere Forschung in wesentlichen Punkten korrigiert worden (vgl. J. A. Gierowski, *Między saskim absolutyzmem...*, S. 98 ff.; Henryk Olszewski, *Doktryny prawno-ustrojowe czasów saskich, 1697—1740*, Warszawa 1961; J. Staszewski, *Pomysły reformatorskie...*, in: *Kwartalnik Historyczny*, Bd. 82 [1975], S. 758 f. — mit genauer Wiedergabe der Diskussion); unbestritten ist jedoch, daß die Entwicklung des Reformdenkens in der Regierungszeit Augusts III. wesentliche Impulse erhalten hat.

[78] Vgl. vor allem H. Olszewski, *Doktryny prawno-ustrojowe...*, S. 222 f.

[79] In diesem Sinne auch H. Krawczak, *Sprawa aukcji wojska...*, in: *Studia i materiały...*, Bd. 7, T. 2, S. 42.

[80] »Sarmatisch« hier in der Bedeutung von adelsrepublikanisch-konservativ, im Gegensatz zur Aufklärung stehend.

Ende der Sachsenzeit keine wesentlichen Veränderungen; das heißt die
Zugehörigkeit auch der Regierungszeit Augusts III. zur Epoche der
»oligarchia magnacka« ist verfassungsgeschichtlich nicht zu verkennen.[81] Grundsätzlich neu in der Verfassungsentwicklung der Adelsrepublik — und bestimmend für das Reformzeitalter der zweiten Jahrhunderthälfte — war jedoch die Herausbildung relativ stabiler Parteien,
die ihre Konsistenz aus politischen Programmen bezogen und, wenn
auch wesentlich auf der Grundlage traditioneller Familien- oder Klientelbeziehungen, über mehr als eine Reichstagsperiode zu behaupten vermochten. Erst für die Jahre nach 1736 läßt sich die innenpolitische Konstellation in Polen exakt durch den Parteiengegensatz von »Potoccy
und Czartoryscy« oder »Republikanern« und »Familie« charakterisie-
ren, also nach einem anderen als nur ständebezogenen oder personalen
Kriterium.[82]

Die »Familie« vollzog diesen Wandel am konsequentesten: Nachdem
sie ihre Position als Hofpartei in ihrem Verhältnis zu August III. und
dem Dresdner Kabinett sowie in den politisch wichtigen Reichsämtern
in Polen selbst bis 1744 zu konsolidieren vermocht hatte, entwickelte
sie ihre politische Konzeption bis 1748 zu einem eigenen, »klar ausgear-
beiteten Programm für die Wiederherstellung der Republik«, das sich
sowohl auf eine Reform der Verfassung und Staatsverwaltung bezog, als
auch auf wirtschaftliche Strukturverbesserung, Steuerreform und Heeresvermehrung.[83] Obwohl dem entschiedenen Widerstand der konser-
vativ-oligarchisch orientierten »patriotischen« oder »republikanischen«
Gruppierung ausgesetzt, vermochte solche Parteienprogrammatik zumindest nach 1740 eine deutliche Resonanz bei den nicht-magnatischen
Landboten auf den Reichstagen zu finden und bei einem Teil der
Szlachta eine nicht bloß vordergründige Mobilisierung für Reformen

---

[81] Vgl. J. Bardach (Hrsg.), *Historia państwa i prawa...*, Bd. 2, S. 237 ff., Zdzisław
Kaczmarczyk, *Oligarchia magnacka w Polsce jako forma państwa*, in: *Pamiętnik VIII
powszechnego zjazdu historyków polskich w Krakowie*, Bd. 1, Warszawa 1958, S. 59—74;
über den Reichstag vor allem aber Henryk Olszewski, *Sejm Rzeczypospolitej epoki
oligarchii, 1652—1763*, Poznań 1966, S. 18 ff.

[82] Noch immer wichtig in diesem Zusammenhang die — vielfach unterschätzte —
Arbeit von Kazimierz Waliszewski, *Potoccy i Czartoryscy. Walka stronnictw i programów
politycznych przed upadkiem Rzeczypospolitej 1734—1763*, Bd. 1: *1734—1754*, Kraków
1887; zumindest hat die neuere Forschung bestätigt, daß der parteiengeschichtliche
Ansatz Waliszewskis konstruktive Fragemöglichkeiten enthält.

[83] Julian Nieć, *Młodość ostatniego elekta*, Kraków 1935, S. 26.

zu bewirken. Diese tendenzielle Ablösung von der Tradition ständischer Privilegienwahrung in der Richtung auf ‚Parteienpolitik' stellt fraglos einen gewichtigen konkreten Ertrag der Reformbemühungen unter August III. dar, und zwar obwohl die Reformintiative durch die Umkehrung der Fronten zwischen Hofpartei und Opposition nach 1752 *de facto* wieder preisgegeben wurde.[84]

Wenn es aber trotz dieses manifesten politischen Strukturwandels seit dem vorletzten Interregnum auf keinem der Reichstage zwischen 1736 und 1752 zu einem Beschluß über Heeres- und Steuerreform kam, ja kein Sejm Augusts III. nach 1736 überhaupt noch zu einer Konstitution gelangte, so sind dafür offenbar auch Krisenfaktoren verantwortlich zu machen, die jenseits der Beeinflussung durch die polnische Reichstagspolitik selbst lagen und in gewissermaßen objektiver Konstellation über die gesellschaftliche und politische Verfassung der Adelsrepublik verhängt waren.

---

[84] Ob solche Entwicklungen zu einem Strukturwandel der Parteiung seitens der »Familie« von Anfang an vorausgesehen und angestrebt worden sind, ist freilich zweifelhaft. Das Programm der »Familie« war zunächst wohl eher von einem pragmatischen Reformismus bestimmt, der das Prinzip der magnatischen Oligarchie nicht grundsätzlich in Frage stellte; sehr brauchbar erscheint in diesem Zusammenhang der Begriff »aufgeklärter Oligarchismus« *(oligarchizm oświecony),* der von Jacek Staszewski im Blick auf die Verfassungsvorstellungen der »Familie« am Ende der Sachsenzeit geprägt wurde. Zur neueren Forschungsdiskussion vgl. Jerzy Michalski, *Plan Czartoryskich naprawy Rzeczypospolitej,* in: *Kwartalnik Historyczny,* Bd. 63 (1956), S. 29—43; J. Staszewski, *Pomysły reformatorskie...,* in: *Kwartalnik Historyczny,* Bd. 82 (1975), S. 761 f.

ERSTES KAPITEL

Heeresreform und Bündnisdiplomatie
Polen in der europäischen Mächtepolitik zwischen 1736 und dem Siebenjährigen Krieg

Die Tatsache, daß mächtepolitische Faktoren den Verlauf der Reformreichstage Augusts III. beeinflußt und deren Scheitern mit verursacht haben, ist an sich in der Forschung niemals strittig gewesen: Ohne Zweifel stießen die 1736 eingeleiteten Reformbestrebungen von Anfang an auf massiven Widerstand seitens verschiedener europäischer Mächte, und offensichtlich waren Hof und »Familie« letztlich nicht in der Lage, diese gegen die Reform gerichteten äußeren Einflüsse durch ihre eigene Bündnisdiplomatie zu neutralisieren. Unklarheiten bestehen indessen hinsichtlich der Gewichtung der Ursachen für dieses außenpolitische Scheitern der Reform. Es ist fraglich, ob es vor allem auf eine verfehlte Außenpolitik der Republik, auf Versäumnisse in der Wahrnehmung mächtepolitischer Chancen, zurückgeführt werden muß — oder ob nicht vielmehr der Handlungsspielraum der Republik gegenüber den Nachbarstaaten stets zu gering war, um eine unabhängige, auf die Stärkung des Staates gerichtete Politik zu verwirklichen.

In der Historiographie überwiegt freilich die Auffassung, daß im Blick auf die außenpolitischen Absicherungsmöglichkeiten der Reforminitiative von ‚verpaßten Gelegenheiten‘ zu sprechen sei. Gerade die mächtepolitischen Entwicklungen des Türkenkriegs von 1735 bis 1739 und vor allem der Schlesischen Kriege hätten gewisse Chancen geboten, die Republik aus der Souveränitätskrise herauszuführen. Denn Rußland wie Österreich waren in den Krisen der dreißiger und vierziger Jahre offenbar bestrebt, Polen als Verbündeten zu gewinnen; und beide Mächte, so scheint es, waren in solcher Perspektive zeitweise auch zur Unterstützung einer polnischen Heeresreform bereit. Die Tatsache aber, daß dieser Rückhalt für die sächsisch-polnische Politik nicht hatte nutzbar gemacht werden können, wird sowohl auf die Einflüsse der mit Rußland und Österreich konkurrierenden Mächte zurückgeführt, als auch auf das außenpolitische Versagen der polnischen Parteiungen selbst, welche solcher negativer Einflußpolitik fremder Mächte den Weg bereitet hatten.[1]

Diese Deutung ist in der diplomatiegeschichtlichen Forschung allerdings durchaus nicht in allen Punkten verifiziert. Zwar sind die großen bündnispolitischen Entwicklungen um Sachsen-Polen in der Zeit nach 1736 in ihren Grundzügen gut rekonstruierbar; bereits die ältere Forschung hat hier die besondere Bedeutung der sächsisch-polnischen ‚Frage‘ im Rahmen der europäischen Bündnisbeziehungen genau herausgearbeitet.[2] Letztlich unbewiesen ist jedoch die These, daß diese mächtepolitischen Konjunkturen den Handlungsspielraum der sächsisch-polnischen Politik insgesamt, das heißt, auch in bezug auf den Reformplan, wesentlich erweitert hätten. Konkreter formuliert: Es

---

[1] Vgl. u. a. H. Krawczak, *Sprawa aukcji wojska...*, in: *Studia i materiały...*, Bd. 7, T. 2, passim; J. A. Gierowski, *Historia Polski...*, S. 393; Emanuel Rostworowski, *Czasy saskie i Oświecenie*, in: J. Tazbir (Hrsg.), *Zarys historii Polski...*, S. 303. — Freilich ist gerade die Regierungszeit Augusts III. in der neueren diplomatiegeschichtlichen Forschung praktisch ausgespart geblieben; die Historiographie stützt sich hier vor allem auf die Untersuchungen von Szymon Askenazy und besonders von Władysław Konopczyński sowie auf die große Studie von Mieczysław Skibiński.

[2] Vor allem M. Skibiński, *Europa a Polska...*, Bd. 1, S. 131 ff.; W. Konopczyński, *Dzieje Polski nowożytnej...*, Bd. 2, S. 223 ff.; ders., *Polska a Szwecja od pokoju oliwskiego do upadku Rzeczypospolitej, 1660—1795*, Warszawa 1924, S. 140 ff.; ders., *Polska a Turcja 1683—1792*, Warszawa 1936, S. 120 ff.; ders., *Sejm grodzieński 1752 roku*, in: *Kwartalnik Historyczny*, Bd. 21 (1907), S. 59—104 u. 321—378; ders. in: *Od Sobieskiego do Kościuszki*, Kraków 1921, S. 97 ff. bzw. 109 ff., ders., *Polska w dobie wojny siedmioletniej*, Bd. 1, Warszawa 1909. — Wichtig in diesem Zusammenhang auch die ältere deutsche Forschung zur Diplomatie Brühls, vgl. Ernst Hermann, *Andeutungen über die russische Politik des Reichsgrafen Heinrich v. Brühl*, in: *Archiv für die Sächsische Geschichte*, Neue Folge, Bd. 2 (1876), S. 1—60; Carl Hübner, *Zur Geschichte der Kursächsischen Politik beim Ausbruche des österreichischen Erbfolgestreites*, Phil. Diss., Leipzig 1892; Bobi Petroff, *Die Politik Friedrich Augusts II. von Sachsen, König von Polen, während des Türkenkrieges 1736—39*, Phil. Diss., Leipzig 1902; Johannes Ziekursch, *Sachsen und Preußen um die Mitte des 18. Jahrhunderts. Ein Beitrag zur Geschichte des österreichischen Erbfolgekrieges*, Breslau 1904. — Die Bedeutung Sachsen-Polens für die russische Bündnispolitik der fraglichen Zeit am eindringlichsten analysiert bei Walter Mediger, *Moskaus Weg nach Europa. Der Aufstieg Rußlands zum europäischen Machtstaat im Zeitalter Friedrichs des Großen*, Braunschweig 1952.

bleibt genauer zu prüfen, in welcher Richtung sich die Polenpolitik der einzelnen Mächte nach 1736 entwickelt hat und in welcher Weise die konkurrierenden äußeren Einflüsse in den Auseinandersetzungen um die Reform wirksam geworden sind.[3]

Die Adelsrepublik unter dem Protektorat der drei Schwarzen Adler

Aus der Perspektive des Jahres 1736 mußten die Aussichten der sächsisch-polnischen Politik, die Bestrebungen zur »Wiederherstellung der Republik« mit den äußeren Machtkonstellationen in Einklang zu bringen, gewiß geringer erscheinen als jemals zuvor. Die einzige europäische Macht, welche an einer Stärkung Polens innerhalb des Staatensystems interessiert gewesen war, nämlich Frankreich, hatte ihren Einfluß in Polen im Ergebnis des Thronfolgekrieges *de facto* preisgegeben; der Wiener Friede von 1735 hatte den Rückzug der französischen Diplomatie aus den polnischen Angelegenheiten und damit vorerst auch den Verzicht auf eine Politik der *Barrière de l'Est* in Ostmitteleuropa besiegelt.[4] Der Versuch aber, die Nachbarmächte für eine Unterstützung der Reformpolitik zu gewinnen, schien gleichsam zwangsläufig in ein außenpolitisches Dilemma hineinzuführen. Denn mit dem erklärten Ziel, den *status quo* in Ostmitteleuropa, das heißt, die Machtlosigkeit der polnischen Republik zu erhalten, hatten Preußen, Öster-

---

[3] Der Klärung bedarf in diesem Zusammenhang nicht zuletzt die Frage nach den Formen und Wirkungsweisen äußerer Einflußnahme auf die polnischen Parteiungen und die Reichstagspolitik im 18. Jahrhundert. In der Historiographie ist stets unterstellt worden, daß die europäischen Großmächte durch ihre Einflußdiplomatie — vor allem durch das Mittel der Bestechung — die Reichstage direkt hätten steuern, zumindest aber das »Zerreißen« eines Reichstags nach Belieben hätten herbeiführen können. Genauere Untersuchungen über die Reichweite solcher Einflußnahme und vor allem die Wirksamkeit von Bestechung als politisches Instrument fehlen jedoch; zumindest liegt für Polen bis heute keine ähnlich systematische Analyse dieses Problems vor, wie sie etwa für die schwedische Reichstagspolitik des 18. Jahrhunderts versucht wurde; vgl. Michael F. Metcalf, *Russia, England and Swedish Party Politics, 1762—1766. The Interplay between Great Power Diplomacy and Domestic Politics during Sweden's Age of Liberty,* Stockholm-Totowa 1977.

[4] Zur Vorgeschichte besonders E. Rostworowski, *O polską koronę...;* leider fehlt eine entsprechend gründliche Untersuchung für den Thronfolgekrieg selbst; ansonsten David Lerer, *La politique française en Pologne sous Louis XV, 1733—1772,* Toulouse 1929; aber auch Albert Vandal, *Louis XV et Elisabeth de Russie. Etude sur les relations de la France et de la Russie en XVIII siècle,* 3. Aufl., Paris 1896, S. 99 ff.

reich und Rußland 1732 den Löwenwoldeschen Traktat geschlossen, und die Anerkennung dieses Prinzips der *status quo*-Erhaltung durch August III. hatte im Grunde auch die Voraussetzung für die Erneuerung der sächsisch-polnischen Personalunion gebildet.[5] Gerade diejenigen Mächte, auf deren Unterstützung der König und die Hofpartei in jedem Falle angewiesen waren, hatten sich mithin in ihrer bisherigen Politik als die ‚natürlichen' Gegner einer Reform erwiesen.

Die außenpolitische Absicherung der Bestrebungen von Hof und »Familie« schien somit letztlich davon abhängig zu sein, daß sich die Mächtekonstellation abermals in signifikanter Weise veränderte. Nur wenn die polenpolitische Entente zwischen den drei Nachbarmächten zerfallen sollte — wenn jene Interessengemeinschaft in der Erhaltung der »polnischen Anarchie« welche die Grundlage der Allianz der drei Schwarzen Adler von 1732 gebildet hatte, aufbrechen würde — konnte die Republik einen hinreichend breiten Handlungsspielraum erlangen. Ein solcher fundamentaler Konstellationswandel aber trat weder 1736 ein, noch wurden in den unmittelbar folgenden Jahren Anzeichen dafür erkennbar.

Für die gemeinsamen Intervenen des Thronfolgekonflikts, für Rußland wie für Österreich, stand außer Frage, daß sie gegenüber Polen auf die strikte Bewahrung der Ergebnisse von 1735/36 bedacht sein würden. Denn die übergeordneten sicherheitspolitischen Probleme, welche das Engagement Rußlands und Österreichs in der Thronfolgefrage begründet hatten — der Gegensatz zu Frankreich und die daraus resultierende latente Bedrohung durch das System der *Barrière de l'Est* —, waren ungeachtet des partiellen Erfolges bestehen geblieben.[6] Die De-

---

[5] Vgl. den Warschauer Vertrag zwischen Österreich, Rußland und Sachsen vom 30. August 1733, bei Fedor Fedorovič Martens (Hrsg.), *Sobranie traktatov i konvencij, zaključennych Rossiej s inostrannymi gosudarstvami*, Bd. 1, St. Petersburg 1874, Neudruck: Nendeln 1969, S. 65 ff. — Über die mächtepolitischen Entwicklungen des Interregnums noch immer Szymon Askenazy, *Przedostatnie bezkrólewie*, in: Ders., *Dwa stulecia*, Bd. 1, 2. Aufl., Warszawa 1903; zur russischen Politik im besonderen W. Mediger, *Moskaus Weg nach Europa...*, S. 67; sowie zuletzt Georgij Aleksandrovič Nekrasov, *Rol' Rossii v evropejskoj meždunarodnoj politike 1725—1739 gg.*, Moskva 1976 (mit eigentümlich apologetischer Darstellung der Motive der russischen Interventionspolitik).

[6] Über die russische Bündnispolitik nach dem großen Nordischen Krieg sowie über die Entstehung des Gegensatzes zu Frankreich in der Wirkung der russisch-österreichischen Allianz neben W. Mediger, *Moskaus Weg nach Europa...*, besonders Walter Leitsch, *Der Wandel der österreichischen Rußlandpolitik in den Jahren 1724—*

fensivpolitik beider Mächte war in Osteuropa vorrangig darauf gerichtet, eine Aktivierung der *Barrière,* eine von Frankreich gesteuerte Vereinigung Schwedens, Polens und des Osmanischen Reichs in einer Allianz gegen die östlichen Großmächte zu verhindern. Solange diese Staaten außenpolitisch und militärisch auf sich selbst gestellt blieben, hatte Österreich von osmanischen ‚Diversionen' ebensowenig zu befürchten wie Rußland von den Revanche-Bestrebungen Schwedens. Sollte es der französischen Bündnis- und Subsidienpolitik jedoch gelingen, die potentiellen Gegner Österreichs und Rußlands gleichzeitig zur Offensive zu bewegen, so drohte nicht nur eine Destabilisierung, sondern möglicherweise sogar eine vollständige ‚Revolution' des Mächtegleichgewichts, wie es seit dem großen Nordischen Krieg in Osteuropa bestanden hatte.[7] Eine Gewähr dagegen aber bot aus russisch-österreichischer Perspektive vor allem die Kontrolle und Steuerung Sachsen-Polens: die Bewahrung der relativen Schwäche der Republik sowie die konsequente Verhinderung einer selbständigen Außenpolitik, welche Polen aus der 1716 begründeten und 1733/36 wiederhergestellten satellitären Abhängigkeit von Rußland hätte lösen können.[8]

1726, in: *Jahrbücher für Geschichte Osteuropas,* NF, Bd. 6 (1958), S. 33—91; Georgij Aleksandrovič Nekrasov, *Russko-švedskie otnošenija i politika velikich deržav v 1721—1726 gg.,* Moskva 1964; sowie jetzt vor allem Hans Bagger, *Ruslands alliancepolitik efter freden i Nystad. En studie i det slesvigske restitutionsspørgsmål indtil 1732,* København 1974.

[7] Vgl. die aufschlußreiche Denkschrift des russischen Vizekanzlers Ostermann von 1725 über die Perspektiven der russischen Sicherheitspolitik in Europa: Andrej Ivanovič Osterman [Heinrich Ostermann], *General'noe sostojanie del i interesov vserossijskich so vsemi sosednimi i drugimi inostrannymi gosudarstvami v 1726 g.,* in: *Severnyj Archiv* (1828), Nr. 1, S. 3—61; sowie: *Iz perepiska barona A. I. Ostermana = Čtenija v Imperatorskom obščestve Istorii i Drevnostej Rossijskich,* Bd. 246 (1913), kn. 3. — Zur Frage der *Barrière*-Politik aus der Perspektive Frankreichs noch immer Albert Vandal, *Une Ambassade Française en Orient sous Louis XV 1728—1741,* Paris 1887; sowie Arthur McCandless Wilson, *French Foreign Policy during the Administration of Cardinal Fleury, 1726—1743,* Cambridge 1936. Eine neue Untersuchung zu Praxis und Wirkungen französischer *Barrière*-Politik im 18. Jahrhundert wäre allerdings wünschenswert; denn gewiß sind die Möglichkeiten der französischen Politik in bezug auf die Lenkung der potentiellen *Barrière*-Staaten in der Historiographie ebenso überschätzt worden wie schon von der zeitgenössischen europäischen Diplomatie. Interessante Einblicke gibt in dieser Frage die Arbeit von Lavender Cassels, *The Struggle for the Ottoman Empire 1717—1740,* London 1966.

[8] Die Grundlegung des russischen Hegemonialsystems in Ostmitteleuropa im großen Nordischen Krieg sowie der Prozeß des Souveränitätsverlusts der Adelsrepublik im Zeichen dieses Systems sind in der neueren Forschung ausführlich erörtert worden; siehe Einleitung, Anm. 12 u. 13.

In dem Bestreben aber, die außenpolitische Isolation und die Schwäche der Adelsrepublik zu erhalten, ging auch die preußische Polenpolitik grundsätzlich mit der Österreichs und Rußlands parallel. Obgleich Preußen bereits in der Anfangsphase des polnischen Thronfolgekonflikts aus der Allianz der drei Mächte von 1732 ausgeschieden war und keinen Anteil genommen hatte an der Restitution des wettinischen Königtums in Polen, war die preußische Politik nach 1736 genötigt, die Ergebnisse des Thronfolgekrieges anzuerkennen und ebenfalls auf ihre Bewahrung hinzuwirken. Gerade die Tatsache nämlich, daß die Erneuerung der sächsisch-polnischen Personalunion nicht hatte verhindert werden können, machte Preußen nun wiederum in besonderem Maße von russischer Rückendeckung gegenüber Polen abhängig. Allein Rußlands hegemoniale Kontrolle über die Adelsrepublik und die Lenkung der wettinischen Polenpolitik durch Rußland vermochten zu gewährleisten, daß Preußen in Sachsen-Polen auch in Zukunft kein ernsthafter mächtepolitischer Konkurrent erwuchs[9] — daß nicht erneut die Gefahr einer Abschnürung des Hohenzollernstaats durch eine sächsisch-polnische ‚Universalmonarchie‘ entstand.[10]

So glich die mächtepolitische Konstellation nach dem Ende des Thronfolgekriegs in den Grundzügen wiederum diejenige vor 1733. Zwar war das förmliche Bündnis zwischen den Nachbarstaaten Polens nicht wieder entstanden. Das Interesse an der Aufrechterhaltung der »polnischen Anarchie« verband sie jedoch weiterhin; und in dem Zusammenwirken der Mächte in dieser Perspektive »negativer Polenpolitik«[11] blieb die *Entente cordiale* der drei Schwarzen Adler in der Tat bis 1740 *de facto* in Geltung.

Dementsprechend war die Aufmerksamkeit, welche die europäische Diplomatie der Reforminitiative in Polen widmete, anfänglich vergleichsweise gering. Das faktisch fortbestehende Bündnis zwischen Po-

[9] Die Tatsache, daß Preußen in dieser Weise gleichsam objektiv auf eine polenpolitische Kooperation mit Rußland verpflichtet war, hatte Ostermann bereits 1725 genau gesehen; vgl. dessen *General'noe sostojanie del...*, S. 39; dazu auch K. Zernack, *Preußen als Problem...*, in: *Studia Historica Slavo-Germanica*, Bd. 6 (1977), S. 40.

[10] Entsprechende Befürchtungen, daß August III. die Pläne seines Vaters bezüglich einer absolutistischen Umgestaltung Polens wiederaufnehmen und Sachsen mit Polen zu einem militärisch potenten Einheitsstaat verbinden könnte, wurden von Friedrich II. noch zur Zeit des Siebenjährigen Krieges gehegt; vgl. u. a. *Oeuvres de Frédéric le Grand*, Bd. 3, Berlin 1850, S. 29.

[11] In diesem Sinne K. Zernack, *Negative Polenpolitik...*, in: U. Liszkowski (Hrsg.), *Rußland und Deutschland*.

lens Nachbarstaaten garantierte durch sein unabweisbares militärisches Übergewicht, daß eine Heeresvermehrung und Steueranhebung in der Adelsrepublik, sollte sie nicht ohnehin schon an den inneren Konflikten auf den Reichstagen selbst scheitern, keine außenpolitisch wirksamen Folgen haben würde. Der französischen Politik aber, obwohl darum besorgt »de ne pas laisser subjuger la Pologne par la Russie«,[12] bot sich vorerst kein Ansatzpunkt mehr für eine wirksame *barrière*-politische Einflußnahme in Polen, die einer Wiederherstellung der außenpolitischen Handlungsfähigkeit der Adelsrepublik auf dem Wege von Reformen den notwendigen Rückhalt gegenüber Rußland und seinen Verbündeten hätte bieten können.

Die sächsische Diplomatie versuchte dessen ungeachtet, ihren minimalen Handlungsspielraum im Sinne der Reformziele zu nutzen. Namentlich Minister Heinrich Graf Brühl[13] trat nun außenpolitisch hervor in einer großangelegten diplomatischen Initiative gegenüber Rußland in den Jahren 1737 bis 1739. Der russisch-osmanische Krieg und die Vakanz des kurländischen Herzogsstuhls schienen gewisse Ansatzpunkte zu bieten, Rußland zu bedingten Konzessionen gegenüber Sachsen und seiner Polenpolitik zu bewegen, und zwar sowohl in der Frage der Heeresreform als auch in bezug auf Sachsens Bestrebungen, die polnische Krone im Hause der Wettiner erblich zu machen.[14] »Gegen obige Verbindlichkeiten«, das heißt gegen Erfüllung dieser Forderungen, so er-

---

[12] *Recueil des Instructions données aux Ambassadeurs et Ministres de France depuis le Traité de Westphalie jusqu'à la Révolution Française*, Bd. 5 (*Pologne*), T. 2, Paris 1884, S. 399.

[13] Heinrich von Brühl wurde 1737 in den Reichsgrafenstand erhoben. Seit 1731 hatte er dem Geheimen Raths-Collegium angehört; nach 1733 waren ihm die Funktionen eines Kammerpräsidenten, Inspektors der Staatskassen, Kabinettsministers und Chefs der Departements für Zivilangelegenheiten sowie (1737) für Militärangelegenheiten übertragen worden. Die Leitung der auswärtigen Angelegenheiten sollte er offiziell allerdings erst 1738, nach dem Sturz des Fürsten Sułkowski übernehmen; und erst 1746 verlieh ihm August III. die neu geschaffene Würde eines Premier-Ministers. — Zur Biographie vgl. [Johann Heinrich Gottlob von Justi], *Leben und Character des Grafens von Brühl, in vertraulichen Briefen entworfen*, 3 Bde, Göttingen 1760—1761; *Zuverlässige Lebensbeschreibung des Grafen von Brühl und des Kabinettsministers A. I. Fürsten von Sulkowski*, Frankfurt-Leipzig 1766; zuletzt Aladár von Boroviczény, *Graf von Brühl. Der Medici, Richelieu und Rothschild seiner Zeit*, Zürich-Leipzig-Wien 1930.

[14] Über die Erwartungen Brühls A. v. Boroviczény, *Graf von Brühl...*, S. 177 ff.; zur russischen Diplomatie im Zusammenhang des Türkenkrieges wie der Kurland-Frage vgl. Sergej Michajlovič Solov'ev, *Istorija Rossii s drevnejšich vremen*, Bd. 19/20, Moskva 1963, S. 635 ff.; G. A. Nekrasov, *Rol' Rossii...*, S. 219 ff. u. 244 ff.

klärte der sächsische Minister in einer Denkschrift, die der russische Gesandte Keyserlingk Anfang 1737 an Kaiserin Anna und ihren Favoriten Ernst Johann Biron übermittelte, »würden Ihre Königl. Maj. Rußlands Interesse und Convenienz allerorten zu befördern aufrichtigst sich angelegen seyn lassen und hiermit sothanen Kaiserthum gemeinschaftlich habenden Absichten in Kurland mit Ausschließung fremder Kandidaten, zu favorisiren und handzuhaben trachten, auch die von der Republique noch rückständige Ertheilung des Kaiserlichen Tituls und die Erneuerung der Alliance-Tractaten zwischen beiden Reichen derselben unablässig recommandiren, inzwischen auch, und wann der Friede mit den Türken diesen Winter nicht zu Stande käme, in dero Königreich Pohlen die Beliebung solcher Veranstaltung wodurch Rußland aus den Pohlnischen Gränzen alle Mögliche Sicherheit erlange, in einem Senatus Consilio so viel immer tunlich, mit allem Ernst und Eyfer zu promoviren suchen, ja durchgehends bey anderen Vorfallenheyten, Dero Königl. Autorität bey der Pohlnischen Nation zu Ihro Russisch Kays. Maj. Wohlgefallen und Zufriedenheit anwenden«.[15]

Das Ergebnis der in den folgenden Monaten in Petersburg geführten Verhandlungen des sächsischen Gesandten entsprach jedoch nur teilweise den Erwartungen Brühls und des Königs. Der nach dem Tode des letzten Kettlers 1737 zum kurländischen Herzog gewählte Ernst Johann Biron, der zur Sicherung seiner Stellung in Kurland des sächsischen Rückhalts zu bedürfen glaubte, versprach August III. 1738 russische Unterstützung bei der Umwandlung Polens in eine Erbmonarchie und veranlaßte im folgenden Jahr die Kaiserin Anna zu einer entsprechenden schriftlichen Geheimvereinbarung mit Sachsen.[16] Das nächstliegende Ziel der Brühlschen Initiative indessen, die Erlangung der Hilfe Rußlands bei einer Heeresreform in Polen aufgrund der Aussicht auf polnische Militärhilfe im Türkenkrieg, blieb unerreichbar. Zwar warben Rußland wie Österreich 1738, als sich der Krieg der Verbündeten gegen das Osmanische Reich durch die militärischen Rückschläge Österreichs zu einer gefährlichen Krise des russischen Defensivsystems

---

[15] »Vertrauliche Punkte vor des Hr. Barons Keyserling Excell. Rückkehr nach Petersburg« vom 15. Januar 1737; abgedruckt bei A. v. Boroviczény, *Graf von Brühl...,* S. 254—291.

[16] *A.a.O.,* S. 191 ff.; vgl. auch K. Kantecki, *Stanisław Poniatowski...,* Bd. 2, S. 52 ff. Tatsächlich blieb die Kurland-Frage in den beiden Jahrzehnten nach 1736 eines jener Probleme, welche die russische Polenpolitik am intensivsten beschäftigten; siehe unten Anm. 69.

an der Südflanke der *Barrière* zu entwickeln schien, um die Hilfe Polens im Rahmen einer neuen Türkenliga;[17] zu einer Sanktionierung der polnischen Reformpläne aber fand sich der russische Vizekanzler Ostermann offenbar nicht bereit, erschien doch das Risiko, daß Polens rußlandfeindliche Adelsparteien ein vermehrtes Heer als *barrière*-politisches Instrument gegen Rußland wenden und die Krise im Süden damit nach Ostmitteleuropa tragen könnten, sehr viel gewichtiger als die vage Aussicht auf die Ergebnisse einer Reform, die ohnehin erst langfristig bündnispolitische Auswirkungen haben konnte.[18]

---

[17] W. Konopczyński, *Dzieje Polski nowożytnej...*, Bd. 2, S. 223 f.

[18] Tatsächlich war das Mißtrauen Ostermanns nicht unbegründet; die von Krongroßhetman Józef Potocki angeführte Opposition arbeitete 1738/39 fieberhaft an der Vorbereitung einer anti-russischen Konföderation, und Anfang 1739 verhandelte ein Vertrauter Potockis, Gurowski, mit der Pforte über ein polnisch-osmanisches Bündnis. Darüber ausführlich R. Roepell, *Polen...*, S. 61 ff., sowie K. Kantecki, *Stanisław Poniatowski...*, Bd. 2, S. 57 ff. — Die Annahme Konopczyńskis, Österreich und Rußland hätten gerade 1738 die polnischen Heeresreformpläne begrüßt und unterstützt, läßt sich nicht verifizieren. Auch der Frage eines anti-osmanischen Bündnisses scheinen die beiden Mächte kein besonderes Gewicht beigemessen zu haben. Die russische Diplomatie jedenfalls unternahm nichts, um die Stände der polnischen Republik in positivem Sinne zu beeinflussen. Im Gegenteil: Die Tatsache, daß Senatoren und Landboten auf dem Reichstag von 1738 gegen die fortgesetzten Operationen der russischen Heere in den südöstlichen Provinzen Polens protestierten und daß die oppositionellen Landboten ihre Zustimmung zu den Reformprojekten vom Abzug der russischen Truppen abhängig machten, veranlaßte die russische Regierung nicht einmal zu diplomatischen Reaktionen — geschweige denn zur Beseitigung der Ursache für die Beschwerden. Ebenso unbeachtet durch die russische Regierung blieb die Beschwerde des Reichstags, daß der neue kurländische Herzog, Ernst Johann Biron, seiner Verpflichtung, dem polnischen König persönlich zu huldigen, nicht nachzukommen gedachte. Es war mithin offenkundig, daß Ostermann die Diskreditierung der pro-russischen Politik von König und Hofpartei in Polen und damit auch einen innenpolitischen Sieg der republikanischen Opposition bewußt in Kauf nahm. — Vgl. dazu die Protokolle der Reichstagsdebatten von 1738, in: *Teka Gabryela Junoszy Podoskiego*, Bd. 4, Poznań 1956, S. 342—468, hier besonders S. 367 ff. (Präsenz der russischen Heere) u. 396 ff. (Kurland); entsprechend auch die Instruktionen der Landtage für den Reichstag von 1738, vgl. etwa die Landboteninstruktionen *(instrukcje poselskie)* des kujawischen *sejmik* vom 25. August 1738, A. Pawiński, *Rządy sejmikowe...*, Bd. 5, S. 69 ff.; über die Grenzverletzungen durch die russischen Heere im Türkenkrieg sowie über deren Wirkungen auch Henryk Schmitt, *Dzieje Polski XVIII i XIX wieku*, Bd. 1: *Panowanie Fryderyka Augusta III.*, Kraków 1866, S. 111 f. Die russischen Heere unter B. Ch. Münnich zogen mehrfach durch die südöstlichen Länder der Republik, schlugen dort ihre Lager auf, requirierten Proviant auf den Adelsgütern und »hinterließen einzig Ruinen«, wie Stanisław Poniatowski 1739 an Biron schrieb; vgl. K. Kantecki, *Stanisław Poniatowski...*, Bd. 2, S. 59.

In den folgenden beiden Jahren schwanden die Chancen der sächsisch-polnischen Politik, das Protektorat der drei Schwarzen Adler über
Polen durch Einflußnahme auf Rußland zu lockern, noch weiter: Der
Friedensschluß von Belgrad hob 1739 die akute Bedrohung Rußlands
seitens des Osmanischen Reiches auf und machte die Bündnishilfe der
Adelsrepublik vollends entbehrlich; dafür schien sich 1738/39 aufgrund
deutlich wachsender Revanche-Tendenzen Schwedens gegenüber Rußland eine neue Krise in der nordischen Politik anzubahnen, die Rußland
1740 zur erneuten Annäherung an Preußen und damit zu um so feste-
rem Zusammenschluß mit den polenpolitischen Partnern der Allianz
von 1732 veranlaßte.[19]

Die Fortsetzung der sächsisch-polnischen Personalunion durch die
Intervention Österreichs und Rußlands zugunsten Augusts III. hatte
Preußen, für das gerade der Ausschluß des sächsischen Rivalen von der
Thronfolge in Polen das Motiv zum Bündnis mit den beiden Großmächten gewesen war, 1733 zum Abrücken von Rußland veranlaßt. Die
bündnispolitischen Konsequenzen aus der Verschlechterung der russisch-preußischen Beziehungen blieben für Rußland jedoch solange un-
erheblich, wie Preußen aufgrund seiner eigenen politischen Interessen
zur polenpolitischen Kooperation mit den östlichen Großmächten gezwungen war und die französische *Barrière de l'Est* unwirksam blieb.[20]
Als jedoch am Ende der dreißiger Jahre die *barrière*-politische Reaktivierung Schwedens gegen Rußland drohte, mußte sich Ostermann erneut
um eine Verständigung mit Preußen bemühen. Durch das Angebot in-
tensiverer russischer Unterstützung der preußischen Obstruktionspolitik gegen August III. sollte Friedrich II. nun dafür gewonnen werden,
Rußland den gleichen Dienst gegenüber Schweden zu leisten. In diesem
Sinne wandte sich Keyserlingk im Auftrag Ostermanns im Juni 1740 an
den preußischen Gesandten Ammon in Dresden mit dem Vorschlag einer »genaueren Verständigung« zwischen beiden Mächten, »afin de
s'opposer à l'agrandissement de la Suède et de tenir en bride les Polonais, dont l'esprit, turbulent et inquièt, devait faire toujours craindre,
qu'ils n'abussent de la trop grande liberté, dont ils jouissaient, que rien
ne pouvait mieux les rentenir dans leur devoir, qu'une alliance entre V.
M. et la Russie, qui en cas de besoin pourraient les attaquer des deux cô-
tés«.[21] Damit ging Rußland, das sich 1738 gegenüber der Reforminitia-

---

[19] Vgl. W. Mediger, *Moskaus Weg nach Europa...*, S. 167.
[20] *A.a.O.*, S. 166.
[21] Ammon an Friedrich II. am 27. Juni 1740; M. Skibiński, *Europa a Polska...*, Bd. 2:
Dokumenty, S. 600 f.

tive in Polen noch auf eine demonstrative Bekräftigung der Verfassungsgarantie beschränkt hatte, im Herbst 1740 ein regelrechtes Bündnis mit der preußischen Polenpolitik ein, und Friedrich II. konnte seinem Gesandten Hoffmann für den bevorstehenden polnischen Reichstag die Anweisung geben, »qu'il doit de concert avec Keyserlingk rompre la diète de Varsovie«.[22]

Gegen diese Konstellation in den dreißiger Jahren des 18. Jahrhunderts erwies sich die Reichweite der sächsisch-polnischen Außenpolitik letztlich als zu gering, um auf Rußlands hegemoniales Vorfeldkonzept der Steuerung Polens und der Kontrolle seiner Verfassung einen modifizierenden Einfluß nehmen zu können. Weder die Krise des russisch-osmanischen Kriegs von 1735 bis 1739, noch die baltische Krise infolge des schwedischen Bündniswechsels auf die Seite der Gegner Rußlands im Jahre 1739 verringerten den hegemonialen Druck, den die polenpolitische Allianz der drei Schwarzen Adler unter Rußlands Führung auf die Adelsrepublik ausübte. Im Gegenteil: Die Erschütterung des russischen Defensivsystems an der nördlichen und südlichen Flanke mußte Rußland in seiner ostmitteleuropäischen Vorfeldpolitik bestärken, denn die oktroyierte Neutralität Polens garantierte nicht nur die Aktionsunfähigkeit der *Barrière*, sondern sie bildete, wie Ostermann noch Ende 1740 annehmen konnte, das sichere Mittelstück für eine große Anti-*Barrière*, deren Formierung der russische Vizekanzler seit 1726 angestrebt hatte.

Erst der gesamteuropäische Konflikt um das Habsburgische Erbe, den der preußische Überfall auf Schlesien im Dezember 1740 auslöste, veränderte auch die Situation in Ostmitteleuropa grundlegend. Der Ausbruch des ersten Schlesischen Krieges liquidierte die polenpolitische Solidarität der drei osteuropäischen Großmächte und eröffnete Frankreich wiederum die Möglichkeit eines Zugriffs der *Barrière*-Politik auf Polen. Die polnische Adelsrepublik aber erlangte für die Dauer dieses Konfliktes — als Objekt der wiederaufgebrochenen Rivalität zwischen den beiden kontinentalen Flügelmächten — eine aufs neue gewichtige mächtepolitische Funktion in Osteuropa.[23]

---

[22] Friedrich II. an Podewils am 4. November 1740; *Politische Correspondenz Friedrichs des Großen*, Bd. 1, Berlin 1879, S. 86.

[23] Überschätzt werden die positiven Rückwirkungen des Schlesien-Konflikts auf die außenpolitischen Möglichkeiten allerdings bei Skibiński, wenn er feststellt: »Polen konnte nun bei sich alle die Reformen durchführen, welche es für notwendig hielt; kein Nachbar der Republik konnte gegen Polen auftreten, denn jeder war in einen Krieg

Rußlands Vorfeldpolitik nach 1740
und das ‚System Bestužev'

Auf die Krise, die der Bruch der Pragmatischen Sanktion durch Preußen in Ostmitteleuropa auslöste, war die russische Außenpolitik vollständig unvorbereitet. In der Einsicht, daß die größte Gefahr für den Bestand des petrinischen Imperiums von Frankreich und seinen ‚natürlichen' Verbündeten in der alten *Barrière de l'Est* ausgehen mußte, hatte Vizekanzler Ostermann seit 1726 mit großer Konsequenz eine bündnispolitische Festlegung Rußlands auf der Seite der Feinde Frankreichs und der *Barrière*-Staaten betrieben: Der Allianz mit Österreich von 1726 war 1732 der Löwenwoldesche Traktat sowie, 1739, ein Subsidienvertrag mit Dänemark gefolgt, und gegen Ende 1740 schien durch die Annäherung Rußlands an Preußen und England die Bildung einer regelrechten ‚Anti-*Barrière*' unter der kontinentalen Führung Rußlands unmittelbar bevorzustehen.[24] Der überraschende preußische Überfall auf Schlesien aber brachte nunmehr auch Ostermanns Werk einer großen, gegen Frankreich gerichteten Defensivallianz mit einem Schlag zu Fall, und so mußte der Schlesienkonflikt zu einer akuten Gefahr für die Sicherheit des russischen Imperiums werden, wenn es nicht gelang, Rußlands Kontrolle über das ostmitteleuropäische Vorfeld rechtzeitig zu stabilisieren — sei es durch die rasche Wiedereingliederung Preußens in die alte ostmitteleuropäische Allianz, sei es durch eine Modifikation des kontinentalen Bündnissystems Rußlands, welche die polenpolitische Solidarität Preußens entbehrlich machen würde.[25]

Vizekanzler Ostermann selbst gelang es jedoch nicht mehr, den vorfeldpolitischen Einbruch, den der Schlesienkonflikt auszulösen drohte, aufzuhalten. In den entscheidenden ersten Monaten des Schlesischen Krieges aus der Führung der russischen Außenpolitik verdrängt, konnte

verwickelt, Polen hatte also völlig freie Hand und konnte ungestört das Werk seiner Wiedererweckung beginnen.« (*Europa a Polska...*, Bd. 1, S. 140.) Tatsächlich wirkte sich der Schlesische Krieg nur mit langer Verzögerung auf Polen aus; und diese Auswirkungen hatten niemals die von Skibiński unterstellte Reichweite.

[24] Vgl. W. Mediger, *Moskaus Weg nach Europa...*, S. 172 f.

[25] *A.a.O.*, S. 168. Über die Absichten Ostermanns bei den russisch-österreichischen Bündnisverhandlungen im Herbst 1740 berichtet treffend der englische Gesandte Finch: vgl. Finch an Harrington am 12. November 1740; *Sbornik (Imperatorskago) Russkago Istoričeskago Obščestva*, Bd. 85, St. Petersburg 1893, Neudruck: Nendeln 1971, S. 35 ff.; dazu Hans Branig, *Preußen und Rußland während des ersten Schlesischen Kriegs*, Phil. Diss., Greifswald 1930, S. 24 f. Der polenpolitische Aspekt dieser Frage ist in der Forschung bislang allerdings wenig beachtet worden.

er nicht verhindern, daß das von ihm selbst angebahnte preußisch-russische Bündnis auf Drängen Feldmarschall Münnichs noch nach Ausbruch des Krieges zum Abschluß gebracht wurde und Preußen somit
den Rückhalt erhielt, den es für die Fortsetzung des Krieges gegen
Österreich brauchte.[26] Während der Erste Minister und Feldmarschall
Münnich — offenbar aufgrund unreflektierter Borussophilie — bis zu
seinem Rücktritt im März 1741 jede militärische wie diplomatische Intervention gegen Preußen kategorisch ablehnte, versuchte Ostermann
jedoch noch vor seiner Rückkehr in das Amt des Vizekanzlers durch
eine Verständigung mit Sachsen und den Seemächten sowie durch dringende Warnungen an den preußischen Gesandten Mardefeld die ersten
Schritte zu einer raschen Intervention der Abschreckung gegen Preußen zu tun.[27] Die bloße Drohung einer großen antipreußischen Allianz,
so hoffte er, werde Friedrich II. in kurzer Frist zum Verzicht auf seine

[26] S. F. F. Martens (Hrsg.), *Sobranie traktatov...*, S. 309 ff. — Münnich versuchte in
der Folge, den eskalierenden Effekt, den der Vertragsabschluß *de facto* auf den Schle-
sienkonflikt ausübte, durch diplomatischen Druck auf Österreich zu kompensieren.
(Vgl. H. Branig, *Preußen und Rußland...*, S. 29.) Andererseits wollte Münnich den
Schein wahren, daß Rußland auf der Einhaltung der Pragmatischen Sanktion beharre; er
ließ daher in einem Reskript an alle russischen Gesandten erklären, »daß durch die
Erneuerung dieser Allianz bei den gegenwärtigen Ereignissen in Europa der allgemeine
Friede auf das rascheste wieder befestigt werden kann. Und obgleich wir gerade bei der
Ausführung dieser Sache [i. e. bei Vertragsabschluß — M. G. M.] die Nachricht
erhielten, auf welche Weise der preußische König sich angeschickt hat, mit bewaffneter
Hand in Schlesien einzudringen, [...] haben wir es dennoch nicht für gut befunden, von
dem Abschluß zurückzustehen, denn diese Allianz hebt unsere früher anderen Mächten
gegenüber übernommenen Verpflichtungen in keiner Weise auf, und wir konnten
hoffen, daß unsere wohlwollenden Vorstellungen gegenüber dem preußischen König
dahin wirken würden, diesen von so weitreichenden Vorsätzen abzubringen«; S. M.
Solov'ev, *Istorija Rossii...*, Bd. 21/22, S. 67. — Zur Politik Münnichs vgl. auch Francis
Ley, *Le maréchal de Münnich et la Russie au XVIII siècle*, Paris 1959.
[27] Im Januar 1741 hatte Finch den russischen Ministern ein englisches Bündnisange-
bot unterbreitet und ihnen erklärt, daß »in His Majesty's opinion, nothing can more
contribute towards bringing that prince [Friedrich II. — M. G. M.] speedily to reason,
than making a diversion, as may very conveniently be done by the forces of His Czarish
Majesty upon his dominions in their neighbourhood«. Finch an Harrington, am 20.
Januar 1741; *Sbornik...*, Bd. 85, S. 422 f. Ostermann hatte seine Entschlossenheit zur
Intervention bereits im Dezember 1740 beteuert und gegenüber Finch versichert, daß
der russische Gesandte in Berlin angewiesen sei, »to make the strongest representation
against anything, which might tend to dismember the mass of the Austrian successor or
derogate from the pragmatic sanction, which this court has engaged to guarantee and
was determined to maintain«. Finch an Harrington am 20. Dezember 1740; *Sbornik...*, Bd. 85, S. 422 f.

Schlesien-Pläne nötigen und den Anschluß Preußens an Frankreich und
die *Barrière* noch rechtzeitig verhindern. Diese Überlegungen waren es,
die den Vizekanzler im März und April 1741 veranlaßten, die Bemühungen um das von England angebotene Bündnis mit den Seemächten,
Sachsen und Österreich einerseits zu verstärkten, andererseits aber die
Pläne der potentiellen Verbündeten für eine Aufteilung Preußens sowie
die dringend von Österreich angeforderte Bündnishilfe vorerst abzulehnen: Denn er war »still firm in opinion, that if the house of Austria is not
vigorously supported in the present juncture, France will still remain an
indifferent spectator, whilst the several princes of the empire are tearing
themselves to pieces and thereby in effect doing her business . . .«.[28]

Die Voraussetzungen für einen solchen Versuch, Frankreich von dem
mitteleuropäischen Konflikt fernzuhalten und die Entente der drei
Schwarzen Adler dadurch zu retten, waren indessen — wenn sie bei
Ausbruch des Schlesischen Krieges bestanden haben mochten — im
Frühjahr 1741 nicht mehr gegeben. Längst hatte sich Kardinal Fleury
unter dem Einfluß des Feldmarschalls Belle-Isle zu einer umfassenden
Offensive gegen Österreich und dessen Verbündete entschlossen; und
längst war auch Friedrich II. nicht mehr bereit, die schlesischen Erwerbungen bedingungslos preiszugeben. Ostermanns energische Interventionspolitik, die im Dezember 1740 unter Umständen noch die Rückkehr Preußens in die alte Abhängigkeit von Rußland hätte erzwingen
können, bewirkte nun das Gegenteil: Sie veranlaßte den preußischen
König, der noch im Mai 1741 vor dem endgültigen Bruch gezögert
hatte, im Juni eine Allianz mit Frankreich einzugehen und dadurch auch
den Mechanismus der *Barrière* gegen Rußland in Gang zu setzen.[29]

So mußte Ostermann Mitte des Jahres 1741 erkennen, daß sein politisches System endgültig gescheitert war.[30] Das noch im April abgeschlos-

---

[28] Finch an Harrington am 21. April 1741; *Sbornik . . .*, Bd. 91, S. 135. Vgl. außerdem
W. Mediger, *Moskaus Weg nach Europa . . .*, S. 169 f.
[29] *A.a.O.*, S. 102 ff. — Friedrich II. hoffte bis Mai 1741, daß die russische Regierung
letztlich doch zum außenpolitischen Kurs Münnichs zurückkehren und Österreich zum
Verzicht auf Schlesien nötigen werde. Solange diese Chance zu bestehen schien, wollte
Friedrich das Risiko vermeiden, das von einer Beteiligung Frankreichs an dem Konflikt
im Reich auch für Preußen ausging. Doch angesichts der Entschlossenheit Ostermanns,
die Intervention herbeizuführen, glaubte sich Friedrich im Juni nur noch dadurch
sichern zu können, daß er durch das Bündnis mit Frankreich auch Schweden zum
Angriff gegen Rußland veranlaßte; vgl. *Politische Correspondenz . . .*, Bd. 1, S. 224—227.
[30] Im Juni 1741 wurde Ostermann durch den russischen Gesandten in Paris, Kante-
mir, sowie durch Finch über die Kriegspläne Belle-Isles in vollem Umfang informiert.
Von schwedischen Kriegsvorbereitungen gegen Rußland hatte allerdings bereits im

sene russische Bündnis mit England[31] kam weder gegen Preußen noch gegen Schweden zum Tragen, da England nun, angesichts der doppelten Bedrohung Hannovers durch Frankreich wie durch Preußen, jedes militärische Engagement zu vermeiden suchte. Auch die parallel unternommenen Versuche der russischen Diplomatie, Österreich zu einem schnellen Kompromißfrieden zu bewegen oder noch im letzten Moment zu einer Verständigung mit Frankreich zu gelangen, blieben erfolglos.[32] Rußland geriet daher in den folgenden Monaten außenpolitisch rasch in die Defensive: Nachdem es Ostermann nicht gelungen war, das Ausbrechen Preußens aus der Entente mit den Kaisermächten durch diplomatischen Druck oder durch eine militärische Intervention zu verhindern, ließ sich auch der rapide Schwund der vorfeldpolitischen Kontrolle Rußlands über seine Nachbarstaaten nicht mehr aufhalten. Im August 1741 erklärte Schweden Rußland den Krieg, im selben Monat bildete sich auf schwedische Initiative und mit preußischer Unterstützung in Polen eine gegen Rußland gerichtete Konföderation unter dem Großhetman der Krone, Józef Potocki, und im September schloß Sachsen sich der anti-pragmatischen Allianz Preußens und Frankreichs an.[33]

Im Gegensatz zu Schweden war zwar weder Polen noch Sachsen zu einer für Rußland unmittelbar gefährlichen Reaktion auf die neue Situation in der Lage. Langfristig jedoch konnte eine Aktivierung Polens gegen Rußland im Rahmen der *Barrière* ebenso bedrohlich werden wie der

---

März und April Michail Bestužev berichtet — ohne daß freilich der Zusammenhang mit den Absichten Frankreichs ersichtlich gewesen wäre. Vgl. S. M. Solov'ev, *Istorija Rossii…*, Bd. 21/22, S. 95 f. Erst jetzt gab Ostermann alle Vorbehalte gegen Englands Kriegsziele gegenüber Preußen auf und instruierte Rußlands Vertreter in London, Ščerbatov, der englischen Regierung zu erklären, »daß wir um der Erhaltung der pragmatischen Garantie willen bereit sind, mit seiner königlichen Hoheit gemeinsam alle nützlichen und notwendigen Maßnahmen zu ergreifen und ein wirkliches Konzert herzustellen«; S. M. Solov'ev, *Istorija Rossii…*, Bd. 21/22, S. 91.

[31] F. F. Martens, *Sobranie traktatov…*, Bd. 9, S. 90 ff. — vgl. auch Richard Lodge, *The First Anglo-Russian Treaty 1739—1742*, in: *English Historical Review*, Bd. 43 (1928), S. 354—375; ders., *Russia, Prussia and Great Britain 1742—1744*, in: *English Historical Review*, Bd. 45 (1930), S. 579—611; zuletzt Eva Mahrer, *Die englisch-russischen Beziehungen während des Österreichischen Erbfolgekrieges*, Wien 1972.

[32] Vgl. W. Mediger, *Moskaus Weg nach Europa…*, S. 172 ff.

[33] Zu dem Konföderationsprojekt Potockis und den polnisch-schwedischen Verhandlungen vgl. M. Skibiński, *Europa a Polska…*, Bd. 1, S. 196 ff.; sowie W. Konopczyński, *Polska a Szwecja…*, S. 152 ff.

militärische Konflikt im Norden. »Il est certain«, schrieb Ludwig XV. im Oktober 1741 in seiner Instruktion für den französischen Gesandten in Schweden, »que si les Polonais étoient intérieurement disposés à s'affranchir d'un joug aussi peu honorable pour leur couronne, ils ne pourroient trouver de circonstances plus favorables pour y réussir, puisque d'un côté, ils seroient secondés par la Suède, et que, d'autre part, ils n'auroient point à craindre que le roi de Prusse entreprît rien contre eux en faveur de la Russie.«[34] Allerdings war die »innere Disposition« der Adelsrepublik für eine nationale Erhebung gegen Rußland im Herbst 1741 nicht gegeben. Die von Potocki geförderte Konföderation scheiterte noch vor ihrer förmlichen Konstituierung an dem Widerstand, auf den die Anhänger Frankreichs und Schwedens in Polen bei der Hofpartei und dem König stießen. Diese letzte Garantie für die Ruhe in Polen, die sich gegenüber dem Konföderationsversuch noch einmal bewährte, schien jedoch in der Folge ebenfalls in Gefahr zu geraten, als auch Sachsen sich von der außenpolitischen Abhängigkeit von Rußland löste und gegen Österreich in den Schlesischen Krieg eintrat.

Eine solche Wendung der sächsischen Politik wäre noch in der ersten Hälfte des Jahres 1741 unmöglich gewesen. Zwar unterhielt der sächsische Minister Brühl seit Ausbruch des österreichisch-preußischen Krieges gleichermaßen intensive diplomatische Kontakte zu beiden kriegführenden Parteien sowie zu Frankreich und Rußland, um — nach einem von Brühl bereits in den dreißiger Jahren entwickelten Plan — den militärisch zweitrangigen sächsischen Staat rechtzeitig auf die Seite der voraussichtlichen Sieger zu manövrieren und diese zu territorialen Zugeständnissen als Gegenleistung für ein sächsisches Bündnis zu nötigen. Dieser Plan konnte jedoch, wie Brühl wußte, nur gelingen, wenn Sachsen durch seine bündnispolitische Festlegung auf eine der möglichen Alternativen nicht den Rückhalt Rußlands verlor und dadurch den

---

[34] Instruktion für Lanmary vom 3. Oktober 1741; *Recueil des Instructions...*, Bd. 2 (*Suède*), S. 374. Vgl. dazu auch das schwedische Manifest an die polnische Nation vom August 1741 (M. Skibiński, *Europa a Polska...*, Bd. 2: *Dokumenty*, S. 29 f.), in dem es heißt: »...Moscovita, infensissimus noster vicinus, magno negotio occupatur, ut se defendat adversus hostem virtute bellica satis notum et clarum nec dissidia domestica ita tranquillata sunt post crebras et vere continuas revolutiones, quin radices maneant in superba hac gente eamque suis quasi ipsius viribus debilitent, praecipue cum auxilium a sociis aut aliis regnis non tantum non sperare possit, sed metuendum etiam, ne vicini occasionem arripiant veteres ulciscendi iniurias. Suecia igitur, quam idem finis eademque cura nobiscum coniunxit, amicas nobis manus porrigere non abnuet, si tantummodo concordi animo vires nostras collegerimus, ut cum regno illo uniamur...«

territorialen beziehungsweise politischen Ertrag aus seinem außenpolitischen Lavieren etwa wieder in Frage stellte. So zerschlugen sich erste
sächsisch-österreichische Verhandlungen im Dezember 1740 dadurch,
daß die russische Politik nach dem Sturz des Regenten Biron eine überraschende Wendung zu Preußen hin vollzog.[35] Im April 1741 dagegen
wurde Sachsen durch die Wiederaufnahme einer anti-preußischen
Bündnispolitik Rußlands im Sinne Ostermanns zum Abbruch der Verhandlungen mit Preußen und schließlich zur Unterzeichnung eines
Bündnisvertrages mit Österreich gezwungen, der Sachsen sehr viel geringere territoriale Erwerbungen versprach, als Preußen sie für die sächsische Hilfe zugestanden hätte.[36]

Der abermalige Frontwechsel Sachsens im September 1741 aber erfolgte in Reaktion auf eine grundlegend veränderte rußlandpolitische
Konstellation: Stand die sächsische Bündnispolitik bis zur Jahresmitte,
als nach dem preußischen Sieg von Mollwitz und dem französisch-preußischen Bündnis das Übergewicht der anti-pragmatischen Kräfte längst
erwiesen war, noch eindeutig unter dem Primat der Rußland-Orientierung, so enthoben die fortschreitende außenpolitische Isolierung Rußlands seit Juni 1741 und der Ausbruch des russisch-schwedischen Kriegs
Sachsen endgültig von der Notwendigkeit rußlandpolitischer Rücksichten. Nun war von Rußland, das an seinen eigenen Grenzen in die
Defensive geraten war, eine ausschlaggebende Intervention im Schle-

---

[35] Vgl. A. v. Boroviczény, *Graf von Brühl...*, S. 191 ff. Über die Verhandlungen
Brühls mit dem österreichischen Gesandten Khevenhüller *a.a.O.*, S. 218 ff. Khevenhüller forderte im Dezember 1740 die vertraglich vereinbarte sächsische Militärhilfe an,
welche Brühl mit dem Hinweis auf die eigene Bedrohung Sachsens vorerst ablehnte. Am
30. Dezember teilte Brühl ihm jedoch mit, daß Sachsen bei entsprechenden Gegenleistungen zum Einsatz seines gesamten Heeres bereit sei. Er berichtete außerdem, daß
Preußen bereits weitreichende Angebote gemacht habe, und forderte von Österreich die
Abtretung einiger böhmischer Kreise als Hypothek auf spätere Abfindungen aus preußischem Besitz. Trotz des Eingreifens des englischen Gesandten Villiers stagnierten die
österreichisch-sächsischen Verhandlungen dann bis zum Eintreffen der russischen Sondergesandten Keyserling und Solms im März 1741. Zur Kontaktaufnahme mit Frankreich war bereits im Dezember 1740 Stanisław Poniatowski nach Paris entsandt worden.
Vgl. dazu M. Skibiński, *Europa a Polska...*, Bd. 1, S. 144.
[36] Der österreichisch-sächsische Vertrag vom 11. April 1741 garantierte Sachsen den
preußischen Anteil an der Lausitz sowie eine Verbindung nach Polen durch Krossen.
Der Anschluß an die Frankfurter Union im September 1741 dagegen trug Sachsen die
Zusicherung des Erwerbs von Mähren und Oberschlesien ein.

sien-Konflikt nicht mehr zu erwarten, und Sachsen konnte sich ungefährdet der Liga Frankreichs und der *Barrière* anschließen.[37]

Somit drohte Rußland im Herbst 1741 den letzten Rückhalt seines kontinentalen Defensivsystems zu verlieren, falls Sachsen die polnische Krone zugunsten neuer, reichspolitischer Perspektiven preisgeben sollte.[38] Nicht den Verlust des militärischen Bündnispartners Sachsen hatte Rußland zu fürchten, um so mehr aber die Abwendung Augusts III. als des Garanten für die Abhängigkeit der polnischen Krone von Rußland und für die innenpolitische Gespaltenheit der Adelsrepublik. Und nicht grundlos äußerte Ostermann, wie der französische Gesandte Chétardie im Oktober 1741 aus Petersburg berichtete, die Sorge, daß der offenkundige russische Einflußverlust in Ostmitteleuropa den sicherheitspolitischen Erfolg, den Rußland im polnischen Erbfolgekrieg erzielt hatte, gänzlich zunichte machen könnte.

».. . ce ministre [Ostermann — M. G. M.] s'est persuadé qu'on ne fait revivre à perpétuité en faveur de la maison de Saxe le titre de roi sur la Moravie que dans la vue que le roi Auguste ne perde rien de l'éclat de son rang, en cédant le thrône de Pologne au roi Stanislas; le comte d'Osterman se laisse même d'autant plus affecter par cette persuasion, qu'il attache à cette circonstance celles qui peuvent intéresser la gloire de S. M. et de son ministre. Cet avenir lui fait envisager déjà tous les dangers dont la Russie avait prétendu devoir se garantir, en s'opposant à l'élection du beau-père du roi. Ils lui semblent encore plus grands aujourd'hui, vu la guerre avec la Suède et la confédération qui fomente de plus en plus en Pologne . . .«[39]

Tatsächlich zeichnete sich für Rußland am Ende des Jahres 1741 jene außenpolitische Krise im System der Vorfeldsicherung ab, die Ostermann nach dem Frieden von Nystad langezeit erfolgreich zu verhindern gewußt hatte, deren Eskalation aber nach dem Versagen der Ostermannschen Bündnispolitik angesichts der Abspaltung Preußens nicht mehr aufzuhalten war. Die zuerst verzögerte, dann aber falsch konzi-

---

[37] Der rußlandpolitische Faktor der sächsischen Bündnispolitik ist weder von Skibiński noch von Boroviczény richtig gesehen worden. Allein aus der Frage des »größeren Profits« kann die Chronologie des mehrfachen Frontwechsels Sachsens nicht erklärt werden.

[38] Vgl. den Bericht Chétardies über Ostermanns erste Reaktion auf die Nachricht vom sächsischen Bündniswechsel: Chétardie an Amelot am 28. Oktober 1741. *Sbornik . . .*, Bd. 96, S. 528 ff.

[39] *A. a. O.*, S. 531.

pierte Reaktion der russischen Außenpolitik auf den Ausbruch des ersten Schlesischen Krieges hatte es unmöglich gemacht, der Vorverlagerung der französischen *Barrière*, zunächst nach Preußen, tendenziell aber auch nach Polen, wirksam zu begegnen. War Ostermanns Versuch, den Konflikt innerhalb der Entente der drei Schwarzen Adler durch Intervention einzudämmen, somit gescheitert, so mußte es der russischen Außenpolitik in den kommenden Jahren darauf ankommen, das Defensivsystem im kontinentalen westlichen Vorfeld von Preußen unabhängig zu machen, das heißt, gegen Preußen als neuen *Barrière*-Faktor abzuschirmen.

Diesen Horizont der russischen Vorfeldpolitik in Ostmitteleuropa gilt es im Auge zu behalten, will man das veränderte außenpolitische System, das der neue russische Vizekanzler und spätere Kanzler Aleksej Petrovič Bestučev-Rjumin seit 1742/43 zur Grundlage seiner Außenpolitik machte, adäquat beurteilen. Die Frage, ob auch Bestužévs Politik der vierziger und fünfziger Jahre noch in petrinischer Tradition stand, die bis in die aktuelle Forschungsdiskussion hinein kontrovers geblieben ist, läßt sich bei richtiger Einschätzung des Gewichts der vorfeldpolitischen Krise von 1741 sowie der daraus erwachsenden Konsequenzen für die russische Außenpolitik mit einiger Sicherheit positiv beantworten. Denn nicht etwa Fixiertheit auf einen emotionalen Preußenhaß oder dogmatisches Beharren auf einer hegemonialen Schiedsrichterrolle Rußlands in Europa veranlaßten Bestužév nach 1741 zu einer grundsätzlichen Revision der russischen Politik gegenüber Preußen wie Sachsen-Polen, sondern die Einsicht, daß die für die Sicherheit des petrinischen Imperiums notwendige Ruhe Ostmitteleuropas mithilfe des alten Systems der Zeit Peters und Ostermanns nicht mehr zu gewährleisten war.[40]

[40] Auch Nekrasov greift die Frage nach dem Zäsurcharakter des Jahres 1740 für die Geschichte der russischen Außenpolitik in seiner neuesten Arbeit auf (G. A. Nekrasov, *Rol' Rossii...*, S. 8). In Distanzierung von Mediger vertritt er die traditionelle Auffassung der sowjetischen Historiographie, derzufolge Bestužévs offensive Politik gegenüber Preußen nach 1744/45 eine zwangsläufige Reaktion auf die direkt gegen Rußland gerichtete »preußische Aggression« darstellte. Vgl. dazu auch *Očerki istorii SSSR. Rossija vo vtoroj četverti XVIII v.*, Moskva 1956, S. 408 ff. Die Unhaltbarkeit dieser eindimensionalen Aggressions-These indessen konnte Mediger in seiner Analyse der Konzepte Friedrichs II. sowie Bestučevs überzeugend nachweisen. (Vgl. *Moskaus Weg nach Europa...*, S. 510 ff. sowie S. 201 ff.) Das Bestužév-Bild Medigers wäre nur insofern kritisierbar, als er dessen veränderte außenpolitische Konzeption gegenüber Preußen wie Sachsen-Polen auf eine weitgehend willkürliche, persönliche Motivation zurückführt und daraus auf einen grundsätzlichen Bruch mit der petrinischen Tradition in der Außenpolitik seit 1744 schließt. (Vgl. *Moskaus Weg nach Europa...*, S. 613 f.) —

Die Tatsache, daß die Krise von 1741 trotz des offenkundigen Mißerfolgs der Ostermannschen Bündnispolitik letztlich zu keiner existentiellen Gefährdung des russischen Imperiums führte, täuschte Bestužev nicht über die latente Bedrohung hinweg, die für Rußland von der neuen *barrière*-politischen Situation in der Nachbarschaft des Imperiums ausging. Zwar scheiterte Belle-Isles Plan für die Zerschlagung des Systems von Nystad sehr rasch an der militärischen Unterlegenheit Schwedens wie an der kompromißlosen Haltung der neuen russischen Kaiserin Elisabeth I. in der Frage territorialer Zugeständnisse im Norden, und Preußens Friedensschluß mit Österreich sowie das preußisch-englische Bündnis schienen 1742 auch auf dem Kontinent die alte Ordnung wiederherzustellen.⁴¹ Die Gefahr einer Wiederholung der Vorgänge von 1741 aber war dadurch keineswegs gebannt. Die Feindschaft zu Österreich, die durch die preußische Annexion Schlesiens begründet worden war, mußte Preußen auch fortan nach Bestuževs Worten, »durch unzerreißliche und unwandelbare Interessen« mit Frankreich verbinden und damit zum Eckpfeiler der *Barrière* in Ostmitteleuropa werden lassen.

Diese Funktion machte Preußen in Bestuževs Augen zum »ewigen und natürlichen Feind Rußlands«.⁴² Die Schlagkraft der preußischen

Medigers an sich schlüssige Interpretation reflektiert ein grundsätzliches Problem der Quellen: Bestuževs große Denkschrift von 1745 (*Archiv Knjazja Voroncova*, Bd. 3, Moskva 1872, S. 76—93 sowie *Sbornik...*, Bd. 102, S. 453—469), die auch Mediger als Interpretationsgrundlage des Bestuževschen Systems dient, gibt die Überlegungen des Kanzlers nur verzerrt wieder, da sie argumentativ vollständig auf die emotionale und letztlich unreflektierte Denkweise der russischen Kaiserin abgestellt war. Was für Bestužev eine seit langem erkannte Notwendigkeit war — die Intervention gegen Preußen —, davon mußte er noch 1745 Elisabeth in einer scheinbar naiven und personalistischen Beweisführung überzeugen, die keineswegs sein eigenes außenpolitisches Konzept widerspiegelt. Dieses aber kann gewissermaßen nur durch einen ‚Indizienbeweis' rekonstruiert werden — aus sehr verstreuten Äußerungen gegenüber Finch und Pezold, vor allem aber aus seinen Sachentscheidungen in den russischen Beziehungen zu Sachsen und Polen, die eine sehr konsequente Reaktion auf die vorfeldpolitische Krise von 1741 darstellen. Mediger registriert, bestätigt durch die Äußerungen des Kanzlers von 1745, im wesentlichen die Diskontinuität zwischen dem Horizont der Außenpolitik Ostermanns seit 1725 und den Aufgabenstellungen der Politik Bestuževs, und er schließt daraus auf eine grundsätzliche Zäsur im Jahre 1744. Mißt man Bestuževs Politik dagegen an ihrem Verhältnis zu den Grundlagen der Allianz der drei Schwarzen Adler von 1732, so gelangt man zwangsläufig zur entgegengesetzten Schlußfolgerung. Vgl. dazu jetzt auch Michael G. Müller, *Rußland und der Siebenjährige Krieg*, in: *Jahrbücher für Geschichte Osteuropas*, N.F., Bd. 28 (1980), S. 198—219.

⁴¹ Vgl. W. Mediger, *Moskaus Weg nach Europa...*, S. 181 ff.
⁴² *A.a.O.*, S. 249.

Militärmacht bedrohte zwar eher Österreich als Rußland selbst, der mögliche Einfluß Preußens auf Sachsen und Polen aber betraf Rußland unmittelbar.

Sehr zutreffend präzisierte Michail Bestužev, der Bruder des russischen Kanzlers, in seinem Bericht vom Grodnoer Reichstag vom Oktober 1744 die negativen Perspektiven der russischen Vorfeldpolitik in Ostmitteleuropa angesichts der Entfremdung Preußens:

»Vsemu svetu izvestno, v kakoj velikoj dependencii pruskij dvor pri žizni Petra Velikogo ot nas zavisel i čto togda zdes' v Pol'še nikakoj influencii ne imel, naprotiv togo, v kakuju ony dvor nyne velikuju i naipače nam ves'ma opasnuju silu prišel. [...] Rossija [...] istinno v krajnejšej opasnosti nachodit'sja budet, ibo francuzskomu, tak i prusskomu dvoram, kotorye vsegda tokmo to iščut i želajut, kak by rossijskuju silu tak umalit', čtob ona v pročich evropejskich delach učastie prinimat' nikogda v sostojanii ne byla, [...] ves'ma legko budet, s odnoj storony, švedov, obeščaja im Liffljandiju i vse nami zavoevannye provincii, vozvratit', a s drugoj storony, poljakov, obeščaja im Smolensk i Kiev, [...] na nas napust(it').«[43]

Die unmittelbaren Auswirkungen des ersten Schlesischen Krieges auf die Situation in Polen waren für Rußland noch relativ ungefährlich. In dem Maße jedoch, wie Preußen in den folgenden Jahren Einfluß auf die anti-russisch orientierten Magnatenparteiungen der Adelsrepublik gewann, Sachsen aber durch das Ausbleiben einer russischen Intervention im Konflikt um die Pragmatische Sanktion in außenpolitische Isolation geriet, wandelte sich der *barrière*-politische Zugriff auf Ostmitteleuropa von einer latenten zu einer akuten Bedrohung.[44] Auf diese unmittelbare Gefahr spielte auch Vizekanzler Voroncov an, als er in seiner

---

[43] S. M. Solov'ev, *Istorija Rossii...*, Bd. 21/22, S. 294 f.: »Aller Welt ist bekannt, in welch enger Abhängigkeit sich der preußische Hof zu Lebzeiten Peters des Großen von uns befunden hat, und daß er damals hier in Polen über keinerlei Einfluß verfügte, ganz im Gegensatz zu heute, wo dieser Hof zu großer und für uns außerordentlich gefährlicher Stärke gelangt ist. [...] Rußland [...] wird sich wahrhaftig in äußerster Gefahr befinden, da es dem französischen wie dem preußischen Hof, die beide anstreben und wünschen, die Macht Rußlands soweit zu verringern, daß es niemals mehr im Stande wäre, an den übrigen europäischen Angelegenheiten Anteil zu nehmen, [...] durchaus leichtfallen wird, von der einen Seite die Schweden wieder aufzubringen, indem sie ihnen Livland und alle von uns eroberten Provinzen versprechen, von der anderen Seite aber die Polen auf uns loszulassen, indem sie Ihnen Smolensk und Kiev zusagen.«

[44] Vgl. dazu die Instruktion Carterets an Tyrawly vom 24. Juli 1744. *Sbornik...*, Bd. 102, S. 77 f.

großen Denkschrift für Kaiserin Elisabeth vom Herbst 1744 rhetorisch fragte:

»A bude [korol' prusskij] stanet protiv Pol'ši dejstvovat' i netokmo otbirat' pristojnye k sebe goroda i zemli, no i, konfederacii zaveda, korolja Pol'skago s prestola svergnet i takogo vlastiju svoeju i siloju posadit, ot kotorago sam v pokoe ostanetsja, a protiv Rossii vsjakie neokončannye ešče spory i pretenzii na Ukrainu, Smolensk i Liflandiju [kak poljaki činit' obykli] proizvodit, i tem obezpokoivat' ee, konečno zastavit, i dejstvitel'no črez vojnu nazad polučit' vozmogut, togda čto budem delat'? [...] I tako eželi vo vsech sich predprijatijach korolju Prusskomu pomešatel'stva ne delat', to kakie ot togo proizojti mogut nesčastija i konečnoe poterjanie Liflandii i pročie opastnosti, o tomi i vzdumat' strašus'!«[45]

Solange Sachsen dem überlegenen militärischen Druck Preußens ausgeliefert blieb und die Existenz einer starken magnatischen Opposition in Polen der preußischen Politik ein Instrument gegen Rußland in die Hand gab, das jederzeit nach der Praxis der *Barrière* einsetzbar war, drohte Rußland eine permanente außenpolitische Isolierung von Europa. Ebenso wie England angesichts der Bedrohung Hannovers in den entscheidenden Phasen der Schlesischen Kriege durch Preußen zur Neutralität gezwungen werden konnte, so mußte nun auch Rußland damit rechnen, durch eine preußische Steuerung der polnischen Frage jederzeit in der Defensive gehalten zu werden. Die Festigung der Bindung Sachsens an Rußland trat damit ins Zentrum der Vorfeldpolitik Bestuževs. Nachdem Preußens Abfall von Rußland das alte, auf Intervention beruhende russische System der Kontrolle über Polen zerstört hatte,

---

[45] »Kopija s mnenija, kotoroe Gosudarstvennyj vice-kancler Ee Imperatorskomu Veličestvu v Kieve 11 dnja sentjabrja 1744 goda podal.« *Sbornik...*, Bd. 102, S. 444—447, hier S. 445: »Wenn aber [der König von Preußen] sich anschickt gegen Polen vorzugehen und die ihm gefallenden Städte und Länder abzutrennen, und wenn er, indem er eine Konföderation herbeiführt, den polnischen König entthront und an dessen Stelle einen solchen einsetzt, von dem er selbst in Frieden gelassen wird, der aber gegen Rußland alle noch unausgetragenen Streitigkeiten und Ansprüche auf die Ukraine, Smolensk und Livland [wie es die Polen zu tun pflegten] geltend macht und es [Rußland] damit in Unruhe versetzt, und der durch einen Krieg diese Ansprüche tatsächlich durchzusetzen vermag, was werden wir dann tun?
Wenn wir also dem preußischen König bei allen diesen Unternehmungen kein Hindernis in den Weg legen, dann können daraus alle möglichen Unglücksfälle und der sichere Verlust Livlands und weitere Gefahren hervorgehen, an die auch nur zu denken ich mich fürchte!«

konnte eine *barrière*-politische Reaktivierung der Adelsrepublik durch
Preußen nur noch dadurch verhindert werden, daß August III. seinen
Einfluß in Polen behauptete und das relative Kräftegleichgewicht zwischen der Hofpartei und adelsrepublikanischen Opposition erhalten
blieb.[46] Die wichtigste Voraussetzung dafür war zunächst die militärische Sicherheit Sachsens gegenüber Preußen, die Rußland um jeden
Preis zu gewährleisten hatte. Deshalb forderte Bestužev angesichts des
bevorstehenden preußischen Angriffs auf Sachsen im Herbst 1745:

»... eželi Vaše Imperatorskoe Veličestvo ne želaete, čtoby korol'
Prusskij k očevidnomu predosuždeniju vsech svoich sosedej bolee usi-
lilsja, a korol' Pol'skij, jako najvernejšij Vaš sojuznik, s naslednymi svo-
imi zemljami emu v žertvu predan, ili, po bezsilju svoemu, ne buduči v
sostojanii edin soboju oboronjat'sja, k francuzskoj partii pristat' i po-
tomu imperatorskuju koronu prinjat' prinužden byl [ot čego v Pol'še
neminuemye zamešatel'stva proizošlib i tam dlja utolenija onych vdvoe
bolee nynešnego vojska potrebno byt' vidit'sja] kak vo uvaženie togo,
tak i dlja ispolnenija svoich obezatel'stv, korolju Pol'skomu nemed-
lenno postavlennuju sojuzom pomošč podat' nadležit.«[47]

---

[46] Vgl. den Bericht Michail Bestuževs aus Dresden nach dem preußischen Sieg bei
Hohenfriedberg; S. M. Solov'ev, *Istorija Rossii...*, Bd. 21/22, S. 363: »Der preußische
König wird seinen Sieg ausnutzen und ohne Zweifel in Sachsen einfallen, das man schnell
und leicht verwüsten kann; und der polnische König wird durch die Macht der preußischen Waffen und durch die Furcht vor der unvermeidlichen Verwüstung seiner Erblande gezwungen werden, die polnische Krone aufzugeben und die kaiserliche anzunehmen, folglich das Bündnis mit den Seemächten zu verlassen und sich in die Hände
Frankreichs und Preußens zu geben. Die daraus entstehenden, für die russischen Interessen äußerst gefährlichen Folgen — die Entstehung von Verwirrung in Polen und die
Möglichkeit, daß Stanisław Leszczyński oder irgendeine andere französische und preußische Kreatur auf den dortigen Thron gebracht wird — veranlassen mich, allerunterta-
nigst vorzustellen, daß die rechte Zeit gekommen ist, dem preußischen König vorbeu-
gend durch eine kühne Entscheidung Einhalt zu gebieten, damit er nicht über die Maßen
an Macht gewinnt...«

[47] *Sbornik...*, Bd. 102, S. 467: »Wenn daher Eure Kaiserliche Hoheit nicht wünschen,
daß der König von Preußen zum offenbaren Schaden aller seiner Nachbarn noch mehr
Macht erlangt, der König von Polen aber, Ihr treuester Bundesgenosse, ihm mit seinen
Erblanden zum Opfer fällt oder bei seiner Ohnmacht nicht mehr in der Lage ist, sich
selbst zu verteidigen und sich gezwungen sieht, der französischen Partei beizutreten,
und dann die Kaiserkrone zu nehmen [woraus in Polen unvermeidliche Wirrnisse
hervorgehen, zu deren Beilegung offenbar zweimal soviel Truppen nötig wären wie
gegenwärtig], so muß man in Rücksicht darauf, als auch zur Erfüllung seiner Verpflichtungen dem König von Polen unverzüglich die durch das Bündnis vereinbarte Hilfe
gewähren.«

Gleichzeitig jedoch galt es, die Position des wettinischen Königs in Polen zu festigen. Bis 1740 hatte sich für August III. keine Alternative zur Aufrechterhaltung der innen- wie außenpolitisch belasteten Personalunion zwischen Sachsen und Polen geboten; der Konflikt um Schlesien aber ließ Sachsens Bündniswert seit 1741 erheblich steigen und eröffnete dem sächsischen Kurfürsten — sei es hinsichtlich einer wettinischen Anwartschaft auf die Kaiserkrone, sei es hinsichtlich einer Vergrößerung des sächsischen Territoriums auf Kosten des habsburgischen Erbes — reichspolitische Möglichkeiten, die einen Verzicht auf die polnische Krone unter Umständen hätten lohnend erscheinen lassen. Auch wenn August III. eine solche kompensatorische Lösung niemals ernsthaft erwog, so diente die bloße Möglichkeit der sächsischen Außenpolitik dennoch als ein wirksames Druckmittel gegenüber Rußland. Daher gelang es Brühl nach 1742, Bestužev zu begrenzten Konzessionen an jene Pläne in bezug auf die Adelsrepublik zu bewegen, die noch Ostermann bedingungslos abgelehnt hatte: Um Sachsen durch sein polenpolitisches Interesse an Rußland zu binden und zugleich in Polen selbst Einfluß auf die Balance zwischen den Parteiungen des Adels zu gewinnen, fand Bestužev sich nun bereit, das Reformvorhaben des Königs und der Hofpartei für die Adelsrepublik zu billigen, ohne jedoch das russische Protektorat über Polens Verfassung insgesamt preiszugeben. Bestuževs neues Konzept eines ostmitteleuropäischen Defensivsystems im Vorfeld des russischen Imperiums, das, wie Mediger es formulierte, »einen überraschenden Bruch mit der von Peter dem Großen eingeleiteten und seitdem konsequent eingehaltenen Polenpolitik« bezeichnete,[48] zog in dieser Weise aber nur die notwendige Konsequenz aus der seit 1740 veränderten mächtepolitischen Situation. Es erwies sich in den folgenden Jahren als ein taugliches Instrument zur Bewahrung des petrinischen Erbes, das heißt, zur Verteidigung des Systems von Nystad gegen den Einfluß Frankreichs.

Die Realisierung der Pläne Bestuževs — sowohl in bezug auf die Bildung einer großen Allianz gegen Preußen als auch hinsichtlich der russischen Beziehungen zu Sachsen-Polen — stieß allerdings von Anfang an auf erheblichen Widerstand am russischen Hof selbst. Die russisch-englische Allianz vom Dezember 1742 blieb für lange Zeit der einzige Schritt, den Bestužev in Richtung des von ihm angestrebten Bündnissystems tun konnte,[49] da Kaiserin Elisabeth seit ihrem durch die französi-

---

[48] W. Mediger, *Moskaus Weg nach Europa...*, S. 252.
[49] Über die Bedeutung des russisch-englischen Bündnisses äußerte sich Bestužev Anfang 1743 gegenüber Wich. Vgl. Wich an Carteret am 27. April 1743; *Sbornik...*, Bd.

sche Diplomatie unterstützten Staatsstreich im Dezember 1741 unter dominantem französischem, etwa seit März 1742 aber vor allem preußischem Einfluß stand und die wichtigen außenpolitischen Entscheidungen vorrangig nach diesen persönlichen Präferenzen, das heißt, gegen den Rat ihres Vizekanzlers traf.[50] Nur mit Mühe konnte dieser verhindern, daß in das russisch-preußische Defensivbündnis vom März 1743 eine russische Garantie für Preußens Rechte auf Schlesien aufgenommen wurde, und schon im August desselben Jahres machte die von den Anhängern Preußens inszenierte Verschwörungsaffaire um den österreichischen Gesandten Botta d'Adorno wiederum allen Kredit Österreichs und Englands bei der Kaiserin zunichte: Die russische Garantie für Schlesien wurde Preußen im November nachträglich erteilt, im Dezember beschloß Elisabeth, dem Rat Friedrichs II. folgend, den russischen Thronfolger mit der Prinzessin von Anhalt-Zerbst zu verheiraten; und noch Ende des Jahres 1744, als alle Befürchtungen Bestuževs bezüglich einer Wiederholung der Situation von 1741 sich bereits zu bewahrheiten schienen, äußerte sie »que si Elle voulait aussi envoyer du secours au roi de Pologne, il fallait considérer que cela formeroit une diversion au roi de Prusse, qui seroit par là empêché de pousser la pointe contre la reine d'Hongrie, à laquelle Elle étoit éloignée de vouloir rendre un tel service de cette importance«.[51] Erst Ende 1745 gelang es Bestužev,

---

99, S. 330: »As to the measures most convenient to be taken at this juncture, for our mutual security against any attempt of the king of Prussia, he [Bestužev] knew of no better than [...] of a closer union between the king, the Czarinna, the king of Poland, and the queen of Hungary, and that having sounded his polish majesty upon this subject, we might, he believed, depend upon that prince's concurrence in any concert of measures between the king and the Czarinna.«

[50] Vgl. die Berichte von Wich vom April 1742. *Sbornik...*, Bd. 91, S. 450, sowie von Chétardie von 1743/44. *Sbornik...*, Bd. 105, S. 152 ff. Über Bestuževs erfolglose Bemühungen um die Wiederaufnahme einer konsequenten Bündnispolitik schrieb Pezold u. a. im Mai 1742: »Bisher geht es so zu, dass Niemand weiss, wer Koch und wer Kellner ist. Die beiden Contreparteien, die sich hier formiert, suchen sich eine die andere zu stürzen, und — da sich bisher fast ein Jeder bloss mit Privathändeln occupirt, [sind] die Hauptaffairen um so viel weniger tractirt worden, weil sich dabei die Kaiserin selbst [...] mit Regierungssachen hingegen so wenig zu schaffen gemacht, dass mir der Vizekanzler bezeugt, dass er froh sein würde, wenn sie sich wöchentlich nur 4 Stunden dazu Zeit nehmen wollte.« *Sbornik...*, Bd. 6, S. 423 f.

[51] Bericht des sächsischen Gesandten Gersdorff aus Petersburg, zitiert nach E. Hermann, *Andeutungen über die russische Politik...*, in: *Archiv für die Sächsische Geschichte*, Bd. 2 (1876), S. 15 f.

Elisabeth von der Notwendigkeit einer Intervention gegen Preußen zugunsten Sachsens zu überzeugen und damit die große Wende der russischen Außenpolitik in Richtung jenes Bündnissystems einzuleiten, das Rußland durch die Verträge mit Österreich und England von 1746 und 1747 endgültig auf die Seite der Gegner Preußens brachte.[52] Zwar kamen die ausschlaggebenden Staatsratsentscheidungen über die Frage der Bündnishilfe an Sachsen vom Oktober 1745 und Januar 1746 wiederum zu spät, um die Niederlage Sachsens gegen Preußen sowie den erneuten Anschluß Sachsens an Frankreich durch den sächsisch-französischen Subsidienvertrag vom April 1746 zu verhindern und damit das System Bestuževs noch im Verlauf des zweiten Schlesischen Krieges zur Wirkung zu bringen.

Die wesentlichen Schritte zur Verwirklichung seiner Pläne für Sachsen und Polen hatte Bestužev jedoch schon in den Jahren 1743 und 1744 unternommen. Gewissermaßen im Windschatten der großen bündnispolitischen Entwicklungen — der Entscheidung Rußlands für oder gegen Preußen — und offenbar unter bewußter Verschleierung seiner eigentlichen Ziele gegenüber Elisabeth betrieb Bestužev seit dem Ende des ersten Schlesischen Kriegs die von ihm gewünschte Verständigung mit Sachsen.[53] Den entscheidenden Erfolg brachte dieser separaten Bestuževschen Politik der Abschluß des sächsisch-russischen Defensivbündnisses am 4. Februar 1744. Diese Allianz, die, will man den Berichten des französischen Gesandten Chétardie glauben, der russischen Kaiserin von Bestužev als ein zweitrangiger und europapolitisch gänzlich folgenloser Freundschaftsakt dargestellt und deshalb von ihr befürwortet worden war, bildete in Wirklichkeit die Grundlage für die gegen Preußen gerichtete polenpolitische Verständigung zwischen Rußland und Sachsen, die im Zusammenhang mit dem polnischen Reichstag von 1744 erstmals zum Tragen kam.[54]

[52] Die Staatsratsprotokolle, Denkschriften und Dekrete von Oktober 1745 und Dezember 1745/Januar 1746 sind vollständig enthalten in *Sbornik...*, Bd. 102, S. 442 ff.; Vgl. dazu W. Mediger, *Moskaus Weg nach Europa...*, S. 286 ff. (mit ausführlicher Wiedergabe der aufschlußreichen Berichte Pezolds).

[53] Vgl. die Berichte Pezolds an Brühl von 1742 bis zum Abschluß des russisch-sächsischen Bündnisses; *Sbornik...*, Bd. 6.

[54] Vgl. Chétardies Bericht an Amelot am 17. Januar 1744 sowie Amelots Antwort vom 21. Mai 1744. *Sbornik...*, Bd. 105, S. 169 u. 285. Die Strategie des Vizekanzlers gegenüber Elisabeth wie gegenüber Sachsen hatte der englische Gesandte Wich bereits in seinem ausführlichen Bericht über Bestuževs Bündnispläne vom April 1743 angedeutet (siehe oben, Anm. 49), in dem es u. a. heißt: »As the Czarinna has a personal regard

Unmittelbar nach Abschluß des sächsisch-russischen Bündnisses nahm der sächsische Minister Brühl im März 1744 die offizielle diplomatische Vorbereitung des Reformreichstags in Angriff. War Sachsen sich des Wohlwollens des russischen Vizekanzlers sowie des russischen Gesandten in Dresden, Keyserlingk, bereits vor Vertragsabschluß sicher, so ging es nun darum, die russische Kaiserin selbst für eine Unterstützung der sächsischen Reformpläne zu gewinnen. Am 27. März 1744 wies Brühl Gersdorff an, er solle Elisabeth erklären, »que la Russie est celle des voisins de la Pologne, qui a la moindre raison d'être ombragée de l'augmentation modique, que la République médite et qu'il es plutôt de l'intérêt de l'empire russe qu'elle y réussisse et soit mise en état d'entrer avec effet dans la nouvelle alliance que le roi vient de conclure avec l'impératrice de Russie et dans une situation à pouvoir concourir à leur mutuelle défense et à tenir au moins respect celui de leur voisins, qui leur voudrait sans cela chercher noise et peser sur les bras«.[55] Dieses — keineswegs neue — Argument, das weder Ostermann beeindruckt hatte, noch in Bestuževs Konzept tatsächlich eine wesentliche Rolle spielte (denn ihm kam es nicht auf die zweifelhafte Hilfe Polens, sondern auf die Loyalität Sachsens an), vermochte Elisabeth indessen zu überzeugen. Der durch den sächsisch-russischen Bündnisvertrag in Aussicht ge-

---

for the king of Poland, she will sooner follow his [Bestuževs] advice, and it is natural to believe, that the king, our master, must have the greatest influence on the queen of Hungary, His Majesty will easily persuade her to do something to satisfy the king of Poland, and by these means the vice-chancellor's scheme, an alliance, may come to some consistence between the four powers...« — Ein Täuschungsmanöver Bestuževs gegenüber der Kaiserin hielt man auch in Preußen für die einzig stichhaltige Erklärung der russisch-sächsischen Verständigung. Vgl. Podewils Vortrag an Friedrich am 30. Dezember 1743 sowie dessen Antwort vom 31. Dezember: »Ich glaube es nicht, dass die Kaiserin davon weiss, sondern dass es eine Intrigue von Bestushew und Keyserlingk ist, welches uns ein gross avis au lecteur sein muss, um alles anzuwenden, um den Bestushew zu culbutiren.« *Politische Correspondenz...*, Bd. 2, S. 497. — Entsprechend beunruhigt reagierte Frankreich auf den Abschluß des sächsisch-russischen Bündnisses. In seiner Instruktion an d'Allion schrieb Amelot am 1. August 1744, es sei nun zu befürchten, »qu'il ne se forme contre lui [Friedrich II.] une triple alliance entre ces trois puissances et qu'elle ne fournisse aux Polonais des prétextes et des moyens d'augmenter le pied des troupes de la couronne, ce qui mettrait le roi de la Pologne en état de se rendre redoutable aux états de Prusse et de Brandenbourg.« *Sbornik...*, Bd. 105, S. 333 f.

[55] M. Skibiński, *Europa a Polska...*, Bd. 2: *Dokumenty*, S. 92 f. Keyserling hatte zuvor schon in einem Schreiben an Elisabeth, in dem er der Kaiserin eine Erklärung des Kanzlers Załuski über die polnischen Reformpläne übermittelte, erklärt, daß er den Hof diesbezüglich des russischen Wohlwollens versichert habe; vgl. S. M. Solov'ev, *Istorija Rossii...*, Bd. 21/22, S. 288 f.

nommene Beitritt Polens zur Allianz mit Rußland[56] erschien ihr verlokkend genug, um Sachsens Reichstagspläne zu unterstützen. Sie teilte Keyserlingk mit: »Und gleich wie die Invitation der Republique zu oben angezeigten Tractat vermöge des 11ten Articul sonst nirgendwo, als allein in Pohlen und auf dem Reichstage geschehen kann, also werdet Ihr nicht ermangeln, Sr. Majestät dem Könige und deroselben Ministris auf eine geschickte und geziemende Arth [...] zu insinuiren, dass sowohl um sothaner Invitation als auch vieler anderer Umstände willen die Ohnverzügliche Retour Sr. Majestät nach Pohlen höchstnöthig sei, wodurch der König [...] auch die alldortigen Gemüther an sich ziehen und den Effect von allen fremden Anstiftungen und Insinuationen vernichten, mithin sich desto zuverlässiger einen erwünschten Bestand und Success des bevorstehenden Reichstages versichern werden.«[57]

Die diplomatische Gegenoffensive, die der preußische Gesandte Mardefeld auf Friedrichs II. wiederholte dringende Instruktionen hin in Petersburg gegen die sächsischen Heeresreformpläne eröffnete, konnte die neue polenpolitische Entwicklung nun nicht mehr aufhalten. Mardefelds beständige Warnungen vor den Staatsstreichabsichten Augusts III. in Polen sowie seine Beschwörung der alten polenpolitischen Solidarität zwischen Rußland und Preußen wurden von Bestužev gelassen zurückgewiesen. Und bei Friedrich II. wuchs nun die Befürchtung, daß Bestužev ihn in dieser Frage ungeachtet der wohlwollenden Haltung der Kaiserin ausmanövrieren werde; man war sich, wie der König Ende Juli schrieb, der Kooperation Rußlands in Polen nun doch »nicht so sehr sicher«.[58] Die Ausweisung Chétardies aus Rußland im Juni 1744 aber

---

[56] In dem am 4. Februar 1744 abgeschlossenen sächsisch-russischen Bündnisvertrag heißt es in bezug auf Polen: »... dass der Kron und Republique Pohlen vorbehalten wird, gegenwärtigen Traktat auf dem nächsten Reichstage zu agnosciren und dazu in forma zu accediren, als wozu des Königs von Pohlen Majestät alle von Ihnen dependirende gute officia anzuwenden, um so weniger Bedenken tragen, je mehr höchst dieselbe mit Ihro kaiserl. Majestät von allen Reussen gemeinschaftlich zum Grunde solchen Beitritts setzen und zum Voraus feststellen, die Kron und Republique Pohlen mit gesamten Ständen bei Ihren Constitutionen, Praerogativen, Freiheiten, Gesetzen und Iuribus zu erhalten.« M. Skibiński, *Europa a Polska...*, Bd. 1, S. 452.

[57] *A.a.O.,* S. 455.

[58] Vgl. die Instruktionen Friedrichs II. an die preußischen Gesandten in Warschau, Dresden und Moskau zwischen März und Mai 1744; *Politische Correspondenz...*, Bd. 3. Über die Appelle Mardefelds an Bestužev sowie dessen Reaktion darauf berichtete Gersdorff am 29. April und 28. Mai 1744 an Brühl. M. Skibiński, *Europa a Polska...*, Bd. 2: *Dokumenty*, S. 101 ff. und 141 f. Vgl. auch den Bericht Mardefelds an Friedrich vom 28. Mai 1744; *a.a.O.,* S. 143: »[En ce] qui concerne l'augmentation de l'armée de la

und die darauf folgende Erhebung Bestuževs zum Kanzler entzogen der anti-sächsischen Initiative endgültig den Boden.[59] Somit konnte Brühl seit der Mitte des Jahres 1744 für seine polenpolitischen Pläne mit einem sicheren Rückhalt bei Rußland rechnen. Die nun erst in Dresden beschlossene Entsendung Flemmings an den derzeitigen Aufenthaltsort der russischen Kaiserin, nach Kiev, hatte *de facto* nur noch die Funktion einer demonstrativen Bestätigung des ohnehin gesicherten Einvernehmens, das auch in der Delegierung Michail Bestuževs als russischer Sondergesandter nach Grodno im September 1744 seinen Niederschlag fand.[60]

In dieser Abfolge der diplomatischen Initiativen bildeten sich seit Februar 1744 im Verlauf eines knappen Jahres die Grundlagen jener neuen polenpolitischen Verhältnisse heraus, die für das kommende Jahrzehnt die sächsisch-russischen Beziehungen prägten. Die einmal erteilte russische Sanktion für die Reformbestrebungen in Polen blieb auch während der folgenden Reformreichstage der Jahre 1746 bis 1752 nach außen hin erhalten, auch wenn Rußlands Interesse an der Adelsrepublik nach dem Ende des zweiten Schlesischen Kriegs erheblich zurückging und sich die Rolle Rußlands in der diplomatischen Auseinandersetzung um die polnischen Reichstage von begrenzter Ermutigung der Reformpartei in den Jahren 1744 und 1746 zu unbeteiligter Duldung der Reichstagskonflikte in den Jahren nach dem Aachener Frieden wandelte.[61] Gleichzeitig jedoch bezeichnete Bestuževs Zustimmung zu Heeres- und Steuerreform auch die Grenze seiner Kompromißbereitschaft gegenüber Sachsens polenpolitischen Plänen. An Rußlands Protektorat der adelsrepublikanischen Verfassung hielt der Kanzler nach 1744 ebenso entschieden fest wie vor ihm Ostermann, und auch in der Frage der freien

---

couronne [...] je suis du sentiment, que nonobstant les bonnes intentions de l'impératrice, V. M. ne pourra s'attendre de sa part à aucun concours suffisant pour faire rompre la prochaine diète, le perfide ministre [Bestužev] étant gagné par la Saxe. J'ai fait toutes les représentations nécessaires et démontré, que tout serviteur de S. M. impériale, qui empêchait qu'elle ne s'opposait aux vastes desseins de la Saxe en Pologne en serait responsable et pourrait un jour en perdre la tête.« — Die skeptische Äußerung Friedrichs in der Instruktion an Hoffmann vom 28. Juli 1744; *a.a.O.*, S. 169.

[59] Dazu ausführlich W. Mediger, *Moskaus Weg nach Europa...*, S. 243 ff.

[60] Vgl. M. Skibiński, *Europa a Polska...*, Bd. 1, S. 628 ff.

[61] Vgl. S. M. Solov'ev, *Istorija Rossii...*, Bd. 23/24, S. 60 f., sowie W. Konopczyński, *Sejm grodzieński...*, in: *Kwartalnik Historyczny*, Bd. 21 (1907), S. 353 f.

Königswahl *(wolna elekcja)* zeigte sich Bestužev — im Gegensatz zu Österreich — nicht zu Zugeständnissen an August III. bereit.[62]

Gerade durch diesen sorgfältig ausbalancierten Kompromiß zwischen Reformunterstützung und fortgesetzter Verfassungspolitik erreichte Bestužev das von ihm angestrebte vorfeldpolitische Ziel: Trotz des regelmäßigen Scheiterns der Reformprojekte auf den Reichstagen der folgenden Jahre blieb das Interesse Sachsens an der Ausnutzung des neu gewonnenen Handlungsspielraums in Polen lebendig, wodurch die Bindung Sachsens an Rußland eine dauerhafte Stütze erhielt, und das Kräftegleichgewicht zwischen den Magnatenparteiungen in der Adelsrepublik wurde stabilisiert, indem sich der polnische König vermittels seines Reformprogramms die Loyalität einer großen Magnatenfraktion langfristig sicherte. Daraus aber entstand in Polen selbst eine Situation, in der der wachsende Einfluß Frankreichs und Preußens auf die oppositionellen, an den Perspektiven der *Barrière* orientierten Magnatengruppen und deren große Gefolgschaft in der Szlachta bereits innenpolitisch weitgehend neutralisiert werden konnte, ohne Rußland zur direkten militärischen Intervention zu nötigen. Mehr noch: Rußlands demonstrative Unterstützung der polnischen Reformpläne geriet ihrerseits zur wirksamen Drohung gegen Preußen und die *Barrière*-Politik Frankreichs. Die neue sächsisch-russische Zusammenarbeit, deren Reichweite durch die französisch-preußische Diplomatie nur schwer abzuschätzen war, ließ Frankreich und Preußen nun bei jedem Reichstag erneut fürch-

---

[62] Zur Frage der russischen Verfassungsgarantie vgl. das Schreiben Gersdorffs an Brühl vom 29. April 1744, in dem über Bestuževs polenpolitische Äußerungen gegenüber Mardefeld berichtet wird; M. Skibiński, *Europa a Polska...*, Bd. 2: *Dokumenty*, S. 101 ff., sowie den Bericht Keyserlings über seine Verhandlungen mit Brühl im Sommer 1749, sinngemäß wiedergegeben bei S. M. Solov'ev, *Istorija Rossii...*, Bd. 23/24, S. 60 f. Bezüglich der polnischen Thronfolge sprach sich Bestužev zwar mehrfach zugunsten einer erneuten wettinischen Kandidatur aus — so 1745 in seiner großen Denkschrift und 1752 in einem speziell der Thronfolge-Frage gewidmeten Vortrag (W. Mediger, *Moskaus Weg nach Europa...*, S. 252 f.) —, eine Verfassungsänderung in diesem Punkt lehnte er jedoch zugleich ab. Selbst eine Wahl »vivente rege«, für die Brühl den Kanzler 1751 als Gegenleistung für den Beitritt Sachsens zur antipreußischen Allianz zu gewinnen suchte, wies dieser zurück. Vgl. W. Konopczyński, *Sejm grodzieński...*, in: *Kwartalnik Historyczny*, Bd. 21 (1907), S. 82. Österreich dagegen erteilte August III. in einer geheimen Zusatzvereinbarung zum österreichisch-sächsischen Bündnis im Mai 1744 eine regelrechte Garantie für die wettinischen Ansprüche auf den polnischen Thron. Der Text dieser Vereinbarung ist wiedergegeben bei M. Skibiński, *Europa a Polska...*, Bd. 1, S. 470 f.

ten, daß August III. das polnische Heer tatsächlich vermehren und im Rahmen einer wiederhergestellten Heiligen Liga gegen die Feinde Österreichs wenden könnte, wenn nur Rußland unter Bestuževs Führung alle bisherigen polenpolitischen Vorbehalte preisgab — in der Hoffnung auf einen entscheidenden Schlag gegen Preußen. Diese äußerste Möglichkeit indessen, deren abschreckende Wirkung in der europäischen Diplomatie der russischen Außenpolitik zweifellos willkommen war, schloß Bestužev in Wirklichkeit durch die konsequente Aufrechterhaltung der russischen Verfassungsgarantie ebenfalls aus. Denn wenn die Unterstützung der Heeresreformpläne die Position des polnischen Königs und der Reformpartei zu Rußlands Vorteil stärkte, so bot die Existenz einer zumindest ebenso starken adelsrepublikanischen Opposition zugleich die Gewähr, daß August III. diese Position nicht langfristig zum Nachteil Rußlands mißbrauchte. Zwischen Bündnis- und Protektoratspolitik stellte der Kanzler somit eine Balance her, die Polen gegen *barrière*-politische Reaktivierungsversuche so weit als möglich immunisierte, ohne zugleich den *status quo* in der Adelsrepublik grundsätzlich in Frage zu stellen.[63]

Die Reforminitiative in Polen selbst aber, nämlich die Frage nach den Erfolgsaussichten einer Heeresvermehrung, trat angesichts dieser Gewichtung der russischen Interessen gänzlich in den Hintergrund. Bereits Anfang des Jahres 1744, kurz nach Abschluß des russisch-sächsischen Bündnisses, hatte Keyserlingk in einem ausführlichen Bericht über die Lage in Polen die Chancen eines Reformreichstags außerordentlich gering eingeschätzt, zumal wenn es um die Verknüpfung der Heeresreform mit einem russisch-polnischen Bündnis gehe. Auch Michail Bestužev berichtete in diesem Sinne im Oktober desselben Jahres aus Grodno und fügte hinzu, daß, wenn nicht die Finanzierungsfrage schon einen entsprechenden Reichstagsbeschluß verhindern werde, die Intrigen Frankreichs und Preußens mit Sicherheit ihre Wirkung haben

---

[63] Zur russischen Politik gegenüber den polnischen Magnatenparteiungen vgl. die aufschlußreiche Mitteilung des preußischen Gesandten Voss aus Dresden vom 7. März 1750 über ein Schreiben Elisabeths, das Keyserling an Brühl übergeben habe: »Je viens d'apprendre par un bon canal que par cette lettre l'Impératrice avait conseillé au Roi de se faire des créatures et amis en Pologne pour soi-même et la famille royale, sans en faire à d'autres qui ne pensaient qu'à eux-mêmes; que par cette raison il devait être sur ses gardes dans la distribution des bénéfices et ne pas tout donner à une famille seule. [...] Je me souviens d'avoir entendu par hasard à Varsovie du comte (M.) Bestužev que, tant ami qu'il était des Czartoryski, il ne pouvait approuver les idées ambitieuses de cette famille.« *Politische Correspondenz...*, Bd. 6, S. 291 f.

müßten. Dennoch unternahm der Kanzler keinerlei Schritte, die geeignet gewesen wären, die Reformpartei des Reichstags wirksam zu unterstützen.[64] Im Gegenteil: Als der Grodnoer Reichstag ohne eine Konstitution auseinanderging und sich Gerüchte verbreiteten, daß die Hofpartei Heeresvermehrung und russisches Bündnis auf dem Wege einer Konföderation durchsetzen wolle, veranlaßte Bestužev die Kaiserin zu einer Deklaration an die polnische Nation, in der gegen *jegliche* Konföderationsbewegung mit einer russischen Intervention gedroht wurde: »Sa Majesté imp-le ne prend que trop d'intérêt, comme il vient d'être dit, à tout ce qui regarde la sûreté de sa Maj-té le roi de Pologne, comme aussi la tranquillité, la dignité, la liberté de la République pour voir avec indifférence qu'on lès trouble ou qu'on y porte la moindre atteinte.«[65] Nur scheinbar gegen die Umtriebe Preußens in Polen gerichtet, machte die russische Deklaration deutlich, wie wenig Bestužev in Wirklichkeit am Zustandekommen einer russischen Allianz mit einem militärisch gestärkten polnischen Staat gelegen war, an dessen politischer Zuverlässigkeit er auch jetzt eher zweifelte. Michail Bestuževs Kommentar zum Verlauf des folgenden Reichstags von 1746 spiegelt diese im Grunde unverändert negative Einstellung zu Polen noch offenkundiger:

»Po moemu mneniju, lučše, kažetsja, poljakov ostavit' v tech bezporjadkach i slabosti, v kotorych oni nyne nachodjatsja, i v tom ich soderžat', i do aukcji vojska ne dopuskat', ibo ot onoj nikogda pol'zy interesam vašego imp. veličestva ne vosposleduet.«[66]

Das konkrete Interesse Rußlands am Ablauf der polnischen Reichstage indessen lag — abgesehen von dem übergeordneten Ziel der Festigung der Loyalität Sachsens — auf völlig anderen Gebieten: Es richtete sich auf die Haltung Polens gegenüber einem eventuellen Durchzug russischer Truppen,[67] auf das »Disunierten«-Problem,[68] vor allen anderen

[64] S. M. Solov'ev, *Istorija Rossii...*, Bd. 21/22, S. 288 ff., sowie M. Bestužev und Keyserling an Elisabeth, am 10. November 1744; M. Skibiński, *Europa a Polska...*, Bd. 2: *Dokumenty*, S. 436 f.

[65] *A.a.O.*, S. 479.

[66] S. M. Solov'ev, *Istorija Rossii...*, Bd. 21/22, S. 428: »Meiner Ansicht nach wäre es besser, die Polen in der Unordnung und Schwäche zu belassen, in der sie sich jetzt befinden, und sie darin zu erhalten und die Heeresvermehrung nicht zuzulassen, da daraus niemals ein Nutzen für die Interessen Eurer Kaiserlichen Hoheit hervorgehen wird.«

[67] Die Frage des Durchzugs russischer Truppen durch Polen war akut geworden, als nach dem Abschluß der russisch-englischen Subsidienkonventionen in der zweiten Hälfte des Jahres 1747 die Entsendung eines russischen Hilfscorps von 30 000 Mann gegen Frankreich vorbereitet wurde. Die Vertreter der Seemächte ersuchten August III.

Dingen aber auf die Kurland-Frage, die seit 1740 wieder akut geworden war.[69] Die für die russische Kurland-Politik unglückliche Koinzidenz der Verbannung Ernst Johann Birons mit dem Ausbruch des Schlesien-Konflikts hatte Rußland nach 1740 in eine schwierige Lage gebracht. Die Freigabe der Neuwahl eines kurländischen Herzogs mußte angesichts der gespannten Lage im russischen Vorfeld die Gefahr mit sich bringen, daß Rußland seinen 1737 befestigten Einfluß in Kurland wieder einbüßte. Die Rückberufung Birons dagegen — die die kurländischen Stände forderten — erschien der russischen Kaiserin aus innenpolitischen Gründen allzu riskant. Folglich bot sich nur die Lösung an, die Vakanz des kurländischen Herzogsstuhl gewissermaßen diplomatisch zu übergehen, das heißt zu verhindern, daß die kurländische Frage als Lehensangelegenheit der polnischen Krone zum Gegenstand eines Reichstagsbeschlusses wurde und sich damit der Steuerung durch Rußland entzog.[70] Dieses besondere Anliegen der russischen Politik trat nun aber in unmittelbare Konkurrenz zu dem Heeresreformvorhaben, das Rußland offiziell zu unterstützen vorgab. Sollte die militärische

---

um seine Zustimmung, die dieser aufgrund seiner Prärogativen gemäß den *pacta conventa* jedoch nicht erteilen konnte. Ohne aber eine polnische Entscheidung abzuwarten, sammelte Fürst Repnin das Hilfscorps an der Düna und führte es zwischen März und Juni 1748 durch Litauen und Kleinpolen nach Westen. Die daraus entstehenden Spannungen in der Adelsrepublik, die zugleich die für eine Heeresreform notwendige Versöhnung zwischen Hofpartei und Opposition vor dem Reichstag von 1748 wiederum in weite Ferne rückten, beschäftigten während des ganzen Jahres vorrangig die russische Polenpolitik. Besondere Aufmerksamkeit widmete man dabei der Strategie Rußlands für den folgenden Reichstag, auf dem es galt, sich einerseits die Loyalität von Krone und Hofpartei zu sichern, andererseits aber jeden Beschluß über Maßnahmen gegen die russische Grenzverletzung zu verhindern. Vgl. dazu den Bericht des englischen Gesandten Hyndford aus Petersburg vom 29. März 1748; *Sbornik...*, Bd. 103, S. 580 sowie S. M. Solov'ev, *Istorija Rossii...*, Bd. 21/22, S. 475 und 517ff. Über die Reaktionen der polnischen Magnatenfraktionen sowie einen erneuten Konföderationsplan Józef Potockis in diesem Zusammenhang H. Schmitt, *Dzieje Polski...*, S. 235ff.

[68] Kurz vor Beginn des Grodnoer Reichstags im Herbst 1744 gab Elisabeth an Keyserling und Bestužev die Anweisung, sie sollten Brühl mit dem Zerreißen des Reichstags drohen, falls die bisher verweigerte Ernennung Hieronim Wołczańskis zum Bischof der Disunierten von ganz Weißrußland nicht umgehend erteilt werde. Dazu M. Skibiński, *Europa a Polska...*, Bd. 1, S. 651 f. und Bd. 2: *Dokumenty*, S. 228 f.

[69] Vgl. *a.a.O.*, Bd. 1, S. 653 sowie Ernst Seraphim, *Geschichte Liv-, Est- und Kurlands von der Aufsegelung des Landes bis zur Einverleibung in das russische Reich*, Bd. 2, Reval 1896, S. 606 ff.; die eindringlichste Analyse der Kurland-Frage als Problem der polnisch-russischen Beziehungen aber bei Władysław Konopczyński, *Polska w dobie wojny siedmioletniej*, Bd. 2, Kraków-Warszawa, 1909, S. 270 ff.

[70] S. M. Solov'ev, *Istorija Rossii...*, Bd. 21/22, S. 193.

Stärkung der Adelsrepublik sichergestellt werden, dann mußte man jede Provokation innenpolitischen Widerstands in Polen vermeiden und einen erfolgreichen Ablauf des Reichstags von russischer Seite gewährleisten; wollte man indessen eine für Rußland nachteilige Entwicklung der Kurland-Angelegenheit ausschließen, so galt es, einer Beschlußfassung des Sejm zu dieser Frage um jeden Preis vorzubeugen. Kaiserin Elisabeth allerdings — und offenbar auch Kanzler Bestužev — zögerten angesichts solcher Alternativen nicht, dem russischen Interesse an Kurland den Vorrang zu geben und dafür das Risiko eines Scheiterns der Reforminitiative einzugehen.[71] Bereits für den Grodnoer Reichstag von 1744 erhielt Michail Bestužev neben seinen offiziellen Instruktionen für die Förderung der Pläne Augusts III. im Herbst eine zusätzliche Geheimanweisung der Kaiserin, den Reichstag zu zerreißen, falls es der polnische König zulassen sollte, daß die Kurland-Frage offiziell auf dem Reichstag beraten werde.[72] Unmittelbar vor Beginn des Reichstags übermittelte der russische Gesandte dem sächsischen Minister Brühl diese Forderung Elisabeths und erreichte in geheim geführten Verhandlungen, daß August III. die Vermeidung jeglicher Erwähnung Kurlands in einer Reichstagskonstitution förmlich zusagte. Zugleich nahm es der König auf sich, den kurländischen Landtag zu beschwichtigen und sich für jede weitere Entscheidung der russischen Kaiserin bezüglich Kurlands bei der Republik zu verwenden.[73] Zu einer ähnlichen informellen Kurland-Vereinbarung kam es noch einmal 1748, als Michail Bestužev — diesmal ganz unverhüllt — gegenüber Brühl seine Absicht erklärte, den Reichstag zum Scheitern bringen zu wollen, und Brühl nur durch ausdrücklich erneuerte Garantien in der kurländischen Angelegenheit den russischen Gesandten zu dem Zugeständnis veranlassen konnte, er

---

[71] M. Skibiński, *Europa a Polska...*, Bd. 1, S. 654 f., Bd. 2: *Dokumenty*, S. 233 f.

[72] Vgl. dazu die Denkschrift Bestuževs für Elisabeth vom Oktober 1749, in der es u. a. heißt: »Diese Angelegenheit ist so wichtig und von derart bedeutenden Konsequenzen, daß sie wahrhaftig alle Aufmerksamkeit verdient, und es gibt nach meiner unmaßgeblichen Meinung zur Zeit nichts Dringlicheres als sie unverzüglich zu lösen, da man 1. nach den in Polen jetzt aufgebrochenen Zwistigkeiten dort eine gefährliche Konföderation befürchten muß, bei der 2. die auch wegen Kurland heftig lärmenden Polen diese Angelegenheit in äußerste Bewegung bringen könnten...«; S. M. Solov'ev, *Istorija Rossii...*, Bd. 23/24, S. 63.

[73] M. Bestužev und Keyserling an Elisabeth am 27. Oktober 1744. M. Skibiński, *Europa a Polska...*, Bd. 2: *Dokumenty*, S. 358 f.

werde von nun an nicht mehr in den Gang der Reichstagsberatungen
eingreifen.[74] Der endgültige Bruch des polenpolitischen Einvernehmens
zwischen Sachsen und Rußland, das heißt ein faktisches Veto Rußlands
gegen die Reichstagsvorhaben, konnte somit durch das Einlenken Augusts III. verhindert werden. Zugleich aber schuf Rußlands rechtswidriges Vorgehen in der Kurland-Frage einen neuen Anlaß für innenpolitischen Konflikt, der die Kluft zwischen Hofpartei und Adelsopposition
in Polen vertiefte und den inneren wie den äußeren Feinden der Reform
ein wirksames Instrument der Reichstagsobstruktion in die Hand gab.

Deutlich zeichnen sich an diesem Punkt die Prioritäten der neuen, Bestuževschen Ostmitteleuropapolitik Rußlands ab. Es waren in Wahrheit
die alten, obstruktiven Interessen, die Rußlands eigentliche Polenpolitik auch der Jahre nach 1744 vorrangig bestimmten. Die russische Kon-
zessionsbereitschaft hinsichtlich der Reforminitiative in der Adelsrepublik aber bezog sich nicht eigentlich auf eine eventuelle bündnispolitische Reaktivierung Polens und die Restitution seiner außenpolitischen
Handlungsunfähigkeit, sondern sie stellte nicht mehr dar als ein Instrument der Politik gegenüber Sachsen im Dienste der veränderten Defensivstrategie Bestuževs. Durch den Kompromiß mit den polenpolitischen Zielen Augusts III. gewann Rußland in Sachsen einen Bündnispartner im kontinentalen Vorfeld, der als Vorhut einer ‚Anti-*Barrière*‘
nach Westen sowie als Garant der Ruhe in Polen die frühere Rolle Preußens im System der russischen Außenpolitik übernahm, solange der
akute preußisch-österreichische und der latente preußisch-russische
Konflikt die Wiederherstellung der alten Entente cordiale der drei
Schwarzen Adler verhinderten.[75]

---

[74] Vgl. die Wiedergabe eines Berichts Michail Bestuževs über seine Verhandlungen
mit Brühl am 10. Oktober 1748 bei S. M. Solov'ev, *Istorija Rossii...*, Bd. 21/22, S. 518 f.

[75] Die bisherige Forschung ging durchweg von der Vorstellung aus, daß Bestužev —
zumindest in den Jahren 1744 und 1746 — den Erfolg der polnischen Heeresreform
dringend gewünscht und auch unterstützt habe, um Polen als aktiven Bündnispartner
gegen Preußen zu gewinnen. (Vgl. u. a. W. Konopczyński, *Dzieje Polski nowożytnej...*,
Bd. 2, S. 232 f.) Für diese Annahme läßt sich indessen in den Quellen kein Beleg finden:
Um so deutlicher sind dagegen die Hinweise auf die obstruktiven Absichten der Bestuževschen Polenpolitik. — Für die Frage des Handlungsspielraums der polnischen Reformpolitik ist diese Feststellung von einigem Gewicht, da der Erfolg der Reforminitiative auf den Reichstagen nicht nur von der formalen Zustimmung Rußlands abhing,
sondern auch davon, daß Rußland fortan jegliche Provokation gegen die Rechte der
Adelsrepublik — etwa in der Kurland-Frage oder bezüglich der Unverletzlichkeit der
polnischen Grenzen (siehe oben, Anm. 67) — vermied und dadurch auch die rußlandfeindliche Adelsopposition zur Verständigung mit der Hofpartei bewog. In dieser
Hinsicht unterlag die russische Polenpolitik jedoch auch unter Bestuževs Leitung keiner

Unter diesem Gesichtspunkt erweist sich der reale Handlungsspielraum, den die Adelsrepublik angesichts der seit 1740 veränderten Mächtekonstellation für die Durchführung von Reformen erlangte, als außerordentlich gering. Trotz der bedingten Aufhebung des russischen Protektorats über den inneren *status quo* Polens blieben die langfristigen Ziele der russischen Polenpolitik auch in der Ära Bestuževs unverändert, und es läßt sich kaum abschätzen, ob die reformbezogene Toleranz Rußlands auch dann Bestand gehabt hätte, wenn die polnische Reformpartei über einen Beschluß eines Reichstags die Modernisierung des Staates tatsächlich hätte in Gang setzen können. Indessen, wie begrenzt auch immer die polenpolitischen Konzessionen Bestuževs gewesen sein mögen, gegenüber der Situation der dreißiger Jahre verschafften sie der polnischen Reformpolitik einen deutlich erweiterten Aktionsradius. Die interventionistische Vorfeldpolitik, auf der die Kontrolle der drei Schwarzen Adler über Polen vormals beruht hatte, blieb auch nach der Bestuževschen Restauration des russischen Defensivsystems in Ostmitteleuropa außer Kraft gesetzt, und Rußland mußte, um die mühsam hergestellte einflußpolitische Balance in Polen nicht wiederum zu gefährden, die relative Neutralität gegenüber der Adelsrepublik vorerst wahren.

Friedrich II. und Sachsen-Polen

Welchen außerordentlichen Erfolg Rußland — trotz der krisenhaften Entwicklung in Ostmitteleuropa seit 1740 — durch Bestuževs neukonzipierte Außenpolitik tatsächlich errang, läßt sich an der preußischen Polenpolitik in den vierziger Jahren deutlich ermessen. Unsicher in den ersten Jahren nach Ausbruch des Schlesien-Konflikts, weil desorientiert über die Reichweite der eigenen polenpolitischen Möglichkeiten gegenüber Rußland, wandelte sich Friedrichs Konzept der Polenpolitik seit 1744 zu einer reinen Defensivstrategie, über deren begrenzte Wirksamkeit der preußische König sich niemals im Zweifel gewesen zu sein scheint.

Entscheidend für die gegenüber der Adelsrepublik zu verfolgende Politik mußte für Preußen seit 1740 die Frage sein, ob Rußland den Macht-

Revision. Die wiederholten Eingriffe Rußlands in die Souveränitätsrechte Polens während der vierziger Jahre desavouierten immer wieder die rußlandfreundliche Politik der Reformpartei und gaben der Opposition beständig neuen Anlaß zu erfolgreicher Agitation gegen Rußland und dessen sächsischen Verbündeten.

gewinn Preußens dulden und dadurch die alte polenpolitische Konstellation aufrechterhalten werde, oder ob es seine Verpflichtung auf die Pragmatische Sanktion auch gegen Preußen zu erfüllen gedachte. Diese zweite Möglichkeit erschien Friedrich II., als er im Herbst 1740 die voraussichtlichen europapolitischen Folgen einer Annexion Schlesiens erwog, noch wenig wahrscheinlich, und seine Zuversicht wurde durch die innenpolitische Entwicklung in Rußland nach dem Tode Anna Ivanovnas sowie durch den erfolgreichen Abschluß des russisch-preußischen Bündnisses am 27. Dezember 1740 zunächst auch vollkommen bestätigt.[76] Eine Verbindung mit Frankreich, die Friedrich noch vor Kriegsausbruch als letzte Schutzmaßnahme für den Fall einer Intervention Rußlands und der Seemächte in Aussicht genommen hatte, verlor unter diesen Umständen vorerst an Aktualität.[77] Solange Rußland den im November 1740 eingeschlagenen Kurs seiner Außenpolitik einhielt, konnten auch die Warnungen des entmachteten Ostermann, über die Mardefeld im Januar 1741 dem König berichtete, Friedrich II. nicht beunruhigen: »Tout ce que prouvent les nouvelles de Russie, c'est qu'Ostermann n'est pas de nos amis; voyons premiérement ce que dira Münnich, et quel effet fera l'explication de l'énigme chez ces messieurs; il faudrat voir ce qu'il feront, mais je ne saurais présumer qu'ils voudraient rompre avec nous pour si peu de chose.«[78]

Erst im März alarmierten Friedrich II. die aus Rußland einlaufenden Berichte von Ostermanns Bündnisverhandlungen mit England und Sachsen,[79] im April aber verschafften ihm die Bündnisabschlüsse Ruß-

---

[76] Vgl. *Politische Correspondenz...*, Bd. 1, S. 74 ff. (Projekt vom 29. Oktober 1740). Die Fragen der preußisch-russischen Beziehungen sowie der rußlandpolitischen Konzeptionen Friedrichs II. sind von W. Mediger mit größter Genauigkeit analysiert worden. (*Moskaus Weg nach Europa...*, S. 514 ff.) Für die betreffenden folgenden Passagen sei vor allem auf seine Interpretation verwiesen.

[77] W. Mediger, *Moskaus Weg nach Europa...*, S. 517 f. Vgl. dazu *Politische Correspondenz...*, Bd. 1, S. 179: Friedrich an Podewils am 14. Januar 1741. »Quoique j'aie cru nécessaire de nous concilier la faveur de la France et de ses alliés, par la perspective de leurs intérêts, j'ai toujours regardé une liaison avec ces puissances comme un pis aller, s'il n'y avait pas de meilleurs moyens de venir à notre but. Ainsi il faut mettre tout en oeuvre pour nous procurer par la médiation de la Russie et de l'Angleterre la posession d'une bonne partie de la Silésie.« Entsprechend Friedrich an Podewils am 7. Februar 1741; a.a.O., S. 191. Vgl. außerdem E. M. Feoktistov, *Otnošenija Rossii k Prussii v carstvovanie Elizavety Petrovny*, in: *Russkij Vestnik*, Bd. 159 (1882), S. 150—216, u. 160 (1882), S. 331—376, 574—663, hier Bd. 159, S. 158.

[78] Friedrich an Podewils am 7. Januar 1741; *Politische Correspondenz...*, Bd. 1, S. 248.

[79] Friedrich an Podewils am 15. April 1741. *A.a.O.*, S. 228, sowie Friedrichs Kommen-

lands mit England und Sachsens mit Österreich die Gewißheit, daß Rußland nun doch auf eine Intervention zusteuerte. Preußen vollzog daraufhin den Anschluß an Frankreich, der den endgültigen Bruch mit dem alten Bündnissystem bedeutete, zugleich jedoch die erhoffte Entlastung brachte: Schwedens Angriff auf Rußland lenkte die russische Politik von Preußen ab, Sachsen wandte sich gegen Österreich, der Staatsstreich Elisabeths in Rußland schließlich schien die Gefahr einer östlichen Diversion gegen Preußen zu bannen.[80] Die Krise des ersten Schlesischen Krieges ging somit vorüber, ohne daß für Preußen ernsthafte rußlandpolitische Konsequenzen entstanden wären. Angesichts dieser scheinbar stabilen Situation in Osteuropa glaubte Friedrich nach dem Breslauer Frieden an die alte Bündnisbeziehung zu Rußland anknüpfen und die schlesischen Erwerbungen mit Rußlands wie Englands Hilfe absichern zu können — und zwar sowohl gegen Österreich als auch gegen nunmehr zu befürchtende französische Angriffe in Allianz mit Sachsen.[81] In solcher Perspektive nahm Mardefeld auf Friedrichs II. Anweisung hin im Sommer 1742 die Verhandlungen um die Erneuerung des russisch-preußischen Bündnisses auf, die — trotz des Widerstandes der französischen wie der sächsischen Diplomatie — Anfang 1743 zum Erfolg führten. Der russisch-preußische Vertrag vom 28. März enthielt zwar nicht die erhoffte Garantie für Schlesien, doch er versprach zumindest die vorläufige Neutralität Rußlands zu gewährleisten und auch die alte russisch-preußische Solidarität in der Kontrolle Ostmitteleuropas wiederherzustellen.[82] Was der Vertrag hinsichtlich der von Preußen gewünschten Wiederannäherung nicht erfüllt hatte, schien sich zudem im Verlauf des Jahres 1743 nachträglich zu realisieren, als Friedrich II. un-

---

tar zum Vortrag Podewils' am 16. April 1741; *a.a.O.*, S. 229: »La Saxe doit nous déterminer, car si elle rompt avec nous, *concluez qu'elle n'est pas seule;* si elle se tient en repos, ne nous hâtons pas avec la France.«

[80] W. Mediger, *Moskaus Weg nach Europa...*, S. 518, H. Branig, *Preußen und Rußland...*, S. 40. Vgl. dazu Friedrich an Podewils am 21. Mai 1741. *Politische Correspondenz...*, Bd. 1, S. 246.

[81] *A.a.O.*, Bd. 2, S. 213, sowie S. 291 f.: Friedrich an Podewils am 13. November 1742. »Pour la Russie, je suis persuadé que l'Impératrice est de coeur et d'âme pour le parti anglais, et qu'aussi longtemps que le ministère se soutiendra, je n'aurai rien à craindre de ce côté-là [...], Je me défie extrêmement de la Saxe pour qu'elle ne tâche pas par quelque liaison avec la France ou avec l'Autriche de nous jouer pièce, et j'avoue que je crains plus une liaison de la Saxe avec la France [...] qu'une alliance avec la France et la Russie.«

[82] »Raisons qui m'engagent à faire l'alliance avec la Russie« vom 15. Januar 1743; *a.a.O.*, S. 312. Vgl. dazu W. Mediger, *Moskaus Weg nach Europa...*, S. 521 f.

ter geschickter Ausnutzung der »Affaire Botta« offenbar unbegrenzten Einfluß auf Elisabeth gewann und in der Folge sowohl die ausstehende Schlesien-Garantie als auch die Zustimmung der Kaiserin zu seinen Heiratsprojekten für den schwedischen wie den russischen Thronfolger durchzusetzen vermochte.[83]

Allerdings erwies sich bald, daß Friedrich die Tragfähigkeit der neuen Verbindung mit Rußland überschätzt hatte. Zwar waren ihm angesichts der widersprüchlichen Meldungen Mardefels über die konkurrierenden Einflüsse am russischen Hof bereits Anfang des Jahres 1743 Zweifel an der Beständigkeit des neuen außenpolitischen Kurses in Rußland gekommen,[84] die wirkliche Konstellation der politischen Kräfte in Rußland jedoch begann der König erst seit September 1743 zu erahnen, als Bestužev die russische Bestätigung des Breslauer Friedens verzögerte und später auch Friedrichs Pläne in bezug auf die Prinzessin von Anhalt-Zerbst zu hintertreiben suchte.[85] Rasch verdichteten sich für Friedrich in den folgenden Monaten die Anzeichen, daß Bestužev insgeheim auf eine Einkreisung Preußens zustrebte und den preußischen Einfluß auf die Kaiserin dabei erfolgreich aussteuerte. Hatte sich der Vizekanzler bis zur Jahreswende nicht gegen die Anhänger Preußens am russischen Hof behaupten können, so setzte sich sein Einfluß Anfang 1744 immer deutlicher durch: Die Verhandlungen Mardefelds über ein von Friedrich vorgeschlagenes Dreierbündnis zwischen Rußland, Preußen und Schweden führten trotz Elisabeths spontaner Zustimmung zu keinem Ergebnis. Die Nachricht vom Abschluß der russisch-sächsischen Allianz aber überzeugte den preußischen König vollends davon, daß er in Bestužev einen gefährlichen Gegner gefunden hatte: ». . . je vous laisse à juger combien il est dangereux que le Vice-Chancelier, comte de Bestushew, reste longtemps dans le poste où il se trouve, et dans lequel il est en état de faire signer à l'Impératrice des expéditions dont je suis persuadé que'elle ne sait pas tout le contenu.«[86]

Gerade zu jenem Zeitpunkt, als Friedrich II. sich definitiv zum Wiedereintritt in den Krieg gegen Österreich entschlossen hatte, um einem österreichischen Angriff zuvorzukommen und durch die Rückerobe-

[83] Siehe oben, Anm. 50.

[84] Friedrich an Mardefeld am 31. Dezember 1743. *Politische Correspondenz...*, Bd. 2, S. 307 f.

[85] Vgl. Friedrich an Mardefeld am 28. September 1743, sowie Friedrich an Duc de Noailles am 28. Juni 1744. *Politische Correspondenz...*, Bd. 2, S. 250 bzw. Bd. 3, S. 189.

[86] Friedrich an Mardefeld am 2. Mai 1744; *a.a.O.*, Bd. 3, S. 117.

rung Bayerns für Karl VII. das preußische Übergewicht im Reich zu sichern, geriet somit Preußens Rückhalt in Osteuropa erneut in Gefahr.[87] Der nun einsetzende Kampf um den Sturz Bestuževs endete für Preußen jedoch mit einer Niederlage. Mardefeld, dem Friedrich im Mai vorhielt, daß von der Beseitigung Bestuževs das Schicksal Preußens abhinge, unterlag dem Vizekanzler mit seinen Intrigen am russischen Hof, und Chétardies erneute Mission in Rußland, auf die Preußen und Frankreich ihre letzte Hoffnung für einen Umschwung setzten, leitete nicht den Sturz Bestuževs ein, sondern dessen endgültigen Sieg über seine innenpolitischen Gegner und das unwiderrufliche Scheitern der preußisch-französischen Politik in Rußland.[88] Wenn Preußen dennoch in der zweiten Hälfte des Jahres 1744 den Krieg gegen Österreich erneuerte, so geschah dies im Vertrauen auf die militärische Schwäche und außenpolitische Reaktionsunfähigkeit Rußlands, von der Mardefeld seinen König in den folgenden Jahren immer wieder zu überzeugen suchte.[89] In bezug auf eine direkte russische Intervention bestätigte sich dieses Kalkül zunächst tatsächlich. Die politischen Fronten am russischen Hof blieben auch nach Bestuževs Erhebung zum Kanzler bestehen, und es gelang Friedrich II., den zweiten Schlesischen Krieg zum Ende zu bringen, bevor der russische Kanzler die entscheidenden Staatsratsbeschlüsse durchsetzte, die Rußlands Kriegseintritt auf seiten Sachsens hätte einleiten sollen. In bezug auf Sachsen selbst jedoch machte sich die Veränderung der osteuropäischen Lage nach dem Scheitern der preußisch-französischen Rußlandpolitik bereits während dieses zweiten Schlesischen Krieges bemerkbar: Im Unterschied zur Situation des Jahres 1741 bestand nun eine feste sächsische Bindung an Rußland, die Sachsen auf der Seite der Kaisermächte engagierte und dadurch

---

[87] Vgl. dazu die Instruktion Friedrichs an den preußischen Gesandten bei Karl VII., Klinggraeffen, vom 26. Mai 1744. Der König wünscht, daß die von Karl VII. dringend geforderte Bildung einer Reichsarmee aufgeschoben wird, und erklärt dazu: »Il s'en faut bien, car, quoique cette princesse [Elisabeth] témoigne d'être de la meilleure volonté du monde pour moi et pour mes intérêts, néanmoins son peu d'application aux affaires et la grande indulgence qu'elle a pour son vice-chancelier Bestushew — qui jusqu'à présent est seul au timon des affaires étrangères, et qui, vendu qu'il est au parti anglais, saxon et autrichien, m'a mis en chemin tout ce qu'il lui a été possible, agissant le plus souvent contre les ordres exprès de sa souveraine — est encore une pierre d'achoppement que j'aurai toutes les peines du monde à ôter.« *Politische Correspondenz...*, Bd. 3, S. 148.

[88] Vgl. dazu ausführlich W. Mediger, *Moskaus Weg nach Europa...*, S. 235 ff.

[89] *A.a.O.*, S. 532 ff.

der Steuerung durch Frankreich und Preußen vorerst entzog. Zwar
konnte Sachsen 1745 durch einen raschen militärischen Schlag noch einmal neutralisiert werden. Doch es war für die preußische Politik schon
zum Zeitpunkt der sächsischen Kapitulation erkennbar, daß ein solches
Vorgehen sich nicht ungefährdet wiederholen lassen würde, falls Bestužev seine — wie Friedrich glaubte: durch fanatischen Preußen-Haß motivierte — Außenpolitik in Rußland behauptete. Nur die Vermeidung
jeglicher Provokation Rußlands — sei es in bezug auf Sachsen-Polen, sei
es hinsichtlich der Interessen des russischen Imperiums selbst — und,
wie Friedrich spätestens angesichts der nordischen Krise von 1749 erkennen mußte, die dauerhafte Bindung an das Defensivsystem der französischen *Barrière de l'Est* schienen Preußen nach 1744/45 die Gewähr
zu bieten, daß Rußland sein hegemoniales Übergewicht in Osteuropa
nicht gegen Preußen zur Geltung brachte.[90]

Preußens polenpolitische Perspektiven entwickelten sich in den fraglichen Jahren in genauer Kongruenz zur jeweiligen Gestalt der preußisch-russischen Beziehungen. Das allgemeine Ziel der preußischen Polenpolitik, die Verhinderung eines sächsischen Machtzuwachses unter
Ausnutzung der sächsisch-polnischen Personalunion, blieb naturgemäß
auch über das Jahr 1740 hinaus in Geltung, ja es beanspruchte angesichts
der wachsenden bündnispolitischen und militärischen Bedeutung Sachsens seit dem Ausbruch des ersten Schlesischen Kriegs auf preußischer
Seite größere Aufmerksamkeit als jemals zuvor. Die Frage nach den politischen Mitteln indessen, mit deren Hilfe dieses Ziel nach der faktischen Auflösung der Allianz der drei Schwarzen Adler zu erreichen war,
stellte sich angesichts des Schlesien-Konfliktes neu. Ob August III.
auch weiterhin durch Rußlands vorfeldpolitisches Protektorat über die
Adelsrepublik an der Realisierung seiner polenpolitischen Pläne gehindert sein würde und die erzwungene Aktionsunfähigkeit Polens erhalten blieb, hing nun vor allem von der Reaktion Rußlands ab.

Zunächst entwickelte sich die Lage in Ostmitteleuropa für Preußen
außerordentlich günstig: Rußland verhielt sich vorerst neutral, Sachsen
war aufgrund dieser Tatsache nicht zum raschen Eingreifen in der Lage,
und auch die Adelsrepublik selbst blieb unbeteiligt, nachdem der polnische Senatsrat im Januar 1741 ein Hilfegesuch Maria Theresias mit dem
Hinweis auf die alleinige Entscheidungskompetenz des Reichstags abgewiesen hatte.[91] Im April und Mai des Jahres 1741 gar, als Rußland wi-

---

[90] *A.a.O.*, S. 540 ff.
[91] Das Manifest Maria Theresias an die Republik vom 29. Dezember 1740 sowie ein

der Erwarten verspätet zur diplomatischen Vorbereitung einer Intervention gegen Preußen überging und Sachsen sich daraufhin mit Österreich verband, schien Polen sich als rettender Verbündeter zur Deckung der östlichen Flanke anzubieten. Am 24. Juni berichtete der preußische Gesandte Hoffmann aus Warschau, daß man mit Sicherheit auf den Widerstand des litauischen Adels gegen den eventuellen Durchzug einer russischen Interventionsarmee rechnen könne und daß der litauische Truchseß *(stolnik litewski)*, Piotr Sapieha, zudem angeboten habe, eine Konföderation gegen Rußland zu bilden und die Adelsrepublik Preußen zuzuführen. Hoffmann hatte dieses Angebot grundsätzlich positiv aufgenommen; er erklärte dazu: ». . . en attendant il serait bon et utile de ne les rebuter pas tout-à-fait, pour pouvoir renouer en cas de besoin; c'est à quoi je tâcherai de travailler, et j'espère d'y réussir d'autant plus qu'on ne se propose als erst im Herbst zu eclatiren.«[92] Friedrich II. stimmte dieser Strategie zu und gab Hoffmann in seinem Antwortschreiben vom 10. Mai die Anweisung, die Konföderationsvorbereitungen in Bewegung zu halten für den Fall, daß es tatsächlich zur akuten Bedrohung Preußens durch Rußland kommen sollte.[93]

Zu diesem äußersten Mittel, einem Bündnis mit einer polnischen Konföderation, das einem direkten Angriff Preußens auf Rußland gleichgekommen wäre, brauchte Friedrich II. jedoch nicht zu greifen. Die durch Frankreich veranlaßte schwedische Kriegserklärung an Rußland entlastete Preußen im Herbst 1741 hinreichend, um auf die *barrière*-politische Aktivierung Polens und damit auf den endgültigen Bruch mit Rußland verzichten zu können. Die russisch-preußischen Beziehungen erschienen in bezug auf die alte polenpolitische Interessengemeinschaft somit unverändert, als sich nach dem Staatsstreich Elisabeths die Wiederannäherung zwischen beiden Staaten seit März 1742 anbahnte.[94] Dieser Umstand erwies sich nun als besonders vorteilhaft für Preußen, da nach dem Breslauer Frieden nicht mehr die Instrumentalisierung der *Barrière de l'Est*, sondern die Reintegration Preußens in das alte osteuropäische Bündnissystem das vorrangige Ziel der Bündnis-

Auszug aus der Antwortnote des polnischen Primas vom 17. Januar 1741 bei M. Skibiński, *Europa a Polska…*, Bd. 2: *Dokumenty*, S. 1 f.

[92] *A.a.O.*, S. 656.

[93] *Politische Correspondenz…*, Bd. 1, S. 243.

[94] Über diese Wende in den preußisch-russischen Beziehungen im März 1742 vgl. den Bericht von Wich an Carteret vom 3. April 1742; *Sbornik…*, Bd. 91, S. 450, sowie Wich an Carteret am 6. März 1743; *Sbornik…*, Bd. 99, S. 266 ff.

politik Friedrichs II. bildete. Der Friede von Breslau bestätigte Österreichs Verzicht auf Schlesien, das Bündnis mit Rußland aber sollte Preußen auch vor Frankreich und den Revanche-Absichten Sachsens schützen.[95]

Tatsächlich errang Friedrich in dieser Hinsicht durch den Abschluß des russisch-preußischen Vertrages im März 1743 einen scheinbar ungeteilten Erfolg. Das Abkommen enthielt neben den gegenseitigen Neutralitätsversicherungen einen geheimen Artikel, in dem die vertragschließenden Parteien einander versprachen, »dass in allen und jeden Fällen, da Jemand, wer der auch seyn mögte, unternehmen wollte, die Republic Pohlen ihrer freien Wahl-Gerechtigkeit zu berauben, oder selbiges Königreich erblich zu machen, oder sich über dasselbige zum Souverain aufzuwerfen, Sr. Königl. Majestaet in Preußen und Ihro Kaiserlich Majt. von allen Reussen solches nicht leiden, sondern dergleichen ebenso ungerechte als denen Benachbarten gefährliche Absichten auf alle Art und Weise mit zusammen gesetzten Consiliis und Kräften, auch selbst mit den Waffen, wofern es dessen bedürfen sollte, abwenden, hintertreiben und zu nichte machen wollen.«[96]

In dieser Weise glaubte Friedrich II. Preußen seit 1743 hinreichend gesichert gegen allen eventuellen Versuche Augusts III., seine Position in Polen unter Ausnutzung der neuen Staatenkonstellation zu stärken und die Adelsrepublik für Sachsens Ziele gegen Preußen zu aktivieren. Mit entsprechend geringer Sorge nahm der preußische König daher Anfang 1744 den Bericht seines Gesandten in Dresden, des Fürsten Beess, über die erneuerten Vorbereitungen des polnischen Hofs für eine Heeresreform in Polen auf. Beess meldete am 11. Januar: »... le comte Poniatowski a été appelé ici [...] pour travailler à un projet à la faveur duquel, la cour puisse faire réussir à son gré et mettre sur un pied fixe et avantageux pour elle, l'augmentation des troupes de la couronne et venir à bout en même temps, de former une alliance défensive entre la reine de Hongrie et la République, que c'est là [...] à quoi ce palatin s'applique sans relâche, ce qui fait l'objet de ses conférences assistées avec le comte de Brühl, que leur plan est, prévoyant bien, que la diète se terminera infructueusement, de former une confédération ...«[97]

Trotz der offenkundig anti-preußischen Zielrichtung dieser sächsi-

---

[95] Vgl. dazu Friedrichs Überlegungen zum Nutzen eines Bündnisses mit Rußland, Friedrich an Podewils am 13. November 1742; *Politische Correspondenz...*, Bd. 2, S. 291 f.

[96] F. F. Martens, *Sobranie traktatov...*, Bd. 5, S. 358.

[97] M. Skibiński, *Europa a Polska...*, Bd. 2: *Dokumenty*, S. 73 f.

schen Initiative hielt Friedrich II. im Vertrauen auf die polenpolitische Solidarität Rußlands die davon ausgehende Gefährdung Preußens nicht für allzu groß. So antwortete er auf einen entsprechenden Bericht Hoffmanns aus Warschau noch am 23. März 1744: ». . . il me paraît peu croyable [. . .] que la Russie donne jamais les mains à un dessein aussi manifestement préjudiciable à ses intérêts, lequel pourtant ne saurait point réussir sans son consentement. Je ne laisserai toutefois pas, de communiquer confidemment sur ce sujet avec la cour de Russie et de me concerter avec elle sur les mesures les plus convenables pour faire échouer d'aussi vastes projets.«[98]

In dem Maße jedoch, wie Friedrich durch die aus Dresden und Moskau eingehenden Berichte Gewißheit gewann über die wahren Ziele Bestuževs sowie über die Machtlosigkeit der preußischen Partei am russischen Hof, stiegen seine Befürchtungen bezüglich der Entwicklung in Polen. Falls Bestuževs Kurs sich in Rußland tatsächlich durchsetzte, stand nach Meinung des Königs der Realisierung der sächsischen Pläne in Polen kein ernsthaftes Hindernis mehr im Weg.[99] Mardefelds Mißerfolge in seinen Bemühungen um eine polenpolitische Einigung mit Rußland schienen diese Befürchtungen in vollem Umfang zu bestätigen. Bereits im April hatte Bestužev auf Mardefelds Warnungen vor den Plänen Augusts III. geantwortet, »que comme on se trouvait dans une si forte, sincère et étroite liaison avec (le roi de Pologne), dont on connaissait la générosité et les sentiments de droiture, on ne prenait pas les moindres ombrages de ses démarches.«[100] Und auch in einer erneuten Unterhal-

---

[98] *A.a.O.*, S. 88. Gleichzeitig stand jedoch der Beschluß fest, unabhängig von den Maßnahmen, die Rußland ergreifen mochte, die Obstruktion der Reichstagsberatungen mit eigenen Mitteln in Angriff zu nehmen. Vgl. dazu die Instruktion Friedrichs an Hoffmann vom 2. Mai 1744. *Politische Correspondenz. . .*, Bd. 3, S. 116: »Vous sentirez sans peine que c'est principalement contre moi et mes intérêts que se prennent toutes ces mesures, et que, par conséquent, il m'est d'une importance extrême de les rompre à temps. [. . .] je souhaite de savoir vos idées sur ce sujet, s'il y a apparence que les projets en question auront le succès dont les auteurs se flattent, et quels obstacles on pourrait leur opposer, par quels moyens la Diète pourra être plus aisément rompue. . .«

[99] In diesem Sinne berichteten auch Podewils und Borcke dem König am 7. Mai 1744; M. Skibiński, *Europa a Polska. . .*, Bd. 2: *Dokumenty*, S. 114: »Il n'est que trop vrai [. . .] que tout dépend absolument d'un concours sincère et fidèle de la Russie, sans lequel on ne fera que de l'eau claire avec toutes les peines, qu'on se donnera et toutes les dépenses qu'on y emploiera. Mais V. M. sent bien Elle-Même que, tant que le vice-chancelier de Bestuschew gardera la direction des affaires et que Keyserling et Golembiewski seront continués dans leurs postes à Dresde et à Varsovie il n'y a rien de solide et de bon à espérer de ce côté-là.«

[100] Gersdorff an August III. am 29. April 1744; *a.a.O.*, S. 103.

tung mit dem Vizekanzler im Mai erhielt Mardefeld dieselbe Auskunft.[101] So konzentrierten sich nun auch die polenpolitischen Hoffnungen Friedrichs ganz auf den Sturz Bestuževs. In drei aufeinanderfolgenden Instruktionen an Mardefeld stellte der König seinem Gesandten in Rußland immer wieder die Dringlichkeit der polnischen Frage vor Augen, die nur durch eine rasche Wendung der russischen Politik im Sinne Preußens zu lösen sei:

».. . aussitôt que Bestushew sera culbuté, un de vos premiers soin doit être de disposer la cour de Russie pour qu'elle fasse rompre cette diète et d'empêcher sérieusement que de propos si nuisibles tant aux intérêts de la Russie qu'aux miens ne puissent jamais parvenir à quelque consistence.«[102]

Erst der Triumph Bestuževs über seine innenpolitischen Gegner und die Ausweisung Chétardies aus Rußland im Juni 1744 zerstörten die letzten Zweifel daran, daß die polenpolitische Konstellation der dreißiger Jahre, wie sie durch das Bündnis der drei Schwarzen Adler geschaffen worden war, *de facto* nicht mehr bestand. Bisher hatte Rußland seine unbestreitbare Vormachtstellung in Ostmitteleuropa im eigenen Interesse wie in objektiver Interessengemeinschaft mit Preußen stets gegen die Adelsrepublik und ihren wettinischen König zur Geltung gebracht. Nun aber schickte sich Bestužev offenkundig an, diesen hegemonialen Einfluß Rußlands im entgegengesetzten Sinne nutzbar zu machen: um dem wettinischen König in Polen zu einer Machtposition zu verhelfen, die Preußen unweigerlich verderblich sein mußte. Was das russisch-sächsische Bündnis im Februar 1744 angebahnt hatte, sollte allem Anschein nach auf dem Grodnoer Reichstag im Herbst desselben Jahres zur Ausführung kommen, nämlich die erneute militärische Stärkung Polens und dessen Eingliederung in eine Allianz, die Preußen von allen Seiten einschließen würde.[103]

---

[101] Mardefeld an Friedrich II. am 28. Mai 1744; a.a.O., S. 143.

[102] Friedrich II. an Mardefeld am 7. Mai 1744. *Politische Correspondenz...*, Bd. 3, S. 121. Vgl. außerdem die Instruktionen Friedrichs an Mardefeld vom 16. bzw. vom 23. Mai 1744; a.a.O., S. 119 ff. bzw. 137 ff.

[103] Vgl. Friedrichs Schreiben an Mardefeld vom 30. November 1744; *Politische Correspondenz...*, Bd. 3, S. 330: »Que font-ils autre chose à présent en Pologne, sinon que de tâcher d'animer la nation polonaise contre moi par toutes sortes d'insinuation? Et s'occupent-ils à autre chose pendant la diète présente à Grodno qu'à disposer la République à une augmentation de troupes, et qu'à la faire entrer en alliance avec la reine de Hongrie, uniquement dans le dessein de m'envoyer les Polonais sur le corps? Quel vilain tour n'ont-ils pas tâcher de jouer à mes ministres à Grodno?«

Die Aussicht auf eine solche polenpolitische Katastrophe veranlaßte Friedrich II. zu einer geradezu panikartigen Reaktion. Er wandte sich, wie Brühl dem sächsischen Gesandten in Wien am 3. September mitteilte, seinerseits mit dem geheimen Angebot an Sachsen, August III. zur Errichtung eines »dominium absolutum« in Polen zu verhelfen, sowie Brühl mit Reichsämtern und Territorien zu beschenken, wenn Sachsen nur auf das Bündnis mit Österreich und Rußland verzichte.[104] Gleichzeitig richtete Friedrich ein Manifest an die Republik Polen, das Preußens Politik seit 1740 rechtfertigen sowie vor den Absichten Augusts III. warnen sollte, und in Warschau nahm der preußische Gesandte Hoffmann auf Weisung des Königs das Werben um Anhänger und mögliche Helfer der preußischen Sache mit gesteigerter Energie in Angriff.[105] Keiner dieser verzweifelten Rettungsversuche indessen zeitigte die erhoffte Wirkung. Für Sachsen bestand kein Anlaß zur Aufgabe seines Bündnissystems, nachdem Rußland die Unterstützung der polnischen Pläne gewähren wollte, Österreich die erwünschten territorialen Entschädigungen zugestand und England — angesichts des erneuerten preußisch-französischen Bundes — die Zahlung von Subsidien an Sachsen in bedeutender Höhe zusagte.[106] In Polen selbst aber fand sich keiner der einflußreichen Senatoren bereit, die aussichtslose preußische Sache gegen die herrschende Entschlossenheit zur Reform zu verfechten. So mußte Hoffmann in seinen Berichten an Friedrich im August und September bekennen, daß er keinen wirksamen Einfluß gewinnen könne, eine Heeresvermehrung sowie — auf lange Sicht — ein polnischer Krieg gegen Preußen daher wahrscheinlich nicht zu verhindern sein werde: »Il est certain, que cette diète sera une des plus critique qu'on ait jamais vue en Pologne et mérite, qu'on lui prête toute l'attention imaginable, certainement on y mettra sur le tapis bien des choses que la cour tâchera d'appuyer au possible par son parti et au cas qu'Elle ne réussisse pas elle pourra aisément passer à une confédération, qui est une grande ressource pour Elle.«[107]

---

[104] M. Skibiński, *Europa a Polska...*, Bd. 1, S. 616 f. Vgl. dazu auch Władysław Konopczyński, *Fryderyk Wielki a Polska*, Poznań 1947, S. 48.

[105] M. Skibiński, *Europa a Polska...*, Bd. 1, S. 617, sowie Bd. 2: *Dokumenty*, S. 122 ff.: Bericht eines sächsischen Agenten über Verhandlungen des preußischen Gesandten Hoffmann mit dem Starost von Czehryń, Jan Kajetan Jabłonowski, vom 19. Mai 1744.

[106] Vgl. dazu die Berichte Tyrawlys aus Moskau von Juli bis November 1744; *Sbornik...*, Bd. 102, S. 74 ff., sowie M. Skibiński, *Europa a Polska...*, Bd. 1, S. 623 f.

[107] Wallenrodt an Friedrich II. am 29. August 1744; M. Skibiński, *Europa a Polska...*, Bd. 2: *Dokumenty*, S. 207.

In Wahrheit stellte sich die Situation vor dem Grodnoer Reichstag allerdings keineswegs so kritisch für Preußen dar, wie Friedrich fürchtete. Weder beabsichtigte Bestužev tatsächlich, ein Wiedererstarken Polens auf dem Wege von weitreichenden Reformen zuzulassen, noch war die Einheit unter den polnischen Magnatenfraktionen hinsichtlich der Reformvorhaben soweit hergestellt, wie es den preußischen Beobachtern erscheinen mochte. Unter einem Aspekt jedoch war die Besorgnis des preußischen Königs durchaus begründet: Der Ausgang des diplomatischen Ringens um die Vorbereitung des Grodnoer Reichstags beseitigte alle Zweifel daran, daß die polnische Frage von nun an der Steuerung durch Preußen entzogen war. Bestužev hatte es vermocht, durch die Verständigung mit Sachsen den direkten preußischen Einfluß auf den polnischen König und die Parteien der Adelsrepublik zurückzudrängen, und von ihm hing es nun ab, die Ruhe Ostmitteleuropas zu erhalten oder dem erneuten Erstarken Polens den Weg zu bahnen.

Die Preußen verbleibenden Einwirkungsmöglichkeiten auf die polnische Politik nach dem Verfall des interventionistischen Steuerungssystems erwiesen sich in der Tat als außerordentlich begrenzt. Im April 1744 war der preußische General Goltz beauftragt worden, die politische Lage in der Adelsrepublik zu sondieren und zu erkunden, welche Mittel einer obstruktiven Einflußnahme auf die Reformbemühungen gegebenenfalls anzuwenden seien. Der ausführliche Bericht, den Goltz daraufhin im Mai an Podewils und Borcke erstattete, beschrieb die politischen Wirkungsmechanismen des republikanischen Systems sowie die möglicherweise daraus zu ziehenden Konsequenzen sehr nüchtern und durchaus realistisch.[108] Werde die herkömmliche Reichstagsverfassung gewahrt, so urteilte er, dann bestünde für den polnischen Hof wenig Aussicht auf die Realisierung seiner Pläne. Die Gruppe der überzeugten Reformanhänger unter den Magnaten bilde nur eine schwache Minderheit, die Mehrheit aber sei weder bereit, die Unterstellung neu ausgehobener Truppen unter das Kommando der Krone zu dulden, noch die unvermeidlichen wirtschaftlichen Opfer für die Heeresfinanzierung zu bringen. Unter solchen Umständen könne man das Scheitern getrost abwarten, ohne selbst tätig zu werden. Sollte der Hof jedoch durch Gewalt und Bestechungen den Reichstag zur Einigkeit bewegen oder diesen gar in eine Konföderation verwandeln, dann seien wirksame Gegenmaßnahmen nur schwer zu treffen. »En ce cas il faudrat à tel prix que ce soit, faire rompre la diète par les nonces gagnés, dont le nombre doit au

---

[108] *A.a.O.*, S. 106 ff.

moins être de 20 à 30 parce qu'ils n'oseraient le faire étant plus faibles. [...] La diète rompue et les protestations faites, les sénateurs et les nonces de notre parti s'en iront incessament dans leur provinces pour y faire grand bruit des meauvais desseins de la cour et pour préparer toutes choses à des confédérations particulières contraire à la royale ...«[109] Dieses Vorgehen könne — obwohl kostspielig und riskant — Preußen den erhofften Erfolg bringen. Wichtigste Voraussetzung dafür sei jedoch, daß Preußen sich der Solidarität des östlichen Nachbarstaates Polens versichere: »Vous voyez bien, monsieur, que tout mon raisonnement d'un bout à l'autre, roule absolument sur l'étroite amitié, qui doit subsister entre le roi et la Russie. C'est elle, qui doit donner le poids à nos mesures, parce que c'est l'unique puissance, qu'on craigne véritablement en Pologne.«[110]

Nachdem jedoch diese oberste Bedingung nicht zu erfüllen war, schien der Goltzsche Plan kaum erfolgversprechende Perspektiven zu eröffnen. Die wirksamsten Mittel, die Bildung von Konföderationen, ergänzt durch russisch-preußische Truppenkonzentrationen an den polnischen Grenzen, schieden angesichts der Haltung Rußlands aus. Es blieb das zweifelhafte Instrument der Bestechung, das Friedrich seinen Gesandten auf dem Grodnoer Reichstag, Hoffmann und Wallenrodt, empfahl. Geld, Überredung und Konspiration mit den Freunden Preußens sowie mit dem französischen Gesandten St. Séverin, so hoffte er, würden den Reichstag vielleicht zum Scheitern bringen.[111] Großes Vertrauen indessen scheint der König nicht in dieses Vorgehen gesetzt zu haben. Als Wallenrodt im September 1744 noch einmal um zusätzliche Geldmittel für seine Bestechungsaktionen bat, lehnte Friedrich ab und kommentierte resignierend: »Alles gut, aber grosse Summen Geldes in Polen anzuwenden, finde ich nicht von meiner Convenienz, zumalen bei jetzigen Conjuncturen, und wenn es absolut auf Geldgeben ankommet, so würde Ich doch den sächsischen Hof en égard der Chargen und Beneficien, so er in Polen zu disponiren hat, nie balanciren können.«[112]

Die Skepsis gegenüber dem Mittel der Bestechung erwies sich als berechtigt. Es gelang den preußischen Gesandten im Verlauf des Reichs-

---

[109] *A.a.O.*, S. 110f.

[110] *A.a.O.*, S. 113.

[111] Podewils und Borcke an Hoffmann am 28. Juli 1744; *a.a.O.*, S. 162ff., besonders Punkt 9, S. 169f.

[112] Kommentar Friedrichs II. zu dem Schreiben Wallenrodts an Podewils vom 18. September 1744; *Politische Correspondenz...*, Bd. 3, S. 301.

tags nicht, aus dem Kreis der Kooperationswilligen und Käuflichen wirklich verläßliche Verbündete zu rekrutieren.[113] Statt dessen provozierten die allzu ungedeckten Bestechungen Hoffmanns gegen Ende der Reichstagsperiode einen Skandal in der Landbotenkammer, der Preußen gegenüber dem polnischen Adel diskreditierte. Auch sah sich Petersburg zu einer förmlichen Erklärung an Preußen veranlaßt, die Hoffmanns offenkundige Intrigen gegen Rußlands Polenpolitik rügte und zugleich deutlich machte, daß man sich Anstiftungen zu einer oppositionellen Konföderation widersetzen werde.[114] Der unfruchtbare Ausgang des Grodnoer Reichstags aber ist — obwohl durch obstruktive Verhandlungtaktik einer relativ kleinen Landbotengruppe in den letzten Tagen der Reichstagsperiode herbeigeführt — kaum in erster Linie den Bestechungsbemühungen der preußischen Gesandten zuzuschreiben. Zwar meldeten sie im November 1744 triumphierend nach Berlin, dank ihrer geschickten Taktik wie ihres unermüdlichen Einsatzes seien Heeresvermehrung und polnisch-russisches Bündnis endgültig gescheitert. Friedrich selbst jedoch hielt die Ereignisse von Grodno keineswegs für einen Sieg der preußischen Politik. Zu dem Bericht aus Polen merkte er an: »Alles recht gut. Aber das sehe ich wohl, dass was in der Sache gutes geschehen ist, durch den Grafen Saint-Sévérin geschehen ist, von dem meine Herren nur die Marionettes gewesen und ohne welchen sie ihre Sachen schlecht gemachet haben würden.«[115]

Das Übergewicht Rußlands und Sachsens in den innenpolitischen Angelegenheiten der Adelsrepublik war zu mächtig, als daß eine gezielte preußische Initiative mit konspirativen Mitteln oder auf dem Wege offizieller diplomatischer Aktion einen ausschlaggebenden Einfluß auf die Entscheidung der Reichstage hätte nehmen können. Solange diese Konstellation bestehen blieb, beschloß der preußische König daher, werde er gegenüber Polen defensiv bleiben: »Ich werde mich weder in die polnische noch in andere Sachen einlassen«, erklärte er Mitte 1746; »dieses ist der Plan, den Ich mir jetzo gemachet habe, und werde also die Sachen ge-

---

[113] Wallenrodt und Hoffmann an Friedrich II. am 31. Oktober 1744; M. Skibiński, *Europa a Polska...*, Bd. 2: *Dokumenty*, S. 374 ff.

[114] Russische Note an Preußen vom 9. November 1744; a.a.O., S. 416 ff., sowie Dyaryusz sejmu ordynaryjnego, sześcioniedzielnego grodzieńskiego in anno 1744; 27. Sitzung vom 5. November 1744; a.a.O., S. 337 ff.

[115] Bericht Hoffmanns und Wallenrodts aus Grodno sowie der Kommentar Friedrichs II. vom 29. November 1744; *Politische Correspondenz...*, Bd. 3, S. 327.

hen lassen wie sie wollen und können, da hoffe Ich am weitesten und am besten damit zu kommen.«[116]

Allerdings erhielten die preußischen Gesandten auch für die kommenden Reichstage der Jahre 1746 bis 1752 gewissermaßen routinemäßig die generelle Ordre »de rompre la diète à tempo si l'on veut augmenter l'armée ou proposer des alliances qui me soient contraires«.[117] Doch daran, wie diese Anweisung im besonderen Fall in die Tat umzusetzen sei, verwandte man weder 1746 noch in den folgenden Jahren besondere Überlegung. Zwei ergebnislose Reichstage bewiesen 1744 und 1746 ohnehin, daß die innenpolitische Disponiertheit des polnischen Adels zur Reform des Staates weitaus geringer war als man vor dem Grodnoer Sejm befürchtet hatte. Der Gang der Beratungen in der Landbotenkammer demonstrierte bei jedem Reichstag aufs neue, daß selbst bei günstigen innen- und außenpolitischen Konjunkturen die Finanzierungsfrage allein schon ausreichende oppositionelle Potentiale aktivierte, um den Erfolg der Reformprojekte in Frage zu stellen.[118] Außerdem zeigte sich seit 1744, daß die Affinität zu Preußen unter den polnischen Anhängern Frankreichs und des *Barrière*-Systems sehr rasch stieg. Ja es konstituierte sich in den Reihen der Opposition eine regelrechte preußische Parteiung, ohne daß die preußische Diplomatie selbst durch gezielte Initiativen oder gar durch Parteiensubsidien dazu beitrug. So konnte Friedrich II. 1746 mit einer gewissen Berechtigung behaupten: »Quant aux intrigues de la cour de Saxe à la diète de Pologne qui va s'ouvrir je [...] n'en suis pas trop embarrassé, et ayant un parti bien fort en Pologne, j'ai lieu de me flatter que la diète se tournera selon que je le trouverai à propos, sans que je donne des soupçons aux Saxons, et sans causer la moindre jalousie à mes autres voisins.«[119]

---

[116] *A.a.O.*, Bd. 5, S. 104.

[117] Friedrich II. an Klinggraeffen am 25. August 1746; *a.a.O.*, S. 165. Analoge Formulierungen finden sich in den königlichen Instruktionen für die Reichstage der Jahre 1748 bis 1752.

[118] Vgl. Friedrich II. an Voss am 2. November 1748; *a.a.O.*, Bd. 6, S. 279, sowie Friedrich II. an Voss am 10. Februar 1750; *a.a.O.*, Bd. 7, S. 250. Vgl. dazu auch den Bericht M. Bestuževs und Keyserlings vom Grodnoer Reichstag am 21. Oktober 1744; M. Skibiński, *Europa a Polska...*, Bd. 2: *Dokumenty*, S. 354: »Uebrigens schliessen wir das Diarium der Provinzial-Sessionen hier bei, worinnen die Meinungen, die man der Augmentation wegen führet, sich soviel erkennen lassen, dass die Questio ‚An' zwar keinen Widerspruch findet, das ‚Quo modo' aber desto grösseren Schwierigkeiten unterworfen ist...«

[119] Friedrich II. an Chambrier im Oktober 1746. *Politische Correspondenz...*, Bd. 5, S. 202 f.

Aufgrund dieser Erfahrungen revidierte Friedrich die Taktik der preußischen Diplomatie gegenüber den künftigen Reichstagen von Grund auf. Hatte er im Herbst 1744 von seinen Beauftragten verlangt, sie sollten alle Bemühungen auf die Bildung eines Komplotts unter den Landboten richten und dazu auch Bestechungsgelder einsetzen, so gebot er seinem Gesandten Voss 1748, er dürfe »nicht einen roten Heller« *(pas la moindre obole)* für den Zweck der Korruption ausgeben.[120] »Je veux [...] que vous ne payiez rien d'argent comptant ni n'en promettiez même; que vous ne soyez point chiche de belles paroles bien vagues; que, pour le reste, vous laissiez aller les choses du train qu'elles pourront, étant bien persuadé [...] que la Diète ne manquera d'échouer d'elle-même ou qu'on tout cas il n'en résultera aucune réalité.«[121]

Auch konspirative Verbindungen zu einzelnen Magnaten oder gar gewöhnlichen Angehörigen der Szlachta lehnte Friedrich angesichts der zweifelhaften Erfolgsaussichten solcher Kontakte sowie der Gefahr der Kompromittierung Preußens von nun an ab. Als Wallenrodt im April 1746 ein Angebot des Fürsten Jabłonowski übermittelte, der mit preußischer Hilfe eine Konföderation gegen August III. organisieren wollte, erhielt er aus Berlin den Bescheid, »dass da es ofte angegangen wäre, die Diète zu rompiren, es bei der künftigen auch angehen würde und hoffentlich nicht viel Mühe damit kosten dörfte: und dass endlich Se. Königl. Majestät Sich mit denen Herren Polen nicht zu sehr einlassen würden, weil es mehrenteils auf Geldziehen angesehen wäre.«[122] Die ernstzunehmenden und sehr viel weiterreichenden Bündnisangebote, die die Häupter der oppositionellen Magnatenfraktionen in den vierziger Jahren mehrfach an Preußen richteten, bargen dagegen ein allzu großes Risiko hinsichtlich eines Konfliktes mit Rußland in sich. Selbst 1745, als sich nach Abschluß der Warschauer Allianz die Einkreisung Preußens tatsächlich konkretisierte und der bevorstehende Krieg mit Sachsen

---

[120] *A.a.O.*, Bd. 6, S. 263.

[121] Friedrich II. an Voss am 6. September 1748; *a.a.O.*, S. 228.

[122] *A.a.O.*, Bd. 5, S. 60 f. Im August erneuerte Wallenrodts Vertrauter sein Angebot und erbat zugleich die Entsendung eines preußischen Agenten nach Frankfurt an der Oder, um mit dessen Hilfe die Zerreißung des nächsten Reichstags vorzubereiten. Friedrich lehnte auch jetzt jede Kooperation mit ihm ab, »weil es ein Windbeutel ist, mit dem Ich Mich nicht gerne meliren kann noch mag«; *a.a.O.*, S. 168. Es handelt sich nicht um jenen Starosten Jan Kajetan Jabłonowski, der 1744 seine Dienste offeriert hatte (siehe oben, Anm. 105), sondern um Stanisław, den Wojewoden von Rawa; die Familie war 1743 in den Reichsfürstenstand erhoben worden.

auch Rußland gegen Preußen zu aktivieren drohte, wies Friedrich die seitens der führenden oppositionellen Magnatenfamilien vorgeschlagenen Verhandlungen über eine Konföderation zurück, um jede zusätzliche Provokation Rußlands zu vermeiden.[123] Und auch im Verlauf der nordischen Krise von 1749/50 konnte sich der König nicht zu dem entscheidenden Schritt gegenüber den bündnisbereiten polnischen Magnaten entschließen.[124] Weder die Angebote, die Reichstage im Sinne Preußens zu steuern, noch die Aussicht auf den polnischen Thron oder den kurländischen Herzogstuhl, bei deren Erlangung polnische Magnaten Friedrich zu unterstützen versprachen, veranlaßten ihn, seine defensive Haltung gegenüber Rußland in den ostmitteleuropäischen Angelegenheiten preiszugeben. »Compliment zu machen bin ich bereit«, erklärte Friedrich zu einem Konföderationsprojekt »eines gewissen Grafen« Sapieha im Mai 1748, »aber Mich von der Sache zu meliren, da wird nichts draus.«[125]

Vielmehr kam es darauf an, die Balance zwischen den innenpolitischen Fronten in der Adelsrepublik, wie sie sich seit 1744 trotz der veränderten russischen Polenpolitik Bestuževs stabilisiert hatten, zu erhalten und nicht etwa von preußischer Seite den Schritt zu tun, der das Gleichgewicht zerstört und Rußland unweigerlich zum Gegenzug gezwungen hätte — sei es durch direkte Intervention, sei es durch noch engere Verbindung mit Sachsen in der polnischen Reformpolitik. Die Tatsache nämlich, daß diese russisch-sächsische Entente in Polen nicht die 1744 befürchtete Tragweite erlangte und Preußen allein dadurch vor der politischen Katastrophe bewahrt wurde, die von der Verwirkli-

---

[123] Vgl. M. Skibiński, *Europa a Polska...*, Bd. 1, S. 798 ff., sowie den Bericht von Eichel an Podewils vom 22. Juli 1745. *Politische Correspondenz...*, Bd. 4, S. 230.: »Ausser diesem nun hat man sich hier mit gedachten Polen nicht weiter eingelassen, als nur in generalen Terminis von der Freundschaft Sr. Königl. Majestät gegen die Republik alle Versicherung zu geben, und dass, wenn die Nation sich entschließen müsste in eine grosse Conföderation, man hiesigen Ortes zwar solcher nicht entgegen sein, aber auch weiter nicht davon meliren noch daran immédiatement Theil nehmen würde...«

[124] Friedrich II. an Podewils am 6. März 1749; *Politische Correspondenz...*, Bd. 6, S. 411. Auf das Konföderationsangebot ließ Friedrich antworten, »dass er den Palatin von Belcz menagiren, jedoch dem selben insinuiren solle wie die Prudence und Klugheit erfordere, dass er nebst seiner Partei nicht eher eine Levée de Boucliers mache, als nur wenn etwa im Norden Unruhen entstehen sollten; alsdann es die Zeit dazu wäre«. Vgl. außerdem Friedrich II. an Leveaux am 25. Februar 1749; *a.a.O.*, S. 393.

[125] Vortrag Podewils' an Friedrich vom 1. Mai 1748 und Kommentar Friedrichs vom 2. Mai 1748; *a.a.O.*, S. 92.

chung der sächsischen Pläne in der Adelsrepublik drohte, blieb dem König nicht verborgen. So sicher der politische Obstruktionsmechanismus
auf den polnischen Reichstagen auch funktionierte, er konnte durch
Rußlands Initiative jederzeit außer Kraft gesetzt werden. Unter diesen
Umständen sah man den Reichstagen von 1746 und 1748, aber auch dem
letzten Reformreichstag von 1752 in Preußen mit einer Art resignativer
Gelassenheit entgegen, wie sie die köngliche Instruktion an den preußischen Gesandten Klinggraeffen in Warschau vom 15. Oktober 1746
sehr deutlich zum Ausdruck bringt: ».. . je n'emploierai pas de l'argent
pour faire des distributions à cette Diète-ci; puisqu'il ne serait que jeté.
Si les cours de Pétersbourg et de Dresde veulent agir avec force, l'argent
que j'emploierai serait perdu; mais si ces deux cours-là ne veulent point
agir avec force, il n'en sera rien de tous leurs desseins et la Diète se dis-
soudra d'elle-même.«[126]

Lediglich die Vorbereitungen zu dem außerordentlichen Reichstag
des Jahres 1750 lösten in Berlin noch einmal eine ähnlich panikartige Reaktion aus wie sechs Jahre zuvor die Reforminitiative des Sejm von
Grodno. Im Gegensatz zu den vorangegangenen Jahren hatte sich seit
Ende 1749 eine Annäherung zwischen dem polnischen Hof und den
Wortführern der magnatischen Opposition, der Familie Potocki, abge-
zeichnet, die die alte Parteienstruktur in Frage zu stellen und der Reform erstmals eine breite innenpolitische Plattform zu verschaffen
schien.[127] In dieser Lage blieben jedoch die Konspirationsversuche
des preußischen Gesandten Voss im Frühjahr 1750 erfolglos; die traditionellen Anhänger Preußens zeigten sich vorerst nicht zur Kooperation bereit, und auch der Vertreter Frankreichs, des Issarts, vermochte
keine nennenswerte Partei für sich zu gewinnen.[128] Erneut verlegte man

---

[126] *A.a.O.*, Bd. 5, S. 209.

[127] Die Spekulationen der preußischen Politik beruhten tatsächlich auf einer völligen
Fehleinschätzung der Entwicklung in Polen. Allerdings stellte die Ehe zwischen Jerzy
Mniszech und der Tochter Brühls vordergründig eine Verbindung zwischen den »Repu-
blikanern« und dem Hof her, in Wahrheit jedoch waren die innenpolitischen Fronten
nach dem Konflikt von 1749 um das Tribunal von Petrikau verhärteter denn je. Vgl. W.
Konopczyński, *Dzieje Polski nowożytnej...*, Bd. 2, S. 240 ff. Die Tatsache aber, daß der
Hof (*de facto* nur in gewissermaßen unvermeidbarer Reaktion auf die Affaire von
Petrikau) 1750 erstmals einen außerordentlichen Reichstag berief und daß das Lager der
»Malkontenten«, das bislang mit dem preußischen Gesandten kooperiert hatte, in
den Monaten vor dem Sejm seine Verbundenheit mit Preußen verleugnete, veranlaßte
Voss und auch den preußischen König bereits zu den schlimmsten Befürchtungen.

[128] Voss an Friedrich II. am 27. Mai 1750; *Politische Correspondenz...*, Bd. 7, S. 395.

sich daher auf umfangreiche Bestechungsmaßnahmen — auf die Verbreitung der abenteuerlichsten Bündnisangebote, das Versprechen von preußischen Militärchargen für zögernde Landboten sowie das Austeilen von Bestechungsgeldern.[129] Unabhängig davon änderte sich aber auch die innenpolitische Lage noch vor dem Sejm erneut. Als die Potocki wieder zu offener Opposition übergingen, war der Weg zur Sprengung des Reichstags frei: Er scheiterte schon zu Beginn am Veto eines — freilich wirklich bestochenen — Landboten. Voss aber konnte erleichtert registrieren, daß auch dieser Sejm die innenpolitischen Konflikte der Adelsrepublik nicht zu überwinden vermocht hatte.[130]

Das Bild von der friderizianischen Polenpolitik in der Phase vor dem Siebenjährigen Krieg, das sich aus diesen Einzelheiten erschließt, zeigt allenfalls einen mittelbaren Zusammenhang mit jener Praxis des Partage, die die preußische Außenpolitik nach 1764 erfolgreich gegenüber Rußland ins Spiel zu bringen vermochte.[131] Erst die faktische Wiederherstellung der *Entente cordiale* der drei Schwarzen Adler mit der endgültigen Beilegung des Schlesien-Konfliktes restituierte auch den groß-

---

[129] Instruktion Friedrichs II. an Voss am 27. Juni 1750; *a.a.O.*, S. 411. Vgl. auch W. Konopczyński, *Fryderyk Wielki...*, S. 51.

[130] Voss an Friedrich II. am 8. August 1750; *Politische Correspondenz...*, Bd. 8, S. 52 f. Parallelität zu den Vorgängen von 1744 ist allerdings auch darin festzustellen, daß Voss — wie seinerzeit Hoffmann — das Scheitern des Sejm vor allem seinen persönlichen Erfolgen bei der polnischen Opposition zuschrieb, wohlweislich jedoch ohne in seinem Bericht nähere Angaben über die wahren Urheber des *liberum veto* auf diesem Reichstag zu machen.

[131] Konopczyńskis Versuch von 1947 *(Fryderyk Wielki a Polska)*, die gewissermaßen intentionale Kontinuität negativer preußischer Polenpolitik unter der Regierung Friedrichs II. herauszuarbeiten, hat — auch über seinen präsentistischen Kontext hinaus — zweifellos eine klärende Funktion gegenüber der deutschen Friedrich-Forschung sowie zum Teil noch deren Kritikern. Das Polenproblem in der Außenpolitik Friedrichs II. ist von der Friedrich-Historiographie in der Regel überhaupt nicht wahrgenommen worden, allenfalls aber im Zusammenhang des Jahres 1772. Andererseits jedoch neigt Konopczyński, wie die ältere polnische Forschung überhaupt (Schmitt, Skibiński), zu einer Überschätzung des negativen *impacts* der preußischen Politik auf Polen in der Epoche der Schlesischen Kriege. Die »preußischen Intrigen«, die in der zeitgenössischen Diplomatie fraglos eine große Rolle spielten, hatten in Wahrheit einen sehr begrenzten Wirkungshorizont. Der staatenpolitische Kontext, in dem die Polenpolitik Friedrichs II. von 1740 bis zur ersten Teilung Polens in der Tat steht, ist indessen ein anderer, wie E. Rostworowski und K. Zernack in unmittelbarer Ergänzung gezeigt haben. Vgl. E. Rostworowski, *Podbój Śląska przez Prusy...*, in: *Przegląd Historyzny*, Bd. 63 (1972), sowie K. Zernack, *Negative Polenpolitik...*, in: U. Liszkowski (Hrsg.), *Rußland und Deutschland...*

machtpolitischen Einfluß Preußens auf Polen, welcher zwischenzeitlich jedoch weitgehend zurückgedrängt war. In den ersten vier Jahren nach dem Ausbruch des österreichisch-preußischen Konflikts, während derer sich die einflußpolitischen Fronten in Ostmitteleuropa gewissermaßen in zeitlicher Verzögerung neu herausbildeten, blieb Preußen unsicher ob seiner veränderten polenpolitischen Möglichkeiten. Die Offenheit der russisch-preußischen Beziehungen in dieser Zeit ließ Friedrich II. zunächst zögern, das alte System der Kontrolle über die Ruhe Ostmitteleuropas zugunsten einer voreiligen *barrière*-politischen Aktivierung Polens preiszugeben. Durch die Wende der russischen Außenpolitik unter Bestužev indessen wurde Preußen sowohl von der Anknüpfung an das alte Protektoratssystem abgeschnitten als auch an der Realisierung eines *barrière*-politischen Zugriffs auf Polen gehindert: Die neue, Bestuževsche Polenpolitik Rußlands schuf durch die Annäherung an Sachsen sowie die bedingte Aufhebung des Protektorats über die Adelsrepublik ein neues System hegemonialer russischer Vorfeldkontrolle, das Preußens polenpolitische Solidarität nicht nur entbehrlich machte, sondern in Ostmitteleuropa ein seinerseits gegen Preußen selbst aktivierbares Gegengewicht herausbildete. Gegen die intensivierten Reformbemühungen in der Adelsrepublik, »soufflée par la cour de Dresde et celle de Russie«,[132] konnte Preußen in der Situation nach 1744 keinen unmittelbaren obstruktiven Einfluß mehr ausüben. Seiner interventionistischen Mittel beraubt, war die preußische Polenpolitik nun auf eine indirekte, parteienorientierte Einflußnahme verwiesen, die allerdings nur soweit Wirksamkeit erlangte, wie Rußlands Kontrolle es gestattete. Weder Konspiration noch Bestechung erwiesen sich als geeignet, diese Grenze zu durchbrechen, und Preußen mußte trotz der offenbaren Bemühungen um das Wiedererstarken Polens zugunsten von Preußens sächsischem Rivalen weitgehend inaktiv bleiben.

Neue französische Polenpolitik, Barrière de l'Est und Secret du Roi

»Il seroit assez difficile à décider«, heißt es in der Instruktion an den französischen Gesandten des Issarts für den polnischen Reichstag von 1748, »si nous devons la (augmentation de troupes) désider ou la traver-

---

[132] Podewils an Friedrich II. im Oktober 1740; *Politische Correspondenz...*, Bd. 1, S. 93. Vgl. zu dieser Frage auch W. Mediger, *Moskaus Weg nach Europa...*, S. 256 f.

ser; si toute la nation y concourt, bien que par des motifs différentes, on pourrait la laisser faire; les uns croiront par là sauver leur liberté, et les autres la vendre pour leur intérêt particulier. Les Polonais sans troupes seront éternellement asservis à la Russie; mais il faut aussi convenir que lorsqu'ils auront un corps de milice respectable on pourra le faire servir à des vues éloignées de celles que nous devons avoir.«[133] Die zwiespältige Einstellung der französischen Diplomatie gegenüber der neuen Reforminitiative in Polen, die nicht nur 1748, sondern auch in den Instruktionen Ludwigs XV. zu allen anderen Reichstagen der vierziger und frühen fünfziger Jahre des 18. Jahrhunderts zum Ausdruck kommt, hatte ihre Ursache in der Unwägbarkeit der osteuropapolitischen Situation selbst, wie sie sich Frankreich nach 1740 darstellte. Bereits nach dem Frieden von Nystad herrschte in Frankreich kein Zweifel daran, daß das Konzept einer hegemonialen französischen Kontrolle über den ganzen europäischen Kontinent im Norden nicht mehr gegen den neuen Großmachtanspruch der anderen kontinentalen Flügelmacht — beziehungsweise ohne diese — zu realisieren war.[134] Im Kampf um das einflußpolitische Übergewicht in Ostmitteleuropa blieb Frankreich gegenüber dem hegemonialen vorfeldpolitischen Steuerungssystem Rußlands seitdem eindeutig unterlegen. Nachdem es der französischen Diplomatie zwischen 1721 und 1725 nicht gelungen war, die junge osteuropäische Vormacht in die Reihe der östlichen Verbündeten Frankreichs zu integrieren,[135] vermochte weder der Vorstoß in Polen selbst in den Jahren 1733 bis 1735, noch der Versuch der Einkreisung Rußlands während des russisch-osmanischen Kriegs von 1735 bis 1739 die Einheit der *Barrière* in ihrer alten Stoßkraft wiederherzustellen und Ostermanns Defensivsystem im Vorfeld des petrinischen Imperiums von außen her aufzubrechen. Daher entschloß sich Kardinal Fleury 1741 erst nach langem Zögern zur Billigung von Feldmarschall Belle-Isles umfassendem offensiven Kriegsplan, demzufolge Frankreich seine bisher gewahrte Zurückhaltung in den osteuropäischen Angelegenheiten zugunsten einer sehr risikoreichen kontinentalen Initiative preisgeben sollte.[136]

---

[133] *Recueil des Instructions...*, Bd. 5, S. 103.

[134] Vgl. W. Mediger, *Moskaus Weg nach Europa...*, S. 67 f., sowie H. Bagger, *Ruslands alliancepolitik...*, S. 151 ff.

[135] Dazu G. A. Nekrasov, *Russko-švedskie otnošenija...*, S. 159 ff., sowie ders., *Rol' Rossii...*, S. 24 ff.

[136] W. Mediger, *Moskaus Weg nach Europa...*, S. 88 ff.; sowie Sidney Horowitz, *Franco-Russian Relations 1740—1746*, Phil. Diss., New York 1951.

Allerdings schienen die Resultate der neuen französischen Offensive in der zweiten Hälfte des Jahres 1741 die Spekulationen Belle-Isles zu rechtfertigen. Rußlands Kontrolle über seine satellitären Verbündeten zeigte unerwartete Schwächen, als Sachsen nach dem schwedischen Überfall auf Rußland dem Beispiel Preußens nachfolgte und auf die Seite Frankreichs überlief: Die Auflösung der Entente der drei Schwarzen Adler, die Frankreichs Verbindung mit Preußen herbeigeführt hatte, brachte nun tatsächlich die Ostermannsche ,Anti-*Barrière*' zum Einsturz und ließ gewissermaßen über Nacht möglich werden, was die französischen Bemühungen in Schweden und dem Osmanischen Reich in den vergangenen Jahrzehnten nicht zu erreichen vermocht hatten. Ihren wichtigsten Erfolg indessen erzielte Frankreichs Politik in Rußland selbst. Die diplomatische Isolierung und militärische Bedrohung Rußlands, die den Einfluß des Imperiums auf die mitteleuropäische Politik allenfalls vorübergehend binden konnte — wie Schwedens militärische Rückschläge rasch bewiesen —, bereitete lediglich den Weg für den direkten Zugriff Frankreichs auf die russische Politik. Der Marquis de la Chétardie, französischer Gesandter in Rußland und zugleich energischster Verfechter einer aktiven Rußlandpolitik gegenüber Fleury, gewann durch seine Unterstützung des Staatsstreichs zugunsten Elisabeths im Dezember 1741 einen beinahe unumschränkten Einfluß auf Rußlands Außenpolitik, den er nun im Sinne der alten Bündnispläne der zwanziger Jahre zu nutzen gedachte. Wenn es nicht möglich gewesen war, das petrinische Imperium durch eine Aktivierung der *Barrière* von außen zu zerschlagen, so mußte es darum gehen, eine innere Wende der russischen Politik gegen ihre petrinische Tradition herbeizuführen und dadurch die Rückkehr Rußlands in seinen vorpetrinischen Status eines europäischen Randstaates einzuleiten. War aber der hegemoniale Großmachtanspruch Rußlands auf die Kontrolle der osteuropäischen Politik einmal gebrochen, dann mochte es der französischen Politik leichtfallen, Rußland seinerseits in das System der *Barrière* einzugliedern und sein Machtpotential, vereint mit dem Schwedens, Polens und des Osmanischen Reichs im Dienste von Frankreichs Reichspolitik sowie gegen Englands Einfluß im Ostseeraum zu instrumentalisieren.[137]

In Petersburg erschienen die Erfolgschancen der Pläne Chétardies an der Wende zum Jahre 1742 in außerordentlich günstigem Licht; den

---

[137] *A.a.O.*, S. 181 ff. Vgl. dazu die Berichte Chétardies in *Sbornik...*, Bd. 100; sowie *Archiv knjazja Voroncova...*, Bd. 1, die von Mediger sehr sorgfältig ausgewertet und in genauer Pointierung des *barrière*-politischen Problems interpretiert worden sind.

entscheidenden Widerstand, an dem Frankreichs Politik in dieser kritischen Phase letztlich scheitern sollte, leistete jedoch Versailles. Im Gegensatz zu Chétardie bestand die Regierung Fleurys auf dem traditionellen *barrière*-politischen Konzept, daß allein auf dem Osmanischen Reich sowie der alten Stärke Schwedens und auch Polens Frankreichs östliches Bündnissystem zu begründen sei. Chétardie sollte nicht eigentlich Rußland gewinnen, sondern die Lenkbarkeit der Kaiserin nur kurzfristig nutzen, um sie zur Abtretung aller petrinischen Erwerbungen an Schweden zu nötigen, während Frankreich gleichzeitig die Türkei zum letzten vernichtenden Angriff auf das Imperium trieb. Zurecht warnte Chétardie dagegen vor einer Überschätzung des französischen Einflusses beziehungsweise einer Unterschätzung der verbliebenen Resistenzkraft Rußlands im Bereich seines Vorfeldes: Schon im März 1742 erkannte Elisabeth den instrumentellen Charakter der französischen Friedensvermittlung zwischen Rußland und Schweden und distanzierte sich nun von allen Kompromißvorschlägen Chétardies; im August nahm die russische Armee den Kampf gegen Schweden mit großem Erfolg wieder auf; die türkische Diversion aber blieb aus.[138] Damit endete die osteuropapolitische Offensive Frankreichs eigentlich schon im Herbst 1742 mit einem vollständigen Fehlschlag. Nicht nur Preußen und Sachsen fielen von Frankreich ab, sondern auch der eigentliche *Barrière*-Partner Schweden ging erheblich geschwächt und mehr denn je der Steuerung durch Rußland unterworfen aus der Krise hervor. Die Chance für eine grundlegende Wende der französischen Politik in Osteuropa war durch die falsche Reaktion Versailles auf den Staatsstreich in Rußland jedenfalls unwiderruflich vertan. Zwar schuf die erneute Verbindung mit Preußen 1744 ein gewisses Äquivalent für die verlorenen *Barrière*-Positionen in Osteuropa selbst, die abermalige Distanzierung Rußlands von Frankreich jedoch und schließlich die Stabilisierung des russischen Vorfeldsystems gegen Frankreich konnte die französische Diplomatie — wie Chétardie während seiner unglücklichen zweiten Mission in Petersburg erfahren mußte — nicht mehr verhindern.

Insofern war für Frankreich der eigentliche *barrière*-politische Konflikt in der Folge von 1740 bereits zu einem negativen Ende gekommen, bevor überhaupt die französische Diplomatie im Herbst 1744 wieder in der polnischen Politik Fuß faßte.[139] Die einflußpolitische Konstella-

---

[138] Über den Stimmungsumschwung in Petersburg im März 1742 vgl. den Bericht Wichs an Carteret vom 3. April 1742; *Sbornik...*, Bd. 91, S. 450.
[139] Die Arbeit von D. Lerer, *La Politique Française...*, berücksichtigt in dieser

tion, die St. Sévérin, der erste französische Gesandte auf einem Reichstag Augusts III. in Polen, bei seinem Eintreffen in der Adelsrepublik vorfand, stand wiederum ganz im Zeichen der russischen Vorherrschaft[140] — nun aber nicht mehr gestützt auf das Bündnis der drei Schwarzen Adler, sondern auf die neubegründete polenpolitische Solidarität Rußlands mit Sachsen. Von der Situation der Jahre 1736 bis 1740 unterschied sich die aktuelle Lage allerdings darin, daß die neue Vorfeldpolitik Bestuževs in Ostmitteleuropa über eine weitaus schmalere gemeinsame Interessenbasis mit seinem polenpolitischen Partner verfügte als das alte System Ostermanns. Im Gegensatz zu früher konnte Rußland sich des Beistandes in Polen nicht mehr uneingeschränkt sicher sein — zumal dann nicht, wenn es Frankreich gelingen sollte, dem polnischen König durch ein Bündnis solche reichspolitischen Perspektiven zu eröffnen, die Sachsens Interessen von der Entente mit Rußland oder gar von Polen überhaupt ablenkten. Nicht im unmittelbaren Bereich der *Barrière*, sondern in Sachsen trat Frankreich daher in der Folge mit Rußland in Konkurrenz, und an Sachsens Haltung mußte sich letztlich auch die Strategie der neuen französischen Polenpolitik entscheiden. Wenn Sachsen früher oder später tatsächlich — wie bereits 1741 geschehen — ins französische Lager überlief, dann würde auch Bestuževs polenpolitisches System zusammenbrechen und die Adelsrepublik sich aufs neue dem *barrière*-politischen Einfluß Frankreichs zu öffnen. Blieb dagegen die Entente zwischen Sachsen und Rußland bestehen, so konnte Frankreich auf unabsehbare Zeit jegliche Hoffnung auf die Reaktivierung Polens im Sinne seines alten Systems aufgeben.

Die allgemeine bündnispolitische Entwicklung des Jahres 1744 wies allerdings keine Anzeichen dafür auf, daß Sachsen seinen Vorteil nicht auf seiten Rußlands suchen wollte. Das Auftreten der sächsischen Minister sowie der russischen Gesandten in Grodno ließ keinen Zweifel daran, »quel est à cet égard le système que les cours de Pétersbourg et de Dresde croient devoir suivre conjointement et de concert pour mainte-

---

Beziehung nicht hinreichend den staatensystemgeschichtlichen Kontext der französischen Polenpolitik. Der Tod Fleurys im Januar 1743 hatte sehr viel geringere polenpolitische Folgen für Frankreich als der Abschluß des sächsisch-russischen Bündnisses und die Ausweisung Chétardies aus Rußland im Jahre 1744. Von einer »Rückkehr Frankreichs zur traditionellen nordischen Politik« seit 1743 (S. 68 f.) kann jedenfalls keine Rede sein.

[140] Vgl. dazu die ersten Berichte St. Sévérins aus Warschau vom 11. und 12. Oktober 1744; M. Skibiński, *Europa a Polska...*, Bd. 2: *Dokumenty*, S. 257 ff.

nir la tranquillité en Pologne, et c'est aussi ce qui donne lieu de prévoir que quelques zélés que puissent être ceux des seigneurs polonais qui pourront s'ouvrir [...] sur les moyens qu'ils croiront pouvoir conduire à les affranchir de cette prédomination de la Russie, on ne peut guerre se flatter qu'ils puissent y réussir ...«[141]

Das neue System russisch-sächsischer Polenpolitik verfügte mit seinen interventionistischen Möglichkeiten, vor allem aber durch seine effektive Einflußnahme auf die Parteiungen der Adelsrepublik über ein Instrumentarium der Steuerung, mit dem die französische Diplomatie nicht konkurrieren konnte. Diese Erfahrung St. Séverins auf dem Reichstag von Grodno bestimmte auch den Tenor der allgemeinen Instruktion für dessen Nachfolger Duperron de Castera, in der bezüglich der Machtverhältnisse in der Adelsrepublik resignierend festgestellt wird: »Il paroît en effet que ce royaume dépeuplé et déshabitué à la guerre, est comme accoutumé au joug que la cour de Pétersbourg est en possession d'y exercer; elle a su s'attacher par des bienfaits considérables plusieurs des principaux de la nation polonaise et retenir les autres par la crainte; la reconnoissance personelle du roi régnant pour cette cour qui l'a élevé et maintenu sur le thrône, paroît même autoriser l'influence qu'elle a su se conserver en Pologne, et véritablement elle n'a paru l'employer depuis le commencement du règne de ce prince que pour le faire obéir et respecter par ses sujets et empêcher qu'il ne puisse se former, autrement que de son aveu et de son autorité, des confédérations dans ce royaume sous quelque prétexte que se puisse être.«[142]

In die zahlreichen Angebote oppositioneller polnischer Magnaten, die Interessen Frankreichs durch eine Konföderation gegen Rußland wahrzunehmen, wenn Frankreich sich zu finanzieller und politischer Unterstützung bereitfinden sollte, setzten angesichts dieser Situation weder die Gesandten in Polen noch die Versailler Regierung großes Vertrauen. Die Bereitschaft und die Schlagkraft der großen, gegen den Hof und seine polnische Partei eingestellten Magnatengruppen reichte zweifellos aus, um kurzfristig eine Erhebung Polens gegen Sachsen und Rußland in Gang zu setzen; eine tatsächliche *Barrière*-Funktion hätte jedoch auch die konföderierte Nation nicht gegen Sachsen und Rußland

---

[141] Instruktion an Duperron de Castera vom 20. März 1746. *Recueil des Instructions...*, Bd. 5, S. 56. Die zitierte Passage nimmt Bezug auf die Berichte St. Séverins von 1744 und Anfang 1745.

[142] *Ebda.*; vgl. auch die entsprechenden Anmerkungen in der Instruktion an des Issarts vom 31. Juli 1746; *a.a.O.*, S. 85.

zugleich behaupten können.[143] »Personne ne sait mieux que le sieur marquis des Issarts«, schrieb Puyzieulx in der Instruktion vom 17. März 1750, »que la faction opposée aux Czartorinski ne respire que confédération, en quoi les Potocki consultent bien plus la haine, la jalousie et la vengeance que la prudence, leurs forces et leur moyens.«[144] Ähnlich wie Friedrich II. wies daher Ludwig XV. seine Gesandten an, daß sie gegenüber allen gegen die Krone gerichteten Konföderationsversuchen deren Entwicklung ruhig abwarten und keine weiteren Verpflichtungen eingehen sollten, als alle Beteiligten der Sorge Frankreichs für die Libertät der Adelsrepublik zu versichern.[145] Die eventuellen Konföderierten seien zwar nicht zu decouragieren, »mais il y a une grande distance entre exiter une confédération ou se montrer en toute occasion le défenseur de la liberté des Polonois, et c'est ce juste milieu que doit saisir le sieur marquis des Issarts«.[146]

Angesichts der Loyalität Sachsens gegenüber Rußland in den polnischen Angelegenheiten vermochte die französische Diplomatie weder 1744 noch — wie sich letztlich herausstellte — in den folgenden Jahren *Barrière*-Politik im Sinne der traditionellen osteuropapolitischen Maximen zu verfolgen.[147] Die Aufgaben der französischen Politik in Polen bestimmten sich unter den bestehenden Voraussetzungen an völlig anderen Zielen, nämlich an der Erhaltung jener Machtbalance, von der Frankreichs Einfluß auf die ihm verbleibenden Verbündeten in Osteuropa, das Osmanische Reich und Preußen, abhing. Solange die sächsisch-russische Entente Bestand hatte, drohte jegliche Veränderung des *status quo* in Polen das noch herrschende Gleichgewicht zum Nachteil

---

[143] Vgl. dazu die Beurteilung der Erfolgsaussichten der Potockischen Konföderationspläne von 1741/42 durch Chétardie. Chétardie an Amelot am 30. September 1741; *Sbornik...*, Bd. 96, S. 440 f.

[144] *Recueil des Instructions...*, Bd. 5, S. 106.

[145] *A.a.O.*, S. 102. »Il ne convient point à tout égard que le ministre du Roi se montre l'auteur d'une confédération qui seroit faite contre le roi de Pologne; les liaisons qu'il a contractées avec nous [...], l'argent immense qu'il nous en coûteroit en pure perte et pour ne jouer qu'un rôle peu assorti à la dignité et à la noblesse du sentiment de Sa Majesté, sont des raisons plus que suffisantes pour en détourner le Roi.«

[146] *A.a.O.*, S. 103. Diese Passage findet sich in beinahe identischem Wortlaut auch in der Instruktion an des Issarts für den Reichstag von 1750; *a.a.O.*, S. 106.

[147] Es wäre unrealistisch, diese Haltung mit Lerer (*La Politique Française...*, S. 92) als eine »attitude fausse envers la République« zu beurteilen, da Frankreich die *barrière*politischen Potentiale der Adelsrepublik nicht ausgeschöpft habe. Der Aufwand eines möglichen französischen Engagements für die adelsrepublikanische Opposition stand in keinem Verhältnis zu den zu erwartenden Ergebnissen.

Preußens — und in zweiter Linie auch des Osmanischen Reichs — zu verschieben. Oder anders formuliert: Wenn es in der Konstellation der *Barrière* die Stärke Polens war, die Frankreichs Interessen diente, so bildete im Zeichen der sächsisch-russischen Allianz die Schwäche Polens die Bedingung dafür, daß Rußlands Bündnissystem nicht einen weiteren Machtzuwachs gegenüber Frankreich und seinen Verbündeten erzielte. Diesen neuen Aspekt in der französischen Politik brachte die Formel, die Ludwigs XV. Instruktionen von 1746 für Polen prägten, präzise auf ihren Begriff: »Sa Majesté ne voit pas qu'il puisse, dans les commencements, y être question de sa part d'autres intérêts politiques par rapport aux puissances étrangères, que de seconder, autant qu'il sera practicable, les vues du roi de Prusse pour balancer l'influence et le crédit de la cour de Pétersbourg en Pologne.«[148]

Die Überlegung, daß Polen bei Mißlingen seiner Heeresreformpläne — wie es in der oben zitierten Anweisung des französischen Königs an den Issarts von 1748 heißt — »Rußland auf ewig unterworfen würde«,[149] trat dagegen angesichts der Bedeutung der französisch-preußischen Beziehungen in den Hintergrund. Fehlende militärische Stärke beschränkte allerdings nicht nur an sich die Souveränität und außenpolitische Aktionsfähigkeit der Adelsrepublik, sondern sie lähmte auch gerade die Frankreich ergebenen Kräfte in Polen, nämlich die Partei des Krongroßhetmans Józef Potocki, der den Oberbefehl über alle polnischen Truppen führte und der bereit war, dieses militärische Instrument im Sinne Frankreichs einzusetzen.[150] Es überwog jedoch in Versailles die Befürchtung, daß eine Heeresvermehrung in Polen, die von der Hofpartei betrieben und von Rußland unterstützt wurde, kein anderes Ziel als die bündnispolitische Reaktivierung Polens haben könnte. Die adelsrepublikanische Opposition würde — entgegen den Beteuerungen auf den Reichstagen — nicht in der Lage sein, eine bündnisunabhängige Verstärkung des Heeres unter dem alten Kommando der politisch beinahe autonomen Hetmane gegen die außenpolitischen Interessen der Krone durchzusetzen.[151] Vielmehr mußte die Realisierung der

---

[148] *Recueil des Instructions...*, Bd. 5, S. 91.
[149] Siehe oben, Anm. 133.
[150] Vgl. D. Lerer, *La Politique Française...*, S. 75.
[151] Vgl. dazu die Instruktion an Castera vom März 1746; *Recueil des Instructions...*, Bd. 5, S. 56: »...cette cour [de Dresde]...leur a fait depuis [1736] sentir de plus en plus qu'il ne leur seroit pas aisé de prendre indépendamment de son concours aucune résolution qu'elle jugeroit pouvoir être contraire à l'intérêt qu'elle croit avoir de prendre

Reformprojekte praktisch einer Potenzierung der sächsischen Macht gleichkommen, auch wenn die Republik formal ihre Neutralität wahrte und nicht die Erneuerung der früheren Bündnisse im Rahmen der Heili- · gen Liga auf dem Reichstag beschloß.[152]

So erhielt St. Sévérin für den Grodnoer Reichstag von 1744 die Anweisung, sich der Annahme aller Vorschläge der Krone durch den Sejm zu widersetzen und notfalls Maßnahmen zu dessen Zerreißung einzuleiten — vorausgesetzt, daß sich die Haltung Sachsens gegenüber Preußen und Frankreich nicht ändere; und auch die Instruktionen für die Reichstage der kommenden Jahre verpflichteten die französischen Gesandten aus denselben Gründen dazu, die Reform zu verhindern.[153] Obgleich man damit von französischer Seite direkt zur weiteren Unterwerfung Polens durch Rußland beitrage, so schrieb der König am 31. Juli 1746, »on considéra qu'il pouvait en résulter un tel accroissement de l'autorité royale en la personne du roi régnant, qu'il pourroit non seulement réussir aisément à rendre la couronnne de Pologne héréditaire dans sa famille, mais aussi employer à sa volonté les forces de ce royaume pour des intérêts étrangers suivant les vues politiques de la cour de Dresde; et comme le roi de Prusse étoit alors plus intéressé que toute autre puissance à s'opposer à ce que la diète de Pologne ne passât pas cette demande de l'augmentation des troupes de la république, et des principaux points de l'instruction du comte de Saint-Sévérin avoit été de s'y opposer par toutes les moyens practicables de concert avec le ministre de ce prince . . .«[154]

---

une part immédiate aux affaires du royaume de Pologne...« — Die Frage nach der Festlegung der Kommandogewalt über die neu aufzustellenden Truppen bildete einen sehr gewichtigen Kontroverspunkt in den Reichstagsdebatten um die Heeresvermehrung seit 1736.

[152] Bereits im Verlauf des Grodnoer Sejm von 1744 hatte die Hofpartei die Forderung nach der Erneuerung der Bündnisse mit Österreich und Rußland fallenlassen. Vgl. M. Skibiński, *Europa a Polska...*, Bd. 1, S. 687, Bericht St. Sévérins an Du Theil vom 28. Oktober 1844: »En même temps que tout le monde est ici d'accord sur la nécessité de l'augmentation de troupes, chacun assure que la Pologne ne prendra aucune part aux troubles qui agitent l'Europe et qu'elle doit vivre en bonne intelligence avec tous ses voisins.« Auch die königlichen »Universale« für die folgenden Reichstage ließen Rußland als Bündnispartner unerwähnt und sprachen allenfalls von der Notwendigkeit von Defensivbündnissen »z sąsiedzkimi potencyami« (»mit den Nachbarmächten«). Der Zweck solcher Empfehlungen des Hofes stand jedoch nie in Zweifel.

[153] *Recueil des Instructions...*, Bd. 5, S. 41 f. Entsprechend die Anweisungen an des Issarts für 1746 (S. 86), 1748 (S. 101) und 1750 (S. 105) sowie an Broglie für 1750 (S. 117).

[154] *A.a.O.*, Bd. 5, S. 89. Vgl. dazu auch die Instruktion für den französischen Gesandten

Jene Kooperation der französischen Politik mit Preußen, die auf dem Reichstag von 1744 in Polen zustande kam und die sich trotz aller Krisen der französisch-preußischen Beziehungen in den späteren Jahren in der Praxis auf den Reformreichstagen immer wieder behauptete, hatte ihre Grenze allerdings in dem Verhältnis der beiden Staaten zu Sachsen. Trotz der sächsischen Bindung an Rußland gab die französische Diplomatie die polen- und reichspolitische Alternative einer Allianz mit Sachsen nie gänzlich verloren. Die Perspektive, in Sachsen möglicherweise einen geeigneten Verbündeten zu gewinnen »pour assurer la tranquillité de l'Allemagne« — nicht nur gegen die Vorherrschaft Habsburgs, sondern auch gegen hegemoniale reichspolitische Ansprüche Preußens — sowie gleichzeitig durch eine Verbindung mit dem polnischen König die Vorherrschaft Rußlands in Ostmitteleuropa zu brechen, erschien Frankreich allzu verlockend, um die sächsisch-französischen Beziehungen durch offene Obstruktionspolitik in Polen nach preußischem Vorbild zu belasten.[155] Schon 1742 hatte Frankreich alle diplomatischen Mittel aufgewandt, um den Eindruck zu vermeiden, die Konföderationsbestrebungen des polnischen Krongroßhetmans gingen auf eine französische *Barrière*-Initiative zurück. »En effet«, schrieb Amelot im Juli an den Gesandten in Rußland, d'Allion, »rien n'aurait été plus contraire au systeme que S. M. s'était formé de cimenter et fortifier de plus en plus l'union et étroite intelligence entre elle et le roi de Pologne [...] que de travailler dans ce même temps à exiter ses sujets de Pologne à se confédérer sans sa participation pour agir et prendre les armes indépendemment de l'autorité royale.«[156] Diese Haltung gab Frankreich auch dann nicht auf, als die sächsisch-französische Allianz durch Preußens bewußt negative Sachsenpolitik während des Mährenfeldzuges sowie durch den Breslauer Friedensschluß noch 1742 zerbrochen war.[157] Obwohl die folgenden Verhandlungen, die die sächsischen Sondergesandten Stanisław Wincenty Jabłonowski und Stanisław Po-

---

in Rußland, d'Allion, vom 1. August 1744. *Sbornik...*, Bd. 105, S. 333, bzw. *Recueil des Instructions...*, Bd. 8, S. 462: Es sei zu befürchten, »qu'il ne se forme contre [le roi de Prusse] une triple alliance entre ces trois puissances et qu'elle ne fournisse aux Polonais des prétextes et des moyens d'augmenter le pied des troupes de la couronne, ce qui mettrait le roi de la Pologne en état de se rendre redoutable aux états de Prusse et de Brandebourg...«.

[155] *Recueil des Instructions...*, Bd. 5, S. 64.

[156] Amelot an d'Allion am 12. Juli 1742; *Sbornik...*, Bd. 100, S. 285 f.

[157] Zur Politik Friedrichs II. gegenüber Sachsen im Herbst 1741 vgl. *Politische Correspondenz...*, Bd. 1, S. 338 ff.

niatowski im Herbst 1742 in Paris einleiteten und die St. Sévérin noch
im Verlauf des Reichstages von Grodno wiederaufzunehmen versuchte, nicht zu der erhofften Wiederannäherung führten,[158] wahrte die
französische Diplomatie offiziell weiterhin strikte Neutralität in den
polnischen Angelegenheiten.[159] Nach außen hin blieb auf allen Reichstagen die Sorge um die »gloire de cette nation et (le) maintien de ses
constitutions et libertés« das einzige Anliegen der Politik Ludwigs XV.
in Polen, und jeder der französischen Gesandten seit St. Sévérin vermied — trotz massiver Obstruktionsversuche gegen den Reichstag
— den Anschein »de vouloir contre-carrer directement et ouvertement
le roi de Pologne dans des points où ce prince seroit aussuré du concours
de la plus grande partie des palatins«.[160]

Weder 1744, auf dem Grodnoer Reichstag, noch 1745, als Frankreich
durch das Angebot der Kaiserkrone an August III. eine Wende in der
sächsischen Politik zu erzwingen hoffte, schien sich diese Balancepolitik
für die französische Diplomatie auszuzahlen. Sachsen schloß im Januar
1745 in Warschau erneut ein gegen Frankreich gerichtetes Bündnis mit
Österreich und England und drohte auch Rußland sowie Polen in die
große Allianz hineinzuziehen. August III. aber schlug aufgrund des russischen Veto die Wahl zum deutschen Kaiser ohne Zögern aus.[161] Im folgenden Jahr, 1746, jedoch zeichnete sich tatsächlich eine Wende ab,
nachdem Sachsen, im Krieg gegen Preußen von Rußland im Stich gelassen, am 21. April eine Subsidienvereinbarung mit Frankreich eingegangen war. Sofort wandelte sich auch die Richtung der französischen Polenpolitik, und dem schon in Polen befindlichen Gesandten Castera rei-
ste im Juli des Issarts mit einer neuen Instruktion nach, die die alte An-

---

[158] M. Skibiński, *Europa a Polska...*, Bd. 1, S. 242 u. 695.

[159] Instruktion an St. Sévérin vom 1. August 1744; *Recueil des Instructions...*, Bd. 5,
S. 39.

[160] *A.a.O.*, S. 39 u. 59.

[161] Nach dem Tod Karls VII. nahm August III. das französische Angebot der Kaiserkrone zunächst positiv auf und richtete eine Anfrage an Elisabeth I., ob Rußland die
Kandidatur des Wettiners bei Aufrechterhaltung der sächsisch-polnischen Personal-
union billige. Bestužev lehnte naturgemäß kategorisch ab. Vgl. dazu M. Skibiński,
Europa a Polska..., Bd. 1, S. 762 ff., S. M. Solov'ev, *Istorija Rossii...*, Bd. 21/22,
S. 361 ff., sowie E. Hermann, *Heinrich von Brühl...*, S. 20 f. Auch Friedrich II. wies die
französischen Spekulationen, daß nach der Wahl Augusts III. zum Kaiser die polnische
Krone an Preußen fallen könnte, entschieden zurück. Vgl. *Politische Correspondenz...*,
Bd. 4, S. 102 ff. sowie S. 203.

weisung vom März zur geheimen Zusammenarbeit mit den Gegnern der Reform wieder aufhob.[162] Die französischen Gesandten sollten nun, falls Sachsen tatsächlich den Bruch mit Rußland vollzog, ihren ganzen Einfluß auf die Parteien daran wenden, sie zur Unterstützung der Reformvorschläge des Hofs zu bewegen und gegebenenfalls auch der Abschaffung der freien Königswahl zuzustimmen.[163]

In Polen selbst bereitete dieser Kurswechsel der französischen Politik nicht allzu große Probleme, da sich Frankreich durch seine relative Neutralitätspolitik bisher in keiner Richtung kompromittiert hatte. Um so entschiedenerer Widerstand war dagegen von seiten Preußens zu erwarten. So instruierte Ludwig XV. des Issarts, seinen Weg nach Polen über Preußen zu nehmen und Friedrich II. davon zu überzeugen, daß die Fortsetzung der bisherigen Politik gegenüber dem polnischen König die Adelsrepublik geradezu dazu zwinge, »sich Rußland jeden Tag mehr auszuliefern«.[164] Nur eine Aussöhnung zwischen Friedrich II. und August III. könne die notwendige Voraussetzung bieten »pour soustraire la Pologne de la servitude où la Russie la retient depuis si longtemps, et se premier pas fait, il deviendroit aisé d'affranchir également de ce même joug les autres couronnes du Nord, après quoi il ne pourroit plus être question de la part des Russes d'influer en rien sur les affaires d'Allemagne . . .« Der einfachste Weg zu diesem Ziel aber sei, »que Sa Majesté et le roi de Prusse concourussent à aider puissamment le roi de Pologne pour assurer dans sa maison la succession de cette couronne en sorte qu'il pût compter d'y réussir sans être redevable en rien aux cours de Russie et de Vienne.«[165]

Friedrich II. aber konnte diesem Plan Frankreichs ebensowenig zustimmen, wie sein Vater 1733 das Engagement Rußlands zugunsten des Wettiners zu unterstützen vermocht hatte. Sachsens Vorhaben in Polen zu dulden hieß auch unter der Voraussetzung einer französisch-

---

[162] *Recueil des Instructions...*, Bd. 5, S. 64 ff.

[163] A.a.O., S. 83: »... les intentions de Sa Majesté étant de faire en sorte que les amis [du roi Auguste] en Pologne soient également les nôtres désormais, et d'employer tout son crédit auprès du roi de Prusse pour le faire entrer dans les mêmes vues et adopter les mêmes principes, afin que le roi de Pologne puisse dans la suite gouverner ce royaume sans être, comme il l'a été depuis le commencement de son règne, sous la dépendance de la Russie.« Dieselbe Instruktion schrieb des Issarts auch vor (S. 90 f.), Kontakt zu Stanisław Poniatowski aufzunehmen und dadurch die Annäherung an die Hofpartei vorzubereiten.

[164] A.a.O., S. 88.

[165] A.a.O., S. 82. Vgl. dazu D. Lerer, *La Politique Française...*, S. 90.

sächsischen Allianz Preußen denselben Gefahren aussetzen, die bisher von russischer Seite drohten: nämlich der Einkreisung Preußens durch einen übermächtigen sächsisch-polnischen Doppelstaat in seiner unmittelbaren Nachbarschaft. Allein die Isolierung der Adelsrepublik und Sachsens von Rußland wie auch von Frankreich garantierten Preußen seinen exklusiven Status als mitteleuropäischer Bündnispartner, durch den Friedrich sich der Unterstützung seitens einer der konkurrierenden Flügelmächte beständig sicher sein konnte. Die Reaktion auf die französischen Vorschläge brachte Preußens Haltung in dieser Frage unzweideutig zum Ausdruck. Man wolle die Bitte Ludwigs XV., sich mit Sachsen zu verständigen, zwar gerne zu erfüllen versuchen, ließ der König dem französischen Gesandten mitteilen, gleichzeitig jedoch erwarte man eine deutliche Erklärung Frankreichs, ob Preußen auch für den kommenden Reichstag mit der französischen Unterstützung gegen die Pläne des polnischen Hofs rechnen dürfe.[166]

Angesichts dieser Stellungnahme, die einem Ultimatum gleichkam, zögerte Frankreich nicht, seine sächsischen Pläne fallenzulassen. Schon vor der französischen Demarche in Preußen hatte die Versailler Regierung in einer vorläufigen Anweisung an des Issarts vom Mai darauf hingewiesen, »que la cour de Berlin doit devenir aujourd'hui le centre de toutes les négociations françaises, son intérêt capital voulant qu'il soit indissolublement attaché au roi [...] Par lui nous serons maîtres des affaires du Nord et de l'Allemagne ...«[167] Die lockere Bindung Sachsens an Frankreich durch den geheimen Neutralitäts- und Subsidienvertrag bildete dagegen keine ausreichende Basis für eine vollständige Revision der französischen Osteuropapolitik unter Preisgabe der Verbindung zu Preußen. Daher verständigte sich des Issarts — wie seine Instruktion vom Juli als Alternative bereits vorsah — auf dem Reichstag in Warschau erneut mit dem preußischen Gesandten Klinggraeffen über ein gemeinsames Vorgehen bei der Behinderung und eventuell bei der Zerreißung der bevorstehenden Reformberatungen.[168]

Der große Plan einer Erneuerung der *Barrière de l'Est* in Ostmitteleuropa über ein Bündnis mit August III. hatte sich damit als unrealisierbar erwiesen. Das Beharren Sachsens auf der Anlehnung an Rußland sowie die reale Unvereinbarkeit dieses alternativen polenpolitischen Konzepts mit den vorrangigen Beziehungen zu Preußen standen seiner Ver-

---

[166] Vgl. *Politische Correspondenz...*, Bd. 5, S. 202 f.
[167] Zitiert nach D. Lerer, *La Politique Française...*, S. 91.
[168] *Recueil des Instructions...*, Bd. 5, S. 92 f.

wirklichung auf unabsehbare Zeit entgegen. So konzentrierten sich in den folgenden Jahren die polenpolitischen Maßnahmen Ludwigs XV. auf ein ganz anderes Projekt. Ohne daß die Praxis der Balance-Diplomatie zwischen Krone und Adelsrepublik auf den polnischen Reichstagen durch die französische Regierung aufgegeben wurde, entwickelte sich seit 1746 jene separate Polenpolitik des Prinzen Louis François de Conti und Ludwigs XV., die unter dem Begriff *Secret du Roi* bekannt geworden ist. Ihr eigentliches Ziel bildete die langfristige Vorbereitung der erneuten Thronkandidatur eines Conti in Polen mit Unterstützung der adelsrepublikanischen Opposition.[169] Kurzfristig dagegen tangierte sie die offizielle Diplomatie weder personell noch sachlich: Ohne Wissen des französischen Gesandten pflegte der Resident Frankreichs in Warschau, Castera, geheime Verbindungen zu Jan Klemens Branicki und Andrzej Mokronowski, die den Aufbau einer französischen Partei zum Zweck der geplanten Wahl betrieben. Und erst der Nachfolger des Issarts, der Herzog von Broglie, repräsentierte seit 1752 in seiner Person beide Stränge der französischen Polenpolitik zugleich. Jedoch auch dann nahm die Strategie des *Secret du Roi* keinen wesentlichen Einfluß auf die aktuelle Entwicklung der polnisch-französischen Beziehungen.[170] Im Gegenteil: Das Ausweichen auf die Perspektive einer *barrière*-politischen Funktionalisierung des nächsten polnischen Interregnums manifestierte, daß Ludwig XV. das politische Terrain in Polen vorerst für Frankreich verloren gab, und zwar solange, wie das Bündnis zwischen dem wettinischen König und Rußland den französischen Einfluß auf die Adelsrepublik neutralisierte. Wenn sich in Polen selbst kein Ansatzpunkt für eine konstruktive Politik im Interesse Frankreichs gewinnen ließ, Sachsen aber — wie die Erfahrungen des Jahres 1746 lehrten —

---

[169] Vgl. dazu *Correspondance secrète inédite de Louis XV sur la politique étrangère,* bearb. von M. E. Boutaric, 2 Bde, Paris 1866; Albert Duc de Broglie, *Correspondance secrète du roi Louis XV avec ses agents diplomatiques. 1752—1774,* Bd. 1, Paris 1878; Kazimierz Maryan Morawski, *Le »secret du roi« en Pologne,* in: *La Pologne au VIIe Congrès international des sciences historiques à Varsovie 1933,* Bd. 1, Warszawa 1933 S. 315 —321; zuletzt ging auf dieses Problem ein Emanuel Rostworowski, *Francja Ludwika XV a Polska. Polityka, język, kultura,* in: *Pamiętnik X powszechnego zjazdu historyków polskich w Lublinie 9—13 września 1969 r. Referaty i dyskusja III,* Warszawa 1971, S. 503—523. Obwohl erste Kontakte zwischen Jan Klemens Branicki und dem Prinzen Conti bereits 1746 geknüpft wurden, kam die eigentliche geheime Polenpolitik praktisch wohl erst seit 1752 zum Tragen.

[170] Vgl. A. de Broglie, *Le secret du roi . . .,* S. 25 ff.; D. Lerer, *La Politique Française . . .,* S. 93.

de facto nicht in das französische Bündnissystem eingegliedert werden konnte, mußte Polen zwangsläufig zu einem bloßen Nebenschauplatz der französischen Diplomatie absinken, auf dem es allenfalls defensive Interessen zu wahren, das heißt, nur Präsenz an sich zu behaupten galt.

Tatsächlich hielt die französische Diplomatie den politischen wie den finanziellen Aufwand, den sie zwischen 1744 und 1752 in die polnischen Angelegenheiten zu investieren bereit war, stets sehr gering. Anders als Friedrich II. und seine Gesandten Hoffmann und Wallenrodt sah schon St. Sévérin, trotz der bedrohlichen Vorzeichen, dem Grodnoer Reichstag von 1744 mit relativer Gelassenheit entgegen.[171] Da er sich der begrenzten Einflußmöglichkeiten gegenüber dem Hof und seiner Partei bewußt war, beschränkte er sich auf vorsichtiges Agitieren gegen die vorgeblich verfassungswidrigen Pläne der Reformpartei sowie auf die öffentliche Versicherung, »que Sa Majesté ne regardât avec indifférence les entreprises qu'on pourroit être tenté de faire sous le présent règne au préjudice des libertés et des anciennes constitutions du royaume de Pologne«.[172] Die Zurückhaltung, die St. Sévérin indessen gegenüber konspirativen Angeboten einzelner Landboten wie Senatoren und vor allem hinsichtlich des Mittels der Bestechung übte, wurde durch den Ausgang der Sejm-Beratungen gerechtfertigt: Der Reichstag endete fruchtlos, ohne daß ein kompromittierendes Eingreifen des französischen Gesandten notwendig geworden wäre.[173] Vor allem die Vermeidung unnötiger Geldausgaben für faktisch wirkungslose Bestechungsversuche bildete in den folgenden Jahren eine wichtige Maxime in der Strategie für die französischen Gesandten auf den Reichstagen. Mit Recht warnte d'Argenson in der Instruktion an des Issarts vom März 1746: »... l'expérience du passé (doit) mettre en garde contre tout projet qui

---

[171] Vgl. M. Skibiński, *Europa a Polska...*, Bd. 1, S. 687. Zwar beteiligte sich auch die französische Diplomatie an der preußischen Demarche in Rußland im Mai und Juni 1744; bei den Auseinandersetzungen hinter den Kulissen des Reichstags hielt sich St. Sévérin jedoch eher im Hintergrund.

[172] *Recueil des Instructions...*, Bd. 5, S. 41.

[173] Vgl. dazu die Depesche St. Sévérins an Du Theil mit der Nachricht vom fruchtlosen Ende des Sejm vom 17. November 1744; M. Skibiński, *Europa a Polska...*, Bd. 2: *Dokumenty*, S. 450 f. sowie die Bemerkung über den Grodnoer Reichstag in der Instruktion für des Issarts von 1746. *Recueil des Instructions...*, Bd. 5, S. 89: »...un des principaux points de l'instruction du comte de Saint-Sévérin avoit été de s'y opposer par tous les moyens practicables [...]; mais ceux des Polonais qui n'étoient pas du parti de la cour se portèrent d'eux-mêmes à y mettre de tels obstacles, que la diète finit, comme l'on sait, sans qu'il y eût pris aucune résolution.«

tendroit à faire encore en Pologne des tentatives inutiles aux Polonais et qui n'aboutiroient vraisemblablement qu'à des dépenses dont il ne ré-sulteroit que la honte de voir les desseins de la France renversés par les cours ennemies.«[174] In gleicher Weise empfahl auch die Instruktion von 1748, sich an das gute Vorbild Preußens in dieser Angelegenheit zu hal-ten: »Ce prince, dont l'habileté et les lumières sont supérieures, n'a pas jusqu'à présent épuisé ses finances pour des chimères: le Roi croit devoir suivre son bon exemple . . .«[175]

Ungleich wichtiger als Bestechung und Konspiration war nach Vor-stellung der französischen Regierung die richtige propagandistische Einwirkung auf die unterschiedlichen Parteien in der Adelsrepublik. Ungeachtet der langen polenpolitischen Abstinenz Frankreichs in den Jahren nach 1733/35 sowie des bedeutenden Prestigeverlusts der franzö-sischen Diplomatie in der Folge der Anerkennung Augusts III. durch Ludwig XV. vermochte St. Séverin schon 1744 wieder über eine be-achtliche pro-französische Partei unter den polnischen Magnaten zu verfügen. »Je crois«, schrieb er am 17. November aus Grodno, »que la France a réellement encore des amis en ce pays-ci et que le roi du Prusse y a beaucoup d'ennemis.«[176] Sehr viel effektiver und zugleich unauffälliger als die preußischen Gesandten vermochten die Vertreter Frankreichs daher propagandistische Mittel gegen die sächsisch-russischen Initiati-ven einzusetzen. Anlässe zur Agitation gegen den Hof ergaben sich durch dessen Verbindung zu Rußland, das heißt, durch die fortgesetz-ten russischen Verletzungen der Souveränität Polens, genug.[177] Dage-gen brauchte Frankreich seinerseits nicht mehr zu setzen als die Evidenz der alternativen französisch-polnischen Beziehungen in der Tradition Contis und vor allem Leszczyńskis sowie allenfalls allgemeine Verspre-chen für ein zukünftiges Wiederanknüpfen an diese Tradition — sei es durch Zusagen von finanzieller Hilfe und politischer Unterstützung bei den *Barrière*-Staaten für eine polnische Konföderation, sei es in der Per-spektive des »Secret du Roi«.[178] Mit großem Erfolg schuf sich die fran-

---

[174] *A.a.O.*, S. 82 f.

[175] *A.a.O.*, S. 104.

[176] M. Skibiński, *Europa a Polska...*, Bd. 2: *Dokumenty*, S. 450.

[177] Vor allem die Kurland-Frage diente der französischen Diplomatie als propagandi-stisches Motiv gegen Rußland. Vgl. D. Lerer, *La Politique Française...*, S. 104, sowie *Recueil des Instructions...*, Bd. 5, S. 88.

[178] Die Aussicht auf eine Wende durch die Wahl eines Conti zum nächsten polnischen König scheint seit 1752 eine große Attraktivität auf die polnische Opposition ausgeübt zu haben. Vgl. K. M. Morawski, *Le »Secret du roi«...*, S. 319.

zösische Diplomatie dadurch ein Instrument der Einflußnahme in Polen, dessen Handhabung nur ein geringes Risiko in sich barg und gleichzeitig keinen besonderen Einsatz erforderte.

Grundsätzlich aber unterschieden sich Frankreichs polenpolitische Wirkungsmöglichkeiten in den Jahren nach 1740/44 nicht von denen Preußens. Die parteiorientierte Einflußnahme auf die Adelsrepublik — obwohl durch Frankreichs Diplomatie mit größerer Effizienz betrieben als durch Preußen — blieb doch stets in jene Grenzen verwiesen, die auch nach 1740 letztlich die russische Politik bestimmte. Bestuževs modifizierte Polenpolitik hatte den »interventionsfreien Spielraum« für eine eigene Politik der polnischen Parteien und damit auch für ein Eingreifen Frankreichs tatsächlich nur soweit vergrößert, daß die heterogenen politischen Kräfte der Republik einander neutralisierten, ohne jedoch einer der Parteien die Chance zum entscheidenden Sieg über ihre Gegner zu bieten. Die Parteienpolitik der französischen Diplomatie, die in Schweden erfolgreich gegen Rußland antrat, geriet unter solchen Umständen in Polen zum letztlich perspektivelosen Kampf um Obstruktion und Erhaltung der »Anarchie«, oder, wie es Broglie in einem Bericht an den Außenminister Saint-Contest vom 24. Oktober 1752 ausdrückte, zur »unwürdigen Konspirationspraxis« einer »Bande von heimlichen Verschwörern«.[179] Jenseits von wirklicher *Barrière*-Politik mußte Frankreich sich auf eine Strategie der Verteidigung des *status quo* beschränken, die — freilich ebenso wie das ostmitteleuropäische Defensivsystem Bestuževs — nicht als konstruktive Polenpolitik zu bezeichnen ist, sondern recht eigentlich nur als Sachsen- beziehungsweise Preußenpolitik auf dem polnischen Schauplatz — allerdings in negativer Konsequenz für die Adelsrepublik.

Seit ihren Anfängen stand die erste große Initiative zur Modernisierung des polnischen Staats im 18. Jahrhundert im Zeichen jener Beschränkung der innen- und außenpolitischen Souveränität, welche Rußlands imperiale Machtausweitung in Osteuropa im Zuge des großen Nordischen Krieges über die Adelsrepublik verhängt hatte. Die Versuche einer Reform von Polens »Schatz und Heer« in den Jahren 1736 bis 1752 reagierten bereits auf eine radikal veränderte machtpolitische Konstellation in Osteuropa, deren eigene Entwicklungsdynamik nunmehr

---

[179] Der Bericht Broglies ist zitiert bei C. J. de Broglie, *Correspondance secrète...*, S. 65.

vorrangig von Rußland bestimmt war und dem Revisionsbestreben Frankreichs ebenso widerstand wie der Bemühung um die Restitution außenpolitischer Handlungsfähigkeit in Polen selbst. Das unter Peter I. erfochtene einflußpolitische Übergewicht Rußlands in Ostmitteleuropa geriet im Verlauf des Jahrhunderts zwar mehrfach in Gefahr, es konnte letztlich jedoch weder von außen neutralisiert noch von innen zerstört werden. Im epochalen Zusammenhang erwies sich die Entente der drei Schwarzen Adler als die eigentlich dauerhafte neue Konstellation des osteuropäischen Staatensystems, in der sich — über die ‚Episode' der Jahre 1740 bis 1762 hinweg — das gemeinsame Interesse der östlichen Großmächte an der Steuerung der polnischen Frage durchsetzte und die noch nach der endgültigen Aufteilung Polens »ein tragfähiges Fundament u. a. zur Bewahrung der konservativen Ordnung Osteuropas im 19. Jahrhundert« bildete.[180]

Aber auch in jenen Jahren, als der russisch-preußische Gegensatz die polenpolitische Solidarität der drei östlichen Mächte außer Kraft setzte und die Interventionsdrohung gegen die Reformversuche der Adelsrepublik vorübergehend aufhob, blieb die machtpolitische Kontrolle über die Schwäche Polens — wenn auch im Zeichen veränderter Fronten — erhalten. Die scheinbare Umkehrung des traditionellen Verhältnisses zwischen *Barrière-* und Vorfeldpolitik der beiden kontinentalen Flügelmächte gegenüber Polen schuf zwar in der Folge von 1740 tatsächlich eine Situation, in der das bisherige Veto gegen eine Machtstärkung Polens auf dem Weg von Reformen durch keine der beteiligten Großmächte weiterhin aufrechterhalten werden konnte. Da Rußlands Interventionsverzicht im Zuge der neuen Politik Bestuževs andererseits jedoch nicht durch eine konstruktive Unterstützung der Reforminitiative von russischer Seite ergänzt wurde, verlagerte sich der latente einflußpolitische Konflikt um Polen lediglich auf der Ebene der Parteiengegensätze in der Adelsrepublik selbst, ohne aber dadurch an Schärfe zu verlieren. Mochte die allgemeine Einsicht in die Notwendigkeit einer militärischen Stärkung Polens grundsätzlich auch eine Basis für reformpolitische Solidarität zwischen dem Hof und der traditionellen adelsrepublikanischen Opposition abgeben, so erzeugte doch die unauflösliche Bindung der Reformperspektiven an die außenpolitische Konstellation der sächsisch-russischen Entente ein neues, unüberwindliches Hinder-

---

[180] K. Zernack, *Negative Polenpolitik...*, in: U. Liszkowski (Hrsg.), *Deutschland und Rußland...*, S. 152 bzw. 158.

nis auf dem Wege zu einem innenpolitischen Ausgleich. Denn Rußlands Politik in Ostmitteleuropa ließ auch nach 1740/44 keinen Zweifel daran, daß eine Heeresvermehrung in Polen — sollte sie tatsächlich nach den Plänen des polnischen Hofes realisierbar sein — nur deshalb nunmehr geduldet wurde, weil sie der Stärkung Sachsens, vor allem aber der Festigung von Rußlands hegemonialer Kontrolle über seine Nachbarstaaten und damit letztlich der weiteren Unterwerfung Polens zugute kommen mochte. Die Erfüllung der Bedingung für die Zustimmung der Opposition zu den projektierten Reformen, die der Wojewode von Sandomierz, Jan Tarło, auf dem Reichstag von 1744 formulierte, daß nämlich »dieses neu errichtete Heer zu nichts anderem und niemandes Hilfe dienen dürfe, als ganz allein zur Verteidigung der Nation und des polnischen Vaterlandes«,[181] konnten die Reforminitiatoren allerdings ebensowenig garantieren, wie sie die beständigen Verletzungen der Souveränität Polens durch Rußland sowie die davon ausgehende Kompromittierung der sächsischen Allianzpolitik zu verhindern vermochten.

Erst diese besonderen rußlandpolitischen Umstände schufen eine Situation in der Adelsrepublik selbst, die es Frankreich sowie Preußen ermöglichte, ihre obstruktiven polenpolitischen Ziele in Orientierung an den Parteiungen und durch diese außerordentlich wirksam ins Spiel zu bringen. Obwohl weder die westliche Flügelmacht Frankreich noch Polens direkter Nachbar Preußen über einen machtpolitisch real fundierten Einfluß auf die ostmitteleuropäische Entwicklung nach 1744 verfügte, übte deren propagandistische Präsenz eine starke, formierende Wirkung auf Polens Adelsopposition aus. In den dreißiger Jahren des 18. Jahrhunderts hatte sich angesichts des übermächtigen Protektorats der östlichen Großmächte über Polen konzeptionell kein Ansatzpunkt für eine alternative Orientierung nach außen geboten. Nun aber, da die französische Diplomatie wieder in die polnische Politik zurückkehrte und Preußen seine neue Position auf der Seite der *Barrière* erfolgreich gegen die Kaisermächte behauptete, stiegen auch die Hoffnungen der

---

[181] Dyaryusz sejmu [...] grodzieńskiego in anno 1744; M. Skibiński, *Europa a Polska...*, Bd. 2: *Dokumenty*, S. 301 f.: »[Wojewoda sandomierski] upraszał, ażeby to wojsko nowo erygowane nie na żadną usługę i komukolwiek pomoc, tylko szczególnie na obronę narodu i ojczyzny polskiej być mogła; o drugą także delegaçyą do konferencyi z cudzoziemskimi ministrami do J. K. M. instabat; żeby ci Ichmc. deputowani oświadczyli Ichmc. pp. ministrom, że nie pod żadnym pretekstem zaczęcia wojny, ani na subsidium przeciwko ich monarchom teraźniejszą aukcyę wojska Rzplitej mieć chce, tylko dla obrony i zachowania dobrego porządku u siebie.«

oppositionellen Adelsgruppierungen, daß die Zerschlagung des sächsisch-russischen Protektorats, das heißt, die Wiedergewinnung der auch
weiterhin vor allem durch Rußland beeinträchtigten Souveränität,
durch einen Anschluß an die *Barrière* gelingen könnte. Allerdings wurden solche Spekulationen durch den in Wahrheit defensiven und rein
obstruktiven Charakter der französisch-preußischen Polenpolitik
selbst als fiktiv denunziert; sie gewannen jedoch insofern um so realeres
Gewicht, als ein großer Teil des polnischen Adels gerade im Blick auf
langfristige *barrière*-politische Alternativen innenpolitisch bei der kompromißlosen Ablehnung der Reforminitiativen des Hofs und seiner polnischen Parteiung verharrte.

In einer dem Anschein nach weitgehend stabilen äußeren Situation
während der Phase zwischen 1744 und dem Siebenjährigen Krieg
wandte sich somit der großmächtepolitische Druck auf Polen krisenhaft
nach innen. Die besondere außenpolitische Situation, die vorübergehend die polnische Reforminitiative von der beständigen Interventionsdrohung entlastete, schuf zugleich ein Moment unüberwindlicher innenpolitischer Spaltung, wodurch sich das reale Übergewicht außenpolitischer Wirkungsfaktoren in der inneren Entwicklung Polens auch
über die Zäsur des Jahres 1740 hinaus erhielt.

Die gesamte Regierungszeit Augusts III. in Polen stand in dieser
Hinsicht im Zeichen einer Krise, welche sich in einer von der strukturellen Modernisierungsfähigkeit der Adelsrepublik gänzlich unabhängigen
Dynamik entwickelte und deren immanenter Logik es durchaus auch
noch entspricht, daß die reformerische Modernisierung Polens im Zuge
innenpolitischer Rekonsolidierung in der stanislaischen Epoche zwar
ins Werk gesetzt werden konnte, dann aber der Intervention der Nachbarstaaten zum Opfer fiel.

ZWEITES KAPITEL

Republikanische Verfassung
und »oligarchia magnacka«

Der Niedergang Polens im 18. Jahrhundert, der rapide Souveränitätsverlust der Adelsrepublik gegenüber den absolutistischen Nachbarmächten und ihre endgültige Unterwerfung unter das Protektoratssystem hegemonialer russischer Vorfeldherrschaft, schien den zeitgenössischen politischen Chronisten des Auslandes nichts anderes zu sein als
eine gleichsam naturhaft notwendige Konsequenz aus dem Beharren in
einer ständisch-libertären Verfassung, derzufolge der polnische Staat,
»der in Unzeitgemäßheit zurückfallende ‚altfeudale' Rest«[1] der alten
nordischen Staatenwelt, in »Anarchie, das ist in einen Zustand ohne Rat
und ohne Regierung« versank.[2] Mochten die Großmächte ihr politisches Diktat über Polen auch durch rechtsbrüchige Intervention und diplomatische Intrige durchsetzen, so mußte die Schuld — nach einhelli-
gem Urteil Europas — doch letztlich der Adelsnation selbst zufallen,
die ihre »Goldene Freiheit« *(złota wolność)* höher schätzte als innere
Ordnung und äußere Sicherheit. »En effet, Monsieur«, heißt es in einem
anonymen Pamphlet aus Frankreich von 1772, »comment voulez-vous
qu'un Etat sans autorité tutélaire quelconque, n'ayant à proprement
parler ni trésor, ni armes, ni forteresses, ni tribunaux, ni instruction
[...] ne devint pas la proie de son enemi?«[3] Mehr noch: Die Adelsnation
blieb nicht nur scheinbar gleichgültig angesichts des staatlichen Ver-

---

[1] K. Zernack, *Negative Polenpolitik...*, in: U. Liszkowski (Hrsg.), *Deutschland und Rußland...*, S. 148.

[2] Stanisław Konarski, *O skutecznym rad sposobie albo o utrzymywaniu ordynaryinych seymów*, 4 Bde, 2. Aufl., Warszawa 1923, hier Bd. 2, S. 4: »Anarchia to iest stan bez rady y rządu, powoli opanowywa wszystko, a przez Anarchią następuie pewny upadek wolności. Bo pod Anarchią trwać długo żadne państwo nie może.«

[3] *Lettres historiques sur l'état actuel de la Pologne*, Paris 1772, S. 77 f.

falls, sondern sie lieferte ihren inneren und äußeren Feinden durch das *liberum veto*, das durch die Verfassung verbriefte Recht jedes einzelnen Landboten, mit seinem Einspruch alle Reichstagsprojekte zu Fall zu bringen, offenkundig selbst die Waffe aus, mit deren Hilfe die Reichstage »zerrissen«, jede staatliche Reform unterdrückt und die »Anarchie« durch die Willkür der »Übelgesonnenen« *(»źle myślący«)* erhalten werden konnte. Denn »l'indépendance de chaque particulier est l'objet des loix de la Pologne et ce qui en résulte, l'oppression de tous«.[4]

Dieser Zusammenhang zwischen staatlicher Krise und adelsrepublikanischer Verfassung ist auch der wissenschaftlichen Historiographie in und außerhalb Polens eigentlich niemals zweifelhaft gewesen. Die Formel, die Władysław Konopczyński, der beste Kenner der frühneuzeitlichen polnischen Geschichte in der »bürgerlichen« Geschichtswissenschaft Polens, für die politische Entwicklung der Adelsrepublik geprägt hat, blieb auch in der neueren Forschung grundsätzlich unwidersprochen: »Wenn jemand fragte, was der wichtigste Verfassungsgrund für den Niedergang der Republik war, so könnte man kurz sagen: die Allmacht der Szlachta und das *liberum veto*.«[5] So resümiert auch Jörg Hoensch seine Überlegungen zur Reichstagsverfassung der Adelsrepublik in der Feststellung: »Die Eingriffe der ausländischen Mächte in die innerpolnischen Verhältnisse wurden vornehmlich dadurch begünstigt, daß die polnische Nation ihre Verfassungsprinzipien, und mithin auch das *liberum veto*, als heilig und unverletzlich bewahrte.«[6] Obwohl in der

---

[4] Charles de Montesquieu, *De l'esprit des loix,* Paris 1944, 11,5; bezeichnend auch die Formulierung Rousseaus in der Einleitung zu seinen »Considérations sur le gouvernement de la Pologne« (*Oeuvres complètes*, Bd. 3, Paris 1964, S. 974 f.): »En lisant l'histoire du gouvernement de la Pologne, on a peine à comprendre comment un état si bizarrement constitué a pu subsister si longtemps.« Über das westeuropäische Polenbild in der Sachsenzeit R. Wołoszyński, *Polska w opiniach Francuzów...,* passim; sowie M. H. Serejski, *Europa a rozbiory...,* S. 48 ff.

[5] W. Konopczyński, *Dzieje Polski nowożytnej...,* Bd. 2, S. 271; vgl. auch ders., *Le liberum veto. Etude sur le développement du principe majoritaire,* Paris 1930 (poln. Kraków 1918). — Über den Stand der Forschung zur Geschichte des *liberum veto* sowie, allgemein, zur Entwicklung der polnischen Reichstagsverfassung: Władysław Czapliński, *Polish Seym in the Light of Recent Research,* in: *Acta Poloniae Historica,* Bd. 22 (1970), S. 180—192; Stanisław Russocki, *Le système représentatif de la ‚République nobiliaire de Pologne‘,* in: Karl Bosl (Hrsg.), *Der moderne Parlamentarismus und seine Grundlagen in der ständischen Repräsentation,* Berlin 1977, S. 279 ff., die Sachsenzeit speziell am gründlichsten behandelt bei Henryk Olszewski, *Sejm Rzeczypospolitej doby oligarchii, 1652—1763,* Poznań 1966; dazu Władysław Czapliński, *Sejm Rzeczypospolitej epoki oligarchii,* in: *Czasopismo prawno-historyczne,* Bd. 19 (1967), no. 2, S. 171—180.

[6] J. K. Hoensch, *Sozialverfassung und politische Reform...,* S. 362.

Verfassungswirklichkeit des Staates gänzlich unhantierbar, ja überaus gefährlich, habe das Verfassungsprinzip des *liberum veto*, von dem sich die Praxis des »Zerreißens der Reichstage« (*»zrywanie sejmów«*) herleite, im Bewußtsein der Adelsnation als altes Privileg des Ritterstandes, als *pupilla libertatis*, einen so hohen rechtlichen Eigenwert besessen, daß man es auch um den Preis permanenter innenpolitischer Anarchie und äußerer Wehrlosigkeit nicht preisgeben mochte. Mit einem Wort: »Der polnische Szlachcic vermochte noch nicht zwischen seiner individuellen Freiheit und der kollektiven Freiheit der Adelsgesellschaft zu unterscheiden.«[7]

Die polnische Forschung freilich modifiziert heute das Verdikt von Konopczyński. Zwar erkennt auch Henryk Olszewski in der Rechtsformel des *liberum veto* einen verfassungsimmanenten Defekt, der im permanenten Scheitern der polnischen Reichstage im 18. Jahrhundert zu negativer Wirkung gelangte.[8] Die eigentliche Ursache dieser Entwicklung sieht er indessen in der faktischen Zerstörung der Adelsdemokratie, das heißt, in der Herausbildung der aristokratischen Oligarchie (*»oligarchia magnacka«*) seit dem 17. Jahrhundert, die das alte Prinzip der *unanimitas votorum* in der Beschlußfassung der Reichstage erst in späterer Zeit zu einem Rechtsinstrument der aristokratischen Klassenherrschaft gegen Krone und Szlachta fortentwickelt habe. Das *liberum veto* sei insofern nicht Grundlage der Verfassung, sondern ein »*Mittel* zur Sicherung der adligen Klassen- und Standesvorrechte, die *Konsequenz* einer Krise der Verfassung, das *Ergebnis* einer diese Krise begleitenden spezifischen Konstellation zwischen den politischen Ständen der Reichstage«.[9]

---

[7] *Ebda.* In diesem Sinne auch vorher bereits H. Roos, *Der Adel der polnischen Republik...*, in: *Der Adel...*, S. 72; sowie ders., *Ständewesen und parlamentarische Verfassung...*, in: D. Gerhard (Hrsg.), *Ständische Vertretungen...*, S. 359: »Die übertriebene Heiligung der parlamentarischen Gebräuche, die auch in den zeitgenössischen Republiken der Niederlande, der Schweizerischen Eidgenossenschaft oder Venedig nicht ihresgleichen hatte, paarte sich 1717—1772 mit dem unwürdigen Zustand, daß die Republik zum Spielball der hochgerüsteten Nachbarstaaten wurde.«

[8] H. Olszewski, *Sejm Rzeczypospolitej...*, S. 301 ff. — Vgl. auch Konstanty Grzybowski, *Teoria reprezentacji w Polsce epoki Odrodzenia*, Warszawa 1959, S. 280 ff.; sowie Ryszard Łaszewski, *Sejm polski w latach 1764—1793*, Toruń 1973, passim. — Grundsätzlich zur Diskussion um den Begriff ,oligarchia magnacka' in der verfassungsgeschichtlichen Forschung vor allem auch Juliusz Bardach, *Sejm szlachecki doby oligarchii*, in: *Kwartalnik Historyczny*, Bd. 74 (1967), S. 365—372.

[9] H. Olszewski, *Sejm Rzeczypospolitej...*, S. 315 f.

Wäre also die Misere der Reichstage in der Sachsenzeit im Sinne von
Hoensch und Roos auf eine Bewußtseinskrise der Adelsnation gegenüber der unzeitgemäßen Gestalt ihrer alten Verfassung zurückzuführen, so müßte nach Olszewski eher von einer im wesentlichen sozialen
Krise gesprochen werden, in deren Folge die Verfassung selbst bereits
einer unterschwelligen Transformation unterlag und die Form eines
rein obstruktiven Herrschaftsinstruments der partikularistischen magnatischen Klasseninteressen annahm. Beide Interpretationen decken
sich allerdings in der — zumindest impliziten — Schlußfolgerung, daß
die adelsrepublikanische Verfassung Polens, speziell aber das *liberum
veto* als Verfassungsgrundsatz, als ein wesentlich retardierendes Moment der staatlichen Entwicklung im 18. Jahrhundert gewirkt und, sei
es kausal oder instrumentell, das Scheitern auch der Reformreichstage
Augusts III. determiniert habe.

»Liberum veto« und »liberum rumpo«

Die Frage nach der Funktion des *liberum veto* im Rahmen der polnischen Reichstagsverfassung — nach der verfassungsrechtlichen Defi-
nition des *ius vetandi* wie nach dessen praktischer Bedeutung in der
Reichstagspolitik des 18. Jahrhunderts — ist bei näherem Zusehen freilich weniger einfach zu beantworten, als man angesichts der Intensität
der einschlägigen Forschung vermuten könnte.[10] Kontrovers erschei-

---

[10] Über den Stand der Forschungsdiskussion in bezug auf das 18. Jahrhundert neben
den Arbeiten von W. Czapliński und J. K. Hoensch jetzt speziell Jacek Staszewski,
Jednomyślność a liberum rumpo, in: *Acta universitatis Vratislaviensis*, No. 477, *Historia*
31, Wrocław 1979, S. 81—85; vgl. auch Stanisław Russocki, *Modernisierung oder Reform? — Die Einstimmigkeit der Reichstagsbeschlüsse in Polen und ihr Wandel im 18.
Jahrhundert*, in: Werner Conze u. a. (Hrsg.), *Modernisierung und nationale Gesellschaft
im ausgehenden 18. und im 19. Jahrhundert*, Berlin 1979, S. 28—33. — Namentlich die
letzte Frage wirft methodische Probleme auf, die weiterer Diskussion durch die verfas-
sungsgeschichtliche Forschung bedürfen: Mit Recht hat Juliusz Bardach, *Sejm szlachecki...*, in: *Kwartalnik Historyczny*, Bd. 74 (1967), darauf hingewiesen, daß bei der
Analyse eines Verfassungszustandes sowohl die betreffenden positiven Rechtsnormen
als auch die jeweils als gültig und verbindlich angesehene Rechtspraxis zu berücksichti-
gen sind — daß mithin vor allem das als Gehalt einer Verfassung anzusehen ist, was von
den Zeitgenossen für Recht erachtet und befolgt wird; dies gilt namentlich für die
»kumulativen«, d. h. nicht in einem Grundgesetz positiv fixierten Verfassungen der
frühneuzeitlichen Republiken (vgl. dazu auch Günter Barudio, *Das Zeitalter des Absolutismus und der Aufklärung, 1648—1779* [= Fischer Weltgeschichte, Bd. 25], Frankfurt
am Main 1981, S. 91).

nen vor allem drei Komplexe, welche für unsere Erörterung der Ursachen für das Scheitern der Reichstagsinitiativen nach 1736 gleichermaßen bedeutsam sind: 1. Das Verhältnis des *ius vetandi* zu den ursprünglichen Grundprinzipien der Reichstagsverfassung, namentlich dem Gebot der Einstimmigkeit, dem Prinzip der Einheit des Reichstagsabschlusses[11] und der Garantie der »Freien Stimme« (»*głos wolny*«); 2. Der Zusammenhang zwischen dem *ius vetandi* als Verfassungsgrundsatz und dem auf dem Reichstagen geübten Brauch, die Beratungen zu »hemmen« oder zu zerreißen«, und 3. die daran anknüpfende Frage, ob das »Zerreißen« der Reichstage überhaupt eine durch Verfassungsgrundsätze legalisierte Praxis darstellte, das heißt, ob im Blick darauf wirklich von einer Verfassungskrise in einem exakten Sinne gesprochen werden kann.

Die Verfassungsgrundsätze, aus denen heraus das *liberum veto* später als ein neues, abgeleitetes Verfassungselement sich entwickelte,[12] waren die Garantie des »*głos wolny*« und das Gebot der Einstimmigkeit, der *unanimitas votorum*, die allen Beschlüssen der Reichstage zugrundeliegen mußte. Im Verlauf des 17. Jahrhunderts hatte sich in der politischen Praxis der Reichstage der Grundsatz durchgesetzt, daß die Beschlüsse *communi consensu*, »mit allgemeiner Zustimmung« oder auch »mit der Zustimmung sowie nach dem Willen« aller Stände oder gar aller Mitglieder des Reichstags gefaßt wurden.[13] Dabei enthielten na-

---

[11] Gemeint ist der Grundsatz, daß alle Konstitutionsprojekte eines Reichstags eine Einheit bildeten; die einzelnen Beschlüsse waren allererst dann rechtskräftig, wenn sie gemeinsam mit allen anderen Beschlüssen durch eine abschließende Lesung gebilligt worden waren. Vgl. Juliusz Bardach (Hrsg.), *Historia państwa i prawa Polski*, Bd. 2, 2. Aufl., Warszawa 1966, S. 124 f.; sowie ders. u. a., *Historia państwa i prawa polskiego*, Warszawa 1979, S. 228. — Für die Frage nach der Funktion des *liberum veto* ist dies insofern bedeutsam, als Einsprüche gegen einzelne Projekte in der abschließenden Lesung bewirken konnten, daß die Konstitution insgesamt nicht innerhalb der Kadenz zur Verabschiedung kam; vgl. dazu auch W. Czapliński, *Polish Seym...*, in: *Acta Poloniae Historica*, Bd. 22 (1970), S. 186.

[12] Über die Herausbildung des *liberum veto* als eines abgeleiteten, jedoch seit der Mitte des 17. Jahrhunderts als vollwertig und selbständig betrachteten Verfassungsgrundsatzes ausführlich H. Olszewski, *Sejm Rzeczypospolitej...*, S. 309 ff. Offensichtlich erlangte das *liberum veto* eine eigene Rechtsqualität, auch ohne durch Reichstagskonstitutionen ausdrücklich näher definiert zu sein.

[13] K. Grzybowski, *Teoria reprezentacji...*, S. 281 ff., hat diese Formeln für das 17. Jahrhundert genau systematisiert und unterschieden zwischen Formulierungen, die faktische Einstimmigkeit erkennen lassen, und solchen, die pauschal die Zustimmung aller Landschaften, des ganzen Standes bzw. aller Stände ausdrücken.

mentlich Konstitutionen, die eine Königswahl betrafen, auch explizit
die Hervorhebung der faktischen Einstimmigkeit, etwa *za wolnymi i
zgodnymi głosami, nemine protestante et contradicente*. Ansonsten aber
hieß es meist *za powszechną zgodą* oder etwa *za zgodą wszech stanów*.[14]
Allerdings bedeutete diese Form des Reichstagsabschieds oftmals
nicht mehr, als daß die Stände traditionsgemäß »mit einer Stimme«
sprachen und die Beschlüsse des Reichstags — unabhängig vom Modus
ihres Zustandekommens — von allen Ständen bestätigt wurden. Bis zur
Mitte des 17. Jahrhunderts mochten hinter solchen Beschlüssen in
Wahrheit nur einfache Mehrheitsentscheidungen stehen, ohne daß die
einmütige »Zustimmung aller Stände« dadurch eingeschränkt worden
wäre.[15] Zugleich aber gibt es schon am Ende des 16. Jahrhunderts Beispiele dafür, daß ein Teil der Landboten die Zustimmung zu den Kon-
stitutionsprojekten bis zum Schluß verweigerte und der Reichstag ohne
Beschluß auseinandergehen mußte.[16] Seit dem Anfang des 17. Jahrhunderts mehrten sich solche Fälle, auf dem Reichstag des Jahres 1652
führte erstmals der Einspruch eines einzelnen Landboten, der sich der
Verlängerung der Reichstagskadenz über die vorgeschriebene Frist von

[14] *Volumina legum*, Bd. 5, S. 91 (etwa: »mit freier Einstimmigkeit«) bzw. S. 980; sowie
»mit allgemeiner Zustimmung« bzw. »mit Zustimmung aller Stände«; vgl. H. Olszewski, *Sejm Rzeczypospolitej...*, S. 305 f.
[15] Zur Frage, bis zu welcher Zeit die Beschlüsse der Landbotenkammer des Reichstags *de facto* auf Mehrheitsentscheidungen beruht haben könnten vgl. auch die kritischen Anmerkungen zu Grzybowski bei Władysław Czapliński, *Z problematyki sejmu
polskiego w pierwszej połowie XVII wieku*, in: *Kwartalnik Historyczny*, Bd. 77 (1970),
S. 31—45; dazu auch H. Olszewski, *Sejm Rzeczypospolitej...*, S. 306 f., der eine genaue
Erschließung solcher Sachverhalte aus der Terminologie der Reichstagskonstitutionen
nicht für möglich hält. — Ein Nebeneinander von *pluralitas votorum* in der Beschlußfassung und einstimmiger Billigung des Beschlusses läßt sich daneben explizit noch im 18.
Jahrhundert in den Landtagsabschieden *(lauda sejmikowe)* solcher Landschaften erkennen, die bei bestimmten Akten — namentlich bei der Deputiertenwahl — traditionell
am Mehrheitsprinzip festhielten. So heißt es etwa im *laudum* des kujawischen *sejmik
przedsejmowy* von 1740, daß die Landboten für den bevorstehenden Reichstag »pluralitate votorum et unanimi potem wszystkich consensu« gewählt worden seien; ähnlich die
Formulierung bezüglich der Wahl der Gerichtsdeputierten auf dem *sejmik deputacki*
von 1752: »...nach dem Recht de pluralitate votorum auf den Landtagen unserer
Wojewodschaften haben wir pluralitate votorum cum universali omnium plausu et
assensu gewählt die Herren Deputierten...«; A. Pawiński, *Rządy sejmikowe...*, Bd. 5,
S. 81 bzw. 123; entsprechende Beobachtungen bei Stanisław Śreniowski, *Organizacja
Sejmiku halickiego*, Lwów 1938, S. 98 ff.
[16] Die Dauer der Reichstage war seit dem 16. Jahrhundert auf sechs Wochen begrenzt. Eine Verlängerung dieser Kadenz bzw. eine Vertagung desselben Reichstags

sechs Wochen hinaus standhaft widersetzte, zum erfolglosen Ende eines ordentlichen Sejm,[17] und 1669 schließlich wurde der erste Reichstag durch das veto eines einzelnen noch vor Ablauf der ordentlichen Frist »zerrissen«.[18]

Zweifellos schufen diese berühmten »Präzendenzfälle« der zweiten Hälfte des 17. Jahrhunderts das Muster, nach dem die Magnatenparteiungen der Adelsrepublik in den folgenden einhundert Jahren ihre Konflikte mit der Krone sowie mit den Gegnern aus ihren eigenen Reihen austrugen. Unklar bleibt jedoch, ob es das *liberum veto* als verfassungsrechtlich verbrieftes Privileg des Ritterstandes war, auf welches sich eine solche obstruktive Praxis der Reichstagspolitik wirklich zu berufen vermochte. Denn auch diejenigen Konstitutionen aus der zweiten Hälfte des 17. sowie der ersten Hälfte des 18. Jahrhunderts, welche nicht nur das Einstimmigkeitsprinzip bestätigen, sondern nun auch das *ius vetandi* ausdrücklich erwähnen, lassen an sich keinen entsprechenden Schluß zu.

So heißt es 1673 in der *Constitutio Pacificationis internae*, welche die Umwandlung der Generalkonföderation in einen ordentlichen Reichstag bestätigte: »... Akt teraźnieyszy consensu Omnium ordinum w Seym obracãmy. Formam Reipublicae ad antiquum Statum przywracamy, jako to Seymy, Seymiki, Izbę Poselską, libertatem sentiendi, jus vetandi przy prawie ...«[19] Die Bedeutung dieser Formel, derzufolge das *liberum veto* an das Recht geknüpft war — das heißt, durch das Recht offenbar begründet und auf die Bewahrung des Rechts gerichtet sein mußte — ist in der Forschung freilich umstritten. Es erscheint aber plausibel, sie im Sinne der Interpretation Konopczyńskis als einen Hinweis auf die rechtliche Beschränkung des veto und seiner Gültigkeit zu werten.[20] Zwar entfiel bei den späteren Erwähnungen des *liberum veto*

(ohne Neuwahl der Landboten) bedurfte wie die Konstitutionen der einstimmigen Billigung. Kam also der erforderliche Beschluß aufgrund des Widerspruchs eines oder mehrerer Landboten nicht zustande, so mußte der Reichstag auch ohne die Verabschiedung einer Konstitution auseinandergehen. Dies geschah erstmals 1576; vgl. H. Olszewski, *Sejm Rzeczypospolitej...*, S. 316.

[17] Genau untersucht bei Władysław Czapliński, *Dwa sejmy w roku 1652. Studium z dziejów rozkładu Rzeczypospolitej szlacheckiej w XVII wieku*, Wrocław 1955.

[18] H. Olszewski, *Sejm Rzeczypospolitej...*, S. 319.

[19] *Volumina legum*, Bd. 5, S. 88: »Wir verwandeln den gegenwärtigen Akt consensu omnium ordinum in einen Reichstag. Formam Reipublicae stellen wir ad antiquam Statum her, nämlich die Reichstage, die Landtage, die Landbotenkammer, die Freiheit der Äußerung, das ius vetandi gemäß dem Recht...«

[20] Vgl. W. Konopczyński, *Le liberum veto...*, S. 208 ff.; kritisch dazu H. Olszewski,

der Zusatz »przy prawie«; doch widersprechen auch die bekannten Formulierungen in den Konstitutionen von 1696 oder 1718 nicht der These, daß das *ius vetandi* gleichsam als ein Mittel der Verfassungskontrolle, als Instrument vor allem zum Schutz der libertären Rechtsordnung, verstanden werden sollte: Die Konföderationsakte von 1696 schrieb vor, »observa(re) religiosissime vocem vetandi unicum et specialissimum Ius Cardinale, na którym zupełnie Prawa, swobody i wolności nasze consistunt . . .«; und die Konstitution von 1718 bestätigte für Reichstage, Landtage und »alle öffentlichen Beratungen« die Gültigkeit des *ius vetandi* »jako wolny głos funduiący się in iure vetandi, iest nayprzednieyszy Kleynot wolnego narodu tey Rzplitey«.[21]

Gewiß wurde der rechtliche Geltungsbereich des *liberum veto* weder in den genannten Konstitutionen noch später, in den Bestimmungen zur Reichstagsordnung von 1726 und 1736, genauer spezifiert; und es kam auch niemals zu einer förmlichen Aufhebung eines möglicherweise rechtswidrig angewandten veto durch den Reichstag. Fragwürdig aber ist für diese Zeit die Annahme, daß das *liberum veto* nach dem Verfassungsverständnis der Zeitgenossen das Recht impliziert habe, den Reichstag ohne Angabe gewichtiger Gründe, gar nur unter Berufung auf das *ius vetandi* an sich, zu »hemmen« beziehungsweise zu »zerreißen«. Wenn etwa Jedrzej Kitowicz in seiner »Beschreibung der Sitten unter der Regierung Augusts III.« behauptet, jeder Landbote habe einen Sejm mit einem einfachen veto zerreißen können, und zu seiner Rechtfertigung habe es nur der Erklärung bedurft: »Ich bin ein Landbote, und ich erlaube es nicht!«,[22] so gilt solches allenfalls für das letzte (von Kitowicz bewußt erlebte) Regierungsjahrzehnt des zweiten Sachsenkönigs, nicht aber für die Zeit der »Reformreichstage«. Gerade die Notwendigkeit der rechtlichen Legitimation machte die obstruktive Anwendung eines veto auf dem Reichstag in Wahrheit schwierig.[22a]

Sejm Rzeczypospolitej. . ., S. 313 ff. Konopczyńskis Deutung steht übrigens im Einklang mit der Interpretation bei Gottfried Lengnich, *Ius publicum regni Poloni*, 2 Bde, Gedani 1742—1746, poln.: *Prawo pospolite królestwa polskiego*, Kraków 1761, 2. Aufl., 1836, S. 301 f.; sowie mit der verfassungstheoretischen Literatur der ersten Hälfte des 18. Jahrhunderts, siehe unten.

[21] *Volumina legum*, Bd. 5, S. 836: »observa(re) religiosissime vocem vetandi . . ., auf dem unsere Rechte, Freiheiten und Privilegien vollständig beruhen«, bzw. Bd. 6, S. 394: ». . . da die freie Stimme, die auf dem ius vetandi gründet, das wichtigste Kleinod der freien Nation dieser Republik darstellt«.

[22] J. Kitowicz, *Opis obyczajów . . .*, S. 593.

[22a] Offenkundig war Kitowicz über die Reichstage vor 1750 nur sehr lückenhaft

Tatsächlich ist aus den Protokollen der Reichstage von 1736 bis 1752 kaum eine Situation rekonstruierbar, in der ein Landbote die Rechtfertigung seines veto ausdrücklich und beharrlich verweigerte, da es jedem freistehe »sentire quod velit et facere quod sentit«. Entsprechende Äußerungen des jungen, politisch noch unerfahrenen Maryan Potocki und anderer auf dem Reichstag von 1748 — in der Verteidigung eines Obstruktionsversuchs — weckten zum Beispiel deutliche Mißbilligung. Unter dem Druck der herrschenden Stimmung mußten sich die Opponenten doch der Diskussion stellen und schließlich auch von der Obstruktion in diesem Fall Abstand nehmen.[23]

informiert. Mit Ausnahme des Sejm von 1746, der sowohl in dem Opis obyczajów als auch in den Pamiętniki beschrieben ist (a.a.O., S. 594 f.; sowie ders., Pamiętniki czyli Historia polska, Warszawa 1971, S. 47), werden die Reichstage nach 1736 nur kursorisch abgehandelt, und die wenigen Angaben darüber sind offenkundig fehlerhaft. So behauptet Kitowicz völlig willkürlich, daß allein der Sejm von 1746 nicht vorzeitig zerrissen worden sei (Opis obyczajów..., S. 595); für die Aufdeckung des Bestechungsskandals auf dem Sejm von 1744 macht er fälschlich den Landboten Rogaliński (anstatt Wilczewski) verantwortlich (a.a.O., S. 596); erst ab 1750 werden die Angaben in den Pamiętniki halbwegs verläßlich. — Ungeachtet dessen hat die Historiographie die zitierte Stelle aus dem Opis obyczajów immer wieder als Hauptbeleg für die unbegrenzte Macht des liberum veto in der Sachsenzeit herangezogen; vgl. J. Bardach (Hrsg.), Historia państwa i prawa..., Bd. 2, S. 239; aber auch H. Olszewski, Sejm Rzeczypospolitej..., S. 315.

[23] Władysław Konopczyński (Hrsg.), Dyaryusze sejmowe z wieku XVIII, Bd. 1, Warszawa 1911, S. 267 ff. u. 290; zwar verteidigten die Parteigänger der Opposition Potocki und wiesen die Forderungen nach Rechtfertigung als »liberi veto opresya« zurück; zugleich aber beeilten sie sich, den Einspruch gemäß den Instruktionen Potockis zu rechtfertigen, und dieser selbst erklärte schließlich, er habe nicht die Absicht gehabt, den Sejm zu »hemmen«, und stimmte der Vertagung der fraglichen Angelegenheit zu. Der eigentliche Anführer der Opposition von 1748, der erfahrene Reichstagspolitiker Adam Małachowski, taktierte deutlich anders als der ehrgeizige junge Potocki: Er beschränkte sich auf formal wohl begründete Einsprüche und hielt diese auch niemals so lange aufrecht, daß er der Gegenpartei dadurch Anlaß zu Protesten gegen unrechtmäßige Obstruktion gegeben hätte. Vgl. dazu auch die instruktive Einleitung von W. Konopczyński, a.a.O., S. XIII f. — Irreführend ist in diesem Zusammenhang die Argumentation Oslzewskis (Sejm Rzeczypospolitej..., S. 314): Die von ihm zitierte Passage des Reichstagsprotokolls von 1752 (W. Konopczyński [Hrsg.], Dyaryusze sejmowe..., Bd. 3, S. 11) kann nicht als Beleg dafür gelten, daß ein veto nach Ansicht der Landboten keiner Rechtfertigung bedurfte. Die fragliche Erklärung Adam Małachowskis nämlich, daß zur »Hemmung« des Reichstags nur die zwei Worte »sisto activitatem« nötig seien, bezog sich keineswegs auf die grundsätzliche Frage nach der Legitimierung des veto; sie stand vielmehr im Kontext einer Kontroverse darüber, ob ein veto auch dann gültig sei, wenn es »interlocutorie« ausgesprochen wurde, d. h. ohne daß dem Opponenten zuvor förmlich das Wort erteilt worden war.

Doch auch besser begründete Einsprüche konnten hinsichtlich ihrer Gültigkeit angezweifelt werden, wenn der Opponent sich dem Verdacht aussetzte, partikulare, »private«, Interessen zu verfolgen oder gar die Reichstagsberatungen gezielt behindern zu wollen. Beides galt nach allgemeinem Verständnis ebenfalls als »gegen das Recht gerichtete Absicht« (»pretensja przeciwko prawu«).[24] Daher mußte der Landbote, der ein veto einlegte, stichhaltige Gründe für seinen Einspruch anführen und diesen nach Möglichkeit auch von einem unanfechtbaren Rechtstitel herleiten — entweder von den Instruktionen seiner Landschaft (»ex mente instrukcji swojej«) oder von »den Gesetzen« (»przy prawach«), das heißt, aus den Konstitutionen früherer Reichstage oder aus den gleichsam selbstverständlich anerkannten »Kardinalrechten«.[25] Entsprechend wurde das *ius vetandi* allgemein als das Recht bezeichnet, sich

[24] So der Landbote Kossowski auf dem Sejm von 1744; M. Skibiński, *Europa a Polska..*, Bd. 2: *Dokumenty*, S. 347; vgl. auch das Votum des Landboten Soroka 1738, *Teka Podoskiego...*, Bd. 4, S. 451; Linowski 1740, *a.a.O.*, S. 642; Bischof Załuski 1748, W. Konopczyński, *Dyaryusze sejmowe...*, Bd. 1, S. 25; aber etwa auch die königlichen Instruktionen zum Sejm von 1740, *Teka Podoskiego...*, Bd. 4, S. 479 f. — Entsprechend forderte der Landbote Józef Pułaski auf dem Sejm von 1750, daß der Marschall »solche Stimmen, welche sich *directe contra legem* richten, nicht gestatten möge«; W. Konopczyński (Hrsg.), *Dyaryusze sejmowe...*, Bd. 3, S. 9; ebenso Stanisław Czartoryski auf dem Sejm von 1746; seine Replik auf ein veto nach dem Protokoll: »...da dieser Einwand [...] auf keines Rechtes Grundlage sich stützt, [...] ersuchte er den Herrn Marschall, daß dieser ulteriori tractu ad ea agenda, quae sunt illius potestatis et publicae necessitatis, schreiten möge«; *a.a.O.*, Bd. 2, S. 89.

[25] In den Reichstagsprotokollen werden bei der Begründung eines veto durch den betreffenden Landboten meist formelhaft diese Wendungen gebraucht, etwa »...przy prawie i konstytucjach trzymając się...« (»...sich an das Recht und die Konstitutionen haltend...«), »...ex mente instrukcji swojej...« (»...im Sinne seiner Instruktion...«), »....unice przy prawie i przy paktach konwentach trymając się...« (»...allein an das Recht und die pacta conventa sich haltend...«), »...wedlug instrukcji województwa swego...« (»...gemäß der Instruktion seiner Wojewodschaft...«) etc.; siehe das Protokoll für 1746, *a.a.O.*, Bd. 2, S. 3, 90, 99, 170 etc. — Bezeichnend ist in diesem Zusammenhang auch eine Passage aus dem Sejm-Protokoll von 1740: Berichtet wird von einem Disput darüber, ob die Lesung der litauischen Konstitutionsprojekte beginnen könne oder ob zuvor — gemäß der Forderung verschiedener Landboten — über eine andere, neu aufgebrachte Frage zu verhandeln sei. In dieser Situation fordert der Landbote Hurko: »Wenn einer der Herren Landboten in seiner Instruktion die Anweisung hat, daß er [der Lesung] nicht zustimmen soll, so möge er [die Instruktion] zeigen und rectas intentiones suas zu erkennen geben...« Daraufhin meldet sich keiner der früheren »contradicentes«, und das Projekt wird nun gelesen; *Teka Podoskiego...*, Bd. 4, S. 663 f.

zu widersetzen »in den Punkten, welche in der Instruktion ausgedrückt
sind, wenn [der Sejm] sie nicht erledigt«, beziehungsweise als das Recht,
»sich auszusprechen darüber, quod iuris est«.[26]

Das *liberum veto*, die »Freie Stimme« und das *ius vetandi* ließen sich
somit als synonyme Umschreibungen des Widerstandsrechts der Landboten gegen eine Beeinträchtigung der Freiheiten und Privilegien des
Ritterstandes verstehen. Die Landbotenstube als das sogenannte »*pal-
ladium* der Freiheit« verfügte mit dem *liberum veto* über ein Instrument
zur Abwehr solcher Gesetzespropositionen von Krone und Senat, welche der Verfassung der Republik zu widersprechen schienen. Es konnte
legal zur Anwendung kommen, um einzelne Konstitutionsprojekte aufgrund gewichtiger Einwände zu Fall zu bringen (das heißt, die Projekte
zu verändern, sie ganz zu verwerfen, oder die Angelegenheit auf den
nächsten Sejm zu vertagen), aber auch um die Beratung einer wichtigen
»*materia status*« und u. U. von »*privata*« durch den Sejm zu erzwingen. Dagegen gab es offenbar kein durch die Verfassung verbrieftes Recht, einen Reichstag durch ein willkürliches veto in seinen Beratungen zu behindern — oder diesen gar zu vorzeitiger Auflösung zu zwingen, ohne
daß ein gravierender Verfassungsverstoß in den Reichstagsverhandlun-
gen vorgekommen wäre.[26a] Nach den Rechtsnormen der Sachsenzeit

---

[26] W. Konopczyński (Hrsg.), *Dyaryusze sejmowe...*, Bd. 2, S. 91 bzw. Bd. 3, S. 56 f. —
Die sachliche und rechtliche Einschränkung der Gültigkeit eines veto bedingte wohlgemerkt auch, daß dieses veto unwirksam wurde bzw. zurückgezogen werden mußte,
wenn der Grund für den Einspruch entfiel; falls die betreffenden »contradicentes«
zögerten, ihr veto zu widerrufen, wurden sie nicht selten von den anderen Landboten
oder dem Marschall dazu genötigt. So wird etwa im Protokoll des Reichstags von 1752
folgendes berichtet: Aufgrund eines veto der Landboten von Wieluń kommt es zur
Verzögerung der Verhandlungen; der Einwand wird diskutiert und von einem anderen
Landboten zurückgewiesen; als daraufhin die Landboten von Wieluń zögern und »ihre
Sache durch keinerlei Gründe unterstützen konnten, mußten sie zustimmen...«;
a.a.O., Bd. 3, S. 55 f. Selbst die förmliche Aufhebung des veto durch den Opponenten
war offenbar überflüssig, wenn der betreffende Einwand sich eindeutig erledigt hatte.
Entsprechend berichtet das Protokoll des Reichstags von 1746. Auf die Feststellung
eines Landboten, daß die Kammer sich aufgrund eines veto vom Vortage noch immer »in
passivitate« befinde und nicht weiter verhandeln könne, habe der Landbote Działyński
folgendes entgegnet: Die Forderungen, welche an das fragliche veto geknüpft worden
seien, habe man zwischenzeitlich erfüllt; dadurch aber sei »jener Einwand eo ipso ohne
Gewicht« und die »Hemmung« automatisch aufgehoben; a.a.O., Bd. 2, S. 57.

[26a] Die Fälle, in denen der Reichstag noch vor Ablauf der sechswöchigen Kadenz
regelrecht »zerrissen« wurden, wären ohnehin gesondert zu betrachten. Normalerweise
richtete sich das veto gegen eine konkrete Proposition bzw. Entscheidung in der
Landbotenkammer und bewirkte allenfalls eine befristete »Hemmung« *(zatamowanie)*

müßte das *liberum veto* als Verfassungsgrundsatz insofern in der Tat unterschieden werden von dem sogenannten *liberum rumpo*, dem veto, das den Reichstag in obstruktiver Absicht »hemmte« beziehungsweise »zerriß«.[26b]

Die Tatsache, daß damit nicht nur eine fiktive Differenz angesprochen ist, belegt auch die verfassungstheoretische Literatur Polens seit dem Ausgang des 17. Jahrhunderts. Verteidigung des Einstimmigkeitsprinzips in der Reichstagspolitik und Kritik an der Praxis des *liberum rumpo* bilden — bis in die stanislaische Epoche hinein — in ihr eine Einheit, die die Forschung zu sehr widersprüchlichen Interpretationen veranlaßt hat. So müssen Władysław Konopczyński und Henryk Olszewski übereinstimmend feststellen, daß trotz anhaltender Kritik an dem negativen Brauch, die Reichstage zu behindern, seit der ersten Hälfte des 17. Jahrhunderts kaum einer der Verfassungstheoretiker zu einer weitreichenden Einschränkung des *liberum veto* riet, geschweige denn das Einstimmigkeitsprinzip insgesamt verurteilte.[27] Anscheinend, muß man daraus schließen, verharrten auch die skeptischen Beobachter der politischen Entwicklung in der Adelsrepublik bis zur Mitte des 18.

---

der Verhandlungen; dagegen mußte das veto, das den Reichstag zerreißen sollte, in ein Manifest »de nullitate sejmu« vor dem Sejm bzw. bei einem Gericht gefaßt werden, welches dem Reichstag insgesamt rechtswidrige Verfahrensweisen bzw. Beschlüsse nachwies. So wurde das Zerreißen des Reichstags von 1750 immerhin mit dem gewichtigen (und nicht völlig abwegigen) Vorwurf begründet, daß in der Person Wacław Rzewuskis widerrechtlich ein Senator in die Landbotenkammer gewählt worden sei und der Reichstag die Proteste der Landboten gegen diese »novitas« willkürlich mißachtet habe (W. Konopczyński [Hrsg.], *Dyaryusze sejmowe...*, Bd. 3, S. 40 f.). Das Zerreißen des Sejm von 1752 wurde mit dem Vorwurf gerechtfertigt, daß den Landboten wiederholt das Recht der »Freien Stimme« verkürzt worden sei, daß gewichtige Klagen gegen Verletzungen der pacta conventa keine Beachtung gefunden hätten, daß schließlich die »konfidencya inter status« durch die Rechtsbrüche zerstört worden sei (*a.a.O.*, S. 137 f.). Es bedurfte hier mithin einer noch wesentlich aufwendigeren rechtlichen Legitimation als beim ,normalen' Gebrauch des *liberum veto*.

[26b] Henryk Olszewski, *Sejm Rzeczypospolitej...*, S. 313 f., wendet gegen diese Interpretation ein, die zeitgenössische Auslegung der betreffenden Artikel mache keinen Unterschied zwischen *liberum veto* und *liberum rumpo*. Daran ist zweifellos richtig, daß sich diejenigen, die einen Reichstag zerrissen, auf das *ius vetandi* beriefen. Die Rechtmäßigkeit dieses Anspruchs ist jedoch weder durch die Verfassung selbst bestätigt, noch — wie Olszewski meint — in der zeitgenössischen Verfassungstheorie anerkannt.

[27] Vgl. W. Konpczyński, *Le liberum veto...*, S. 249 ff.; ders., *Polscy pisarze polityczni XVIII wieku*, Warszawa 1966, S. 32 ff.; H. Olszewski, *Sejm Rzeczypospolitej...*, S. 326 ff.; ders., *Doktryny prawno-ustrojowe czasów saskich, 1697—1740*, Warszawa 1961, S. 177.

Jahrhunderts letztlich bei einer altständisch-republikanischen Ideologie, die den Bruch mit der negativen Tradition des *liberum veto* — der nach Hoensch ohnehin erst durch das Medium der Aufklärung vollziehbar wurde[28] — ganz erheblich verzögerte. So gilt Stanisław Konarski mit seiner großen Reformschrift »O skutecznym rad sposobie albo o utrzymywaniu ordynaryinych sejmów« aus den vierziger Jahren des 18. Jahrhunderts allgemein als der erste radikale Kritiker des schädlichen Prinzips von *liberum veto* und *liberum rumpo*.[29]

Der konzeptionelle Unterschied zwischen Konarskis Modell der Reichstagsverfassung und etwa dem ein halbes Jahrhundert zuvor entstandenen Entwurf Stanisław Dunin Karwickis erweist sich indessen bei näherer Betrachtung nicht als derart fundamental: Die meisten politischen Autoren des 18. Jahrhunderts unterschieden zwischen *liberum veto* und *liberum rumpo* — oder setzten diesen Unterschied zumindest voraus —, rügten aber einhellig das rechtsbrüchige Verfahren der oppositionellen Parteiungen auf den Sejmy. »Vox libera et ius vetandi seu intercedenti«, schrieb Karwicki in seinem Traktat De ordinanda Republica, »est praecipuum nobilitatis polonae ornamentum, simulque libertatis eius fulcrum quo sublato facile ruet libertas, ipsaque nobilitas aliarum gentium nobilium, qui sub absolutis dominiis vivunt, aequabitur juribus. Sed prout optimi pessima corruptio esse solet, ita et vocis liberae abusus perniciem libertati et reipublicae attrahit.«[30] Dem Mißbrauch aber, der in dem »novicus rumpendi comitia mos« bestehe, könne freilich nicht in erster Linie durch neue Gesetze abgeholfen werden, sondern allenfalls durch einen grundsätzlichen Wandel in der politischen Moral der Adelsnation, in der Besinnung auf die Pflicht des Ritterstandes, der Nation zu »raten« und sie zu regieren.[31] Daneben bedürfe das veto-Recht der Landboten allerdings einer Präzisierung, nämlich einer Festlegung der Bereiche, in denen das *liberum veto* seinem verfassungsmäßigen Gehalt nach Anwendung finden dürfe und müsse.

---

[28] J. K. Hoensch, *Sozialverfassung und politische Reform*..., S. 49.

[29] *A.a.O.*, S. 36 ff.; W. Konopczyński, *Polscy pisarze polityczni*..., S. 171 ff.; H. Olszewski, *Doktryny prawno-ustrojowe*..., S. 174 ff.; J. Staszewski, *Pomysły reformatorskie*..., in: *Kwartalnik Historyczny*, Bd. 82 (1975), S. 761.

[30] Stanisław Dunin Karwicki, *De ordinanda Republica seu de corrigendis defectibus in statu Rei Publicae Poloniae*, Kraków 1871, S. 27. — Zur Diskussion um Karwicki und sein Werk seit der ausführlichen Erörterung bei Julian Bartoszewicz, *Szkice z czasów saskich*, Kraków 1880, vgl. J. Staszewski, *Pomysły reformatorskie*..., in: *Kwartalnik Historyczny*, Bd. 82 (1975), S. 740 f.

[31] St. D. Karwicki, *De ordinanda Republica*..., S. 28 ff.

Alle Verfahrensentscheidungen auf den Reichstagen, etwa die Wahl des Marschalls und die Überprüfung der Landbotenmandate *(rugi)*, sollten durch Mehrheitsbeschluß getroffen werden; das veto aber sei auf die Kontrolle konkreter Konstitutionsprojekte zu beschränken, gegebenenfalls anhand der Landtagsinstruktion zu verifizieren und nur unbeschadet des weiteren Fortgangs der Reichstagsberatungen anzuwenden. Andererseits müsse das *ius vetandi* angesichts der Parteienbildung und Bestechungen in der Landbotenkammer um jeden Preis erhalten werden, um eine »Tyrannei« der Mehrheit zu verhindern.[32]

In der Tat ist Karwickis Schrift nicht im eigentlichen Sinne als ein Programm zur Verfassungsreform anzusehen, sondern als eine genaue Auslegung des geltenden Rechts und ein Nachweis, daß das *liberum veto*, das die Freiheit der Republik gegen den Machtanspruch der Krone wie der großen Magnatenparteien schützen sollte, durch den illegalen Mißbrauch praktisch gegen die Nation gewendet und durch die Mächtigen seiner Funktion beraubt wurde.[33] In dieser Beziehung aber sollte Karwickis Verfassungsplädoyer weder als »kompromißlerisch« noch als »uncouragiert« angesehen werden.[34] Ähnliches gilt für die Überlegungen zur Reichstagsverfassung, die in den folgenden Jahrzehnten geäußert wurden und die Gedanken Karwickis im wesentlichen fortsetzten. So zieht auch die bekannte anonyme Schrift von 1732, »Wolność polska

[32] *Ebda.*

[33] So führt Karwicki die Wirren der Reichstagspolitik letztlich auch nicht auf einen Defekt der Verfassung zurück, sondern auf die »dissidentia inter status«, welche die Verfassung in ihrer Funktion lähmte; vgl. dazu J. Bartoszewicz, *Szkice...*, S. 319. — Die Verteidigung des »eigentlichen« *liberum veto* stellt insofern eine logische Konsequenz aus den Erfahrungen der Reichstage dar. Entschied die Mehrheit, so mußte es den Magnatenparteien um so leichter fallen, die von ihnen abhängige Szlachta für ihre Ziele auszunutzen; ein *liberum veto* dagegen vermochte gegen die Adelsmassen gerichtete Beschlüsse wirksam zu verhindern. Es ist freilich riskant, darüber zu spekulieren, welche institutionelle Ausprägung die aristokratische Oligarchie unter den Bedingungen einer anderen Reichstagsverfassung gefunden hätte. Bezeichnend aber erscheint immerhin, daß unter August III. gelegentlich gerade die »republikanische« Oppositionspartei die Aufhebung des *liberum veto* forderte. So berichtete Keyserling 1749 nach Petersburg: »Der Plan, das *liberum veto* aufzuheben, ist nicht Sache der Czartoryski, sondern der Potocki, für die eine solche Neuerung weit vorteilhafter wäre als für die Czartoryski, weil sie, die Potocki, die Mehrheit im Senat und in der Landbotenkammer haben.« Zitiert nach Szymon Askenazy, *Epoka saska. 1696—1763*, in: *Pamiętnik III zjazdu historyków polskich w Krakowie*, Bd. 1, Kraków 1900, S. 3—19, hier S. 15.

[34] S. H. Olszewski, *Sejm Rzeczypospolitej...*, S. 336, bzw. W. Konopczyński, *Le liberum veto...*, S. 250.

rozmową Polaka z Francuzem roztrzęsiona«,[35] aus der Betrachtung von *liberum veto* und Reichstagspraxis denselben doppelten Schluß: Das *liberum veto* müsse nur getreu der Verfassung gehandhabt werden, dadurch »i libertas vetandi servaretur i ojczyzna od nieliczonych inkonweniencyej, szkód, niebezpieczeństw salvaretur«.[36] Und ebenso argumentierten Stanisław Konarski 1732 in der frühen Flugschrift »Rozmowa pewnego ziemianina«, Stanisław Poniatowski in seiner Broschüre »List ziemianina do pewnego przyjaciela z inszego województwa« von 1744 und nicht zuletzt auch Stanisław Leszczyński in seiner großen Reformschrift »Głos wolny wolność ubezpieczający« von 1743. »Liberum veto, które ja wielce szanuję i poważam«, erklärte Poniatowski, »w swojej mocy, jak należy, zostanie; temu tylko zabiedz życzę, co jest abusus libertatis.«[37]

Noch genauer aber führt der Verfasser des »Głos wolny« aus: »Sacrosancte tedy chcąc liberum veto in omni authoritate konserwować, o to się tylko starać należy, żeby nie dać żadnej okazyi ani pretextu do szkodliwej kontradykcyi . . .«; das *liberum veto* werde »per abusus« verwechselt mit der »potestas sistendi activitatem« — das *liberum veto* sei »fundamentum status nostri«, das »Hemmen« aber eine »despotica potestas«, die der freien Nation widerrechtlich die »authoritas der Beratung« einschränke; denn »przyznam się, że wertując konstytucje, zda mi się, że nie znalazłem żadnej a condita republica, żeby wolno było zerwać sejm [. . .] albo sistere activitatem«.[37a]

---

[35] »Die polnische Freiheit, im Gespräch eines Polen mit einem Franzosen diskutiert.« Im folgenden zitiert nach H. Olszewski, *Sejm Rzeczypospolitej . . .*, S. 337 f.

[36] ». . . dadurch wird das ius vetandi bewahrt und das Vaterland von ungezählten Belastungen, Schäden und Gefahren gerettet.«

[37] »Das liberum veto, das ich hoch schätze und respektiere, soll, wie es geboten ist, in Kraft bleiben; nur das will ich einschränken, was ein abusus libertatis ist.« Der volle Text der Schrift Poniatowskis bei K. Kantecki, *Stanisław Poniatowski . . .*, Bd. 2, S. LXXXIX—CIV, hier XCVII.

[37a] Stanisław Leszczyński, *Głos wolny wolność ubezpieczający*, hrsg. von Józef Turowski, Kraków 1858, S. 76 f.: »Sacrosancte wollen wir das liberum veto in omni authoritate erhalten und uns nur darum bemühen, daß wir keine Gelegenheit und keinen Anlaß zu schädlicher contradictio geben«; »Ich bekenne, daß es mir nach Würdigung der Konstitutionen erscheint, daß ich a condita republica keine solche gefunden habe, derzufolge es frei stehe, den Reichstag zu zerreißen . . . oder sistere activitatem.« — Auf die in der Tat reiche politische Literatur der Sachsenzeit (neben den wenigen genannten Positionen vor allem auch Lubomirski, Szczuka, Jabłonowski, Radzewski, Garczyński) sowie auf die außerordentlich intensive Forschungsdiskussion darüber soll hier — im Blick auf die Beschränkung unserer Fragestellung auf die Rechtsauffassung zum *liberum veto* — nicht näher eingegangen werden; einzelne wichtige Texte auch in Józef Feldman

Die berühmte spätere Abhandlung Konarskis, »O skutecznym rad sposobie«, aber unterscheidet sich in dem hier fraglichen, speziellen Aspekt vor allem darin, daß die Differenz zwischen *liberum veto* als Rechtsgrundsatz und *liberum rumpo* als Vergehen gegen das Recht, die bei Konarskis literarischen Vorläufern je schon vorausgesetzt wurde, nun zur Grundlage der gesamten Argumentation dient.[38] »Czyli jest jakie prawo pisane, pozwalające rwania y niszczenia Seymów?« — so lautet die Frage die Konarski im zweiten Band seiner Schrift einer genauen Beschreibung von Ursprung und Wirkung des *liberum rumpo*, formulierte.[39] Gleich eingangs jedoch ist diese Frage, hinsichtlich des *liberum veto* konkretisiert: »Proszę tu abym się dobrze z moim Czytelnikiem

(Hrsg.), *Czasy saskie. Wybór źródeł*, Kraków 1928, sowie in Józef Gierowski (Hrsg.), *Rzeczpospolita w dobie upadku 1700—1740. Wybór źródeł*, Wrocław 1955; zum Stand der intensiven und ertragreichen Forschungsdiskussion über die Werke der Sachsenzeit sowie ihre (z. T. kontroverse Entstehungs- und Überlieferungsgeschichte) vgl. neben W. Konopczyński, *Polscy pisarze polityczni...*, und H. Olszewski, *Doktryny prawno-ustrojowe...*, vor allem J. K. Hoensch, *Sozialverfassung und politische Reform...*, S. 8—49 (mit genauer Dokumentation der Kontroversen), sowie ergänzend J. Staszewski, *Pomysły reformatorskie...*, in: *Kwartalnik Historyczny*, Bd. 82 (1975), passim; über das Problem des *liberum veto* in der fraglichen Literatur speziell W. Konopczyński, *Le liberum veto...*, S. 249 ff., sowie H. Olszewski, *Sejm Rzeczypospolitej...*, S. 335—342.

[38] Aus der umfangreichen Literatur über Konarski vgl. vor allem Władysław Konopczyński, *Mrok i świt. Studia historyczne*, Warszawa 1911, S. 273 ff.; ders., *Stanisław Konarski*, Warszawa 1926; ders., *Polscy pisarze polityczni...*, S. 171 ff.; instruktiv auch der Konarski-Artikel von Jerzy Michalski in *Polski Słownik Biograficzny;* zur neueren Diskussion um die politik- und theoriegeschichtliche Einordnung des Werks Konarskis vor allem J. K. Hoensch, *Sozialverfassung und politische Reform...*, S. 36 ff.; zur Frage nach den Zusammenhängen der Verfassungskonzeption Konarskis mit den politischen Plänen der »Familie« Jerzy Michalski, *Plan Czartoryskich naprawy Rzeczypospolitej*, in: *Kwartalnik Historyczny*, Bd. 63 (1956), S. 29—43. — Richtig ist die in der Historiographie einhellig vertretene Auffassung von der radikalen Neuartigkeit der Argumentation Konarskis (siehe Anm. 29) gewiß insofern, als dieser konsequent für die Einführung des Mehrheitsprinzips in die Reichstagsverfassung votierte. Diese Konsequenż wird jedoch nicht etwa (wie Olszewski angenommen zu haben scheint) aus der Feststellung gezogen, daß die tradierte Verfassung an sich funktionsunfähig sei; sie leitet sich vielmehr aus der Erkenntnis ab, daß der rechtswidrige Gebrauch des *liberum veto*, der die Verfassung im Lauf der Zeit faktisch außer Kraft gesetzt hatte, nur durch radikale Mittel zu verhindern sei.

[39] Stanisław Konarski, *O skutecznym rad sposobie albo o utrzymywaniu ordynaryinych seymów*, 4 Bde, 1760—1763, Neudruck: Warszwawa 1923, Bd. 2, S. 29: »Gibt es irgendein geschriebenes Gesetz, das die Zerreißung und Vernichtung der Reichstage gestattet?«

zrozumiał. Że ja w tym całym dyskursie, nic pytam się o to, czy każdy
poseł ma prawo opponowania się, Kontradykowania wszelkiego szkod-
liwym Oyczyźnie y dobru publicznemu rzeczom y propozycyom, y czy
ważna Jego bydź powinna oppozycya, bo o tym kwestyi niemasz, że
każdy Poseł ma takie prawo y wszelką powagę i wagę.«[40] Und noch ex-
pliziter heißt es an anderer Stelle: »Jednym słowem że tu kwestyi żadnej
niemasz, o liberum veto, ale tylko o liberum rumpo, którego żadne na
świecie prawo nigdy dozwalać nie może.«[41]

Die detaillierte Untersuchung zur Entwicklung des *liberum veto* und
des *ius vetandi* in der Geschichte der polnischen Verfassung, die Konarski auf diese Einleitung folgen läßt, bringen ihn zu der eindeutigen
Schlußfolgerung, »daß es in den ganzen Volumina Legum nicht ein
Wort« gibt, nach dem »ex iure vetandi« die Berechtigung abzuleiten sei,
die Reichstage und Landtage in ihren Verhandlungen zu »hemmen, hin-
auszuzögern, abzubrechen oder zu zerschlagen«.[42] Ein veto, das nicht
gegen ein konkretes Gesetzesprojekt gerichtet sei und sich auch nicht
aus den geltenden Gesetzen der Adelsrepublik beziehungsweise aus der
Instruktion des Landtags begründen lasse, brauche daher nicht gehört
und nicht beachtet zu werden, auch wenn es sich auf das legitime *liberum veto* berufe.[43] Denn diese veto sei als *liberum rumpo* nur »ein ge-
wohnheitsmäßiges rechtswidriges Übel«.[44]

---

[40] *Ebda.:* »Ich bitte hier darum, daß mich mein Leser wohl verstehen möge. Ich frage
in diesem ganzen Diskurs nicht danach, ob jeder Landbote das Recht des Einspruchs
hat, des Widerspruchs gegen alle dem Vaterland und dem allgemeinen Wohl gefährlichen Maßnahmen und Vorschläge, oder ob sein Einspruch Geltung hat, denn daran ist
nicht zu zweifeln, daß jeder Landbote dieses Recht hat, und ihm kommt alles Gewicht
und alle Geltung zu.«
[41] *A.a.O.*, S. 30: »Mit einem Wort, es geht hier nicht um das liberum veto, sondern
allein um das liberum rumpo, das kein Gesetz auf der Welt erlauben kann«; zu dieser
Stelle bei Konarski auch W. Konopczyński, *Le liberum veto...*, S. 204 ff., sowie J. K.
Hoensch, *Sozialverfassung und politische Reform...*, S. 360 f.
[42] St. Konarski, *O skutecznym rad sposobie...*, Bd. 2, S. 53.
[43] *A.a.O.*, S. 55: — Dieser Interpretation widersprechen scheinbar die bei H. Olszewski (*Sejm Rzeczypospolitej...*, S. 314) zitierten Passagen aus dem Werk Konarskis
(*O skutecznym rad sposobie...*, Bd. 1, S. 72 bzw. Bd. 4, S. 294 f.), in denen das *liberum
veto* in der Tat als das Recht, den Reichstag oder Landtag ohne jegliche Rechtfertigung
zu »hemmen« bzw. zu »zerreißen«, bezeichnet wird. Beide Äußerungen stehen jedoch in
einem spezifischen polemischen Zusammenhang: Es werden hier falsche (obwohl nicht
ungebräuchliche) Interpretationen des *liberum veto* gleichsam als Zitate vorgeführt;
dabei geht es letztlich um den Nachweis, daß der Mißbrauch des *liberum veto* —
wenngleich nachweislich verfassungswidrig — mit den vorhandenen Rechtsmitteln nur

Es kann also kein Zweifel daran bestehen, daß jene seit der Mitte des 17. Jahrhunderts auf den polnischen Reichstagen geübte Praxis, die Beratungen durch das veto eines oder meherer Landboten zu lähmen, zu unterbrechen oder vor Ablauf der sechswöchigen Kadenz zu sprengen, sowohl nach dem Buchstaben der Verfassung als auch im Bewußtsein der Zeitgenossen eigentlich ein Bruch des Rechts und in letzter Konsequenz eine Beschränkung der adelsrepublikanischen Freiheiten war. Nicht von einer Verfassungskrise sollte daher gesprochen werden, sondern von einer machtpolitischen Krise innerhalb des Staates, die eine extensive Ausnutzung aller obstruktiven Möglichkeiten durch die konkurrierenden Parteiungen zur Folge hatte, unter anderem die faktische Außerkraftsetzung der Verfassung in bezug auf die Reichstage.[45]

Eine solche Unterscheidung, so mag man freilich einwenden, scheint zunächst nur theoretischer Natur zu sein — kann doch die Tatsache nicht bestritten werden, daß in der Regierungszeit Augusts III. nicht ein Reichstag seit 1736 zu einer Konstitution gelangte, sei es aufgrund von legalem oder illegalem Widerstand der Opposition. Betrachtet man jedoch den Verlauf der einzelnen Reichstage bis 1752, so erweist sich diese Unterscheidung als bedeutsam. Denn erst auf diesem Hintergrund sind die Erscheinungsformen der Parteienkonflikte im Rahmen der Reformdebatten verständlich.[46]

Tatsächlich läßt sich der formale Ablauf der Reformreichstage Augusts III. nur schwer erklären, wenn man von der Annahme ausgeht, das

---

schwer zu ahnden bzw. zu verhindern sei und es deshalb der Einführung des Mehrheitsprinzips bedürfe; vgl. *a.a.O.*, Bd. 4, S. 295.

[44] *A.a.O.*, Bd. 2, S. 57.

[45] Bezeichnenderweise ist gerade die ältere Forschung zum Teil zu ähnlichen Schlußfolgerungen gekommen: vgl. etwa J. Bartoszewicz, *Szkice...*, S. 90; Kazimierz Waliszewski, *Potoccy i Czartoryscy. Walka stronnictw i programów politycznych przed upadkiem Rzeczypospolitej 1734—1763*, Bd. 1: *1734—1754*, Kraków 1887, S. 90 ff.; wichtig in diesem Zusammenhang auch die Überlegungen von W. Czapliński, *Polish Seym...*, in: *Acta Poloniae Historica*, Bd. 22 (1970), S. 192: In kritischer Auseinandersetzung mit Olszewski weist Czapliński darauf hin, daß die Reichstagspraxis des 17. Jahrhunderts durchaus Möglichkeiten gekannt habe, Mißbräuche des geltenden Rechts auszuschließen; analog sei — bei anderen innenpolitischen Voraussetzungen — auch für das 18. Jahrhundert eine günstigere Entwicklung der Reichstagspolitik denkbar gewesen.

[46] Struktur und Verlauf der Reichstage unter August III. sind in der Forschung bisher nur relativ oberflächlich untersucht worden — trotz der kommentierten Protokoll-Editionen Konopczyńskis. Mögen sie verfassungsgeschichtlich auch von geringem Interesse sein, so ist dennoch die Frage nicht ausdiskutiert, welche politischen Wirkungsmechanismen für das Scheitern gerade der Reichstage zwischen 1736 und 1752 verantwortlich waren.

liberum rumpo sei ein von der Verfassung verbürgtes, von der Nation geachtetes und von allen Gegnern des Hofs und seiner Partei praktiziertes Mittel gewesen. Da zweifellos mehr als ein Senator oder Landbote nach 1736 am Mißlingen der Reformpläne interessiert war, und Preußen wie Frankreich weder Kosten noch Mühen in derselben Angelegenheit scheuten, hätte — aller Voraussicht nach — jeder Reichstag am *liberum rumpo* scheitern, die Reformpartei aber sehr rasch resignieren müssen. In Wahrheit jedoch wurden von sieben Reichstagen seit 1736 nur zwei direkt »zerrissen« im Sinne des Präzedenzfalls von 1669, nämlich der außerordentliche Sejm von 1750, der schon bei der Wahl des Reichstagsmarschalls durch ein veto zerbrach, und der Reichstag von 1752. Die übrigen nahmen einen anderen Verlauf. Sie berieten über die Reformprojekte, von den gegnerischen Parteiungen mit großer Spannung verfolgt, bis jeweils zum Ende der vorgesehenen sechswöchigen Periode, das heißt, sie »endeten ergebnislos« *(spełzali na niczym)*, ohne daß dabei ein *liberum rumpo* zur Anwendung gekommen wäre.[47] Offenbar spielten im Verlauf des jeweiligen Reichstags also Faktoren eine Rolle, die in der wechselnden innen- und außenpolitischen Konstellation gründeten und ihrerseits die Reichstagspolitik der Parteiungen, das heißt die Entscheidung über Anwendung oder Nichtanwendung des *liberum rumpo*, beeinflußten.

Den eindeutigsten Fall in dieser Hinsicht bildet zweifellos der »zerrissene« Sejm, der als außerordentlicher Reichstag *(sejm nadzwyczajny, sejm extraordynaryjny)* für den August des Jahres 1750 einberufen worden war. Zum ersten Mal seit 1736 stand auf der Tagesordnung dieses Reichstags nicht vorrangig die Vermehrung des Heeres und die »Wiederherstellung der Republik«, sondern die »Wiederherstellung der Gerichtsbarkeit« *(naprawa sądownictwa)* nach der Sprengung des Krontribunals von Petrikau im vorangegangenen Jahr.[48] Zu diesem die ganze Adelsrepublik beschäftigenden Skandal war es gekommen, nachdem die

---

[47] Strittig ist, ob man bei einem Reichstag, der aufgrund obstruktiver Politik einzelner Landboten am Ende der Kadenz ergebnislos aufgelöst werden mußte, von einem »zerrissenen« Sejm sprechen sollte. Positiv beantwortet diese Frage H. Olszewski, *Sejm Rzeczypospolitej...*, S. 319; eine »niedrigere« Form der Obstruktion sehen darin jedoch Stanisław Kutrzeba, *Sejm walny Rzeczypospolitej*, Warszawa 1923, S. 123; W. Konopczyński, *Le liberum veto...*, S. 269; J. Bardach (Hrsg.), *Historia państwa i prawa...*, Bd. 2, S. 239. — Ein wesentlicher Unterschied besteht zumindest darin, daß ein regelrechtes *liberum rumpo* einer aufwendigen Rechtfertigung bedurfte und die Opponenten in ihrem offenen Auftreten gegen den Sejm sich u. U. einem erheblichen Risiko aussetzten.

[48] Vgl. K. Waliszewski, *Potoccy i Czartoryscy...*, S. 90 ff.

eskalierenden Parteienkonflikte auch auf die Konkurrenz um die Zusammensetzung und um den Vorsitz des Tribunals übergegriffen hatten. Auf die Offensive der Potoccy in dem Versuch, die Bildung des neuen Tribunals in ihrem Sinne zu steuern, reagierte die »Familie« nicht nur mit Hilfeersuchen an Brühl, sondern auch mit massiver Obstruktionspolitik auf den Deputiertenlandtagen *(sejmiki deputackie)*. Zahlreiche Landtage wurden »zerrissen«, und nach den Potocki mobilisierte auch die Hofpartei Einheiten des Heeres, um Druck auf die Beteiligten auszuüben. In dieser Atmosphäre der Gewalt aber scheiterte schon der Versuch, die Gerichtsversammlung zu konstituieren. Die Parteien beschuldigten sich gegenseitig, nun erstmals auch ein Krontribunal »zerrissen« zu haben.[49]

Die sich rasch ausbreitende Empörung unter der Szlachta, aber auch unter den Senatoren, über diesen Gewaltakt veranlaßte den Hof zur Ankündigung des außerordentlichen Reichstags. Stand nach den Erfahrungen der zurückliegenden Reichstage sowie angesichts der akutellen Verschärfung der innenpolitischen Konflikte zwischen den großen Parteiungen zwar keine wirksame Schlichtung des Streits um das Tribunal zu erwarten, geschweige denn ein Erfolg in der alten Angelegenheit der Heeresvermehrung, so mochte das formale Eingehen der Krone auf die Proteste der Nation gegen die jüngsten Übergriffe die Gemüter zumindest beruhigen und dem Ausbruch eines offenen Bürgerkrieges vorbeugen.[50] Das königliche Universal *(uniwersał królewski)*, das die Wahllandtage *(sejmiki przedsejmowe)* für den Sejm einberief, beschränkte sich auf die knappe Wiederholung der bekannten Reformprojekte sowie die allgemeine Ermahnung, die Zweiwochenfrist des außerordentlichen Reichstags für die Beilegung des Konflikts um das Tribunal zu nutzen.[51] Dies konnte freilich, wie Brühl spätestens am Vorabend des Sejm wußte, in zwei Wochen noch viel weniger gelingen als innerhalb der dreifachen Frist, die dem ordentlichen Reichstag gesetzt war. Den Ausschlag gab für Brühl jedoch die Überlegung, daß der demonstrative Effekt eines außerordentlichen Sejm größer sei, die verkürzte Dauer aber zugleich das Risiko neuer Zusammenstöße während der Beratungen verringerte.[52]

---

[49] Zu den Ereignissen auf dem Krontribunal auch J. Kitowicz, *Pamiętniki...*, S. 53.
[50] Vgl. W. Konopczyński, *Dzieje Polski nowożytnej...*, Bd. 2, S. 242 f.
[51] Das königliche Universal in W. Konopczyński (Hrsg.), *Dyaryusze sejmowe...*, Bd. 3, S. 24 f.
[52] Vgl. K. Waliszewski, *Potoccy i Czartoryscy...*, S. 104.

Auch die Parteiungen aber konnten nach dem Scheitern der Vermittlungsinitiative des Hofs kaum an den Erfolg des Reichstags glauben. Die »Familie« hatte nach dem fruchtlosen Ausgang des »Sejm boni ordinis« von 1748 die Hoffnung auf die Realisierung ihres Reformkonzepts im Rahmen einer regulären Reichstagsinitiative bereits aufgegeben; für einen möglichen Gewaltstreich aber, auf den sich das Planen der Czartoryski seitdem immer mehr konzentrierte, erwies sich die Situation angesichts der innenpolitischen Lage wie der Haltung der Nachbarmächte noch nicht als reif.[53] So brauchten ihre Gegener, die »Patrioten«, bei ihrem Vorhaben, auch den kommenden Reichstag zum Scheitern zu bringen, nicht — wie in den Jahren zuvor — mit dem energischen Widerstand oder der Rache der »Familie« zu rechnen, und sie beschlossen, diesen außerordentlichen Sejm, der für keine Partei eine geeignete Plattform eigener Politik abgab, nun wirklich vorzeitig zu »zerreißen«. Die Kandidatur des polnischen Feldhetmans und Wojewoden von Podolien, Wacław Rzewuski, für das Amt des Sejm-Marschalls gab gleich zu Beginn der Beratungen in der Landbotenkammer *(izba poselska)* den Anlaß zum veto. Die Tatsache, daß er, um ein Landbotenmandat wahrnehmen zu können, erst kurz vorher auf sein Senatorenamt als Wojewode verzichtet hatte,[54] nahm der Landbote von Bełz und Parteigänger der Potocki, Wydżga, zum Vorwand eines Einspruchs, dem angesichts der herrschenden Resignation bei Krone und Hofpartei von keiner Seite ernsthaft widersprochen wurde.[55] Zwar wurde der Versuch unternommen, Wydżga, der nach der Registrierung seines Protests nicht mehr in der Kammer erschienen war, aufzufinden und zum Widerruf zu bewegen; der Reichstag wurde daher bis zum Ende der Zweiwochenfrist »in passivitate« fortgesetzt. Doch ließ die entschieden ablehnende Haltung der Opposition in Wahrheit keine Hoffnung auf eine Wiederaufnahme der Beratungen aufkommen.[55a]

Es war dies der einzige Fall in den Jahren 1736 bis 1752, bei dem das *li-*

---

[53] K. Kantecki, *Stanisław Poniatowski...*, Bd. 2, S. 122.

[54] Vgl. dazu die Rede Rzewuskis im Senatsrat von 1750; L. Rzewuski (Hrsg.), *Kronika Podhorecka 1706—1779*, Kraków 1860, S. 29 ff.

[55] W. Konopczyński (Hrsg.), *Dyaryusze sejmowe...*, Bd. 3, S. 54. Der Landbote Wydżga war nicht nur den Potocki verpflichtet, sondern er hatte auch Bestechungsgelder von Hoffmann und des Issarts angenommen. Der Franzose bereute jedoch nachträglich, wie er seiner Regierung mitteilte, dieses Geld aus dem Fenster geworfen zu haben, da der Reichstag ja ohnehin gescheitert wäre. Vgl. K. Waliszewski, *Potoccy i Czartorysci...*, S. 105.

[55a] W. Konopczyński (Hrsg.), *Dyaryusze sejmowe...*, Bd. 3, S. 14 ff.

berum rumpo in gleichsam »klassischer« Form zur Anwendung kam.[56]
Auch auf dem folgenden Sejm im Jahre 1752 gab es ein solches veto, es
hatte jedoch weder das gleiche Echo noch die gleiche Wirkung wie zwei
Jahre zuvor — denn diesmal blieb es nicht unangefochten.

Die politische Vorbereitung des ordentlichen Reichstags von 1752
verlief zunächst in den gleichen Bahnen wie bei dem vorangegangenen.
Mochte der Hof auch bis zum Ende des Jahres 1751 den Plan verfolgt
haben, die wettinische Thronfolge durch eine Wahl *vivente rege* auf dem
Reichstag sanktionieren zu lassen,[57] so verlor August III. nach dem
Scheitern dieses Projekts am Widerstand Rußlands und Österreichs erneut jegliches Interesse am Fortgang der innenpolitischen Entwicklung
in Polen. Brühl unternahm während des ganzen Jahres keinen weiteren
Versuch, die verfeindeten Parteien miteinander zu versöhnen, und der
König verzichtete nun ganz auf eine Erwähnung von Reformprojekten
in seinem Universal an die Nation, das im Mai unterzeichnet wurde. Zudem kündigte man aus Dresden an, daß der Hof erst zum Beginn des
Reichstags nach Polen übersiedeln werde — ein Schritt, der von der »Familie« als indirekte Absage an die bisherige Zusammenarbeit verstanden
wurde. »Cette démarche«, äußerte Michał Czartoryski im Februar,
»aura la même effet que produiroit une déclaration au Public que le Roy
est indifférent sur le succès de la Diète, que celle-cy n'étant ni préparée à
temps ni dirigée par des mesures sera nécessairement infructueuse.«[58]

Die propagandistischen Anstrengungen der »Familie« vor und bei Beginn des Reichstags blieben dementsprechend gering,[59] und die Sitzungen in der Landbotenkammer brachten auch keine Wiederholung der
engagierten Reformdebatten früherer Reichstage.

Im Unterschied zu 1750 löste das veto, das den Reichstag »zerriß«,
nun jedoch eine von der »Familie« wohl vorbereitete Gegenaktion aus.
Das wenig diplomatisch formulierte Manifest *de nullitate sejmu* des

---

[56] Allerdings eröffnete der Sejm von 1750 gewissermaßen erst die Reihe der »zerrissenen« Reichstage Augusts III. Nach 1752 überdauerte kein Sejm unter seiner Regierung
mehr bis zum Ende der vorgesehenen Beratungsfrist. Das Jahr 1752 bedeutet insofern
eine wesentliche Zäsur in der innen- bzw. parteienpolitischen Entwicklung.

[57] Die mächtepolitische Konstellation um den Reichstag von 1752 ausführlich erörtert bei W. Konopczyński, *Sejm grodzieński...*, in: *Kwartalnik Historyczny*, Bd. 21
(1907), S. 325 ff.

[58] *A.a.O.*, S. 91 f.: über die Parteienfronten am Vorabend des Reichstags auch R.
Roepell, *Polen...*, S. 90 ff.

[59] Bezeichnend die Voten der Senatoren am Beginn des Reichstags; W. Konopczyński
(Hrsg.), *Dyaryusze sejmowe...*, Bd. 3, S. 86 ff.

Landboten von Sochaczew, Kazimierz Morski,[60] gab den Anlaß zu einem Gegenmanifest, in welchem das mutwillige »Zerreißen« des Sejm verurteilt und die angeführten Gründe widerlegt wurden. Zwar erklärten die Protestierenden, ihr eigenes Manifest »non ad accusationem« verfaßt zu haben; doch wurden die Anschuldigungen Morskis gegen den Reichstag und seinen vorgeblich verfassungswidrigen Verlauf zurückgewiesen, und es wurde, wenngleich nur in allgemeinen Formulierungen, die Wiederherstellung des Sejm in seiner rechtmäßigen Form gefordert. »Les voix des nonces se sont fait entendre«, erklärte das Manifest gegen den Vorwurf der Mißachtung des *głos wolny*, »et tous ceux qui ont voulu parler, ont été écouté. Quelques uns d'eux ont désiré des reponses à leurs demandes, et ils en ont reçu du suffisantes par la bouche du maréchal [...] Nous ne désirions autre chose, si non, que la tenue de la diète put rendre aux loix leur première vigueur, quelles ont perdues, et qu'elles fussent observées en tout point... Maintenant que la tranquillité publique est le seul bien dont nous jouissons, nous protestons devant la patrie que notre unique but est le maintien de la paix et de l'autorité royale, ainsi que la conservation de la sainte église, de la religion catholique romaine, de nos loix et libertés, pour le soutien desquelles nous voulons vivre et mourir.«[61]

Die Frage, welches Ziel die Initiatoren dieses Protests mit ihrem Schritt verbanden — ob sie sich der Nation lediglich öffentlich erklären, oder ob sie, wie verschiedene der Unterzeichner später angaben, Morskis Einspruch entkräften und den Sejm fortsetzen wollten — ist schwer zu beantworten. Denn noch bevor alle zur Unterstützung des Gegen-

---

[60] Das Manifest *a.a.O.*, S. 137 ff.; es wurden darin nicht nur rechtswidrige Verfahrensweisen des Reichstags angeprangert, sondern offene Beschuldigungen gegen den König wegen vorgeblicher Verletzungen der *pacta conventa* vorgebracht. — Freilich war die konkrete Initiative, welche Morski zum Sprengen des Reichstags veranlaßt hatte, nicht einmal direkt von der Opposition ausgegangen — weder von den eigentlichen Gegnern der »Familie« noch von den Gesandten Frankreichs und Preußens, die in ihren eigenen Bemühungen um die Werbung geeigneter Helfer noch im Gange gewesen waren. Unmittelbar verantwortlich für Morskis Schritt war vielmehr der Schatzkanzler der Krone *(podskarbi wielki koronny)* Karol Sedlnicki, der fürchtete, für Mißbräuche in der Amtsführung zur Rechenschaft gezogen zu werden durch eine Kontrollkommission des Sejm. Vgl. W. Konopczyński, *Sejm grodzieński...*, in: *Kwartalnik Historyczny*, Bd. 21 (1907), S. 366.

[61] W. Konopczyński (Hrsg.), *Dyaryusze sejmowe...*, Bd. 3, S. 139 f., hier zitiert eine französische Fassung, die der preußische Gesandte Wallenrodt seinem Bericht vom Reichstag beigegeben hatte, abgedruckt bei R. Roepell, *Polen...*, S. 207 ff.

manifests geneigten Senatoren und Landboten unterzeichnen konnten, kam es zu jenem spektakulären Auftritt des Landboten Andrzej Mokronowski, welcher das Schicksal des Reichstags besiegelte. Mokronowski bemächtigte sich des Gegenmanifests und vernichtete es — mit der Begründung, die Urheber des Protestes planten einen gefährlichen Anschlag gegen die Freiheit der Republik. Er erklärte, »qu'il périra plutôt que de permettre qu'on porte une pareille atteinte aux privilèges de la noblesse et de laisser réussir une démarche d'autant plus dangereuse pour le bien de la patrie qu'on en cache le venin sous des apparences trompeuses . . .«[62] Tatsächlich hatte sein Vorgehen die Wirkung, daß die Protestierenden ihr Vorhaben angesichts der zu erwartenden weiteren Verwicklungen aufgaben; der Reichstag wurde in der vierten Woche nach seiner Eröffnung aufgelöst, ohne daß es zum offenen Verfassungskonflikt gekommen wäre.

Die gesamte Affaire besaß freilich, wie Konopczyńskis genaue Untersuchung der Hintergründe gezeigt hat, weit weniger politische Brisanz als in der älteren Forschung angenommen. Augenscheinlich hatte keine der Parteiungen eine äußerste Zuspitzung des Konflikts gerade auf diesem Reichstag angestrebt. So war es der »Familie« bei ihrer Initiative zugunsten des Gegenmanifests offenbar in erster Linie um parteientaktische Wirkung zu tun gewesen, nicht aber, wie vielfach unterstellt wurde, um den Versuch, den Reichstag in eine von ihr angeführte Konföderation zu verwandeln;[63] und entsprechend begrenzt war — auch aus der Perspektive der Opposition — die Bedeutung des dramatischen Auftritts von Mokronowski. An den Ereignissen von 1752 wird jedoch deutlich, daß durch das »Zerreißen« eines Reichstags eine gefährliche, zumindest aber schwer zu kontrollierende innenpolitische Situation

---

[62] Zit. nach W. Konopczyński, *Sejm grodzieński . . .*, in: *Kwartalnik Historyczny*, Bd. 21 (1907), S. 373.

[63] *A.a.O.*, S. 371 f. (mit ausführlicher Auseinandersetzung mit der älteren diplomatiegeschichtlichen Forschung); völlig abweichende Interpretation bei K. Waliszewski, *Potoccy i Czartoryscy . . .*, S. 145, der das Gegenmanifest als eine rein formale, politisch bedeutungslose Reaktion betrachtet; man wird jedoch mit Konopczyński annehmen müssen, daß hinter der Proposition des Gegenmanifests ein wohlerwogener Plan der »Familie« stand: Dieser zielte offenbar darauf ab, den Bestrebungen der Potoccy hinsichtlich eines Ausgleichs mit dem Hof durch eine öffentliche Verurteilung der »Übelwollenden« (und damit indirekt auch der bisherigen Opposition) entgegenzuwirken, zugleich aber die eigene Position innenpolitisch neu zu konsolidieren; solche Absichten aber standen allenfalls im Zusammenhang mit langfristigen Vorbereitungen für einen »Staatsstreich« der »Familie«.

entstehen konnte. Die Werbung für das Gegenmanifest hatte jedenfalls genügt, um Verwirrung zu stiften und auch in den Reihen der Opposition Unsicherheit in bezug auf mögliche weitere Schritte ihrer Gegner zu wecken. Denn eine förmliche Verurteilung von Morskis Vorgehen durch Senat und Landbotenkammer hätte die Opposition insgesamt in die Defensive gedrängt: Sie hätte der »Familie« in der Tat die Legitimation dazu verschaffen können, nun ihrerseits mit außerordentlichen Maßnahmen gegen die ‚rechtsbrüchige' Obstruktionspolitik ihrer Kontrahenten vorzugehen; und unter anderen, für die »Familie« günstigeren innenpolitischen Voraussetzungen wäre dann der Erfolg der Proklamation einer Konföderation »beim König« auch nicht mehr auszuschließen gewesen.

Selbst in der Situation von 1752, als die politische Position der »Familie« bereits geschwächt war, erwies sich das »Zerreißen« des Reichstags somit als ein für die Opposition durchaus nicht gefahrloses Unternehmen. Um so mehr aber galt dies für die Jahre zwischen 1744 und 1748, als die »Familie« als Parteiung fähig und entschlossen war, eine offensive Politik auf den Reichstagen zu verfolgen. Hier hätte der Gebrauch des *liberum rumpo* zweifellos ein unkalkulierbares Risiko geschaffen. Denn solange die Parteiung der »Familie« auf Sachsens und — wie man glaubte — Rußlands Hilfe sicher rechnen konnte, mit ihrer eigenen Hausmacht sowie ihren Parteigängern unter der Szlachta aber eine der Opposition halbwegs ebenbürtige politische und militärische Kraft entfaltete, mußten ihre Gegner offenbar als Verfassungsbruch interpretierbare Schritte vermeiden, wollten sie nicht selbst den Anlaß zu einem Bürgerkrieg geben, der nicht nur Sachsen und seine Verbündeten, sondern, wie es schien, auch die Mehrheit der Szlachta auf die Seite der Hofpartei getrieben hätte. Zu einer Konföderation mit ausländischer Hilfe wäre die Opposition verschiedentlich bereit gewesen; die Anwendung eines *liberum rumpo* dagegen mochte scheinbar keiner der oppositionellen Magnaten ohne verbürgten Rückhalt im Ausland in eigener Verantwortung unternehmen — wie die oft genug vergeblichen Bemühungen der preußischen und französischen Diplomatie in den Jahren zwischen 1740 und 1750 zeigten.

Zugleich aber wäre in der fraglichen Zeit auch dann das »Zerreißen« eines Reichstags nur schwer zu inszenieren gewesen, wenn die oppositionelle Magnatenparteiung die Risiken der innenpolitischen Folgen hätte auf sich nehmen wollen. Kaum ein Landbote, mochte er auch unter dem Schutz eines Magnaten und seiner Privatarmee stehen, wagte es, sich durch ein *liberum rumpo* der Verfolgung durch die »Familie« auszusetzen. Schon General Goltz berichtete im Mai 1744 an Friedrich II. über die Möglichkeit, den bevorstehenden Grodnoer Reichstag zu »zerreißen«, daß man mindestens 20 bis 30 Landboten gewinnen müsse, »parce qu'ils n'oseraient le faire étant plus faibles«.[64] Diese Bedenken waren begründet, denn die Reformpartei scheint gedroht zu haben, daß sie jeden Versuch eines veto notfalls mit Gewalt unterbinden werde. »Dans la chambre des nonces et celle des sénateurs«, teilte St. Séverin während dieses Reichstages seiner Regierung mit, »il y en a un bon nombre, qui s'est déclaré que si quelques-uns d'entre eux rompait la diète, on le hacherait en pièces avant qu'ils sortit de l'assemblée.«[65] Und auch Jędrzej Kitowicz überliefert, daß es keinem Landboten in der Zeit Augusts III. eingefallen wäre, sein veto ohne die Protektion und den Auftrag einer übermächtigen Magnatenpartei in der Landbotenkammer einzulegen: ». . . w takowym razie zrywacz sejmu nie mający protektora, byłby nie puszczony z miejsca obrady i Bóg wie jak prześladowany i batogami zbity i zabity na śmierć, tak jak się wielom szlachcie trafiało, którzy się pańskim interesom sprzeciwiali.«[66] Nicht durch das *liberum rumpo* begegnete die Partei der Potocki daher den Reforminitiativen der Reichstage nach 1736, sondern durch eine Taktik der Verzögerung und Behinderung der Beratungen, die zwar weniger sicher zum Erfolg führte, aber dafür die gefährliche Grenze des offenen Rechtsbruchs nie ganz überschritt.

Ein Mittel dieser Obstruktionspolitik stellte das bereits erwähnte »Hemmen« *(tamowanie obrad, sistere activitatem)* der Verhandlungen in der Landbotenkammer dar, wie es auf den Sejmy von 1738, 1740, 1744, 1746, 1748 und auch im Verlauf des schließlich gesprengten Reichstags von 1752 zur Anwendung kam. Gleichsam ein eingeschränktes *liberum*

---

[64] Siehe erstes Kapitel, Anm. 109. — Vgl. auch den aufschlußreichen Bericht des preußischen Gesandten Hoffmann an Friedrich II. vom 23. Mai 1744 (M. Skibiński, *Europa a Polska...*, Bd. 2: *Dokumenty*, S. 133), wo es u. a. heißt: »...daß ich den capablesten Minister defiire, zu seines Herren Particulier-Interesse einen Reichstag in Polen zu zerreißen, wann er es einzig und allein auf einen Landboten vermittels einiger Ducaten, *wie der gemeine Irrtum ist* [Hervorhebung M. G. M.], wollte ankommen lassen...«

[65] M. Skibiński, *Europa a Polska...*, Bd. 2: *Dokumenty*, S. 371.

[66] J. Kitowicz, *Opis obyczajów...*, S. 596: »...in einem solchen Fall wäre derjenige, welcher den Reichstag zerrisse, ohne einen Protektor zu haben, nicht vom Beratungsort fortgelassen und Gott weiß wie verfolgt worden und mit Peitschen geschlagen und erschlagen, so wie es vielen Szlachcicen zugestoßen ist, die sich den Interessen der Herren widersetzten.«

rumpo, beruhte die »Hemmung des Reichstags« ebenfalls auf dem veto eines oder mehrerer Landboten, das die Landbotenkammer jedoch nicht zur sofortigen Auflösung zwang, sondern die Verhandlungen lediglich solange unterbrach, bis das Ultimatum, das mit dem veto verbunden sein mochte, erfüllt wurde, oder bis der Landbote auf Zureden der anderen seinen Widerstand aufgab.[67] Konarski zählte auch diese Praxis, wie gesagt, zu den illegalen Methoden der Obstruktion, zu den verfassungswidrigen Anwendungen des *głos wolny* beziehungsweise des *ius vetandi*, da der Einspruch gegen ein bestimmtes Projekt im Fall seiner Unvereinbarkeit mit den Gesetzen und Freiheiten der Republik die Kammer zwar zur Aufgabe eines Gesetzesvorhabens zwingen dürfe, nicht aber zur Unterbrechung der Beratungen insgesamt.[68] Zumindest begab sich der Landbote durch eine »Hemmung« — ähnlich wie beim »Zerreißen« des Reichstags — unter Umständen in eine gefährliche Situation, wenn er sein veto nicht nach angemessener Frist zurückzog.

Dennoch geschah es in einer Reihe von Fällen, daß die Opposition durch eine *zatamowanie obrad* versuchte, den Reichstag praktisch zu paralysieren, das heißt, die Landbotenkammer über einen möglichst langen Zeitraum durch die »Hemmung« zur Passivität zu zwingen. Durch dieses Mittel konnten die Verhandlungen tatsächlich für mehrere Tage unterbrochen werden. Eine wichtige Voraussetzung für den Erfolg dieses Verfahrens bildete allerdings die Unterstützung des betreffenden Opponenten durch eine Reihe von weiteren Landboten, die auf die Beachtung des veto drangen und verhinderten, daß das »sisto activitatem« einfach übergangen oder für erledigt erklärt wurde. So gelang es dem Landboten Orański auf dem Sejm von 1740, die Beratungen für immerhin vier Tage zu »hemmen«, da eine ausreichende Zahl von Landboten sich konsequent für die formale Berechtigung des Einspruchs aussprach.[69] Zwar stieß die Begründung, die Orański für seinen Schritt vorbrachte, — er forderte die Absetzung eines vorgeblich widerrechtlich ernannten Tribunalsdeputierten — von Anfang an auf heftigen Widerstand in der Landbotenkammer; die Zuständigkeit des Reichstags für diesen Rechtsfall wurde bestritten und die Rechtmäßigkeit des veto da-

---

[67] Vgl. H. Olszewski, *Sejm Rzeczypospolitej...*, S. 269 f.

[68] Siehe oben Anm. 42; vgl. auch das Votum Andrzej Stanisław Załuskis, Bischofs von Krakau, auf dem Reichstag von 1748; W. Konopczyński (Hrsg.), *Dyaryusze sejmowe...*, Bd. 1, S. 25: Die »Hemmung« verletze das Kardinalrecht der »freien Stimme« und sei daher ein »abusus przeciwko prawa«.

[69] Vgl. *Teka Podoskiego...*, Bd. 4, S. 583 ff. bzw. 732 ff.

mit in Frage gestellt; und es kam letztlich sogar zu Drohungen gegen
Orański. Dennoch erreichte dieser durch Taktieren mit Rechtfertigun-
gen, Bitten um Bedenkfristen und eigenen Konstitutionsvorschlägen,
daß er seine »Hemmung« behaupten konnte, bis ihn schließlich doch ein
Ultimatum der Landbotenmehrheit zum Nachgeben zwang.[70] Eine
ähnliche Wirkung hatte das *zatamowanie obrad* auf dem Sejm von 1738.
Angeführt von dem wolhynischen Abgeordneten Kamiński, einem der
Wortführer der Opposition dieses Reichstags, widersetzte sich eine
Reihe von kleinpolnischen Landboten einem Wahlvorschlag für die
Steuerkommission und brachte damit ebenfalls eine viertätige Unterbrechung der ordentlichen Beratungen zuwege. Auch hier mußten sich
die *contradicentes* gegen scharfe Verurteilungen dieses »auf anderen
Reichstagen niemals praktizierten abusus« verteidigen. Aber erst der
offene Vorwurf, die Opponenten wollten den Reichstag »zerreißen«,
nötigte endlich zum Kompromiß.[70a] Denn die Obstruktion hatte breite
Unterstützung gefunden, und die Ordnung in der Kammer war — wie
auch ein paralleler Fall auf dem Sejm von 1746 zeigte[71] — nur schwer
wiederherzustellen, wenn sich dem ursprünglichen Einspruch weitere,
gleichsam bekräftigende Hemmungen angeschlossen hatten.

Glaubt man den Reichstagsprotokollen, so gehörten solche spektakulären Aktionen, welche die Beratungen über längere Zeit wirkungs-
voll störten, auf den Reichstagen zwischen 1736 und 1750/52 allerdings
ebenfalls zu den ungewöhnlichen Praktiken,[72] häufiger zwar als das »Zerreißen«. Ebenso wie der an anderer Stelle bereits erörterte Obstruk-
tionsversuch Maryan Potockis auf dem Sejm von 1748, zeigen die hier
erwähnten Fälle, daß auch die Praxis des *zatamowanie* in offensichtlich
obstruktiver Absicht nicht gefahrlos als Mittel der Oppositionspolitik
eingesetzt werden konnte. Denn der Urheber der »Hemmung« setzte
sich ins Unrecht, wenn er die Kammer gegen den Willen der Mehrheit
zur Passivität zwang; in solcher Situation aber mochte es leicht zu ei-

---

[70] *A.a.O.*, S. 589, 593, 595 f.; vgl. auch M. Skibiński, *Europa a Polska...*, Bd. 1, S. 104.
[70a] *Teka Podoskiego...*, Bd. 4, S. 412 ff.
[71] Vgl. W. Konopczyński (Hrsg.), *Dyaryusze sejmowe...*, Bd. 2, S. 3 ff.
[72] Freilich sind die Reichstagsprotokolle in ihrer Wiedergabe der Abläufe äußerst
unzuverlässig. Da es sich um nicht-offizielle Aufzeichnungen handelt, die z. T. unter
spezifischen politischen Interessengesichtspunkten redigiert worden waren, ist mit
Auslassungen oder gar gravierenden Verfälschungen zu rechnen; vgl. W. Konopczyńskis
Einleitung zu *Dyaryusze sejmowe...*, Bd. 1, S. XX. — Ungeachtet dessen wird man
davon ausgehen können, daß die Protokolle die auf dem Reichstag im allgemeinen
üblichen Prozeduren in ihren charakteristischen Zügen authentisch wiedergeben.

nem Stimmungsumschwung zum Nachteil der Opposition insgesamt kommen. So ist es verständlich, daß deren Anhänger in der Regel darauf bedacht waren, diese kritische Schwelle nicht zu überschreiten. Gerade die erfahrenen Oppositionspolitiker in der Landbotenstube, wie etwa Adam Małachowski,[73] zeigten sich im konkreten Fall stets flexibel und kompromißbereit — um der Gefahr der Bloßstellung als »Übelwollende *(źle myślący)* zu entgehen und bei günstiger Gelegenheit um so wirksamer mit einer neuen *zatamowanie* eingreifen zu können.

Daß solche Behutsamkeit angebracht war, wird nicht zuletzt durch die vielen gleichsam »gescheiterten« Obstruktionsversuche verdeutlicht. Tatsächlich lassen sich zahlreiche Fälle belegen, in denen eine »Hemmung« von vornherein vereitelt wurde, oder in denen der Betreffende seinen Einspruch nach kürzester Frist widerrief, ohne daß sein Anliegen berücksichtigt worden wäre. Ein besonders prägnantes Beispiel dafür liefert ein Auftritt Adam Tarłos auf dem Reichstag von 1746: Als dieser während der Senatoren-Voten »in virtute der freien Stimme« das Wort zum Zweck einer Stellungnahme zu den *pacta conventa* verlangte, wurde er zunächst »durch Zureden verschiedener Herren Landboten« zum Schweigen gebracht. Tarło erneuerte jedoch am Ende derselben Sitzung seinen Einspruch und forderte ultimativ, gehört zu werden — worauf er nun, »von allen Seiten angeschrien«, zum Rückzug gezwungen wurde und auf das Wort verzichtete.[74] Oft freilich bedurfte es nicht einmal einer derart nachdrücklichen Aufforderung, um dieselbe Wirkung zu erzielen. In der Regel ist in den Protokollen lediglich davon die Rede, daß die *contradicentes* »auf Zuspruch der Freunde«,[75] »amicabili persuasione«[76] oder durch Ermahnungen seitens des Reichstagsmarschalls[77] zum Einlenken bewogen worden seien. In anderen Fällen hatte sich der Opponent nach vertraulichen Unterredungen mit einzelnen Senatoren oder Landbotendeputationen bereit gefunden, »aus Liebe zum gemeinen Besten von seinem Einspruch abzustehen«.[78] Von dem Sejm von 1738 schließlich wird berichtet, daß die von einem litauischen Landboten ausgesprochene »Hemmung« einfach dadurch beseitigt wurde,

---

[73] Über Adam Małachowski als Reichstagspolitiker besonders W. Konopczyński, *a.a.O.,* S. XIII.

[74] W. Konopczyński (Hrsg.), *Dyaryusze sejmowe...,* Bd. 2, S. 81 bzw. 85.

[75] *A.a.O.,* Bd. 1, S. 277.

[76] *A.a.O.,* Bd. 2, S. 174; entsprechend M. Skibiński, *Europa a Polska...,* Bd. 2: *Dokumenty,* S. 298.

[77] W. Konopczyński (Hrsg.), *Dyaryusze sejmowe...,* Bd. 2, S. 197.

[78] *Teka Podoskiego...,* Bd. 4, S. 795.

daß dessen litauische »Kollegen« sich von dem Einspruch distanzierten und ihn für ungültig erklärten.[79] Offensichtlich gab es jedenfalls zahlreiche Möglichkeiten, einen allzu offenen Angriff auf den Sejm zu parieren.

Mit Recht wurde daher in dem königlichen Universal für den Reichstag von 1748 darauf hingewiesen, daß dem Sejm die größte Gefahr von seiten derjenigen drohe, welche die der Gesetzesberatung vorbehaltene Zeit durch Scheinfragen und dilatorische Anträge erschöpften, um dann — »scheinbar durch das Recht gedeckt« — sich einer Verlängerung des Reichstags zu widersetzen.[80] Zweifellos bot eine Verzögerungstaktik, die sich so weit als möglich im Rahmen der normalen Beratungsprozedur hielt, nur wenig Ansatzpunkte für Gegenmaßnahmen; und entsprechend mußte die Opposition bestrebt sein, ihre Einwände sachlich gut zu begründen und, da die Einsprüche nach Erledigung hinfällig wurden, stets neue Anlässe für Eingriffe in die Beratungen ausfindig zu machen.

So waren die »*materye*«, die als Gegenstand einer »gültigen«, das heißt wirksamen »Hemmung« tauglich schienen, im wesentlichen auf den Inhalt der Landboteninstruktionen beschränkt. Anlässe für Verzögerungen gaben folglich — neben den außen- und verfassungspolitischen Fragen — vor allem Angelegenheiten der einzelnen Wojewodschaften, Mißstände in der Verwaltung oder im Gerichtswesen, Beschwerden über Amtsträger und andere Fragen, die der Verfassung nach allein durch den Reichstag entschieden werden konnten und auf deren Erledigung die Landboten bestanden. Da die Instruktionen der Landtage allerdings in der Regel außerordentlich umfangreich waren — denn wenn ein Reichstag scheiterte, so wurden die unerledigten Forderungen und Projekte einfach in die nächste Instruktion übernommen —,[81] bot sich auch auf dieser Grundlage ausreichend Gelegenheit zu verzögernden und verschleppenden Anträgen in der Landbotenkammer, wenn auch nicht notwendig zu einer regelrechten »Hemmung« des Sejm.

In jedem Fall aber zeigen die genannten Beispiele, daß die Reichstagsverfassung der Adelsrepublik in Wirklichkeit sehr viel geringere praktische Möglichkeiten zu parteienpolitischem Widerstand bot, als das Schlagwort von der verfassungsrechtlich verankerten Anarchie durch *li-*

---

[79] *A.a.O.*, S. 453 f.

[80] W. Konopczyński (Hrsg.), *Dyaryusze sejmowe...*, Bd. 1, S. 295.

[81] Vgl. H. Olszewski, *Sejm Rzeczypospolitej...*, S. 121 f. Da in der Sachsenzeit sehr viele Reichstage gescheitert waren, enthielten die Instruktionen mancher Wojewodschaften bis zu 150 Beratungspunkte.

berum veto suggerieren mag. Die meisten Reichstage der reformpolitischen Ära Augusts III. — die Ausnahmen wurden bereits erwähnt — verhandelten ernsthaft die vorgeschlagenen Projekte, und in der Regel blieb ihr Ausgang allen beteiligten Parteien bis zum Schluß recht unsicher und unkalkulierbar. Zweifellos war das Scheitern eines Sejm leichter zu bewerkstelligen als ein erfolgreicher Abschluß, aber der Weg dazu führte nicht über ein einfaches *liberum rumpo* oder die rücksichtslose »Hemmung« aller Reformdebatten. Sondern es bedurfte einer sehr ausgewogenen und vorsichtigen Taktik, die den anerkannten rechtlichen Grenzen ebenso Rechnung trug wie der wechselnden Stimmung in den Reihen der Szlachta und der jeweiligen Stärke der gegnerischen Magnatenfraktion.

Daher konnte die Opposition, war sie tatsächlich zur Obstruktion entschlossen, von sich aus kaum direkt gegen den Fortgang der Reformdebatten aktiv werden, falls sich nicht ein geeigneter Anlaß bot, aufgrund dessen die Landboten von den Reformprojekten abzulenken und die Stimmung gegen den Hof und seine Parteigänger zu schüren war. Sie selbst jedenfalls vermied den Anschein, sich der »Wiederherstellung der Republik« widersetzen zu wollen, und die »Patrioten« unter den Senatoren, die Häupter der großen oppositionellen Magnatenfamilien, gaben weder vor noch bei Eröffnung der Reichstage, wenn die geistlichen und weltlichen Würdenträger der Republik den Landboten ihre Projekte unterbreiteten, ihre wahre Haltung gegenüber der Reform zu erkennen. So stellte es zweifellos eine Ausnahme dar, daß der mit Preußen eng verbundene Bischof von Ermland, Adam Stanisław Grabowski, 1744 in Grodno als einziger Senator indirekt gegen die Heeresvermehrung votierte, indem er zu bedenken gab, «gdy prawie cała Europa bellorum calamitate premitur, ojczyzna nasza w miłym pokoju zostaje atque alienae infelicitatis tranquilla spektatrix«; auch sei die schwierige Frage der Heeresfinanzierung auf einem einzigen Sejm kaum zu lösen.[82] Die anderen oppositionellen Senatoren folgten dem Beispiel nicht; Jan Tarło, Józef Potocki oder Primas Krzystof Szembek stimmten in die allgemeine Forderung nach Reformen ein, oder sie warteten gar — wie der Großhetman der Krone, Potocki — mit eigenen Projekten zur Heeresvermehrung auf.[83]

[82] M. Skibiński, *Europa a Polska...*, Bd. 2: *Dokumenty*, S. 251: »Während fast ganz Europa vom Schaden der Kriege betroffen ist, bleibt unser Vaterland in süßem Frieden und der ruhige Betrachter des Unglücks der anderen.«

[83] *A.a.O.*, S. 300 ff.; Potockis Projekt *a.a.O.*, S. 377 ff. Auch 1738 gab es einen Einspruch gegen eine Heeresvermehrung durch den Wojewoden Poniński von Posen,

Auch in der Landbotenkammer nahmen die Beratungen der Reichstage meist einen relativ sachlichen Verlauf, wenn es den Reforminitiatoren gelang, eine günstige Stimmung unter den Landboten herzustellen
und allzu deutliche Provokationen gegen die Freiheiten der Szlachta —
etwa bezüglich der neuprojektierten Heeresorganisation oder eventuel-
ler Bündnisse — auszuschließen. Schon der erste Reichstag nach dem
»sejm pacyfikacyjny« stand 1738 allerdings unter einem schlechten Vorzeichen, als die Verletzungen der polnischen Grenzen durch die Truppen Münnichs die Gemüter gegen Rußland und seinen sächsischen Vasallen erregten.[84] Zahlreiche Landboten griffen schon zu Beginn der
Verhandlungen die Beschwerden einzelner Senatoren über diesen Punkt
auf und verhinderten durch entsprechende Anträge und Erklärungen,
daß die anstehenden Reformprojekte rechtzeitig zur Sprache kamen.[85]
Die Reichstage der Jahre zwischen 1740 und 1748 jedoch begannen
aussichtsreicher und berieten zumindest in einzelnen Phasen in Sachlich-
keit. Unter dem Eindruck der einmütigen Reformempfehlungen durch
die Senatoren trat man rechtzeitig in die Diskussion um die vorliegen-
den Projekte ein oder man einigte sich — wie 1748 — sogar schon vorab
auf eine Formulierung des Rahmens der angestrebten Konstitution, die
den folgenden Diskussionen eine verbindliche Richtung geben und die
Landboten daran hindern sollte, in der weiteren Verhandlung auf andere »Materien« *(materye)* auszuweichen. So heißt es im Protokoll der
zwölften Sitzung der Kammer vom 14. Oktober 1748: »Marszałek [...]
prosił zatym, aby [posłowie] do aukcyi wojska przystąpić chcieli i do ob-
myślenia sposobu na sustentacyą onegoż; Na co gdy generalna zaszła
zgoda, czytana była in medio stubae przez jmp. sekretarza sejmowego
potrzykroć arynga przyszłej konstytucyi, na którą wszyscy ichmość pp.
posłowie za pytaniem się potrzykroć jmp. marszałka concordibus voci-
bus zezwolili.«[86]

---

der jedoch nicht gegen die Reform generell argumentierte, sondern gegen den Einsatz
eines vermehrten Heeres im russisch-türkischen Krieg. Vgl. *Teka Podoskiego...*, Bd. 4,
S. 598. 1752 dagegen waren es bereits die zukünftigen neuen Verbündeten des Hofs, die
von einer weiteren Reformdebatte abrieten, da diese regelmäßig das »Zerreißen« des
Sejm nach sich ziehe; W. Konopczyński (Hrsg.), *Dyaryusze sejmowe...*, Bd. 3, S. 86 ff.

[84] H. Schmitt, *Dzieje Polski...*, Bd. 1, S. 111, sowie W. Konopczyński, *Dzieje Polski
nowożytnej...*, Bd. 2, S. 224.

[85] Vgl. *Teka Podoskiego...*, Bd. 4, S. 432.

[86] W. Konopczyński (Hrsg.), *Dyaryusze sejmowe...*, Bd. 1, S. 81: »Der Marschall
fragte darauf, ob die Herren Landboten zur Vermehrung des Heeres sowie zur Findung
von Mitteln zu dessen Unterhalt beitragen wollten, worauf, als allgemeine Zustimmung
erfolgte, die Arenga für die Konstitution inmitten der Kammer durch den Reichstagsse-

Zeitweise vermochten die Anhänger der Reform diese Einhelligkeit unter den Landboten über mehrere Wochen zu erhalten, ohne daß sachfremde Anträge oder Erklärungen beziehungsweise »Hemmungen« den Gang der Beratungen ernsthaft hätten stören können, da die zur Reform entschlossene Mehrheit in der Kammer keine offenen Verzögerungs- und Verschleppungsversuche zu dulden bereit war. Auf dem Grodnoer Reichstag von 1744 etwa hielt die ruhige und konstruktive Atmosphäre dem Anschein nach derart lange an, daß die Mehrzahl der anwesenden Beobachter den Eindruck gewann, die Opposition habe ihren früheren Widerstand gänzlich aufgegeben und die Macht der »Familie« über den Reichstag sei vollkommen. »La diète est déja à la moitié de son terme«, berichtete der französische Gesandte St. Sévérin Ende Oktober besorgt an seine Regierung, »et dans trois semaines elle sera à sa fin, si elle ne se romp pas d'ici à se temps-là, comme il n y a pas d'apparence, vu la tranquillité et l'union qui règne.«[87]

Blieben die oppositionellen Kräfte unter solchen Umständen gar bis kurz vor Ende der Beratungsfrist zu Passivität verurteilt, das heißt, bis zu dem Zeitpunkt, da die ausgearbeitete Konstitution im ganzen durch die Kammer gebilligt werden mußte und die Vereinigung aller Stände des Reichstags zu erfolgen hatte, so boten diese letzten Sitzungen jedesmal die erhoffte Gelegenheit zur entscheidenden Behinderung und Verzögerung, die den fruchtlosen Ausgang des Sejm letztlich doch erzwang. Zu einem früheren Zeitpunkt während der Beratungen vorgebrachte Einwände, die der Verzögerung dienen mochten, waren relativ leicht zu entkräften oder notfalls zu übergehen. Wurden sie aber erst zum Schluß erhoben, wenn nur noch zwei oder drei Tage für die letzte Lesung und Unterzeichnung der Gesetze zur Verfügung standen, dann konnte bereits eine kurze Unterbrechung den Ausschlag zum Negativen geben.[88] Dazu aber bedurfte es keiner illegalen Mittel, sondern le-

---

kretär dreifach gelesen wurde und alle Landboten auf dreifaches Befragen durch den Marschall einmütig zustimmten.«

[87] St. Sévérin an du Theil, am 28. Oktober 1744. M. Skibiński, *Europa a Polska...*, Bd. 2: *Dokumenty*, S. 369.

[88] Vgl. dazu die Erläuterungen der russischen Gesandten in ihrem Bericht aus Grodno vom 21. November 1744; *a.a.O.*, S. 462 f.: »Wie aber [die Gegner der Reform] sich nicht zu erkennen gegeben, noch auch das äusserste, nämlich den Reichstag zu zerreißen, wagen wollen; so suchen sie solche Sachen, die nicht ad comitia gehörten, anzustreuen und durch selbige zu verschiedenen Disputen die Veranlassung zu geben, damit nur dergestalt der Terminus des Reichstages erlauffen und fruchtlos werden möchte. Dieser listigen und heimlichen Absichten wurde man gleich Anfangs um so weniger inne, als

diglich der Wahrnehmung des Grundrechts der »freien Stimme«, das heißt der Freiheit jedes Landboten, zu jeder Zeit zu jedem Gegenstand Stellung zu nehmen.[89] Es kam nur darauf an, daß diejenigen, welche das Scheitern des Reichstags anstrebten, noch über eine genügend große Zahl von Anhängern in der Kammer verfügten, damit sie eine unkontrollierbare Diskussion entfachen und die Befürworter der Konstitution daran hindern konnten, den Einzelnen zum Schweigen zu bringen oder in letzter Minute zur Unterschrift zu nötigen.[90] Dann freilich vermochte kein Appell an das Recht der Verfassung und die politische Moral der Landboten den Reichstag mehr zu retten. »Niech że więc ma moc każdy Poseł, iako ią ma oczywiście, kontradykowanya każdey, vetandi na każdą, y protestowania się przeciw każdey materyi, niech tey mocy, ieden, drugi, dziesiąty, dwudziesty y trzydziesty Poseł, ieden po drugim zażyie, ten przeciw tey, drugi i dziesiąty coraz przeciw inszey, a inszey materyi«, so räumt auch Konarski resignierend ein, »to Seym naturalnie, nic nie zrobiwszy, rozeyść, y rozsypać się musi, a rozsypać przez moc juris vetandi, które iawnie tylą prawami, ile poźniejszemi, nadane y obwarowane iest Posłom.«[91]

Mit der erhofften Sicherheit führte diese Vorgehen bei den zunächst erfolgreich verlaufenden Reichstagen in den Jahren 1738 bis 1748 zum Ziel, obwohl im Grunde bis in die letzten Sitzungstage hinein unabsehbar blieb, ob nicht doch eine Mehrheit für die Konstitution zustandekommen würde, die die opponierenden Landboten zum Nachgeben hätte zwingen können. Das Protokoll der abschließenden Sitzung auf dem Reichstag von 1746 etwa reflektiert die bis zuletzt herrschende Spannung sehr genau.[92] Nachdem der Marschall die Beratungen mit

---

hiebei solche Land-Boten erschienen, die sich zeithero ruhig und ohne Verdacht gehalten, wessfalls dann Ihro Königliche Majestaet alle Mittel, die nur den Bestand des Reichstages möglich machen konnten, anwendeten.«

[89] Vgl. auch das oben, Anm. 80, zitierte Königliche Universal von 1748.

[90] Daß dies auch geschehen konnte, zeigte der Fall der »Hemmung« durch Maryan Potocki auf dem Reichstag von 1748, siehe oben, Anm. 23.

[91] St. Konarski, *O skutecznym rad sposobie...*, Bd. 2, S. 48f. »Wenn aber jeder Landbote das Recht hat, und er hat es offenbar, in jeder Angelegenheit zu widersprechen, sein veto einzulegen und zu protestieren, wenn mit diesem Recht einer, ein zweiter, zehnter, zwanzigster und dreißigster Landbote, einer nach dem anderen seine Stimme erhebt, dieser gegen eine, eine andere, eine zehnte und immer wieder gegen eine neue Angelegenheit, dann muß der Reichstag, ohne etwas ausgerichtet zu haben, auseinandergehen und sich auflösen, und zwar aufgrund des ius vetandi, welches ohne Zweifel den Landboten durch soviele Rechte gegeben und garantiert ist.«

[92] W. Konopczyński (Hrsg.), *Dyaryusze sejmowe...*, Bd. 2, S. 210ff.

dringenden Ermahnungen an das Verantwortungsgefühl der Landboten
eröffnet hatte, versuchten verschiedene Abgeordnete durch Zusatzanträge zur bereits fertiggestellten Konstitution, einzelne Steuertarife
betreffend, die Debatte neu zu entfachen. Dieser Vorstoß aber scheiterte daran, daß die Reformwilligen die neuen Vorschläge ohne Widerspruch akzeptierten und die erwartete Verzögerung vorerst verhinderten.
Zudem erhielt die Mahnung zur Konzentration dadurch Nachdruck, daß
eine Deputation des Senats in der Landbotenkammer erschien und zur
Fertigstellung der Konstitution drängte, worauf die bisherigen dilatorischen Anträge vorerst verstummten. Doch schon kurz darauf entstand
eine neue Unterbrechung aufgrund eines allzu scharfen Angriffs des
Landboten Miaskowski gegen die angeblichen Feinde der Reform,
»poczym nastąpiwszy kontrowersye między ichmciami panami posłami
[izba] circiter pół godzina w inakcya była«.[93] Obwohl der Streit schließlich geschlichtet wurde, hatte er praktisch den Auftakt zu neuem Widerstand gegeben: Immer mehr Landboten machten nun »private« Forderungen geltend, die zwar fast durchweg sofort erledigt beziehungsweise abgewiesen werden konnten, aber dennoch die wenigen verbleibenden Stunden vollständig ausfüllten. Als man daher nach Einbruch
der Dunkelheit um Kerzen bat und dieser »rechtswidrige« Wunsch nun
von allen Landboten zurückgewiesen wurde,[94] war das Scheitern des
Reichstags besiegelt. »Mareschalus, finem comitiis imponendo indolen-
doque super iniquis fatis publicae, felicitati invidentibus, valedixit et
gressum dimissit hora prope midia ad sextam.«[95]
   Erst im Verlauf dieses letzten Beratungstags hatte sich somit heraus-
gestellt, daß die Reformanhänger auch auf diesem Reichstag in Wahrheit nicht über eine deutliche Mehrheit unter den Landboten verfügten.
Die Waffe, mit deren Hilfe die Opposition den erfolglosen Ausgang er-
zwungen hatten, war zwar das Recht des einzelnen Landboten auf unbe-
schränkte Redefreiheit, ihre Wirkung aber erzielte sie nur dadurch, daß

---

[93] *A.a.O.*, S. 215. »... worauf eine Kontroverse unter den Herren Landboten aus-
brach und die Kammer etwa eine halbe Stunde außer Aktion war.«

[94] Das Tagen »bei Kerzen« (»przy świecach«) war nach der Konstitution von 1633
ausdrücklich verboten. Vgl. *Volumina legum*, Bd. 3, S. 786.

[95] W. Konopczyński (Hrsg.), *Dyaryusze sejmowe...*, Bd. 2, S. 221. Dieses Beispiel
wird häufig zitiert, um die Absurdität der polnischen Reichstagsverfassung zu illustrie-
ren (zuletzt bei J. K. Hoensch, *Sozialverfassung und politische Reform...*, S. 354, Anm.
20); es ist freilich abwegig, zu behaupten, der Sejm sei letztlich an dem Verbot der
Beratung bei künstlichem Licht gescheitert.

eine genügend große Gruppe von Landboten, eine ihren Gegnern zahlenmäßig ebenbürtige Fraktion dieses Recht in obstruktiver Absicht wahrnahm. Nur in großer Zahl sowie zum richtigen Zeitpunkt vorgetragene Beschwerden, Erklärungen und Zusatzanträge konnten die Beratungen lange genug hinhalten; andernfalls drohten sie in unerwünschter Promptheit erledigt oder durch die Mehrheit einfach unterdrückt zu werden.[96] 1738 und 1740 sowie 1746 und 1748 sicherte sich die Opposition durch eine entsprechende Steuerung der Deputiertenwahlen auf den Landtagen die erforderliche Zahl von Parteigängern in der Landbotenkammer des Reichstags und bediente sich ihrer Gefolgschaft mit Erfolg in der beschriebenen Weise; 1744 allerdings erwies sich solche oppositionelle Steuerung offenbar als schwierig, und zeitweise schien deren Erfolg in Gefahr.[97]

Tatsächlich stellten auf diesem Grodnoer Reichstag im Jahre 1744 nicht nur die offenen Drohungen der »Familie« gegen alle »Übelgesonnenen« sowie ihr direkter Einfluß auf einen großen Teil der Landboten in der Kammer eine außergewöhnliche Einigkeit und Entschlossenheit zur Reform her, sondern offenbar zeichnete sich im Zuge der Reformdebatten auch eine Verschiebung der Parteienfronten zugunsten der Hofpartei ab, die diesmal im eigentlichen Sinne politisch und nicht allein durch Klientel-Abhängigkeit begründet schien.[98] Die von der »Familie« vorgetragenen Reformprojekte, sehr vorsichtig auf die Interessen der Szlachta, aber auch die Wahrung der adelsrepublikanischen Freiheiten hin formuliert, fanden eine derart breite Unterstützung bei den nichtmagnatischen Landboten, daß sich bis zur Abfassung der Konstitution für die letzten Lesungen wenig Obstruktionsmöglichkeiten boten und sowohl die französischen und preußischen Diplomaten, aber auch die oppositionellen Senatoren selbst Anfang November für die Möglichkeit einer negativen Beeinflussung zu fürchten begannen.[99] Zwar waren die entscheidenden letzten Tage noch nicht gekommen; aber wenn sich die Stimmung in der Landbotenkammer nicht veränderte, so drohte es an dem notwendigen Rückhalt für die geplanten Verzögerungsmaßnahmen zu fehlen.

[96] Dieser Punkt nachdrücklich betont bei K. Waliszewski, *Potoccy i Czartoryscy…*, S. 29.
[97] Über die Politik der »Patrioten« auf dem Reichstag von 1744 ausführlich M. Skibiński, *Europa a Polska…*, Bd. 1, S. 647 ff.
[98] Siehe auch W. Konopczyński, *Fatalny sejm…*, in: *Od Sobieskiego…*, passim.
[99] Vgl. den Bericht Hoffmanns und Wallenrodts an Friedrich II. vom 7. November 1744. M. Skibiński, *Europa a Polska…*, Bd. 2: *Dokumenty*, S. 395 f.

Doch schließlich kam ein Zwischenfall — dessen Auswirkungen von den Parteiungen schwer vorauszusehen waren — der Opposition zu Hilfe: Der Landbote Wilczewski bekannte öffentlich, von den preußischen Gesandten bestochen worden zu sein, und beschuldigte auch noch weitere Mitglieder der Kammer der Korruption. Da diese sich energisch zur Wehr setzten, spaltete sich die Landbotenkammer nun erneut in gegnerische Fraktionen, und es begann eine Debatte um gegenseitige Beschuldigungen, um Proteste an Preußen, um gerichtliche Klärung und um die Forderung nach Rehabilitation, die die letzten Sitzungen des Reichstags beinahe vollständig in Anspruch nahm, die rechtzeitige Vereinigung der Landboten mit dem Senat aber verhinderte.[100] War es bis zum Geständnis Wilczewskis schwer gefallen, nach herkömmlicher Praxis mit sogenannten »privaten« Anträgen oder gar einer »Hemmung« hervorzutreten und sich dadurch unzweideutig außerhalb des allgemeinen Bemühens um das »öffentliche Wohl« *(dobro publiczne)* zu stellen, so bot die Bestechungsaffäre einen äußerst willkommenen, weil unverfänglichen Anlaß zur Ablenkung vom eigentlichen Beratungsgegenstand — denn niemandem konnte zum Vorwurf gemacht werden, daß er sich für die Ehre der Landboten sowie die Souveränität des Reichstags ereiferte und eine erschöpfende Aufklärung der Vorkommnisse verlangte.[101] Nachdem die Ordnung der Verhandlungen aber ein-

---

[100] *A.a.O.,* Bd. 1, S. 711 ff. sowie Bd. 2, *Dokumenty,* S. 337 ff. Über die Schuld an diesem Zwischenfall ist in der älteren Forschung sehr kontrovers diskutiert worden, da man den Auftritt Wilczewskis für eine Idee Brühls, aber auch für eine Finte der Opposition — die schließlich davon profitierte — halten mag. Sicher ist jedoch, daß die tatsächlich eingetretene Wirkung durch keine Seite kalkuliert werden konnte. — Interessant sind freilich die verschiedenen Erklärungen bezüglich der Urheberschaft der Affaire Wilczewski, wie sie in den Quellen mitgeteilt werden: Marcin Matuszewicz, der Zeuge des Reichstags in Grodno war, berichtet in seinen Erinnerungen *(Pamiętniki Marcina Matuszewicza, kasztelana Brzesko-Litewskiego 1714—1765,* hrsg. von Adolf Pawiński, 4 Bde in 2, Warszwawa 1876, hier Bd. 1, S. 159), die »Familie« hätte den Landboten Wilczewski zu seinem vorgetäuschten Bekenntnis angestiftet, um die Stimmung gegen Preußen zu schüren; der französische Gesandte St. Sévérin berichtete, sein preußischer Kollege habe die Bestechungen vorgenommen und sich damit kompromittiert (M. Skibiński, *Europa a Polska...,* Bd. 2: *Dokumenty,* S. 450); die preußischen Gesandten gaben ihrerseits widersprüchliche Auskünfte: Nachdem sie zunächst berichtet hatten, es handele sich um ein Komplott gegen den preußischen König, und Wilczewski sei den Instruktionen nicht gefolgt *(a.a.O.,* S. 391 f.), rühmten sie sich später, die Affaire eingefädelt und damit den Sejm gesprengt zu haben *(a.a.O.,* S. 395).

[101] Allerdings blieb der Zweck auch solcher Erklärungen und Forderungen nicht verborgen. So stellte der Landbote Kietliński aus Sandomierz in der letzten Sitzung fest, gerade die heimlichen Anhänger Preußens seien es, die sich am heftigsten gegen die

mal unterbrochen war, meldeten sich auch diejenigen mit dilatorischen Einwänden zu Wort, die bisher angesichts der vorherrschenden Entschlossenheit zur Reform geschwiegen hatten. Der Bitte des Marschalls am letzten Beratungstag, man möge die fertige Konstitution trotz der unerledigten Affäre verabschieden, widersetzten sich zunächst zwar nur einzelne, als jedoch eine Vertagung *(limitowanie)* des Sejm vorgeschlagen wurde, schlossen sich immer mehr Landboten den Protesten an, und aufgrund der Forderung beinahe aller litauischen Deputierten endlich mußte der Reichstag am Abend des 16. November aufgelöst werden.[102]

Zweifellos bildete der Grodnoer Sejm in seinem bis zum Ende dramatischen Ablauf den für die Opposition und ihre obstruktive Politik weitaus kritischsten Reichstag der ganzen reformpolitischen Ära Augusts III. Obwohl das politische Übergewicht der »Familie« und ihrer Anhängerschaft auch 1744 in Realität weder auf einer überwältigenden Mehrheit in den Reihen der Landboten beruhte, noch — wie sich letztlich zeigte — hinsichtlich der konkreten politischen Vorhaben sehr solide fundiert war, hätten ihre Gegner nur schwer Mittel der Behinderung und Verzögerung wirksam ins Spiel zu bringen vermocht, wenn nicht die turbulente Affäre um Wilczewski den erforderlichen Anlaß gegeben hätte.[103] Versagten auch unter anderen Umständen, wie sie etwa auf den Reichstagen von 1738, 1740, 1746 und 1748 vorherrschten, *liberum rumpo* und *zatamowanie* als Mittel oppositionellen Widerstands, so sah sich die Opposition auf dem Grodnoer Reichstag 1744, da sich ihre Fraktion in der Minderheit befand, zeitweise aller Einflußmöglichkeiten beraubt, auch derjenigen, welche im legalen Anspruch auf die »freie Stimme« gründeten und bei relativem Kräftegleichgewicht zwischen den Parteiungen in der Regel die erwünschte Wirkung ausübten. Unter diesem Gesichtspunkt aber erweist sich das Problem des *liberum veto*, der Bedeutung des *głos wolny* und des *ius vetandi* jedes einzelnen Landboten für Verfassung und praktischen Verlauf der polnischen Reichstage, im Grunde als eine Frage von Parteienstrukturen, das heißt, von Mehrheiten.

Bestechung empörten, »ażeby coraz insze wznawiać materye i czynić trudności dla extenuowania czasu« (»... um immer neue Angelegenheiten aufzubringen und Schwierigkeiten zu machen zur Erschöpfung der Zeit«). M. Skibiński, *Europa a Polska...*, Bd. 2: *Dokumenty*, S. 349. Er löste mit dieser Beschuldigung jedoch nur neue Tumulte aus.

[102] *A.a.O.*, S. 346 ff.

[103] Vgl. H. Krawczak, *Sprawa aukcji wojska...*, in: *Studia i materiały...*, Bd. 7,2 (1961), S. 28 f. Allzu voreilig wird allerdings auch bei Krawczak die Schuld an dem

So läßt sich bereits aus der Betrachtung des formalen Ablaufs der Reichstage sowie der verschiedenen Ausprägungen von *liberum veto* und *liberum rumpo* zwischen den Extremen von 1744 und 1750 eine wesentliche Einsicht bezüglich der verfassungsgeschichtlichen Fragestellung gewinnen. An der Politik der Parteiungen auf den Reformreichstagen Augusts III. wird deutlich, daß die eingangs erörterte Frage nach dem Rechtscharakter des *liberum veto* beziehungsweise des *liberum rumpo* nicht nur verfassungstheoretische und propagandistisch-ideologische Bedeutung hatte, sondern auch in den praktischen Auseinandersetzungen zwischen den beiden Lagern von erheblichem politischen Gewicht war. Keine der Parteiungen in der Adelsrepublik vermochte offenbar willkürlich über das Instrument des *liberum rumpo* zu verfügen und sich dadurch bewußt außerhalb von Recht und Verfassung zu stellen, wollte sie nicht selbst ihren Gegnern den Vorwand zu gewaltsamem Vorgehen im Sinne ihrer Pläne geben, wobei diese ideologisch unter Umständen einen beträchtlichen Teil der Szlachta auf ihrer Seite gehabt hätten. Solange diejenige Gruppierung, welche ein Interesse am erfolgreichen Ausgang der Reichstage hegte, über eine nennenswerte politische Macht verfügte, blieben ihre Opponenten in ihrer Politik auf den Reichstagen im Prinzip an verfassungskonforme Mittel gebunden, das heißt, sie waren verwiesen auf eine überaus vorsichtige, der jeweiligen Machtkonstellation entsprechende Handhabung des *liberum veto*.[104] Erst dann, als die »Patrioten« mit dem Einverständnis der »Familie« in bezug auf den negativen Verlauf des Reichstags rechnen konnten, beziehungsweise als die Partei der Czartoryski nicht mehr über den notwendigen Rückhalt gebot — nämlich seit 1752 — kam das *liberum rumpo* ohne besonderes Risiko zur Anwendung.[105]

Scheitern des Sejm von 1744 den Intrigen der preußischen und französischen Diplomaten zugeschrieben.

[104] Vgl. dazu auch die Betrachtungen von J. Kitowicz, *Opis obyczajów...*, S. 577 ff.

[105] Unter solchen Gesichtspunkten erscheinen auch die in der Historiographie immer wieder gemachten Versuche, die Schuld am »Zerreißen« der einzelnen Reichstage bestimmten Personen — prominenten Oppositionsführern bzw. den Gesandten Preußens, Frankreichs oder Rußlands — zuzuschreiben, wenig sinnvoll (vgl. W. Konopczyński, *Le liberum veto...*, S. 218 ff.; J. K. Hoensch, *Sozialverfassung und politische Reform...*, S. 25 f.); nur wenn es die Kräfteverhältnisse auf dem Reichstag opportun erscheinen ließen, konnte einer der großen Herren und, durch deren Vermittlung, ein auswärtiger Gesandter daran gehen, einen Landboten durch Bestechung zu einem *liberum rumpo* zu bewegen; wer im konkreten Fall die Initiative ergriffen und letztlich das Geld bereitgestellt haben mag, ist eher zweitrangig.

Diese Beobachtungen aber hat in anderem Zusammenhang bereits Kazimierz Waliszewski gemacht.[106] »In der Praxis unseres parlamentarischen Lebens«, stellte er im Blick auf die Parteienpolitik des 18. Jahrhunderts fest, »gibt es kein Beispiel eines Reichstags, auf dem das *liberum veto* zum Instrument der Gewalt einer Minderheit gegen eine Mehrheit, eine deutliche Mehrheit, eine deutliche Überzahl geworden wäre, geschweige denn zum Instrument persönlicher Willkür eines einzelnen Landboten.«[107] Deutliche Mehrheiten gab es etwa im Jahre 1703, als die gegen die verlesene Konstitution protestierenden großpolnischen Landboten einfach aus der Kammer hinausgeworfen wurden, oder noch 1726, als man das förmliche veto des Landboten Lubienicki ohne zu zögern ignorierte.[108] Und deutliche Mehrheiten gab es auch nach 1752, als alle Reichstage im stillschweigenden Einverständnis beider Parteien »zerrissen« wurden. In den Jahren 1736 bis 1752 dagegen herrschte ein machtpolitisches Gleichgewicht zwischen den Parteien der Adelsrepublik, unter dessen Wirkung die Reichstage weder zum Erfolg geführt, noch risikolos »zerrissen« werden konnten.[109]

Spielte also das *liberum veto* in Wirklichkeit nicht annähernd die zentrale Rolle für die innenpolitische Krise der Adelsrepublik in der Sachsenzeit, welche noch die neuere Historiographie diesem Verfassungsprinzip als Ursache oder Symptom des staatlichen Niedergangs zuschreibt, so verdient der nach Waliszewski zunächst nicht wesentlich fortentwickelte parteiengeschichtliche Forschungsansatz um so größere Aufmerksamkeit. Denn krisenhaft entwickelte sich seit dem Ausgang des 17. Jahrhunderts nicht eigentlich Polens republikanische Verfassung, sondern die innenpolitische Macht- und Interessenkonstellation, die im Gegensatz von »Krone und Republik« sowie von Potoccy und Czartoryscy eher zu begreifen ist als in der verfassungsgeschichtlichen Kontrastierung von altständisch-libertärer politischer Struktur und moderner Staatsorganisation.[110]

---

[106] Merkwürdigerweise bezieht sich auch Olszewski ausschließlich auf die Positionen Władysław Konopczyńskis, obwohl er teilweise zu gleichen Ergebnissen kommt wie Waliszewski — wenn auch auf einem anderen Weg der Analyse.

[107] K. Waliszewski, *Potoccy i Czartoryscy...*, S. 29.

[108] *A.a.O.*, S. 30.

[109] Freilich ist dieser Umstand auch nach Waliszewski in der Forschung gesehen worden; vgl. etwa W. Konopczyńskis Einleitung zu *Dyaryusze sejmowe...*, Bd. 2, S. VII; sowie H. Olszewski, *Sejm Rzeczypospolitej...*, S. 303. — Ein den Überlegungen Waliszewskis konsequent folgender, parteiengeschichtlicher Ansatz ist daraus zunächst jedoch nicht entwickelt worden.

[110] Grundsätzliche Überlegungen in dieser Richtung allerdings bei J. A. Gierowski,

»Zwischen sächsischem Absolutismus und goldener Freiheit« oder »Potoccy und Czartoryscy«

Mochte die zeitgenössische politische Publizistik des Auslandes bereits in der Mitte des 18. Jahrhunderts den Untergang des polnischen Staates aufgrund seiner republikanischen Verfassung für unabwendbar halten, so richtete sich die politische Reflexion in Polen selbst gerade auf deren Wiederherstellung, das heißt auf die Rekonziliation der drei Stände, deren Spaltung während der ganzen Sachsenzeit die Verfassung praktisch außer Funktion gesetzt und die Nation in latentem Bürgerkrieg erhalten hatte.[111] Einig waren sich beinahe alle polnischen Autoren, die nach 1763 über die zurückliegende Regierung Augusts III. raisonnierten, in der Klage über den moralisch-politischen Verfall der republikanischen Institutionen unter der Sachsenherrschaft sowie in ihrem negativen Urteil über den politischen Partikularismus von Ritterstand, Aristokratie und Krone, durch welchen die Nation über Jahrzehnte »bez rady i bez rządu«, »ohne Rat und Regierung«, geblieben sei.[112] Die Schuld an diesem Verfall des Prinzips der »Konkurrenz« zwischen den Ständen, ihres Zusammenwirkens in der gemeinsamen Verantwortung für die Nation sahen die einzelnen Betrachter in der Retrospektive jedoch sehr unterschiedlich verteilt.

»Qu'un Roi de Pologne, qui n'auroit point la triste ambition d'éteindre nos privilèges, de transgresser nos loix, de se procurer un pouvoir arbitraire, seroit heureux! Qu'il seroit chéri, ce Prince qui avant de régner sur nous, se seroit étudier à régner sur lui-même«, so äußerte sich anklagend der anonyme Verfasser der 1764 erschienen — »Observations sur le gouvernement de la Pologne«.[113] Hätten die polnischen Könige stets das Recht der Verfassung geachtet und ihre Pflichten als ein Stand

---

Między saskim absolutyzmem..., passim; sowie bei J. Staszewski, *Jednomyślność...*, in: *Acta universitatis Vratislaviensis*, no. 477, S. 83 ff.

[111] Diese Überlegung bildet auch den Denkansatz Konarskis. (Vgl. *O skutecznym rad sposobie...*, Bd. 1, S. 158 ff.) Nicht die Verfassung selbst hatte sich nach seinem Verständnis als unhantierbar erwiesen, sondern die Stände — Ritterstand, Senat und Krone — erfüllten ihre verfassungsmäßige Aufgabe nicht mehr; sie handelten nicht nach dem Prinzip der »Konkurrenz«, das heißt, sie versagten jeweils den anderen Ständen Rat und Hilfe. Ohne das Zusammenwirken aller drei Stände aber verloren die republikanischen Institutionen ihre Funktionsgrundlage. — Bei W. Konopczyński, *Stanisław Konarski...*, Warszawa 1926, wird dieses Moment allerdings wenig beachtet.

[112] St. Konarski, *O skutecznym rad sposobie...*, Bd. 2, S. 4.

[113] *La voix libre du citoyen ou observations sur le gouvernement de la Pologne*, 2 Teile, o. O. 1764, S. 71.

der Republik erfüllt, dann wäre die ganze Nation ihnen ergeben gewesen, die Reichstage hätten das Reformwerk vollendet, Macht und Ansehen der Adelsrepublik aber wären erhalten geblieben. Die beiden sächsischen Könige auf dem polnischen Thron jedoch strebten stets nach absoluter Gewalt und persönlichem Gewinn, weshalb die Republik ihnen den Rat und die Gefolgschaft habe verweigern müssen und der Staat in Anarchie verfiel. Denn »vivant toujours dans une triste défiance envers nos maîstres, toute notre attention pour le bien public se bornait à être toujours sur nos gardes, tandis que nos Rois occupés de nos craintes, ne travaillaient qu'à surpendre notre vigilence, et à étendre sourdement leur pouvoir«.[114] Gab es also einen Schuldigen an Polens staatlichem Niedergang, so war es August der Starke beziehungsweise sein Sohn, August III.; und gab es einen Konflikt, der die Republik zerstörte, so war es der Kampf »inter maiestatem et libertatem«, zwischen wettinischem Herrschaftsanspruch und adelsrepublikanischer Souveränität.

Ganz anders urteilt dagegen Jędrzej Kitowicz, der die Ursache für die innere Krise der Adelsrepublik nicht eigentlich in königlichem Machtstreben erblickt, sondern viel eher in der Willkür der Magnaten und der fruchtlosen Rivalität zwischen ihren Parteiungen. »Prawdać to jest«, heißt es in seiner »Beschreibung der Sitten unter der Regierung Augusts III., »że król sam przez się nie wdawał w interesa państwa szczególnie, ale ile tylko mógł, starał się ogólnie, żeby Rzeczpospolita z nieładu dawnego przyszła do sprawy i do aukcyi wojska.«[115] Der Wettiner habe seine Rechte nie überschritten, seine Pflichten alle erfüllt und mehr, als ihm dem Gesetz nach abgefordert werden könne, getan, um die anderen Stände zu Einigkeit und reformerischem Eifer zu bewegen. Angesichts von Parteienhaß und Eigennutz seitens der »großen Herren« *(wielkich panów)* habe er indessen vergeblich sich bemüht, »żeby się panowie polscy aby na jeden sejm zgodzili i dojść mu pozwolili«.[116] Nicht »inter maiestatem et libertatem«, sondern zwischen aristokratischem Konservatismus und Reformanspruch, zwischen magnatischer Oligarchie und staatlichem Modernisierungsbedürfnis sei daher nach 1733/36 jener

---

[114] *A.a.O.*, S. 70.

[115] J. Kitowicz, *Opis obyczajów...*, S. 578: »Es ist wahr, daß der König sich nicht sonderlich auf die Interessen des Staats eingelassen hat, aber er bemühte sich, soviel er vermochte, der Republik aus ihrer alten Unordnung herauszuhelfen und die Vermehrung des Heeres zu bewerkstelligen.«

[116] *Ebda:* »... daß die Herren auf einem Reichstag einig würden und einen erfolgreichen Reichstagsabschluß erlaubt hätten.«

mörderische Konflikt aufgebrochen, der Polen bis zum Tode Augusts III. in heillose Anarchie gestürzt und zeitweise bis an den Rand des offenen Bürgerkrieges geführt habe.

Widersprüchlich sind diese beiden retrospektiven Verdikte über die Regierung Augusts III. freilich nur scheinbar, denn ohne Zweifel verband sich der aus der Zeit Augusts des Starken überkommene Konflikt zwischen Krone und Republik sowie der neue Kampf um Reformen im zweiten Drittel des 18. Jahrhunderts zu einer inneren Krise des adelsrepublikanischen Staats, an welcher die zwei großen aristokratischen Fraktionen ebenso Anteil hatten, wie das wettinische Königtum und — stärker als je seit Anfang des 17. Jahrhunderts — auch wieder die Szlachta.[117] Die Forschungsdiskussion über den Zusammenhang zwischen diesen vorrangigen Krisenfaktoren sowie über ihre gegenseitige Beeinflussung in der innenpolitischen Entwicklung Polens nach 1736 ist allerdings über die Ansätze einer Klärung bisher kaum hinausgelangt. Während die verfassungspolitischen Konflikte in der Adelsrepublik des 17. Jahrhunderts, vor allem aber das Wirken von Krone, Republik und Parteien unter der Herrschaft Augusts des Starken — besonders durch die hervorragenden Studien von Józef Gierowski — außerordentlich viel Beachtung in der neueren Historiographie gefunden haben,[118] ist die Interimsphase zwischen der monarchischen Reforminitiative von außen zur Zeit des Nordischen Krieges und der republikanischen Erneuerung von innen nach 1764 durch die moderne Forschung keiner genauen parteiengeschichtlichen Untersuchung unterzogen worden.[119]

So mag es verständlich sein, daß in der Reinterpretation, welche die Sachsenzeit im Rahmen der neueren Periodisierungsdiskussion über das 18. Jahrhundert erfahren hat,[120] gerade dieser Bereich weitgehend ausgespart geblieben ist. Anders als in bezug auf die kulturellen, wirtschaftlichen und politisch-ideologischen Wandlungsprozesse folgt die Historiographie bei der Beurteilung der ‚Parteienpolitik‘ weiterhin im we-

---

[117] H. Olszewski (*Sejm Rzeczypospolitej...*, S. 16 ff.) und Andrzej Wyczański (*Polska — Rzeczą Pospolitą szlachecką*, Warszawa 1965, S. 376) bestreiten, daß die Slachta in der Epoche der »oligarchia magnacka«, also vor 1764, noch eine politische Rolle gespielt habe. Dennoch zeigen sich gerade auf den Reichstagen der Jahre 1744—1748 neue Anzeichen von Opposition der mittleren Szlachta gegen die Magnaten. Vgl. auch H. Krawczak, *Sprawa aukcji wojska...*, in: *Studia i materiały...*, Bd. 7,2 (1961), S. 42.

[118] J. Gierowski, *Między saskim absolutyzmem...*; ders., *W cieniu Ligi Północnej...*

[119] Zum Forschungsdefizit J. A. Gierowski, *Historia Polski...*, S. 254; auch J. Staszewski, *Pomysły reformatorskie...*, in: *Kwartalnik Historyczny*, Bd. 82 (1975), S. 736 f.

[120] Siehe Einleitung.

sentlichen den herkömmlichen Interpretationen — vor allem Szymon
Askenazy und Władysław Konopczyński.[121] So stand die Regierungszeit des zweiten Sachsenkönigs nach der vorherrschenden Ansicht noch
ganz im Zeichen der überkommenen Gegensätze zwischen den partikularen Machtinteressen des Königs und der verschiedenen Magnaten-
gruppierungen. Entsprechend gelten die Parteienkonflikte auch der Reformreichstage nach 1736 kaum als Indizien für eine Vorbereitung jener
innenpolitischen Wandlungen, welche in der stanislaischen Epoche zum
Durchbruch gelangten; sie erscheinen vielmehr als ein Nachspiel des
Machtkampfes um die Beherrschung der alten *Rzeczpospolita szla-
checka*, das noch deutlich durch die tradierten politischen Machtmecha-
nismen dominiert war.[122]

Die strukturgeschichtliche Forschung ist dieser Deutung — trotz einer offenkundigen Interessenverlagerung auf wirtschafts- und sozialge-
schichtliche Faktoren ebenfalls gefolgt.[123] In ihrem Mittelpunkt steht
zwar nicht mehr die Frage von Parteienprogrammatik, sondern in erster
Linie das Problem der »oligarchia magnacka« als Phänomen ökonomischen und gesellschaftlichen Wandels sowie als krisenhafte Ausprägung
der Verfassungswirklichkeit Polens in der Endphase seiner vormodernen Geschichte; aber die Zeit Augusts III. erscheint auch unter diesem
Gesichtspunkt gewissermaßen als ein anachronistischer Überhang, als
der Ausklang der altfeudalen Entwicklung in der gesellschaftlichen Verfassung Polens.[124] Nach Kaczmarczyk und Olszewski erreichte der
»Klassenkampf« zwischen magnatischen Großgrundbesitzern auf der
einen und den pauperisierten Adelsmassen sowie der Krone auf der anderen Seite in den dreißiger bis fünfziger Jahren des 18. Jahrhunderts lediglich einen negativen Höhenpunkt, der im völligen praktischen Versagen der altständisch-republikanischen Institutionen akut erkennbar
wurde. Die Szlachta zwar sei als eigene politische Kraft seit dem vorangegangenen Jahrhundert nicht mehr hervorgetreten; die Krone aber

---

[121] Vgl. S. Askenazy, *Epoka saska...*, in: *Pamiętnik...*, S. 13 ff.; Władysław Konop-
czyński, *Materiały do dziejów polityki familii*, in: *Kwartalnik Historyczny*, Bd. 25 (1911),
S. 245—254 u. 455—472; ders., *Dzieje Polski nowożytnej...*, Bd. 2, S. 266 ff.; ders.,
Polska w dobie wojny..., Bd. 1, S. 17 f.

[122] Vgl. auch das Parteien-Kapitel bei J. K. Hoensch, *Sozialverfassung und politische
Reform...*, S. 214 ff.

[123] Z. Kaczmarczyk, *Oligarchia magnacka...*, in: *Pamiętnik...*, S. 61.

[124] Vgl. dazu auch die Periodisierungsdiskussion bei H. Olszewski, *Sejm Rzeczypospolitej...*, S. 13 ff., sowie A. Wyczański, *Polska — Rzeczą Pospolitą szlachecką...*,
S. 373 f.

habe bis zum Ende der Sachsenzeit durch ihre Verfügungsgewalt über Reichsämter und Krongüter eine Konkurrentenrolle gegenüber den Magnaten behauptet und dadurch die Spaltung der Aristokratie in einander bekämpfende Parteien gewissermaßen artifiziell aufrechterhalten beziehungsweise ihre politische Institutionalisierung und Konsolidierung als Klasse verhindert.[125] Den Parteienkonflikten der Reichstage sowie dem Spannungsverhältnis zwischen wettinischem Königtum und Republik nach 1736 käme demnach kein eigenes Gewicht als politische Wirkungsfaktoren *sui generis* zu, da sie lediglich als Funktionen des gesellschaftlichen Transformationsprozesses, als Symptome des sukzessive verschärften Konflikts um die Erhaltung des sozialen *status quo* in Erscheinung traten.[126]

Mag die Skepsis der modernen wie der älteren Forschung gegenüber einer möglichen Überschätzung der zukunftsweisenden Momente in der polnischen Parteienpolitik vor 1764 auch berechtigt sein, so läßt sich dennoch nicht übersehen, daß sich bestimmte Züge der innenpolitischen Entwicklung seit 1733 dem historiographischen Bild von der gleichsam negativ fortgesetzten Konfliktsituation der Zeit Augusts des Starken zumindest nicht widerspruchsfrei einordnen. Bereits die äußerliche Beobachtung, daß die Nation unter der Herrschaft Augusts II. wie der seines Sohnes in unversöhnliche politische Parteiungen gespalten war, das Zwischenspiel Leszczyńskis nach dem Tod des ersten Wettiners indes Solidarisierung bewirken konnte, weckt Zweifel an der Vorstellung von dem unerschütterlich borniertem Klassenstandpunkt der Aristokratie gegenüber Krone und Szlachta.[127] War dagegen die Krone die eigentlich retardierende Kraft in den innenpolitischen Konflikten, so muß man sich fragen, wie ein König, der durch die *pacta conventa* sowie das Diktat der benachbarten Garantiemächte geringere Möglichkeiten eigener Politik hatte als jeder seiner Vorgänger, zu einer Bedrohung der republikanischen Freiheiten oder gar, wie Wyczański es formulierte,

---

[125] Z. Kaczmarczyk, *Oligarchia magnacka...*, in: *Pamiętnik...*, S. 60 ff.; ders., in: J. Bardach (Hrsg.), *Historia państwa i prawa...*, Bd. 2, S. 241; H. Olszewski, *Sejm Rzeczypospolitej...*, S. 18 ff.

[126] Auch Krawczak stimmt dieser Deutung letztlich noch zu, wenn er den Egoismus der Szlachta bezüglich der Forderung nach ökonomischen Zugeständnissen für das Scheitern aller Reformprojekte auf den Reichstagen Augusts III. verantwortlich macht. Vgl. *Sprawa aukcji wojska...*, in: *Studia i materiały...*, Bd. 7,2 (1961), S. 40 f.

[127] Über das Verhältnis der späteren Parteien zu Leszczyński während des vorletzten Interregnums K. Waliszewski, *Potoccy i Czartoryscy...*, S. 4 ff.; K. Kantecki, *Stanisław Poniatowski...*, S. 157 ff.; sowie J. Feldman, *Stanisław Leszczyński...*, passim.

zu einer »systematischen Ausbeutung des Landes und seiner Möglich-keiten« in der Lage gewesen sein sollte.[128] Wenn aber schließlich keiner der Kontrahenten ein besonderes Interesse an einer aktiven Reichstags-politik hegte und zugleich über die erforderlichen machtpolitischen Mittel dazu verfügte, dann bleibt unverständlich, welchen politischen Hintergrund die erbitterten Parteienauseinandersetzungen der Re-formreichstage zwischen 1736 und 1752 überhaupt haben mochten.[129]

Von den zahlreichen offenen Problemen in diesem Zusammenhang ist hinsichtlich der Quellenlage wie des Forschungsstandes die Frage nach dem Charakter und der Wirkung der sächsischen Polenpolitik un-ter August III. sicher am schwersten zu beantworten.[130] Fraglos stand auch nach 1736 das übergeordnete Ziel, in der Adelsrepublik eine un-mittelbare politisch-ökonomische Machtbasis, zumindest aber ein Bündnispotential für eine selbständige sächsische Politik in Europa und besonders als Balance gegenüber der wachsenden Macht des Nachbar-staats Preußen zu gewinnen, im Mittelpunkt jener polenpolitischen Projekte, die vor allem der Erste Minister Brühl in der Tradition Au-gusts des Starken zu verfolgen gedachte.[131] Hatte jedoch August II. noch an die Umgestaltung der Republik in einen zentralisierten absolu-tistischen Staat und die Herstellung einer sächsich-polnischen »Real-union« denken können, die den Wettinern gleich den Habsburgern, Hohenzollern und Welfen zu einer großmachtpolitischen Basis außer-

---

[128] A. Wyczański, *Polska — Rzeczą Pospolitą szlachecką...*, S. 373.

[129] Gerade in diesem Punkt läßt sich die These vom aristokratischen Klassencharak-ter der Parteienpolitik am schwierigsten verifizieren, da bereits am äußerlichen Ablauf der Reichstage ein deutlicher qualitativer Unterschied in der politischen Konstellation vor und nach 1752 erkennbar wird.

[130] Quelleneditionen zur polnischen Politik Brühls und Augusts III. liegen nicht vor, sieht man von den verstreuten Auszügen aus der diplomatischen Korrespondenz ab, die bei M. Skibiński, *Europa a Polska...*, Bd. 2: *Dokumenty*, sowie bei S. M. Solov'ev, *Istorija Rossii...*, mitgeteilt sind. — Historiographisch ist dieses Problem weder in der polnischen Geschichtswissenschaft noch in der sächsischen Landesgeschichtsforschung bearbeitet worden. Die Untersuchungen von J. Ziekursch (*Die polnische Politik der Wettiner...*, in: *Neues Archiv...*, Bd. 26 [1905]; ders., *Sachsen und Preußen...*), R. Becker (*Der Dresdner Friede und die Politik Brühls*, Leipzig 1902) und A. v. Borovi-czény (*Graf v. Brühl...*) beziehen sich primär auf Sachsens Reichs- und Rußlandpolitik; eine Ausnahme E. Stańczak, *Kamera saska...*

[131] J. Ziekursch, *Die polnische Politik der Wettiner...*, in: *Neues Archiv...*, Bd. 26 (1905), S. 117 ff.; vgl. auch J. Staszewski, *Pomysły reformatorskie...*, in: *Kwartalnik Historyczny*, Bd. 82 (1975), S. 761.

halb der Reichsgrenzen verholfen hätte,[132] so erwiesen sich die polenpolitischen Perspektiven seines Sohnes vorab schon als sehr viel enger begrenzt.

Bereits der erfolglose Ausgang des ersten »Befriedungsreichstags«
von 1735 sowie die Friedensverhandlungen, welche Stanisław Poniatowski im Auftrag des Königs und unter der Kontrolle des russischen
Gesandten Keyserlingk Anfang 1736 in der Nähe von Königsberg mit
den Führern der Konföderation von Dzików führte, zeigten, daß die
großen Adelsgeschlechter der Republik trotz der militärischen Niederlage Leszczyńskis und der Drohungen Rußlands nicht zur bedingungslosen Unterwerfung unter den neuen König bereit waren.[133] Obwohl
seit dem Beginn des Jahres 1736 die Mehrzahl der in Preußen exilierten
Anhänger der Konföderation nach Polen zurückkehrten und August
III. formell um Begnadigung ersuchten, ließen die Drohungen Adam
Tarłos keinen Zweifel an der Entschlossenheit der Opposition, den be-
waffneten Widerstand zu erneuern, falls der König zur Politik seines
Vaters zurückkehren wolle. Er forderte von August III. einen regelrechten vertraglichen Vergleich, der die Ansprüche der Nation gegenüber
der Krone sicherte. Im Ergebnis der schwierigen Verhandlungen kam es
schließlich zu einem Kompromiß aufgrund des vermittelnden Eingreifens Keyserlingks, den Ostermann am 20. Dezember 1735 angewiesen hatte
»er möge den Herren in Königsberg zu verstehen geben, daß ihnen Ihre
Kaiserl. Maj. in wahrhaftigem und angeborenem Großmut Ihre Protektion und Ihre Dienste nicht versagen will«.[134] Rußland gestand den Anhängern Leszczyńskis freilich nicht den Status von legalen Kontrahenten im Konflikt um den polnischen Thron zu, gab aber zu erkennen,
daß man nicht gedachte, einen Herrschaftsanspruch der Wettiner über
die Republik in Wirklichkeit konsequent durchzusetzen. Angesichts
dieser Entwicklung aber sah sich auch August III. nun außerstande, einen Kompromiß mit seinen erklärten Feinden weiterhin hinauszuschie-
ben. Die durch Geldzuwendungen an die Zögernden unterstützten
»Insinuationen« führten zum Einlenken der Konföderierten, das
den Weg zur Befriedung der Adelsrepublik und zur Anerkennung des

---

[132] J. Gierowski, *Między saskim absolutyzmem...*, S. 184 ff.; ders., *Polska, Saksonia i
plany absolutystyczne Augusta II.*, in: B. Leśnodorski (Hrsg.), *Polska w epoce Oświecenia...*, S. 60—105.
[133] Über die Verhandlungen Poniatowskis mit Adam Tarło und Keyserling in Danzig
ausführlich K. Kantecki, *Stanisław Poniatowski...*, Bd. 2, S. 45 ff.
[134] *A.a.O.*, S. 46.

restituierten wettinischen Königtums eröffnete.[135] Den Kompromißcharakter dieser Befriedung machten die Resultate des wenige Monate
später eröffneten *sejm pacyfikacyjny* allerdings sehr deutlich.[136] Der König mußte nun nicht nur alle während des Interregnums durch Senatsrat
und Konföderation gefaßten Beschlüsse nachträglich anerkennen und
den Abzug der russischen und sächsischen Interventionstruppen aus
Polen innerhalb von vierzig Tagen garantieren,[137] sondern er sah sich
unter dem Druck Rußlands auch gezwungen, bei der Verleihung der vakanten Reichsämter seine bisherigen Gegner in der gleichen Weise zu
bedenken wie seine persönlichen Anhänger.

Die rechtliche Position des Königs, wie sie nun durch die *pacta con-
venta* und die Konstitution von 1736 definiert wurde,[138] begründete *de
facto* kaum mehr als eine formale Oberhoheit des Wettiners über die
Republik. Ihre legislative Funktion als Stand des Reichstags hatte die
Krone ohnehin bereits seit dem Beginn des 17. Jahrhunderts in dem
Maße eingebüßt, wie der Ritterstand die eigentliche politische
Souveränität in der Adelsrepublik usurpierte. Weder das *ius vetandi*,
noch das ausschließliche *ius proponendi* stand den Königen zu. Denn die
Formel »consensu omnium ordinum« bezog sich auch nach frühen
Interpretationen nicht auf die Krone, das *ius proponendi* aber hatte
durch die Ausdehnung auf die Landbotenkammer ebenso an Gewicht
verloren, wie durch die normative Bedeutung jener Konstitutionen, die
seit der Mitte des 17. Jahrhunderts jede einschneidende Veränderung
der geltenden Rechtsnormen ausschlossen und, wie die Konstitution
von 1669, für alle Zeit feststellten, daß »każda novitas in Republica nie
może być sine periculo et magna revolutione«.[139]

Eine reale exekutive Funktion jedoch hatte die Krone bis zum Anfang des 18. Jahrhunderts dadurch erfüllt, daß der König die Republik
gegenüber den auswärtigen Mächten diplomatisch und im Kriegsfall
auch militärisch, nämlich als oberster Kriegsherr und gegebenenfalls unter Aufbietung seiner eigenen Streitmacht, repräsentierte. Diese beiden

---

[135] Vgl. S. Askenazy, *Przedostatnie bezkrólewie...*, in: *Dwa stulecia...*, passim.
[136] Die Protokolle des zweiwöchigen Pazifizierungsreichstags in *Teka Podoskiego...*,
Bd. 4, S. 259 ff.
[137] Vgl. *Volumina legum*, Bd. 6, S. 573 ff.
[138] Über die Prärogativen der Krone als Reichstagsstand ausführlich H. Olszewski,
Sejm Rzeczypospolitej..., S. 127 ff.
[139] *Volumina legum*, Bd. 5, S. 13. »... keine Neuerung in der [Verfassung der] Republik ohne Gefahr und große Umwälzung sein kann.« — Vgl. auch allgemein Władysław
Sobociński, *Pakta konwenta. Studium z historii prawa polskiego*, Kraków 1939.

exekutiven Aufgaben aber hatte August der Starke in den Jahren nach Poltava zeitweise erfolgreich für seine polenpolitischen Vorhaben instrumentalisiert; und beide Funktionen wurden in Konsequenz daraus durch die Konstitutionen von 1717 und von 1736 bis fast zur vollständigen Aufhebung reduziert.[140] Bezüglich der Kriegshoheit des Königs wiederholten die Beschlüsse von 1736 im wesentlichen die Einschränkungen der Konstitution von 1717, nämlich das grundsätzliche Verbot des Einsatzes fremder Truppen in den Ländern der Republik, durch das einer Wiederholung gewaltsamer Versuche eines Staatsstreichs vorgebeugt werden sollte. Eine weitere bedeutende Einschränkung königlicher Macht stellte daneben die Trennung zwischen dem diplomatischen Verkehr Polens und Sachsens dar. Wie die *pacta conventa* von 1736 festlegten, durfte der König nicht selbst über den Gesandtschaftsverkehr der Republik in den Beziehungen zu fremden Mächten verfügen, sondern die Ausstattung, die Instruktion und der Empfang von Gesandten von und in der Adelsrepublik bedurfte fortan der Kontrolle des Senats sowie der Billigung des Reichstags.[141] Von allen ursprünglichen Prärogativen eines polnischen Königs verblieben August III. also im strengen Sinne nur die Berufung der Reichstage, das geteilte und zugleich verkürzte *ius proponendi* auf dem Sejm sowie die Disposition über vakante Krongüter und Reichsämter — deren Vergabe jedoch obligatorisch an »terrigenis, indigenis gaudentibus« zu erfolgen hatte.[142]

Eine legale Möglichkeit selbständiger Politik des Königs in der Adelsrepublik war durch die Beschränkung der Prärogativen der Krone nach 1736 praktisch kaum gegeben. Zweifellos vermochte auch der König — gleich den anderen Ständen der Republik — seine verfassungsmäßigen Rechte in obstruktiver Weise zur Geltung bringen,[143] eine autonome

---

[140] Über die Bestimmungen des Warschauer Vertrags von 1716, die in die Konstitution von 1717 eingingen, J. Gierowski, *Między Saskim absolutyzmem...*, S. 192 ff.; sowie ders., *Personal- oder Realunion...*, in: *Um die polnische Krone...*, S. 281 ff. Vgl. ansonsten *Volumina legum*, Bd. 6, S. 234 ff. (1717) bzw. S. 573 ff. sowie 628 (1736).

[141] *Volumina legum*, Bd. 6, S. 624. Die Folge dieser Trennung der diplomatischen Dienste war allerdings nicht eine Verselbständigung der polnischen Außenpolitik, sondern der rapide Verfall des diplomatischen Verkehrs der Republik überhaupt. Vgl. *Polska służba dyplomatyczna XVI—XVIII wieku*, Warszawa 1966, S. 378 ff.

[142] *Volumina legum*, Bd. 6, S. 623 f. — Vgl. allgemein auch J. K. Hoensch, *Sozialverfassung und politische Reform...*, S. 308 ff.

[143] Nicht nur die Ämtervergabe und die Terminierung der Reichstage boten der Krone Mittel der Provokation und Behinderung, sondern auch die Formulierung der »propozycye od tronu« in den königlichen Universalen für die Reichstage. Unterbrei-

Politik dagegen wäre nur unter Beugung oder unter direktem Bruch des Rechts zu verfolgen gewesen. Diese letzte Möglichkeit aber blieb für August III. nach 1736 und — wie sich letztlich erwies — auch nach 1740 ebenso unrealisierbar wie für seinen Vater in der Situation nach 1717. Die allenfalls oberflächliche Befriedung der Republik nach dem Interregnum hatte die Stände in Wahrheit weder geeint noch unterworfen, sondern, wie Verlauf und Beschlüsse des Pazifizierungsreichstags bewiesen, den latenten inneren Widerstand gegen jeden konkreten Schritt der Krone gegenüber der *Rzeczpospolita* mit russischer Duldung geradezu institutionalisiert. Ein sächsischer Übergriff gegen die polnische Verfassung mußte daher nicht nur mit Sicherheit auf die vehemente Gegenwehr der Adelsnation treffen, sondern mit Wahrscheinlichkeit auch auf die Intervention, zumindest aber die gegenüber der Republik wohlwollende Neutralität der Garantiemacht der Verfassung, Rußland. Der in der Historiographie vielfach erhobene Vorwurf, der ambitionslose Sohn Augusts des Starken habe »nicht einmal mehr absolutistische Bestrebungen« verfolgt, sondern sei gegenüber der Adelsrepublik gänzlich indifferent geblieben,[144] beruht insofern auf einer richtigen Beobachtung, denn August III. fand bei Regierungsantritt weder die inneren Bedingungen vor, noch verfügte er über die machtpolitischen Möglichkeiten, die seinen Vater zeitweise zu einer der republikanischen Verfassung gefährlichen Polenpolitik befähigt hatten.[144a]

Tatsächlich unternahm der Hof in den dreißiger bis fünfziger Jahren kaum einen konkreten Schritt gegenüber der Republik, welcher den Anschein der Verletzung jener verfassungspolitischen Neutralität geben mochte, zu der sich der König 1736 *de facto* verpflichtet hatte, oder der den Verdacht einer Wiederentfachung des Konflikts »inter maiestatem et libertatem« durch August III. gerechtfertigt hätte. Lediglich in bezug auf die wettinische Thronfolge in Polen gab Brühl den Plan einer Beseitigung des Wahlprinzips, zumindest aber einer Wahl *vivente rege*

tete der König der Nation kein konkretes Projekt, so reagierten die *sejmiki* u. U. auch mit der Instruktion an die Landboten, auch auf dem Reichstag keinem Vorschlag zuzustimmen, der nicht zuvor den Landtagen unterbreitet worden war; vgl. z. B. W. Konopczyński (Hrsg.), *Dyaryusze sejmowe...*, Bd. 3, S. 7 f.; grundsätzlich dazu H. Olszewski, *Sejm Rzeczypospolitej...*, S. 152.

[144] So die Formulierung bei A. Wyczański, *Polska — Rzeczą Pospolitą szlachecką...*, S. 374.

[144a] Sehr genau gesehen in der gelungenen biographischen Skizze von Józef Andrzej Gierowski, *August III.*, in: *Poczet królów i książąt polskich*, Warszawa 1978, S. 433—443.

nie ganz verloren — auch wenn dieses Projekt zu keiner Zeit über das Stadium diplomatischer Sondierungen eigentlich hinausgelangte.[145] 1738/39 scheiterte Brühls diplomatische Initiative trotz des erfolgreichen Abschlusses der Geheimvereinbarungen Augusts III. mit der russischen Kaiserin Anna an der Wachsamkeit Ostermanns, 1744/45 aber, als Brühl Österreich und England zu entsprechenden vertraglichen Zusicherungen als Gegenleistungen für die sächsische Bündnishilfe nötigen konnte, verhinderte Bestužev die Einlösung dieses Versprechens.[146] Und der dritte Versuch des Jahres 1751 schließlich, die russische und österreichische Unterstützung dafür zu gewinnen, »dass die Cron Pohlen nicht nur bey dem königlichen Churhause Sachsen ferner, wie bishers verbleibe, sondern auch zu Vorkommung der allerdings zu befürchtenden intriguen und neuen Unruhen im Fall der Erledigung des Thrones in Zeiten solche Mass-Regeln genommen werden, welche in so weit es die Freyheit und Verfassung dieses Reiches zulassen, die Succession im voraus feststellen«,[147] wurde sofort von beiden Mächten einhellig zurückgewiesen.[148] Blieben aber schon den Bemühungen um eine Rückversicherung für die sächsischen Pläne bei den benachbarten Großmächten der Erfolg versagt, so mußte eine diesbezügliche Initiative in der Adelsrepublik selbst von vornherein zum Scheitern verurteilt sein, weshalb der Hof es offiziell vermied, in Polen für eine wettinische Erbfolge zu werben oder diese Frage gar zum Gegenstand von Reichstagsprojekten zu machen.[149]

[145] Die Behauptung, gerade Brühl habe das Erbe Augusts des Starken hinsichtlich der Polenpolitik angetreten, ist sicher nicht ganz von der Hand zu weisen. Vgl. J. Ziekursch, *Die polnische Politik...*, in: *Neues Archiv...*, Bd. 26 (1905), S. 117; E. Hermann, *Die russische Politik...*, S. 58, sowie A. v. Boroviczény, *Graf von Brühl...*, S. 161.

[146] Siehe Kap. I.

[147] »Project einer wegen der künftlichen Succession in Pohlen zu begehrenden und auszustellenden Declarations Urkunde«, einer Instruktion Brühls an den Gesandten in Rußland, Funcke, vom 25. August 1751 beigefügt, zitiert nach W. Konopczyński, *Sejm grodzieński...*, in: *Kwartalnik Historyczny*, Bd. 21 (1907), S. 82.

[148] Allerdings plante auch Bestužev in Wirklichkeit, der wettinischen Dynastie den polnischen Thron zu erhalten, wie W. Mediger (*Moskaus Weg nach Europa...*, S. 253) zu Recht betont. Er dachte jedoch niemals an eine Beschränkung der republikanischen Freiheiten, sondern allenfalls an eine Wiederholung der Prozedur von 1733/36, wodurch die Anarchie der Adelsrepublik sowie die Schwäche des Königs aufrechterhalten werden konnte. Dazu auch W. Konopczyński, *Sejm grodzieński...*, in: *Kwartalnik Historyczny*, Bd. 21 (1907), S. 83.

[149] Dies bedeutet allerdings nicht, daß die Frage wettinischer Thronfolgepläne in Polen etwa aus den Parteien- und Reichstagsauseinandersetzungen hätte herausgehalten werden können. Wenn Parteigänger des Hofs mit Werben für diese Lösung dem König

Einen Konflikt »zwischen sächsischem Absolutismus und goldener Freiheit« konnte es daher nach 1736 im eigentlichen Sinne weder auf verfassungsrechtlicher Ebene noch auf der der Innenpolitik geben. Wenn es dennoch zu unüberbrückbaren Gegensätzen kam und in der Republik beständige Klage gegen die »Bedrängung des Ritterstandes« durch die Krone geführt wurde, so ist dies offenbar auf andere Ursachen zurückzuführen,[150] — und zwar vor allem auf die Tatsache, daß der Hof aufgrund seiner Abhängigkeit von der Politik Rußlands stets eine zumindest latente Gefahr für die Republik und ihre Souveränität darstellte. Zur Unterwerfung der Republik unter ein absolutistisches Regime fehlte es dem Wettiner zwar sowohl an den innenpolitischen Machtmitteln als auch am äußeren Rückhalt; die Adelsnation konnte sich durch die 1736 fixierte Machtkonstellation gegenüber der Krone hinreichend geschützt fühlen. Ebenso unmöglich erschien jedoch ein Zusammenwirken von Dynastie und Adel im Rahmen einer Politik, welche auf eine Stärkung der Republik gegenüber den Nachbarmächten abgezielt hätte; und so konnte es unter August III. nicht zur Wiederherstellung jener »confidentia inter status« kommen, von welcher das Funktionieren der Verfassungsordnung wesentlich abhing.[151]

In diesem Sinne mußte auch die königliche Reforminitiative zu einer Vermehrung von Schatz und Heer dadurch zu einer potentiellen Gefährdung der Republik werden und den Widerstand der Opposition provozieren, daß sie in der sächsischen und, über diesen Zusammenhang, auch in der russischen Bündnispolitik ihren Ausgangspunkt hatte. Der Hof überschritt zwar weder in seinen Reichstagsinitiativen für Heeresreform und Bündnissicherung in Polen noch in seinem diplomatischen Engagement für die Einbeziehung der Adelsrepublik in eine

zu schmeicheln versuchten, so taten die Opposition und ihre ausländischen Verbündeten das ihre, um die Furcht vor entsprechenden Plänen wach zu halten. Bezeichnend ist, daß etwa auch der englische Gesandte auf dem Reichstag von 1744 mit Entschiedenheit über diesbezügliche Absichten des Hofs für den Sejm sprach; M. Skibiński, *Europa a Polska...*, Bd. 2: *Dokumenty*, S. 246.

[150] Freilich gab die Politik des wettinischen Hofs — vor allem aber das wenig diplomatische, zu einem guten Teil durch persönliche Machtinteressen und Bereicherungsabsichten gelenkte Vorgehen Brühls — immer wieder Anlässe zu berechtigten Beschwerden seitens der Republik. Doch erscheinen die Auseinandersetzungen darüber, wie sie auf den Reichstagen von 1736 an beständig geführt wurden, eher als Begleiterscheinungen denn als Ursachen des Konflikts zwischen Krone und Republik.

[151] Mit dieser Überlegung argumentierte bezeichnenderweise auch Bestužev, als er Kaiserin Elisabeth 1744 die Sicherung der sächsischen Herrschaft in Polen nahelegte; vgl. W. Mediger, *Moskaus Weg nach Europa...*, S. 252 f.

Anti-*Barrière*-Liga die rechtlichen Grenzen, welche dem König durch die Verfassung sowie durch die aktuelle Kontrolle des Senats und der Reichstage gesetzt waren. Doch das offensichtliche Junktim zwischen der projektierten Reform und deren bündnispolitischer Instrumentalisierung im Dienste Rußlands und Sachsens drohte die erhoffte Machtstärkung der Republik unter Umständen zu einer Waffe gegen diese selbst werden zu lassen. Hatte August III. mit seinen bündnispolitischen Plänen in der Adelsrepublik Erfolg, so konnte sie in einen Kampf hineingezogen werden, der um die Vernichtung der einzigen potentiellen Verbündeten Polens, nämlich der *Barrière*-Staaten, sowie um die Festigung der russischen Hegemonialmacht geführt wurde. Gelang es dagegen, die Neutralität der Adelsrepublik zu bewahren und dem König die Führung über ein reorganisiertes Heer vorzuenthalten, so setzte sich die Republik dadurch wiederum in einen offenen Gegensatz zu den Sicherheitsinteressen Sachens und Rußlands.

Die innenpolitische Polarisierung in den Jahren nach 1736 sowie die Profilierung der bekannten Parteiungen ist gewiß nicht zuletzt auf diesen neuartigen Konflikt »inter maiestatem et libertatem« zurückzuführen. Diese Frage aber leitet bereits auf das Problem der Parteienbildung selbst über. Die Diskussion darüber, ob es sich bei den Anhängern der Potocki und der Czartoryski, bei »Patrioten« und »Familie«, um Gruppierungen auf der Ebene von Klientelbeziehungen oder um regelrechte Parteien gehandelt hat, ist in der Historiographie schon sehr früh außerordentlich lebhaft geführt worden.[152] Je nach den unterschiedlichen Kriterien — etwa der Grad äußerer Organisiertheit, die Konsistenz der politischen Programmatik oder die Stabilität der Parteiengefolgschaften — weisen die vorgetragenen Definitionen allerdings erhebliche Diskrepanzen auf und schwanken zwischen der Charakterisierung als rein partikulare Interessengruppen, wie Konopczyński und Olszewski unterstellen,[153] oder als regelrechte politische Parteien, so etwa bei Roepell und Waliszewski.[154] Dabei ist zudem zu beachten, daß die beiden gro-

---

[152] Vgl. dazu die Forschungsübersicht und die Problemcharakteristik bei J. K. Hoensch, *Sozialverfassung und politische Reform…*, S. 214 ff.

[153] W. Konopczyński, *Materiały…*, in: *Kwartalnik Historyczny*, Bd. 25 (1911), S. 245 f.; H. Olszewski, *Sejm Rzeczypospolitej…*, S. 23. Da nach Olszewski die Szlachta politisch entmündigt war, die Magnaten aber eine objektiv solidarische Klasse bildeten, konnten die Parteiungen zwangsläufig nur ephemeren Charakter haben.

[154] Zwar bemühen sich weder Roepell noch Waliszewski um explizite Definitionen der Parteien; in beiden Darstellungen jedoch wird die Geschichte der Regierungszeit Augusts III. vorrangig aus dem Parteiengegensatz verstanden.

ßen politischen Gruppierungen der Zeit Augusts III. sich auf verschiedenen Ebenen politischer, sozialer und mentalitätsmäßiger Gemeinschaften konstituierten und insofern nicht einmal untereinander nach einheitlichen Kriterien zu beurteilen sind, daß sie andererseits aber bereits innerhalb kurzer Zeitspannen inneren Transformationen unterlagen, aufgrund derer sich ihr Parteiencharakter bis in die Mitte des 18. Jahrhunderts deutlich konkretisierte.[155]

Die »patriotische« oder »republikanische« Partei, die sich ursprünglich um die Familie der Potocki gruppierte, ist ihrem politischen Wesen sowie ihrer gemeinsamen Interessenlage nach zweifellos leichter einzuschätzen als die Fraktion ihrer reformorientierten und in der Gunst des Hofs stehenden Gegner. Bereits die Zusammensetzung des Kerns jener »patriotischen« Opposition der Jahre 1736/38 gibt Aufschluß über ein wesentliches Motiv ihres Zusammenschlusses als Parteiung: Es handelt sich bei ihren bekanntesten Anhängern — etwa den Tarło, den Sapieha, den Radziwiłł, mit den Potocki an ihrer Spitze — durchweg um Angehörige jener politisch führenden Magnatengeschlechter der zweiten Hälfte des 17. Jahrhunderts und zum Teil noch des frühen 18. Jahrhunderts, die bereits seit Beginn der sächsischen Herrschaft in Polen in Gegnerschaft zu Sachsen und Rußland gestanden oder einfach ihre alten Machtpositionen ihrer Repräsentanz im Senat zum Teil unter August II., zum Teil erst nach dem Interregnum von 1733/36 an andere Familien, vor allem die Czartoryski, verloren hatten.[156] Opposition konnte unter diesem Gesichtspunkt durchaus vordergründig in der Rivalität gegen den König, der eine Familie nicht mit Reichsämtern oder Starosteien bedacht hatte, beziehungsweise gegen die *homines novi*, die von der Gunst des neuen Königs profitierten, begründet sein, wie die politischen Biographien zumindest einzelner Anhänger der Potocki belegen. So wechselte etwa Jerzy Mniszech 1750 ohne Zögern aus der Opposition auf die Seite des Hofs über, nachdem die Eheschließung mit der Tochter Brühls dem Hofmarschall der Krone durch die Gunst Augusts III. neue politische Perspektiven eröffnet hatte.[157] Den umgekehrten

---

[155] Interessante Überlegungen dazu in bezug auf die Parteiprogrammatik der »Familie« zu Ende der Regierung Augusts III. bei J. Michalski, *Plan Czartoryskich...*, in: *Kwartalnik Historyczny*, Bd. 63 (1956), S. 29 ff.

[156] Über die Genese der »Patrioten« als Partei vgl. besonders K. Waliszewski, *Potoccy i Czartoryscy...*, S. 17 ff. Kazimierz Bartoszewicz, *Radziwiłłowie*, Warszawa-Kraków 1928, S. 86 ff.; sowie J. K. Hoensch, *Sozialverfassung und politische Reform...*, S. 232 ff.

[157] Es war diese Verbindung, welche Frankreich und vor allem Preußen 1750 in gewisse Aufregung versetzt hatte. In Wahrheit signalisierte sie jedoch keine Annäherung zwi-

Weg nahm Udalryk Radziwiłł, der sich aufgrund der Weigerung Augusts
III., ihm nach dem Tode des Vaters das Wojewodenamt von Nowogró-
dek zu übertragen, nach 1736 der Opposition anschloß und die traditionellen Familienbeziehungen zum russischen Hof aufkündigte.[158] Dessen Onkel Hieronim Radziwiłł aber verweigerte dem König nicht nur
die politische Gefolgschaft, als August III. ihn bei der Verteilung der senatorischen Würden überging, sondern er sagte sich zugleich von allen
rechtlichen und politischen Bindungen an die Krone los und erklärte:
»Mam wojsko większe niż Rzeczpospolita, gotów jestem służyć niem
ojczyźnie — dam je królowi, ale podatków żadnych nie zapłacę.«[159] Der
»patriotischen« Partei insgesamt läßt sich eine solche partikulare persönliche Motiviertheit indessen nicht unterstellen, verfügte sie doch
nach dem Kompromiß von 1736 über vergleichbare Einflußpositionen
im Senat wie die erklärten Anhänger des Wettiners.[160]

Der eigentlich politische Charakter ihres Wirkens als Partei lag allerdings — im Gegensatz zur »Familie« — nicht in der Begründung und
Verfolgung einer eigenen politischen Programmatik, sondern gewissermaßen in deren Verweigerung. Hatte die Intervention Rußlands die in-
nen- und außenpolitischen Perspektiven, die mit der Wahl Leszczyńskis
verbunden gewesen sein mochten,[161] zunichte gemacht und das Fortbe-
stehen der russischen Kontrolle über die Machtlosigkeit Polens durch
die Restitution des wettinischen Königtums gesichert, so schienen die
traditionellen Gegner der Sachsenherrschaft ihrerseits nun entschlossen, dem neuen König die Mitwirkung bei seiner Politik zu verweigern
und jede Initiative, die — sei es auch nur vermeintlich — im Dienste des

---

schen Hof und Opposition, sondern lediglich einen persönlichen Parteienwechsel, der
allerdings in eine Zeit unklarer Führungsverhältnisse in der »patriotischen« Partei fiel.
Darüber H. Schmitt, *Dzieje Polski...*, Bd. 1, S. 260ff.; sowie K. Waliszewski, *Potoccy i
Czartoryscy...*, S. 127f. Näheres über Jerzy Mniszech bei W. Konopczyński, *Sejm
grodzieński...*, S. 92f.

[158] K. Bartoszewicz, *Radziwiłłowie...*, S. 119f.

[159] *A.a.O.*, S. 103. »Ich habe ein größeres Heer als die Republik, ich bin bereit, damit
dem Vaterland zu dienen — ich gebe es dem König, aber ich bezahle keinerlei Abgaben.«

[160] Das gewichtigste Reichsamt, das des Großhetmans der Krone, war sogar dem
Kopf der zukünftigen »patriotischen« Partei, Józef Potocki, zugefallen. Ohnehin hätte
die Opposition durch eine Versöhnung mit dem König jederzeit die verlorenen Ämter
und Güter zurückerlangen und die »Familie« aus ihrer Machtposition vertreiben können. Die Verdrängung aus den senatorischen Ämtern war insofern bei den meisten
oppositionellen Magnaten eher die Folge als die Ursache des Widerstandes gegen die
Krone.

[161] Dazu vor allem E. Rostworowski, *O Polską koronę...*, S. 105ff., 299ff.

mächtepolitischen Protektorats über die Adelsrepublik stand, zu hintertreiben. Das eigentliche Ziel politischer Bestrebungen konnte nach Überzeugung der politisch profilierten Führer der Potocki und ihrer Parteigänger unter den oppositionellen Familien nur in der Entmachtung des Königs sowie im Aufbrechen des russischen Protektorats bestehen, wodurch erst die Bedingung für eine wirkliche »Wiederherstellung« der Republik geschaffen würde.[162] Nicht auf die Reichstage und ihre Debatten richtete sich daher das politische Planen der »patriotischen« Führer, sondern auf jene außenpolitischen Anknüpfungsversuche zum Zweck einer militärischen Erhebung gegen Sachsen und Rußland im Verein mit den alten *Barrière*-Mächten sowie mit Preußen, die in regelmäßig neuentworfenen, letztlich aber durchweg unausführbaren Konföderationsprojekten zwischen 1738 und 1750 ihren unmittelbaren Niederschlag fanden.[163] Die gleichzeitig geübte Praxis der Obstruktion in den innenpolitischen Auseinandersetzungen um die Reform von Schatz und Heer mußte unter solchen Perspektiven also nicht notwendig bornierter Reformfeindlichkeit entspringen; vielmehr entsprach sie zumindest im politischen Denken einzelner Häupter der Opposition einem Konzept des Hinhaltens, nach dem die unbestreitbar notwendige Reforminitiative lediglich vertagt werden sollte.[164]

[162] Vgl. dazu die Diplomatenberichte über die Parteienstruktur des Jahres 1744 bei M. Skibiński, *Europa a Polska...*, Bd. 2: *Dokumenty*, S. 114 ff.

[163] Ein Stadium praktischer organisatorischer und diplomatischer Vorbereitung erreichten allerdings nur die Konföderationsprojekte von 1738, 1741/42, 1747/48 und 1750. An diesen Projekten waren durchgängig die Potocki führend beteiligt, und jedesmal standen ihre Initiatoren mit Preußen, Schweden oder der Türkei, 1741 auch mit Frankreich in diplomatischer Verbindung. Genau untersucht wurde lediglich das Konföderationsprojekt von 1741/42. Vgl. M. Skibiński, *Europa a Polska...*, Bd. 1, S. 197 ff.

[164] Diesen Aspekt hat bereits Karol Boromeusz Hoffmann, *Historya reform politycznych w dawnej Polsce*, Lipsk 1867, S. 223 ff., hervorgehoben. Über dieses Moment in der Reichstagspolitik der Potocki in den Jahren 1736 bis 1744 vgl. H. Krawczak, *Sprawa aukcji wojska...*, in: *Studia i materiały...*, Bd. 7,2 (1961), S. 13 f. — Die Ansicht Konopczyńskis (*Dzieje Polski nowożytnej...*, Bd. 2, S. 225) und Askenazys (*Epoka saska...*, in: *Pamiętnik...*, S. 13), daß die Parteien nach 1736 allenfalls nach relativ willkürlichen außenpolitischen Optionen zu definieren seien, hat gewiß insofern Berechtigung, als traditionelle außenpolitische Beziehungen zwischen bestimmten Familien und europäischen Höfen bestanden oder sich in den inneren und äußeren Konflikten seit 1736/40 neu bildeten. Es gilt jedoch zu beachten, daß innenpolitische Konflikte in Polen seit 1717, vor allem aber seit 1740/44 vorwiegend von außenpolitischen Konstellationen dominiert waren, innenpolitische Fronten sich also zwangsläufig in außenpolitischen Optionen manifestieren mußten. — Vgl. dazu auch die berechtigte Kritik J. K. Hoenschs, *Sozialverfassung und politische Reform...*, S. 235, an der vordergründigen

Sieht man allerdings von solchen Motiven ab, so erweist sich die eigentliche Reichstagspolitik der Opposition eindeutig als rückwärtsgewandt oder zumindest konservativ. Vor allem in der Mobilisierung einer altsarmatisch-adelsdemokratischen Freiheitsideologie in den Debatten der Reichstage, aber stärker noch im Rahmen der vorbereitenden Landtage, auf denen die Magnaten ihren regionalen politischen und sozialen Einfluß unmittelbar zur Geltung brachten,[165] versuchte die oppositionelle Parteiung einen »patriotischen« oder »republikanischen« Widerstand gegen behauptete absolutistische Bestrebungen des Dresdner Hofs in den Reihen der mittleren und kleinen Szlachta zu erzeugen. Mit diesem ideologisch zugespitzten Gegensatz argumentierten die »Patrioten« freilich nicht nur gegen die bündnispolitischen Projekte der Krone oder das Machtmonopol der »Familie« als Hofpartei, sondern zugleich gegen das Programm der reformerischen Erneuerung des Staats. Dabei aber verbanden sich die spezifischen politischen Zielsetzungen der anti-wettinischen Opposition ganz offenkundig mit den partikularen sozialen Interessen der Magnatenschaft — als dem Nutznießer des Mangels an staatlicher Anstaltlichkeit.[166]

Mochten die »Patrioten« aus legitimierbaren innenpolitischen Gründen die Reforminitiative des Hofs und seiner Anhänger nicht für ihre Sache ansehen und — wie es bei Józef Potocki durchaus zu unterstellen wäre — dabei das übergeordnete politische Anliegen zur Grundlage ihrer negativen Entscheidung über die Reform machen, so stellten sie sich doch effektiv allemal auf die Seite derjenigen Kräfte in der Adelsrepublik, welche um den Schutz der magnatischen Privilegien und die Erhaltung der bestehenden gesellschaftlichen Verfassung besorgt waren. Die Tatsache etwa, daß die Opposition ihren Widerstand gegen die Steuerreform gerade in Fragen wie der Angleichung der Steuerlasten (der *ko-*

Deutung der außenpolitischen Präferenzen der Parteiungen bei David B. Horne, *Sir Charles Hanbury Williams' European Diplomacy (1747—1758)*, London usw. 1930.

[165] Vgl. jetzt vor allem Zofia Zielińska, *Mechanizm sejmikowy i klientela radziwiłłowska za Sasów*, in: *Przegląd Historyczny*, Bd. 62 (1971), S. 397—419 (mit guten Nachweisen der historiographischen Positionen); sehr aufschlußreich auch der Bericht Matuszewiczs über seine Wahl zum Landboten auf dem *Sejmik* von Brześć 1748; *Pamiętnik Marcina Matuszewicza...*, Bd. 2, S. 190 f.

[166] In dieser Beziehung ist das Verdikt Olszewskis über den ideologischen Gehalt oppositioneller Parteienpropaganda gegen die Gefährdung der „Goldenen Freiheit" zweifellos berechtigt. (*Sejm Rzeczypospolitej...*, S. 26.) Ob diese Ideologie jedoch unmittelbar auf aristokratisches Klasseninteresse zurückgeht, steht zu bezweifeln.

ekwacja zwischen den Provinzen) oder der Bestellung unabhängiger Steuerkommissionen besonders nachdrücklich geltend machte,[167] bezeugt ganz deutlich den protektionistischen Einfluß der »großen Herren« in Litauen und Kleinpolen. Auch in der politisch heiklen Frage, ob die Allmacht der Hetmane beschränkt und eine staatliche Kontrolle über das Heer gesichert werden solle,[168] optierte die Opposition in ihrem Beharren auf der alten Ordnung *de facto* nicht nur gegen einen möglichen Machtgewinn der Krone, sondern zugleich gegen eine Beschneidung aristokratischer Vorherrschaft. Die Reformprojekte aber, wie sie aus dem Umkreis der »Patrioten« und 1744 auch von Józef Potocki selbst vorgetragen wurden, widerlegen diesen Befund des Konservatismus nur scheinbar, denn keines dieser Programme tangierte grundsätzlich die bestehenden Privilegien oder erreichte gar die Radikalität der Reformkonzepte Stanisław Poniatowskis.[169] Planten die Gegner Augusts III. indessen eine zukünftige Modernisierung des Staats, die lediglich in der aktuellen politischen Konstellation der dreißiger und vierziger Jahre hintanstehen sollte, so gab die tatsächliche Entwicklung, wenn nicht diesem Konzept, so doch dieser Taktik unrecht.

In der überwiegend negativen Bestimmung ihrer Ziele und politischen Motive erweisen sich die »Patrioten« oder »Republikaner« unter diesen Gesichtspunkten als ein sehr heterogen konstituiertes Lager von aristokratischen Kräften, die ihr politisches Selbstverständnis sowie ihre politische Praxis noch weitgehend an den Vorbildern der alten aristokratischen Machtgruppen orientierten. Sowohl ihrer inneren Struktur nach, die sehr viel geringere Stabilität aufwies als die ihrer Gegenpartei,[170] als auch hinsichtlich des Mangels an Programm entwickelten sich die »Patrioten« bis zum Ende der Regierungszeit Augusts III. nicht zu einer Partei im eigentlichen Sinne. Denn nicht als unmittelbar konkurrierende politische Fraktion traten sie den Reformern auf den Reichstagen gegenüber, sondern als die Repräsentanten teilweise partikularer Interessen und teilweise politischer Ziele, die in allenfalls mittelbarem

---

[167] Siehe unten, Kap. III.

[168] Dem Streit um die Macht der Hetmane hat Kitowicz ein eigenes Kapitel seines *Opis obyczajów za panowania Augusta III* gewidmet (S. 381 ff.), in dem das Festhalten der Magnaten an diesem Element »aristokratischer Willkür« scharf verurteilt wird.

[169] Die Feststellung Askenazys, die »Familie« habe keineswegs ein Monopol auf die Reforminitiativen gehabt (*Epoka Saska...*, in: *Pamiętnik...*, S. 12), wäre unter diesem Gesichtspunkt zu relativieren.

[170] Dazu auch K. Waliszewski, *Potoccy i Czartoryscy...*, S. 16.

Zusammenhang mit dem Problem staatlicher Modernisierung standen — als ein politisches Lager also, das in seiner Politik auf den Konflikt zwischen Krone und Republik und zugleich auf den Konflikt zwischen staatlicher Krise und Modernisierung negativ reagierte. Läßt sich über die unterschiedlichen Motive der »Patrioten« sowie über die Reichweite ihrer Programmatik auch schwer urteilen, so ist doch sicher, daß sie durch ihre Politik der Obstruktion zumindest latent in Isolation von der reformpolitischen Entwicklung in der Adelsnation gerieten.

Eine ähnliche latente Diskrepanz zwischen Motiven und praktischer Geltung wie bei der Opposition ist allerdings auch bei der Partei der »Familie« um Stanisław Poniatowski und das Geschlecht der Czartoryski festzustellen, obgleich politischer Anspruch und reale Wirkung ihrer Politik wahrscheinlich in einem umgekehrten Verhältnis standen. Zurecht ist häufig darauf hingewiesen worden, daß die Karriere der Reformer, deren Politik Stanisław August in den achtziger Jahren des 18. Jahrhunderts zu einem glorreichen Erfolg führte, mit durchaus konservativen und an gewöhnlichen aristokratischen Familieninteressen orientierten Motiven begann.[171] Tatsächlich konstituierte sich die »Familie« als Parteiung im letzten Jahrzehnt der Regierung Augusts des Starken zunächst allein in der Perspektive eines partikularen Machtgewinns. Er gründete im Aufstieg der Czartoryski und Poniatowskis in die Reihen der politisch führenden Gruppen seit den 1720er Jahren. Das Interregnum zerstörte allerdings vorübergehend diesen neugewonnenen Status; doch über die Vermittlung Stanisław Poniatowskis, der der »Familie« seit 1720 verbunden war und seit 1734 zu den herausragenden Parteigängern Augusts III. gehörte, sowie durch die politische Reorientierung des Hofs nach der Ablösung Sułkowskis durch Brühl konnten die Czartoryski nach 1738 den innenpolitischen Aufstieg zur Hofpartei und bald zur einflußreichsten Machtgruppe in der Adelsrepublik vollziehen.[172] Erst in diesen Jahren aber begann die Formierung der »Familie« als Partei, und bezeichnenderweise läßt Waliszewski seine Darstellung

---

[171] J. K. Hoensch, *Sozialverfassung und politische Reform...*, S. 233 f.

[172] Darüber ausführlich K. Kantecki, *Stanisław Poniatowski...*, S. 123 ff.; R. Roepell, *Polen...*, S. 30 ff., sowie die Artikel über August Alexander und Michał Czartoryski von W. Konopczyński, in: *Polski Słownik Biograficzny*. — Über die Zusammenhänge zwischen sozialem und politischem Aufstieg in die Senatorenschicht sowie über die Struktur der magnatischen Elite der Sachsenzeit jetzt vor allem die grundlegende Arbeit von Teresa Zielińska, *Magnateria polska epoki saskiej. Funkcje urzędów i królewszczyzn w procesie przeobrażeń warstwy społecznej*, Wrocław usw. 1977.

des Parteienkampfes in Polen auch erst mit dem Ausgang des Interregnums beginnen.[173] Denn nun setzte eine allmähliche Transformation der »Familie« als Parteiung in Richtung auf eine politische und programmatische Formierung ein; sie wurde zur treibenden Kraft einer Politik, deren Wirkungen über den Horizont der ursprünglichen Zielsetzungen hinausreichten.

Der Anteil partikularer, das heißt persönlicher und familiärer Motive, an den praktischen politischen Entscheidungen und Maßnahmen der »Familie« wird freilich auch für die späten dreißiger sowie die vierziger Jahre, als die Czartoryski auf dem Höhepunkt ihrer Macht standen, nicht zu unterschätzen sein. Durch keine anderen als rein partikulare Gruppeninteressen kann die hemmungslose Versorgungspolitik bei der Einflußnahme auf die Verteilung von Ämtern und Krongütern begründet werden, welche die Czartoryski weitgehend mit der Unterstützung Brühls, oft aber gegen alle taktischen Rücksichten und tagespolitischen Erfordernisse betrieb.[174] Die Verfolgung ihrer ehrgeizigen Pläne in bezug auf die politischen Karrieren und die materielle Ausstattung der Familienmitglieder sowie ihrer engsten Anhänger führte zwischen 1740 und 1750 mehrfach zu spektakulären Skandalen und in den Jahren 1748 und 1749 sogar zu ernsthaften Konflikten innerhalb der »Familie« selbst.[175]

Aber sogar noch weiterreichende Familieninteressen mögen in diesen Jahrzehnten eine Rolle in der Politik der Czartoryski gespielt haben, nämlich eigene Ansprüche auf den polnischen Thron nach dem Tode Augusts III. Der Verdacht, der seit Rulhière immer wieder in der Historiographie geäußert wird, daß August Czartoryski bereits sehr früh den Vorsatz zu einer eigenen Thronkandidatur gefaßt und allein in dieser Perspektive an der Seite Augusts III. für staatliche Reformen und insgeheim auch für die Stärkung des Königtums gefochten habe,[176] läßt sich freilich nur schwer erhärten. In der späten Regierungszeit Augusts III. dagegen, nämlich in den Jahren nach 1752, als Brühl sein Interesse an

[173] Vgl. K. Waliszewski, *Potoccy i Czartoryscy...*, S. 3 f.

[174] Vgl. M. Skibiński, *Europa a Polska...*, Bd. 1, S. 347 ff., sowie S. Askenazy, *Sprawa Tarły...*, in: Ders., *Dwa stulecia XVIII i XIX*, Bd. 2, Warszawa 1919, S. 39—53.

[175] Vgl. Julian Nieć, *Młodość ostatniego elekta, St. A. Poniatowskiego. 1732—1764*, Kraków 1935, S. 28.

[176] C. Rulhière, *Histoire de l'anarchie de Pologne...*, Bd. 1, S. 194. Vgl. dazu auch S. Askenazy, *Epoka saska...*, in: *Pamiętnik...*, S. 11, sowie J. K. Hoensch, *Sozialverfassung und politische Reform...*, S. 236.

den Reforminitiativen gleichsam öffentlich preisgegeben und die Politik des Dresdner Hofs sich nun tatsächlich die Sicherung der Wettinischen Thronfolge zu ihrem einzigen Ziel gesetzt hatte, nahmen derartige Projekte im politischen Planen der Czartoryski mit Sicherheit Gestalt an. Sie begründeten nicht zuletzt eine latente Rivalität zwischen Poniatowski und August sowie Adam Kazimierz Czartoryski.[177]

Ungeachtet solcher Interessenbindungen aber stellt sich die Politik der »Familie« in ihren Wirkungen gewiß wesentlich anders dar als die der Potocki. Dies betrifft sowohl die konzeptionelle Seite ihres politischen Handelns nach 1736 als auch das Verhältnis dieser Politik zu den inneren und äußeren Machtkonstellationen. Wie auch immer der rasche Abfall der Czartoryski von Leszczyński sowie ihre Etablierung als Hofpartei und Protagonisten der Rußland-Orientierung motiviert war — der Frontwechsel auf die Seite Sachsens und Rußlands allein setzte sie in die Lage, die während des Interregnums gereiften Pläne einer Reform weiter zu verfolgen: Ihre innere und äußere Bündnispolitik schuf den Reformbestrebungen einen, gemessen an den Möglichkeiten, breiten Handlungsspielraum;[178] ja, zeitweise schien es sogar zu gelingen, die Kooperation mit der russischen-polnischen Polenpolitik im Sinne eigener politischer Interessen zu instrumentalisieren.[179] Daneben aber gingen von der Reformpropaganda der »Familie« offenkundig Impulse aus, die der Entwicklung des Konzepts einer »Wiederherstellung der Republik« eine eigene Dynamik verliehen.[180]

Freilich weisen die Pläne und konkreten Reformprojekte der ersten Jahre die »Familie« noch keineswegs als eine Reformpartei aus, blieben sie doch im ganzen in dem Rahmen, der durch die traditionelle Steuer- und Heeresordnung der Adelsrepublik vorgegeben war und in dem sich auch die späteren Alternativprojekte der Opposition noch bewegten. So sah August Czartoryskis »łatwe wojska w Polszcze wystawienie« von

---

[177] Vgl. die Erörterung des Wandels der Parteienverhältnisse am Beginn der 1750er Jahre bei W. Konopczyński, *Polska w dobie wojny...*, Bd. 1, S. 6 ff.

[178] Vgl. dazu den brieflich ausgetragenen Streit zwischen Stanisław Poniatowski und Ossoliński sowie den Briefwechsel Poniatowskis mit Biron; in Auszügen wiedergegeben bei K. Kantecki, *Stanisław Poniatowski...*, Bd. 2, S. 18 ff.

[179] Siehe unten.

[180] Dabei wird man wohl ausgehen müssen von einer spezifischen Diskrepanz zwischen den »aufgeklärt oligarchischen« Reformvorstellungen der »Familie« (J. Staszewski) einerseits und der »republikanischen« Resonanz auf dieses Reformkonzept andererseits.

1734,[181] vermutlich das erste Projekt der »Familie« zur Heeresvermehrung, zwar eine gewaltige Aufstockung der Armee auf 276 000 *porcje* vor; der Vorschlag einer alleinigen Finanzierung aus der Allgemeinen Kopfsteuer bewies jedoch ebensosehr praktisches Unverständnis wie standespolitisches Kompromißlertum.[182] Aber schon 1738, als die Reformdiskussion aufgrund der Beschlüsse des *sejm pacyfikacyjny* in Gang gekommen war und die Schwierigkeiten der beiden Heereskommissionen bei der Ermittlung möglicher Steuerquellen den Umfang der Modernisierungsprobleme sichtbar gemacht hatten, sprach sich Stanisław Poniatowski bei der Eröffnung des Reichstages für eine umfassende wirtschaftliche Reform des Staates unter Preisgabe regionaler Adelsprivilegien sowie unter wirksamer Förderung des Bürger- und Bauernstandes aus.[183] Und seine Flugschrift von 1744 schließlich, der »Brief eines Gutsbesitzers an einen Freund in einer anderen Wojewodschaft«, entwickelte an dem Problem der Heeresreform ein detailliertes Programm für die wirtschaftliche und fiskalische Reorganisation des Staates, das Eingriffe in die wirtschaftlichen Interessen sowohl der Szlachta als auch der Magnaten implizierte.[184]

Zumindest in diesen Aspekten der Reformpropaganda aus den Reihen der »Familie« nahmen ihre Forderungen im Zusammenhang der umstrittenen Heeres- und Steuerreform nun allmählich die Gestalt eines eigentlichen Parteiprogramms an. Auf den folgenden Reichstagen traten ihre Anhänger nicht mehr nur als die Parteigänger des Dresdner Hofs oder die Befürworter einer Verstärkung des stehenden Heeres auf. Es kam vielmehr in Ansätzen zu einer selbständigen Bewegung im Sinne des politischen Konzepts für die *naprawa Rzeczypospolitej*.[185] Damit aber verließ die »Familie« spätestens seit 1744 endgültig die Position einer ari-

---

[181] »Leichte Aufstellung eines Heeres in Polen.« In Auszügen wiedergegeben bei H. Krawczak, *Sprawa aukcji wojska...*, in: *Studia i materiały...*, Bd. 7,2 (1961), S. 10 f.

[182] *A.a.O.*, S. 11. Die demographischen Daten, auf denen Czartoryskis Projekt beruhte, entsprachen augenscheinlich nicht den Realitäten. Der Autor des Projekts hätte dies wissen müssen; offenbar aber wollte er Steuervorschläge vermeiden, die Szlachta oder Magnaten belastet haben würden.

[183] *Teka Podoskiego...*, Bd. 4, S. 393 f.

[184] Die Flugschrift im Wortlaut abgedruckt bei K. Kantecki, *Stanisław Poniatowski...*, Bd. 2, S. LXXXIV ff.

[185] J. Nieć, *Młodość ostatniego elekta...*, S. 26. Vgl. dazu die *vota* der Senatoren bei Eröffnung des Reichstags von 1748; W. Konopczyński (Hrsg.), *Dyaryusze sejmowe...*, Bd. 1, S. 48 ff.

stokratischen Interessengruppierung oder einer ausschließlich in der
Rivalität um königliche Gunst und senatorischen Einfluß konstituierten Hofparteiung. Sie hatte temporär die Funktion einer von den Gegensätzen des traditionellen Machtgefüges, zwischen Hof und Opposition
sowie zwischen Magnaten und Szlachta tendenziell unabhängigen politischen Kraft. Denn das Reformkonzept, das aus der Fortentwicklung
des Problems von *skarb i wojsko* geformt worden war, in seinen Konsequenzen aber tief in die soziale wie in die politische Verfassung der
Adelsrepublik eingriff, ging nun weder in der Ordnung der *oligarchia
magnacka* noch in dem Ideal der freien Adelsdemokratie restlos mehr
auf.[186]

Doch nicht nur im programmatischen Formierungsprozeß der Partei
der »Familie« und ihrer magnatischen Träger zeigte dieser innere Wandel eine politische Wirkung, sondern auch in einem praktischen Einfluß
auf die Konstellation der Reichstage. Indem sich die »Familie« durch
ihre Reforminitiative von den überkommenen Gegensätzen löste, nämlich den Konflikt zwischen gesellschaftlichem Beharren und staatlicher
Modernisierung politisch gleichsam erst formulierte und als einen Konflikt auch zwischen den Bedürfnissen der Nation und der Herrschaft der
»großen Herren« sichtbar werden ließ, setzte sie auf den Reichstagen
eine erste Mobilisierung von Aufbegehren gegen die Verteidiger der alten gesellschaftlichen Verfassung in Gang.[187] Zu Beginn der Reformauseinandersetzungen nach 1736, als auch Poniatowski und die Czartoryski ihre hoforientierte Fraktion erst zur Partei heranbildeten, be-
herrschten die alten politischen Gegensätze zwischen sächsischem Absolutismus und adelsrepublikanischer Freiheit die Reichstagsdebatten
noch weitgehend. Kaum eine Stimme erhob sich auf den Reichstagen
von 1738 und 1740 in der Landbotenkammer gegen die offensichtlichen
Absichten magnatischer Interessengruppen, die Gesetzesvorhaben für
die Revision und »gerechte« Besteuerung der Krongüter zu hintertreiben. Die Instruktionen der *sejmiki* an ihre Landboten enthielten zwar
zahlreiche Beschwerden gegen angebliche Verletzungen der *pacta con-*

---

[186] Dabei ist wohlgemerkt nicht davon auszugehen, daß sich die eigentlichen politischen Bestrebungen der »Familie« mit den auf den Reichstagen propagierten Programmen etwa vollständig gedeckt hätten; vielmehr zielte der »aufgeklärte Oligarchismus«
der Hofpartei gewiß auf Veränderungen, die vor allem den innenpolitischen Vorstellungen eines reformerischen Republikanismus kaum entsprochen haben dürften.

[187] So auch die Schlußfolgerung bei H. Krawczak, *Sprawa aukcji wojska...,* in:
Studia i materiały..., Bd. 7,2 (1961).

venta, jedoch seltener gegen die Willkür der »Großen« oder die Nach-
lässigkeit der litauischen Magnaten bei der Entrichtung ihrer *kwarta.*[188]
In dem Maße jedoch, wie die reformpolitischen Forderungen der »Familie« an Rückhalt gewannen, vergrößerte sich auch die Distanz zwischen der konservativen Position der oppositionellen »Patrioten« und
einzelnen Gruppen unter den Landboten. 1744 erteilten mehrere groß-
polnische und mazowische Landtage ihren Deputierten den Auftrag, im
Reichstag nachdrücklich auf die pünkliche Ablieferung der *kwarta* von
den Krongütern zu dringen;[189] auf den folgenden Reichstagen aber führten immer mehr Landboten Klage gegen den Egoismus der Magnaten
und forderten den Sejm zur Verurteilung der aristokratischen Willkür
auf. »Wspomina niejeden z województw,« erklärte der Landbote Dylewski für Smoleńsk 1748, »że od zagranicznej potencyi wielką cierpi
krzywdę a o tem milczy, że od samychże starszych braci naszych wielkich się dzieją inkonwenyencye, że my radzibyśmy nie tylko skarb, ale i
serce własne oddać dla uszczęśliwienia ojczyzny, a oni z tych dóbr, które
gratis z łaski J. Kr. Mości mają, po sto tysięcy i więcej intraty wybierają,
mizernej żałują przyłożyć na wojsko kwarty!«[190] Auf den Landtagen sei
die Empörung über den Eigennutz und die Gewaltherrschaft der Man-
gnaten bereits groß, aber »ichmość pp. starsi bracia, ażeby szlachcić
prawdy nie mówił, starają się o zerwanie onych«.[191]
Erst die Polarisierung um die reformpolitische Initiative der »Familie« konnte eine solche Argumentation hervorbringen und dem offen-

---

[188] Vgl. besonders die *instrukcje poselskie* der litauischen *sejmiki* für den Reichstag von
1740; *Teka Podoskiego...,* Bd. 4, S. 527 ff. — Es gab lediglich einzelne Ausbrüche von
Unmut gegen die obstruktive Verhandlungsweise der litauischen Landboten; so rief
etwa die Weigerung des wolhynischen Landboten Lubomirski, der Bestellung von
unabhängigen (nicht durch die *sejmiki* zu lenkenden) Revisionskommissionen zuzustimmen, das »resentiment« der »ganzen Kammer« hervor, vgl. *a.a.O.,* S. 639.

[189] M. Skibiński, *Europa a Polska...,* Bd. 1, S. 601 ff.

[190] W. Konopczyński (Hrsg.), *Dyaryusze sejmowe...,* Bd. 1, S. 122 f. »Viele Wojewodschaften (i. e. Landtage) erinnern daran, daß von einer auswärtigen Macht großes
Unheil droht, aber darüber schweigen sie, daß uns von unseren eigenen älteren Brüdern
große Ungelegenheiten bereitet werden, daß wir beschließen würden, nicht nur das
Vermögen, sondern auch das eigene Herz für die Beglückung des Vaterlandes hinzuge-
ben, sie aber geizen damit, von den Gütern, die sie durch die Gnade des Königs umsonst
erhalten haben und 100 000 und mehr an Einnahmen daraus ziehen, die jämmerliche
kwarta für das Heer zu geben«; über Dylewski *a..a.O.,* S. XII.

[191] *A.a.O.,* S. 123. »...die Herren älteren Brüder bemühen sich die Landtage zu
zerreißen, damit der Szlachcic nicht die Wahrheit sage.«

kundigen Gegensatz zwischen *oligarchia magnacka* und gegenläufigen Interessen zum Ausdruck verhelfen — wofür auch der negative Beweis darin zu sehen ist, daß derartige kritische Stimmen aus den Reihen der Landboten nach 1748 wieder gänzlich verstummten. Die tendenzielle Gemeinsamkeit zwischen aristokratisch-hoforientierter Reformpartei und der Szlachta hatte in der Tat nur solange Bestand, wie die »Familie« mit Unterstützung des Hofs sowie unter Aufbietung ihres politischen und wirtschaftlichen Einflusses als Magnatenfraktion die Reformauseinandersetzungen selbst in Gang hielt und ihren politischen, das heißt, nicht nur persönlich abhängigen Gefolgsleuten in der Szlachta ihre Patronage gewährte.[192] Insofern wiederum erwies sich auch die »Familie« als eine gewissermaßen »vormoderne« Partei, die ihren aristokratischen Charakter bewahrte und deren Geltung als politische Kraft nur eine beschränkte Eigendynamik jenseits der jeweiligen Ziele und Strategien ihrer Führer entfaltete. Dennoch, die Partei Poniatowskis und der Czartoryski stellte vermittels ihrer praktischen Politik, in der konsequenten Fortentwicklung des Reformgedankens über den Anlaß und das unmittelbare Ziel der Heeresvermehrung hinaus, nicht nur solche partikularen Ziele und Interessenlagen in Frage, sondern — ob bewußt oder unbewußt — auch die überkommenen Wirkungsweisen der altständischen magnatisch-oligarchisch geprägten Verfassungswirklichkeit.[193]

Somit traten in den Jahren 1736 bis 1752 drei sehr heterogene politische Kräfte miteinander beziehungsweise gegeneinander in Konkurrenz: der König, der als verfassungsmäßig schwächster Faktor seine Prärogativen als Reichstagsstand niemals überschritt und dennoch eine objektiv entzweiende und obstruktive Kraft bildete, die »Patrioten«, die als altständisch-aristokratische Opposition auf den neuen Konflikt *inter maiestatem et libertatem* und zugleich auf Forderung nach staatlichen Reformen reagierten, und schließlich die »Familie«, die als neue aristokratische Machtelite, aber auch als politische Partei ein eigenes reformerisches Konzept im Kompromiß mit der Krone praktisch entfaltete. Alle diese politischen, ökonomischen und verfassungsspezifischen Faktoren veranlaßten eine Fraktionsbildung auf den Reichstagen und

---

[192] Die Tatsache, daß die »Familie« in diesem Sinne nicht eigentlich offene Partei, sondern auch nur Magnatenfraktion war, hat besonders Kitowicz in seiner heftigen Polemik gegen die Czartoryski hervorgehoben; vgl. *Opis obyczajów...*, S. 578 f.

[193] Vgl. auch J. Michalski, *Plan Czartoryskich...*, in: *Kwartalnik Historyczny*, Bd. 63 (1956), S. 29 ff.

eine Polarisierung zwischen den unterschiedlichen Kräften, durch welche das einmütige Zusammenwirken der Stände gestört und das Reformwerk letztlich verhindert wurde. Das Verhältnis der Kräfte zueinander wandelte sich freilich im fraglichen Zeitraum; es sind für die Jahre 1736 bis 1752 verschiedene Phasen zu differenzieren.

Einer gleichsam noch vorbereitenden Phase gehörten beide Reichstage der Jahre vor 1744 zu, nämlich der Sejm von 1738 sowie der von 1740. Erst im Verlauf dieser ersten Regierungsjahre Augusts III. bildeten sich allmählich die neuen innenpolitischen Fronten heraus: Die »Familie«, aufgrund von Sułkowskis Einfluß 1736 bei der Ämtervergabe durch August III. noch demonstrativ übergangen, konnte mit Brühls und Stanisław Poniatowskis Hilfe nur langsam ihren Status als Hofpartei gewinnen.[194] Die Parteiung der Potocki schwankte — unter den konkurrierenden Einflüssen des alten Primas Teodor Potocki und des Krongroßhetmans Józef Potocki — zwischen einer Taktik eigener Reformpolitik und Konföderationsplänen. Der Hof aber hielt vorerst noch mit allzu weitreichenden Reformkonzepten zurück und blieb mißtrauisch gegenüber möglichen Eigeninitiativen der »Familie«.[195] Der einhellige Beschluß des *sejm pacyfikacyjny* über eine zukünftige Heeresreform, deren Vorbereitung der *kosmisja prymasowska* (»Kommission des Primas«) anvertraut worden war, hatte zwar die allgemeine Entschlossenheit zur Reform dokumentiert; als es jedoch um das »Ersinnen neuer Abgabeformen«, um die Reorganisation der Truppen und um eine mögliche bündnispolitische Option Polens im osteuropäischen Mächtesystem ging, überwog bei allen Beteiligten das Mißtrauen, daß vor allem der politische Gegner Vorteil aus der Reform ziehen werde.

So entstand schon vor dem Reichstag von 1738 die merkwürdige Situation, daß eigentlich alle Stände der Heeresvermehrung zuneigten, sie damit jedoch völlig verschiedene Absichten verbanden. Józef Potocki und der Wojewode von Bełz, Antoni Potocki, arbeiteten seit Monaten an der Vorbereitung einer Konföderation, die im Bündnis mit der kriegführenden Türkei sowie mit Schweden eine Diversion gegen Rußland ausführen sollte.[196] Sie standen im Blick auf solche Pläne einer Heeres-

[194] K. Kantecki, *Stanisław Poniatowski...*, Bd. 2, S. 37 f.; K. Waliszewski, *Potoccy i Czartoryscy...*, S. 8 f.

[195] Sehr genau im Verlauf der beiden Reichstage herausgearbeitet bei H. Krawczak, *Sprawa aukcji wojska...*, in: *Studia i materiały...*, Bd. 7,2 (1961), S. 11 u. 17 f.

[196] W. Konopczyński, *Polska a Szwecja...*, S. 143 f.

vermehrung nicht grundsätzlich ablehnend gegenüber — vorausgesetzt, daß sie umgehend Wirksamkeit erlangte und die Kommandogewalt Józef Potockis als Krongroßhetman nicht angetastet wurde.[197] Der
Hof freilich geriet angesichts dieser Entwicklung in eine außerordentlich schwierige Situation, da Brühl einerseits bereits im März von den
Vorbereitungen der Opposition sowie ihren besonderen Spekulationen
hinsichtlich der Heeresreformvorhaben erfahren hatte, die Heeresvermehrung andererseits aber selbst betreiben mußte, um die gegenüber
Rußland ins Spiel gebrachte polnische Bündnishilfe für den Türkenkrieg zu realisieren — zumindest aber, um in einer erfolgreichen Reforminitiative den Grund für eine spätere bündnispolitische Einbeziehung
Polens in das System sächsischer Politik zu legen. Aber auch mit der
»Familie« befand sich der Hof nicht vollständig in Einklang, wie das engagierte Plädoyer Stanisław Poniatowskis für eine umfassende Wirt-
schaftsreform bewies. Nicht um die rasche Aufstockung der Truppen
gehe es, gab der Wojewode von Masowien in seinem *votum senatorskie*
bei Eröffnung des Reichstags zu verstehen, geschweige denn um den
Bruch der in der Konstitution von 1736 verbrieften Neutralität der
Adelsrepublik.[198] Vielmehr müßten zunächst durch eine Belebung von
Handel und Gewerbe sowie durch die Aufhebung privater Steuer- und
Zollprivilegien geeignete wirtschaftliche Grundlagen für Steuer- und
Heeresreform geschaffen werden.[199]

Die komplizierten Fronten zwischen Hofpartei und Krone auf der einen sowie der Opposition auf der anderen Seite klärten sich jedoch im
Zuge der folgenden Reichstagsdebatten. Die Aussichten der Opposition, die ihren Interessen gemäße Art der Truppenvermehrung und der
Sicherung der Kontrolle über das neue Heer durchzusetzen, erwiesen

---

[197] Entsprechend freilich sprach sich etwa Jan Tarło dafür aus, die Heeresvermehrung
— abweichend von den Vorschlägen der *komisja prymasowska* — durch Aufstellung
einer »Hufeninfanterie« unter der Kontrolle der Landtage zu bewerkstelligen; auf diese
Weise könne die Aufstockung rascher erreicht werden, und eine Wojewodschaftsmiliz
sei eher akzeptabel denn ein zentral gelenktes (gemeint ist: durch den König zu miß-
brauchendes) Heer neuer Ordnung; vgl. *Teka Podoskiego...*, Bd. 4, S. 390.

[198] Der *sejm pacyfikacyjny* hatte gegenüber allen Nachbarmächten die friedlichen
Absichten der Adelsrepublik versichert. Vgl. *Volumina legum*, Bd. 6, S. 658.

[199] Das Votum Poniatowskis in *Teka Podoskiego...*, Bd. 4, S. 393 f. Das königliche
Universal vor dem Sejm sowie die Vorschläge der Krone, im Senat unterbreitet durch
Kanzler Załuski, hatten dagegen auf jegliche Projekte verzichtet, die als Eingriffe in die
wirtschaftliche und soziale Struktur des Landes hätten verstanden werden können.
Auch die geplante Allianz gegen die Türkei war freilich unerwähnt geblieben.

sich sehr rasch als allzu gering, und die in den *vota* der Senatoren bereits angedeuteten konzeptionellen Divergenzen weiteten sich während der Beratungen in der Landbotenkammer zu unüberbrückbaren Gegensätzen aus. Die eigentlichen Gründe für das Scheitern des ersten Reformversuchs waren damit bereits gegeben, den Anlaß aber boten ebenso die Auseinandersetzungen um die vorgeschlagenen Steuertarife, wie die vielstimmigen Klagen der Landboten gegen die wiederholten Grenzverletzungen durch die russischen Truppen unter Münnich.[200] Zumindest die zukünftige Haltung der Opposition hatte sich somit seit den Erfahrungen des Sejm von 1738 deutlich geklärt. Józef und Antoni Potocki, die nach dem Tod Teodor Potockis im November 1738 die Richtung der »patriotischen« Politik bestimmten, setzten ohnehin kein Vertrauen mehr in die Möglichkeiten eigener Politik unter Ausnutzung der Reformen. Das Scheitern ihrer Konföderationsvorhaben nach der Entdeckung der Pläne sowie endgültig nach dem Ende des russisch-osmanischen Kriegs entzog den Spekulationen, daß ein verstärktes Heer gegebenenfalls in einem Bündnis mit der Pforte einzusetzen wäre, vorerst die Grundlage. Das Risiko des Eingehens auf eine Reforminitiative, welche die Privilegien der großen Magnatengeschlechter schmälern und vor allem die Hetmane entmachten konnte, war also zweifellos größer als es die ungewisse Aussicht auf einen möglichen Machtzuwachs der oppositionellen Kräfte in der Adelsrepublik gerechtfertigt hätte.[201]

So schlossen sich die »Patrioten« zwar auch vor dem nächsten Reichstag von 1740 der allgemeinen Forderung nach der Reform von *skarb i wojsko* an, um die Popularität ihrer Parteiung angesichts der in der Szlachta herrschenden Stimmung nicht zu gefährden und ihre Aktionsfähigkeit in den ideologischen Auseinandersetzungen zu bewahren; sie traten mit demselben Anspruch auf wie die »Familie«. Die heeresorganisatorischen Projekte jedoch, welche die Potocki unterbreiteten, verrieten deren Entschlossenheit, an der alten dezentralen Ordnung des Militärwesens festzuhalten oder diese sogar auszubauen. Den Reformprojekten des Hofs wollte man eigene Positionen entgegensetzen: Anstatt des *autorament cudzoziemski* sollte doch die adlige Kavallerie verstärkt werden, das Kommando müßten die Hetmane behalten, ein Teil des Heeres aber sei auf eine regional organisierte und geführte Wojewodschaftsmiliz umzustellen.[202] Wie erwartet, fanden solche Vorschläge auch wenig

[200] *A.a.O.*, S. 438 ff.

[201] Vgl. W. Konopczyński, *Polska a Turcja...*, S. 123 ff.; M. Skibiński, *Europa a Polska...*, Bd. 1, S. 83 f., S. 94.

[202] *A.a.O.*, Bd. 1, S. 101 f.

positive Resonanz bei den Senatoren wie in der Landbotenkammer. Aber die »Patrioten« hatten damit den äußeren Schein gewahrt, und sie konnten nun den weiteren Ablauf des Reichstags sich selbst überlassen — bis gegen Ende der Beratungen ihre erklärten Parteigänger, die Landboten Orański, Małachowski, Jeżewski und etliche andere, den Sejm durch ihre *oracje* zu einem fruchtlosen Ausgang brachten.[203]

Hatten die »Patrioten« damit bereits vor dem Reichstag von 1740 zu jener Taktik gefunden, an der sie während des kommenden Jahrzehnts im wesentlichen festhielten, so bildete sich die reformpolitische Gemeinschaft zwischen Hof und »Familie« erst jetzt allmählich heraus. Im Unterschied zum Verfahren des Hofs vor dem Sejm von 1738 nahmen das königliche Universal und die späteren offiziellen und anonymen Projekte der Krone zur Heeresvermehrung nun die Forderungen Poniatowskis zumindest in allgemeinen Wendungen auf — möglicherweise bereits aufgrund einer förmlichen Verständigung mit der »Familie«.[204] Dennoch setzten die Programme von Hof und »Familie« noch immer unterschiedliche Akzente: In der für die Reform werbenden Schrift des Primas Szembek, seiner »Vertraulichen Meinung«, [205] wie in den von Kanzler Załuski vorgetragenen Thronpropositionen wurden gemeinsame Anstrengungen der Nation zur Aufbringung des Heeresunterhalts, darunter der Allgemeine Zoll, zwar nachdrücklich empfohlen; doch wollte man sich der Forderung nach Aufhebung der als »Tribut« (*haracz*) geschmähten Kopfsteuer für den Adel nicht verschließen. Die »Familie« hingegen argumentierte hier »radikaler«, indem sie auf der Notwendigkeit wirtschaftlicher und fiskalischer Opfer aller beharrte.[206]

Von einer regelrechten Aktionsgemeinschaft waren Hof und »Familie« mithin offenbar noch ein Stück entfernt. Dabei mögen politische Vorbehalte Brühls eine Rolle gespielt haben, vielleicht auch die Überlegung des Hofes, daß die angestrebte Einmütigkeit des Reichstags bei allzu weitreichenden steuerlichen Forderungen vorzeitig in Gefahr

---

[203] Vgl. die Debatten in der letzten Sitzung des Sejm von 1740; *Teka Podoskiego...*, Bd. 4, S. 698 ff.

[204] H. Schmitt, *Dzieje Polski...*, Bd. 1, S. 138, sowie M. Skibiński, *Europa a Polska...*, Bd. 1, S. 93. Das Universal des Königs forderte sogar eine Beteiligung der ganzen Szlachta mit ihrem Vermögen an der allgemeinen Anstrengung, »ex ruderibus novam erigere Troiam«.

[205] Das Projekt *Zdanie poufale około teraźniejszej ekspedycji przedsejmowej anno 1740* dem Inhalt nach wiedergegeben bei H. Krawczak, *Sprawa aukcji wojska...*, in: *Studia i materiały...*, Bd. 7,2 (1961), S. 17, ganz: *Teka Podoskiego...*, Bd. 4, S. 481 ff.

[206] *A.a.O.*, S. 507 ff. und 540 ff.

geraten konnte.[207] Hinsichtlich der Haltung der Landtage, der *sejmiki przedsejmowe*, schien Brühl zunächst auch Recht zu behalten, da offenbar kaum eine der Landboteninstruktionen mehr als eine lineare Erhöhung bestehender Steuersätze in Aussicht nahm.[208]

Der Verlauf der Reformdebatten in der Landbotenkammer, begünstigt durch die relative außenpolitische Ruhelage,[209] zeigte jedoch, daß die Vorschläge von Hof und »Familie« eine unerwartet starke Resonanz bei einer großen Zahl von Landboten fanden: Nicht nur die tendenziell antimagnatisch eingestellten Großpolen und Masowier, sondern schließlich auch die kleinpolnischen Landboten fanden sich zu einem Kompromiß bereit.[210] Die litauischen Landboten dagegen beharrten bis zuletzt bei ihrer Ablehnung der vorgeschlagenen Konstitution, und ihr zeitweises Einlenken auf die dringenden Mahnungen ihrer »Herren Brüder« erwies sich in den Abschlußsitzungen der Kammer doch als ein nur taktisches Manöver; die Opposition vermochte abermals den sozialen Einfluß auf ihre Szlachta-Klientel sowie den ideologisch forcierten Gegensatz zwischen Krone und Adelsnation erfolgreich zu handhaben. Dennoch hatte die Reformfraktion insgesamt bereits erfolgreicher taktiert als zwei Jahre zuvor, worin sowohl der Hof als auch die »Familie« nun die Funktionalität ihres neuen Bündnisses erkannten.[211]

Mit großer Zuversicht sahen daher die Reformer dem kommenden Reichstag entgegen, der nach vorheriger Abstimmung der gemeinsamen Ziele durch intensive propagandistische Vorbereitung in der Adelsrepublik und aktive Steuerung der *sejmiki przedsejmowe* Hof und »Familie« zum Erfolg führen sollte. Der Hof hoffte, indem er für die 1743 beginnenden Reichstagsvorbereitungen vollständig auf das bereits bewährte taktische Konzept der »Familie« gegenüber der Szlachta einging, den latenten Widerstand des Adels gegen die Krone endlich durchbrechen zu können;[212] die »Familie« aber war inzwischen tatsäch-

---

[207] Vgl. M. Skibiński, *Europa a Polska...*, Bd. 1, S. 82.

[208] Vgl. etwa die Instruktion des kujawischen Landtags; A. Pawiński, *Rządy sejmikowe...*, Bd. 5: *Lauda i instrukcje*, S. 81 ff.

[209] Nach dem Belgrader Frieden waren die Spannungen hinsichtlich eines polnischen Engagements für oder gegen die Osmanen gewichen; die Nachricht vom Tode Karls VI. aber schuf nun eine verstärkte gemeinsame Motivation zur Heeresreform.

[210] *Teka Podoskiego...*, Bd. 4, S. 646 ff.

[211] *A.a.O.*, S. 672 sowie 698 f. Vgl. dazu auch K. Waliszewski, *Potoccy i Czartoryscy...*, S. 41 f., sowie K. Kantecki, *Stanisław Poniatowski...*, Bd. 2, S. 64.

[212] H. Krawczak, *Sprawa aukcji wojska...*, in: *Studia i materiały...*, Bd. 7,2 (1961), S. 25 f.

lich zur politisch stärksten aristokratischen Fraktion der Republik avanciert. Sie sah nun in bezug auf die Haltung Sachsens und Rußlands sowie auf die ideologische Mobilisierung für die Reform und gegen die vermeintliche »preußische Gefahr« das Terrain für ein offensives Vorgehen endgültig bereitet. So begleitete bereits die Einberufung der Wahllandtage eine derart intensive publizistische Agitation der Reformanhänger, wie sie vor keinem bisherigen Reichstag betrieben worden war.[213]

Eine ganze Anzahl von Parteigängern des Dresdner Hofs und der »Familie« traten mit Flugschriften und Reformtraktaten an die Öffentlichkeit, in denen die Gefahren für einen Staat »bez wojska, bez pieniędzy i bez rady«[214] in den drastischsten Farben geschildert wurde, und die zum Teil sogar ein umfassendes Verbot des »Hemmens« und »Zerreißens« des Reichstags für die bevorstehende Reformdebatte forderten. Das eigentlich offizielle Programm für August III. und seine Partei indessen formulierte Stanisław Poniatowski selbst. In seinem *List ziemianina* faßte er alle wesentlichen Punkte seines innerhalb der vorangegangenen Jahre konzipierten Staats- sowie Steuerreformprogramms zusammen und verlangte abschließend, die ganze Nation müsse sich endlich vereinigen, ihre partikularen Interessen wie ihre persönlichen Feindschaften angesichts der unübersehbaren äußeren Bedrohung hintanstellen und den republikanischen Staat auf eine neue wirtschaftliche und politische Grundlage stellen. Der Kiever Kastellan Stecki habe durch sein Angebot auf dem letzten Sejm, ein Zehntel seines Vermögens für die Republik zu opfern, das Signal gegeben; jetzt müsse man alle, die die Reform so laut verlangten, beim Wort nehmen: »Naśladujemy tak piękne, tak godne w Rzeczypospolitej sentymenta; dajmy sobie słowo, weźmy się za ręce wszyscy bez braku, złączmy serca i umysły nasze, ażeby tak przykładna nie upadła rezolucya. Przypomniemy sobie wszystkie gwałty, uciski, nieszczęśliwości przeszłe; uważamy, że bez ogromnego wojska, bez dostatecznych sił zastawienia się wszelkim natarczywościom, jesteśmy i będziemy zawsze w niebezpieczeństwie podobne albo gorsze jeszcze przyjąć wstydliwie, znosić cierpliwie zamachy.«[215] Dafür müßten jedoch die Großen auf einen Teil ihres Reichs-

---

[213] H. Schmitt, *Dzieje Polski...*, Bd. 1, S. 197 ff, sowie H. Olszewski, *Doktryny prawno-ustrojowe...*, S. 294.

[214] »...ohne Heer, ohne Geld und ohne Rat.«

[215] *List ziemianina do przyjaciela z inszego województwa;* K. Kantecki, *Stanisław Poniatowski...*, Bd. 2, S. XCVI. »Folgen wir solchem schönen und der Republik würdigen Beispiel; geben wir uns das Wort, nehmen wir uns ohne Ausnahme bei der

tums, die »jüngeren Brüder« aber auf einen Teil ihrer Freiheit verzichten. »Nie ochraniajmy się od tej dobrowolnej z wielką sławą a niewątpliwym pożytkiem naszym ofiary ani dóbr naszych dziedzicznych, ani duchownych, ani królewskich, ani sum lokowanych na prowizyach albo w bankach. Zeznajmy rzetelnie, pod sumieniem, nasze intraty i odłóżmy część, abyśmy wszystko zachowali.«[216]

Dieselbe Handschrift trugen auch das königliche Universal an die Landtage und die Projekte Załuskis und Podoskis bei Eröffnung des Grodnoer Sejm sowie in der *sesja prowincjonalna* der großpolnischen Landboten.[217] Eine wirksame Vermehrung der Truppen, so ließ der König verkünden, sei nicht ohne Opfer auch von seiten des Adels, vor allem aber der Großen der Republik zu bewerkstelligen; und wenn bisher alle Bemühungen um die Schaffung eines geeigneten Schutzes für das Vaterland gescheitert seien, dann müsse man dafür jene verantwortlich machen, die am lautesten über die Bedrängnis klagten, aber nicht den geringsten Teil ihrer Einkünfte und ihrer Privilegien für die Nation opfern wollten. Gerade jetzt aber müsse die Nation ihre Feindschaften und Rivalitäten begraben, um dem drohenden äußeren Feind, nämlich Preußen, widerstehen zu können.[218]

Tatsächlich erzielte die Agitation von »Familie« und Hof, unterstützt durch einen rücksichtslos geführten Kampf um die Landbotenwahlen auf den *sejmiki*,[219] einen außerordentlichen Erfolg bei der re-

Hand, vereinigen wir unsere Herzen und Gedanken, damit ein so beispielhafter Entschluß nicht untergehe. Erinnern wir uns an vergangene Gewaltakte, Unterdrückungen, Unglücksfälle; beachten wir, daß wir ohne gewaltiges Heer, mit dem wir uns gegen jegliche Überfälle schützen können, immer in Gefahr sein werden, oder schlimmer noch, alle Anschläge schändlich erleiden und geduldig ertragen müssen.«

[216] *A.a.O.,* S. LI. »Wehren wir uns nicht gegen ein so rühmliches und zugleich so nützliches Opfer, schonen wir weder unsere erblichen, noch die geistlichen, noch die königlichen Güter, noch auch unsere registrierten Handelserträge und Bankeinlagen. Nennen wir ehrlich und nach bestem Gewissen unsere Einkünfte und geben wir einen Teil und bewahren das ganze.« W. Konopczyński, *Polscy pisarze...,* S. 135 ff.

[217] M. Skibiński, *Europa a Polska...,* Bd. 2: *Dokumenty,* S. 93 ff. bzw. S. 307 f. u. 321.

[218] *A.a.O.,* S. 95.

[219] Tatsächlich übte die »Familie« nicht nur massiven Druck auf die Szlachta in den von ihnen kontrollierten Wojewodschaften aus, sondern sie verschaffte ihren Anhängern durch Gütererwerb in traditionell »patriotischen« Landschaften auch Zutritt zu jenen *sejmiki*, die bisher ihrem direkten Einfluß entzogen waren. Vgl. dazu die Krakauer Instruktion vom 24. August 1744; M. Skibiński, *Europa a Polska...,* Bd. 2: *Dokumenty,* S. 197: »Także przez to wielkie dzieje się praeiudicia, że skądkolwiek przystępujące do wdztwa osoby, nie mając z wielu tegoż wdztwa dawnymi ziemianinami znajomości i przyjaźni, na sejmiku nie obwieściwszy się, kto jest, skąd jest i jaki jest, dobra skupują, a

formpolitischen Mobilisierung der Szlachta für den Reichstag. In Groß-
und Kleinpolen wurde nicht ein Landtag durch eine Initiative der Opposition »zerrissen«; in Litauen waren es lediglich zwei.[220] Auch die Instruktionen, welche die *sejmiki* für die Landboten verabschiedeten, unterschieden sich von denen vorangegangener Jahre in der Deutlichkeit
ihrer Steuerforderungen wie in den Auflagen zur Sicherstellung der Reformberatungen im Verfahren des Reichstags.[221] Das Verlangen nach einer Vermehrung von *skarb i wojsko* war ohnehin allen Instruktionen ge-
mein; deutlicher jedoch als zuvor forderten manche nun gerechte Besteuerung der Krongüter, den Allgemeinen Zoll und uneingeschränkte
Erhebung von indirekten Steuern von allen erblichen und »königlichen«
Gütern. Gegen die Reform gerichtete Bestechungsversuche aber müsse
man durch das Reichstagsgericht verfolgen lassen, wie der Landtag von
Zakroczym bestimmte, und Verzögerungen oder »Hemmungen«, so
die Instruktion von Liw, seien unnachsichtig zu bestrafen.[222] Aber auch
der Krakauer Landtag, der nicht zu den Landtagen gehörte, die sich in
dezidierter Unterstützung des Programms der »Familie« hervortaten,
folgte der Reformpropaganda noch soweit, daß er zumindest einen
begrenzten Katalog von neuen Steuersätzen erstellte und die Vermehrung des Heeres auf solcher Grundlage ausdrücklich empfahl.[223] Ob ein
Landtag eine konstruktive oder eine potentiell ablehnende Haltung
gegenüber der Reform einnahm, ließ sich allenfalls an der Hierarchisie-
rung der einzelnen Probleme in der jeweiligen Instruktion ablesen
— oder an den Sanktionen, die er dem Reichstag für den Fall von
Widerstand gegen die vorgesehenen Steuerbeschlüsse empfahl.

Insofern gingen die Reformanhänger 1744 hinsichtlich der Resonanz
ihrer Initiative bei der Adelsmehrheit unter günstigen Vorzeichen in die
eigentlichen Auseinandersetzung des Reichstags hinein; gegenüber

---

zmocniwszy się, nad dawne familie wynoszą się, inni ledwie raz widziani, sejmiki twą i
psują i inne inkonweniencye zuchwale czynią.« (»Auch dadurch geschehen große praeiudicia, daß von irgendwo in die Wojewodschaft kommende Personen, die unter dem seit
alters ansässigen Landadel weder Bekannte noch Freunde haben und die auf dem
Landtag nicht bekennen, wer, woher und wie sie sind, Güter kaufen und, indem sie sich
stark machen, sich über die alten Familien erheben; andere, kaum einmal gesehen,
zerreißen und zerstören die Landtage und verursachen dreist andere Unannehmlichkei-
ten«.)
[220] Vgl. die Liste der 1744 vertretenen Wojewodschaften und »Landschaften« *(ziemie); a.a.O.,* S. 289 ff.
[221] *A.a.O.,* Bd. 1, S. 601 ff.
[222] *A.a.O.,* S. 602.
[223] *A.a.O.,* Bd. 2: *Dokumenty,* S. 184 ff.

ihren unmittelbaren Kontrahenten dagegen, den »Patrioten« und ihrer senatorischen Anhängerschaft waren sie sehr viel weniger erfolgreich. Zwar stellten sich die Führer der Opposition nicht ausdrücklich gegen die Werbungen des Hofs um die Einheit der Nation in den Reformbemühungen. Doch signalisierte ihre Zurückhaltung mit eigenen Initiativen deutlich politische Distanz.[224]

So fand das Sendschreiben des Hofs an die Senatoren, das gleichzeitig mit den Universalen an die Landtage versandt wurde, bei den Gegnern der »Familie« nur ein schwaches Echo. In seiner Antwort an den König vom 12. Mai 1744 verzichtete Krongroßhetman Józef Potocki auf die Entwicklung eigener Vorstellungen zum Reformplan. Er bekundete seinen Willen zur aufrichtigen Unterstützung der reformerischen Pläne, welche der Hof für den Grodnoer Sejm angekündigt hatte. Auch er sei überzeugt, daß »der Staat« (musi być) kiedyżkolwiek porządnym narodom podobne, sobie pomocne i wszędy chwalebne przez ukację wojska, którą ante omnia na przyszłym, da Bóg sejmie, sub authoritate W. K. M. PPM., postanowić potrzeba«.[225]

Antoni Potocki allerdings setzte eine eigene Reformschrift in Umlauf, die auf den ersten Blick durchaus als ein konstruktiver Beitrag zur Reformdebatte anmutet.[226] Sie empfahl nicht nur die Heeresvermehrung, sondern berührte auch grundsätzlichere Fragen — etwa die mißliche Lage der Städte und des Bürgertums und sogar die schädliche Wirkung des *liberum veto*. Es ist indessen zu bezweifeln, daß der Wojewode von Bełz mit seinem Vorstoß andere als taktische Ziele verfolgte. Es ging wohl vor allem darum, zumindest ideologisch den Anspruch der »Patrioten« auf Teilhabe an der Reformdiskussion der Nation zu behaupten.[227]

Potockis weiteres Verhalten jedenfalls legt dies nahe — sein Schritt erwies sich effektiv nur als ein taktisches Manöver oppositioneller Politik. Die alte Kluft zwischen Hofpartei und aristokratischer Opposition hatte sich 1744 in Wahrheit keineswegs geschlossen, ja sie war tie-

---

[224] *A.a.O.*, Bd. 1, S. 485 ff.

[225] Józef Potocki an August III., am 12. Mai 1744; M. Skibiński, *Europa a Polska...*, Bd. 1, S. 486. »Polen muß dereinst wieder wohlgeordneten Nationen gleichkommen, zum eigenen Schutz fähig und überall geachtet, durch eine Vermehrung des Heeres, welche Eure königliche Hoheit, so Gott gebe, auf dem kommenden Reichstag verfügen werden.«

[226] *A.a.O.*, Bd. 2: *Dokumenty*, S. 176 ff.

[227] Vgl. auch H. Krawczak, *Sprawa aukcji wojska...*, in: *Studia i materiały...*, Bd. 7,2 (1961), S. 25.

fer geworden als jemals zuvor. Denn wenn der Hof durch die Verständigung mit einzelnen Senatoren möglicherweise verschiedene neue Anhänger gewonnen hatte, so hatte sich die »Familie« durch ihre partikulare Machtpolitik in der Adelsrepublik um so mehr neue Feinde geschaffen. Wieder war es der Streit um senatorische Würden, in dem die Czartoryski und ihre engsten Anhänger ihre privaten Ansprüche rücksichtslos zur Geltung brachten und die übergangenen Familien — Józef Mniszech zum Beispiel befand sich unter den Verärgerten — auf die Seite der Opposition trieben.[228] Einen regelrechten Skandal löste jedoch der Fall Adam Tarłos aus, der im März 1744 im Duell mit Kazimierz Poniatowski fiel.[229] Kaum in die Position der unangefochtenen Hofpartei gelangt, entfaltete die »Familie« derart seit 1743/44 eine unumschränkte, aber auch unverhüllte Hausmachtpolitik, in der weder politische Rücksichten, noch offene Drohungen der betroffenen Konkurrenten sie zu mäßigen vermochten. Dadurch aber stärkte sie nicht nur bewußt die aristokratische Opposition, sondern sie diskreditierte sich zugleich gegenüber jener Mehrheit der Szlachta, aus der sie die politischen Anhänger ihrer Reforminitiative rekrutieren mußte.

Noch schwerer allerdings als die innenpolitischen Gegensätze und die Parteiungskonflikte lastete 1744 der verschärfte außenpolitische Interessenkonflikt auf der erneuten Reformanstrengung des Grodnoer Reichstags. Zwar beschränkte sich der Dresdner Hof in allen seinen Universalen und Manifesten an die Republik auf sehr vorsichtige Formulierungen der eigentlichen anti-preußischen Bündnisabsichten seiner Initiative, und auch die »Familie« vermied es, sich offen zu den sächsischen Plänen oder zu dem bestehenden Einverständnis mit England, Österreich und Rußland zu bekennen.[230] In anonymen Flugschriften und Pamphleten jedoch wurde der propagandistische Kampf um das Engagement der Adelsrepublik auf der Seite einer der großen europäischen Parteien, oder genauer: der Kampf um die Unterstützung Rußlands oder die Wahrung der Neutralität, mit aller Schärfe ausgetragen.

---

[228] Vgl. M. Skibiński, *Europa a Polska...*, Bd. 1, S. 544 f.

[229] Vgl. S. Askenazy, *Sprawa Tarły...*, in: *Dwa stulecia...*; ausführliche Darstellung der Affaire und ihrer Wirkungen bei M. Matuszewicz, *Pamiętnik...*, Bd. 1, S. 140 ff.; sowie J. Kitowicz, *Pamiętniki...*, S. 41 ff.

[230] Vgl. die königliche Instruktion an die *sejmiki przedsejmowe*, in der Preußen als Feind nicht genannt wurde. Wesentlich deutlicher dagegen wurden die außenpolitischen Implikationen auf dem Senatsrat im August formuliert. M. Skibiński, *Europa a Polska...*, Bd. 1, S. 621 f. und Bd. 2: *Dokumenty*, S. 95 f.

Der Hof sparte nicht an Denunziationen gegen die Politik Friedrichs II. im ersten Schlesischen Krieg sowie gegen den »wahren Zweck« der fortgesetzten preußischen Rüstungen, welche sich — wie zuvor gegen Schlesien — nun unweigerlich gegen die schönsten Provinzen Polens, das Königliche Preußen, Ermland oder gar Großpolen, richten müsse. »Ad arma, illustres Poloniae et Lithuaniae fratres, quos Lechi et Czechi patrum natura, sanguis et amor vere fecit germanos«, forderte das aus Dresden lancierte Manifest *Czechy ad Lechos* vom August 1744. »Ad arma contra filium, quem pater proprius non poterat prae oculis sustinere, vidit enim totam in eo naturam degenerasse. Ad arma contra pestem Germaniae, rebellem Bohemiae, insolentem vassalum Poloniae, iniustum usurpatorem Silesiae, iugulum Saxoniae, circumventorem Russiae, maecenatem colonelli de Chétardie, discipulum periuriae Gallicae, ludionem Sueciae, incertum equitem Pomeraniae, praetendentem Curlandiae, vanum invocatorem Turciae, flagellum Hollandiae et diabolum Anglorum, inductorem Bavariae. Ad arma contra Machiavellum praesentis saeculi, Brandenburgi et Prussiae tyrannum, qui vivit sine iure, sine lege, sine fide, sine honore, sine pudore et sine conscientia . . .«[231] Ließe man Friedrich II. gewähren, so sei keine Rettung für die Einheit des Deutschen Reiches, die Sicherheit des russischen Imperiums an der Ostsee und auch nicht für die Freiheit und Integrität der polnischen Republik mehr möglich. Alle Bedrohten müßten sich daher gegen Preußen verbinden. »Ad arma pro vobis, fratribus nostris, quos tertius frater, Russus, non deterret et procul dubio arma iunget. De hoc dependet moderna serenissima Russiae imperatrix, quae fratrum suorum miseriam et sanguinis et naturae impulsu non poterit immisericordi oculo intueri, vindictam — spes est firma — sumet de perfido, avaro violento et periurio Prusso.«[232]

Die Opposition attackierte die ‚geheimen‘ Pläne des Hofs. Sie antwortete ihrerseits mit Eröffnungen über die Absprache, die August III. mit Rußland und Österreich getroffen habe, um die Ruhe des Deutschen Reiches zu verletzten, vor allem aber die Verfassung der Republik Polen gewaltsam außer Kraft zu setzen. August III., so heißt es etwa in dem von den »Patrioten« in Umlauf gesetzten »Brief eines Schweizers an einen Holländer«, wolle in Wahrheit nicht für den Schutz der Republik durch eine Heeresvermehrung sorgen, sondern er habe Polens Militärmacht schon an seine Verbündeten verkauft, um sich deren Hilfe bei der

---

[231] *A.a.O.*, S. 223.
[232] *A.a.O.*, S. 226.

Beseitigung der *wolna elekcja* und schließlich der anderen »Kardinal-
rechte« (*prawa kardynalne*) einzuhandeln. »Sans doute le roi de Pologne
pour se procurer dans l'occasion les secours nécessaires, s'est engagé à la
cour de Vienne et celle de Pétersbourg, de porter la République à entrer
dans la ligue contractée entre lui et la reine de Hongrie. Et pour imposer
aux Polonais, il ne manquera pas d'étaler les avantages de cette ligue.
[...] Mais il est extrêmement à craindre que la République de Pologne
ne soit pas dépeuplée par ces sortes d'obligations qui pourraient un jour
par leur augmentation et diversion être fatales à la République puisqu'elle ne manquerait pas d'accélerer et d'avancer plus par le seul moyen,
l'exécution de ce dessein commun, formé entre le roi de Prusse et ses alliés pour la ruine totale de la République contre la libre élection de ses
rois et contre la propre liberté.«[233] Aber auch die Agenten Preußens und
Frankreichs fanden in den neuen sächsischen Bündnisverpflichtungen,
in den geheimen Vereinbarungen Brühls mit Kinnern und Keyserlingk
sowie in dem offenkundigen polenpolitischen Kurswechsel Rußlands einen willkommenen Anlaß, die Republik vor einem abermals bevorstehenden Gewaltstreich Rußlands und seines Vasallen zu warnen und der
Nation vorzustellen: »que si jamais les Polonois parviennent par un secours étranger à s'affranchir de cet esclavage, ce sera par celui du roi de
Prusse qui n'est pas moins intéressé que les Polonois eux-mêmes au
maintien de la république de Pologne dans tous ses droits et dans ses
libertés, et qui n'a puvoir qu'avec une extrême jalousie qu'au mépris de
la nation Polonoise la Russie ait disposé du duché de Courlande [...]
comme si c'était une dépendance de cette Empire«.[234]

Mochte dieser publizistisch wie diplomatisch ausgefochtene Kampf
um die außenpolitischen Voraussetzungen und Konsequenzen der Reform von nur begrenzter, wenn auch wahrnehmbarer Rückwirkung auf
die politische Stimmung in den Reihen der Szlachta sein,[235] so reflek-

---

[233] *A.a.O.*, S. 208 f.

[234] *Recueil des Instructions...*, Bd. 5,2, S. 57.

[235] Die Propaganda des Hofs fand einerseits zeitweise eine gewisse positive Resonanz
bei der Szlachta, da man die preußischen Rüstungen nach der Annexion Schlesiens
tatsächlich für gefährlich hielt. Die entgegengesetzten Gerüchte aber, August III. wolle
die Unterstützung Österreichs und Rußlands für die Beseitigung der *wolna elekcja*
nutzen und Polen aufgrund seiner partikularen Ziele in den europäischen Krieg hineinziehen, fanden ebenfalls Gehör — weshalb verschiedene Landboteninstruktionen die
erneute feierliche Versicherung der Neutralität Polens gegenüber allen Nachbarmächten als Bedingung für einen positiven Beschluß über die Heeresvermehrung forderten.
Vgl. M. Skibiński, *Europa a Polska...*, Bd. 1, S. 527.

tierte er den verschärften Gegensatz zwischen »Potoccy und Czartoryscy« um so deutlicher. Der Hof und seine Partei hatten ihre Anstrengungen für die Heeresvermehrung verdoppelt, weil sie sich seit Anfang
des Jahres 1744 der Hilfe Österreichs wie Englands und vor allem des
russischen Rückhalts sicher glaubten. Aus demselben Grunde aber
mußten die »Patrioten« und ihre engeren Anhänger ihre oppositionelle
Haltung gegenüber der Reform bestätigt finden. Eine allianzpolitische
Bindung Polens an die Liga der Feinde Preußens stand zwar nicht auf
der Tagesordnung des Grodnoer Sejm, wie sie königliche Universale
Reformtraktate und Landtagsbeschlüsse im Zuge der Reichstagsvorbe-
reitung formuliert hatten. Doch die Wahrscheinlichkeit, daß ein vermehrtes polnisches Heer nicht »allein für die Verteidigung des Vaterlandes und für die Erhaltung guter Ordnung im Staate« dienen werde,[236]
war nach der Zuspitzung des sächsisch-preußischen Konflikts sowie
nach den Übereinkünften Brühls mit Bestužev erheblich gestiegen.
Denn welche anderen Motive konnten hinter der überraschenden Kompromißbereitschaft Rußlands stehen, als die Absicht, Polens Kräfte in
den Dienst der hegemonialen Vorfeldpolitik Rußlands zu stellen oder
auch nur mit dem sächsischen Verbündeten auf Kosten der Adelsrepublik zu einem Ausgleich in ihrem gemeinsamen Interesse gegen Preußen
zu gelangen?

Dagegen waren die Chancen der Opposition, aus der projektierten
Heeresreform einen Vorteil für ihre eigene Politik zu ziehen, inzwischen geschwunden. Hatten die Potoccy zwischen 1736 und 1740 noch
darauf spekulieren können, daß die Vermehrung des Heeres mit ihren
Konföderationsplänen zu verknüpfen wäre, so schied diese Möglichkeit
angesichts des verstärkten russisch-sächsischen Drucks offenbar aus:
Stärker als zuvor stand zu befürchten, daß Hof und »Familie« — nunmehr sekundiert von Rußland — einen Erfolg auf dem Reichstag offen-
siv gegen die Opposition ausnutzen würden. Zudem schienen sich den
»Patrioten« in der neuen polenpolitischen Initiative Frankreichs und
Preußens ohnehin neue, aussichtsreichere Perspektiven zu eröffnen.
Die Möglichkeit, sich der wettinischen Herrschaft in Kooperation mit
der erneuerten Barrière-Politik zu entledigen, war vermeintlich näher
gerückt; und eine Taktik des Kompromisses mit dem Régime Augusts
III. erschien unter solchen Voraussetzungen ebenso riskant wie unnö-
tig.

---

[236] So die Forderung des Wojewoden von Sandomierz bei Eröffnung des Reichstags
von 1744; a.a.O., Bd. 2: Dokumenty, S. 302.

Angesichts dieser Umstände konnte denn auch General Goltz in seinem ausführlichen Bericht über die Lage in Polen im Mai 1744 seinen König zumindest dahingehend beruhigen, daß die alten oppositionellen Magnatenfamilien trotz der allgemein herrschenden Reformwilligkeit auch weiterhin zu Preußen und Frankreich stehen würden. Wenn also die preußischen Gesandten treue Verbündete gegen August III. suchen müßten, dann sei es gut »qu'ils tâcheront à se lier avec les maisons Potocki, Tarlo et d'autres mécontents de la cour, suivant les lumières, que le sr. Hoffmann leur fournira«.[237]

Unter diesen Voraussetzungen ergab sich für den Reichstag von 1744 in Grodno eine eigentümliche innenpolitische Situation, wie sie weder bei den vorangegangenen Reichstagen bestanden hatte, noch in den kommenden Jahren sich wiederholte: Krone und »Familie« agierten in sehr weitreichender Übereinstimmung; sie nutzten ihr außergewöhnliches politisches Übergewicht, wobei sie ihre verschiedenen Ziele — vorrangig die Heeresreform, in zweiter Linie die Bündnisfrage sowie mögliche weitere Reformschritte — gezielt zur Geltung brachten. Die Szlachta schloß sich der Reforminitiative trotz innerer und äußerer Konfliktanlässe in großer Mehrheit an, wodurch die Opposition vorübergehend einen erheblichen Teil ihrer Anhängerschaft innerhalb der Landbotenkammer verlor. Die »Patrioten« indes formierten sich angesichts der außenpolitischen Konstellation zu einer zwar dezimierten, aber dafür um so entschlosseneren Gegenfraktion. Eine deutlich differenzierbare und in ihren politischen Zielen inzwischen sogar gefestigte Opposition bestand also auch auf diesem Reichstag, der in so erstaunlicher Harmonie und reformerischer Solidarität verlief. Neu aber war die Entwicklung, daß ein politisches Programm, das Reformkonzept Poniatowskis und der Czartoryski, die festgefügten oppositionellen Positionen sowie Argumentationen für die Dauer der Reichstagsberatungen erschüttern und dem Reformgedanken gegen die beharrenden Kräfte und überkommenen Konflikte eine eigene Dynamik geben konnte. So kam es trotz heftiger Auseinandersetzungen um einzelne Steuersätze, um das Problem der *koekwacja* zwischen den Landschaften und um die alte Frage der Hetmansgewalt[238] bis zur vorläufigen For-

---

[237] *A. a. O.*, S. 110 f. Vgl. auch die entsprechende Instruktion Friedrichs II. an Hoffmann; *Politische Correspondenz...*, Bd. 3, S. 116.

[238] In der Tat beriet der Sejm von 1744 sachlicher als alle anderen Reichstage der fraglichen Zeit. Bereits in der zweiten Sitzung nach den Voten der Senatoren wurden die *sesje prowincjonalne* berufen, in denen — aufgrund des informellen Beratungsmodus — konkrete Diskussionsergebnisse rascher zu erreichen waren und die Senatoren der

mulierung einer Konstitution, und erst die bewußte »Affaire Wilczewski« ließ die oppositionelle Minderheit erfolgreich zum Zuge
kommen.[239]

Ein derart deutliches politisches Übergewicht allerdings erreichte die
»Familie« späterhin nicht mehr. Schon die beiden folgenden Reichstage
von 1746 und 1748 standen unter einer wiederum veränderten inneren
Einflußkonstellation. Sie war wohl durch eine weitere Polarisierung
zwischen magnatischem Konservatismus und reformerischem Moder-
nisierungwillen geprägt. Doch hatte die Opposition durch die Vertiefung des Konflikts zwischen Krone und Republik zugleich einen neuen
Rückhalt auch bei der Szlachta erlangt.[240] Während noch 1744 die durch
den sächsischen Hof verbreitete Parole von der »preußischen Gefahr«,
von einem unmittelbar drohenden *démembrement* der Adelsrepublik,
dem allein das Bündnis mit der Garantiemacht Rußland vorbeugen
könne, eine begrenzte Resonanz gefunden hatte, so bedienten sich nun
gerade die »Patrioten« des außenpolitischen Arguments mit wachsen-
dem Erfolg.[241] Es konnte nicht schwerfallen, die Szlachta in den folgenden Jahren davon zu überzeugen, daß nicht gegen Polen die Politik
Preußens sich richtete und daß die Adelsrepublik dann allenfalls in die
europäischen Kriege hineingezogen werden konnte, wenn sie dem
Drängen des Königs und seiner Verbündeten nachgab. Äußere Bedrängnis aber ging in Wirklichkeit nicht von dem behaupteten Erzfeind
Preußen aus, sondern von Sachsen selbst, das 1745 ohne Zustimmung
der Republik und gegen den Protest des Hetmans ganze Regimenter für
die Feldzüge des sächsischen Heeres in Polen anwarb,[242] oder von Ruß-

betreffenden Landschaft zudem direkt auf die Landboten einwirken konnten. So aber
gelang es, innerhalb von weniger als drei Wochen zu einer weitgehenden Einigung über
die wesentlichen Konstitutionsprojekte zu kommen. — Bezeichnend für die Atmosphäre der Debatten auf diesem Reichstag ist, daß Interessengegensätze offener als
früher zu Tage kamen und die Widerstände gegen die Reform dabei wirksamer einge-
dämmt werden konnten. So berichtet etwa das Protokoll der litauischen *sesja prowincjonalna* über die Debatte um die »gerechte« *kwarta* von den Krongütern: »... viele Herren
widersprachen der gerechten kwarta...; als aber die Landboten ausriefen, die Herren
wollten alle Lasten auf den armen Adel abwälzen etc., mußten sie den Punkten des
Projekts zustimmen...«; M. Skibiński, *Europa a Polska...*, Bd. 2: *Dokumenty*, S. 336.

[239] *A.a.O.*, Bd. 1, S. 711 ff.

[240] Vgl. H. Krawczak, *Sprawa aukcji wojska...*, in: *Studia i materiały...*, Bd. 7,2
(1961), S. 30.

[241] Über die fruchtlosen Versuche Brühls, die Bestechungsaffäre des Grodnoer
Reichstags propagandistisch gegen Preußen auszunutzen, sowie über die reservierte
Reaktion des Staatsrats vgl. H. Schmitt, *Dzieje Polski...*, Bd. 1, S. 219 ff.

[242] *A.a.O.*, S. 225.

land, das den kurländischen Ständen die Wahl ihres Herzogs verweigerte und sein Heer 1747 gegen den Einspruch des Senats auf wochenlangen Märschen durch Polen an den Rhein führte. Tatsächlich wurde aufgrund dieser Lage die Propaganda gegen die »sächsische Tyrannei« wiederum zu einer wirksamen Waffe der Opposition im Konflikt mit dem Dresdner Hof, aber auch mit den Reformern schlechthin: Auf dem Reichstag von 1746 befanden sich die Anhänger der »Familie« in der Landbotenkammer nur noch knapp in der Mehrheit; und auch 1748, als nach dem Aachener Frieden der außenpolitische Konflikt bereits in den Hintergrund getreten war, kam die Gruppe der »patriotischen« Parteigänger der gegnerischen Reformfraktion zahlenmäßig abermals etwa gleich.[243]

Freilich nahm auch der Hof in der Folge sein propagandistisches Engagement und seine Unterstützung für die »Familie« deutlich zurück; Brühls Vertrauen in seine Parteiung schwand. Nachdem die anonymen Kampagnen gegen Preußen sowie die in den Universalen von 1744 angedeuteten Bündnisvorschläge sich letztlich nur für die Opposition als hilfreich erwiesen hatten, verlegte sich der König 1746 und 1748 auf die Bekundung absoluter Neutralität gegenüber den Wünschen wie den Entscheidungen der Republik. Alle jene mögen sich schämen, heißt es in dem Universal an die *sejmiki* von 1746, die behauptet hätten, »jakobyśmy dla własnego tylko pracowali interesu i za pierwszy cel mieli obmyślenie swego, a nie Rzplitej niebezpieczeństwa; jakobyśmy państwo Nasze dziedziczne zasłonić i ciężar wojenny na Królestwo polskie zwalić zamyślali«.[244] Allein aus Rücksicht auf die Adelsrepublik habe er auf die Kaiserkrone verzichtet, und trotz der Gefahren, denen er im letzten Kriege ausgesetzt gewesen sei, »nie szukaliśmy schronienia i bezpieczeństwa w królestwie Naszym, unikając okazyi do najmniejszego podobieństwa, żeśmy Rzplitę w

---

[243] Vgl. die Einleitungen W. Konopczyńskis zu *Dyaryusze sejmowe*..., Bd. 2, S. V ff. bzw. Bd. 1, S. VIII ff. — Freilich durchlebte die Parteiung der Potocki gerade in den Jahren zwischen 1744 und 1750 selbst eine tiefgreifende Krise, bedingt durch einen Mangel an dezidierter Führung, aber auch durch neuerliche kompromittierende Mißerfolge mit Konföderationsprojekten (1747 u. 1748). Unabhängig davon jedoch formierte sich die »patriotische« Opposition in den Wojewodschaften; und bei den Landbotenwahlen setzte sie sich in weiten Teilen der Republik durch.

[244] *A.a.O.*, Bd. 2, S. 223. »...daß wir allein für unser eigenes Interesse gearbeitet hätten und nur auf unsere eigene Sicherheit, aber nicht auf die der Republik bedacht gewesen seien; daß wir nur unsere Erblande decken und die Last des Krieges auf das Königreich Polen hätten abwälzen wollen.«

wojnę wprowadzić chcieli«.[245] Um jedoch allen Anschuldigungen in der
Zukunft vorzubeugen, überlasse es der König nun der Republik, die geeigneten Mittel für die Heeresreform selbst vorzuschlagen, zu beraten
und zu verabschieden.[246] Noch deutlicher aber formulierte die königliche Instruktion an die *sejmiki przedsejmowe* von 1748: »Aby nie znaj-
dując kto w nich smaku, brał okazyą do ruinowania całej sejmowej ma-
chiny [...] niechce J. Kr. Mość wielką propozycyi liczbą obciążać tę in-
strukcyą, zapatrzywszy się, jak jedna aukcyi wojska materya, od wszystkich porządana, zamiast przyniesienia naturalnej krajowi obrony, do
rwania tylko sejmów dawała niechętnym i złośliwym okazyą«.[247]

Mußte der Dresdner Hof somit in den Jahren 1746 und 1748 die
Hoffnung auf eine unmittelbare Realisierung seiner Ziele im Rahmen
des Reformplans schwinden sehen, und hatte die Opposition durch die
propagandistische Ausnutzung des außenpolitisch fundierten Konflikts zwischen Krone und Republik ihre Anhängerschaft unter der
Szlachta vergrößert, so schuf schließlich auch die Umgestaltung der
Fronten in der wirtschaftlichen Reformfrage eine gegenüber 1744 veränderte Situation. Denn die allgemeine politische Mobilisierung der
Szlachta durch das Reformkonzept der »Familie«, das sich gegen die
wirtschaftlichen und sozialen Privilegien der magnatischen Ober-
schicht, tendenziell aber auch auf tiefergehende, strukturelle Veränderungen richtete, erwies sich letztlich nicht als dauerhaft. Oder genauer gesagt: Im Zuge der weiteren innenpolitischen Auseinandersetzung um partikulare Privilegien und fiskalische Erfordernisse des Staats
spaltete sich die in Grodno weitgehend einige Reformanhängerschaft in
eine Fraktion, welche die 1744 bereits anvisierten Reformlösungen wieder zurücknehmen oder einschränken wollte, sowie in eine andere, die
die von der »Familie« selbst gegebenen Anstöße zu einer Kritik der adligen Steuerprivilegien nun auf den Reichstagen mit wachsender Radika-

---

[245] *A.a.O.,* S. 226. »...haben wir nicht Schutz und Sicherheit in unserem Königreich
gesucht und jeden Anschein vermieden, als wollten wir die Republik in einen Krieg
hineinziehen.«

[246] *A.a.O.,* S. 224.

[247] *A.a.O.,* Bd. 1, S. 298. »Damit niemand es sich einfallen lassen möge, den ganzen
Reichstagsmechanismus zu lähmen, will S. Königl. Hoheit diese Instruktion nicht mit
einer großen Zahl von Vorschlägen belasten, sonst könnte die Angelegenheit der Hee-
resvermehrung, von allen gefordert, nur den Übelgesonnenen und Boshaften zum
Zerreißen des Reichstags den Anlaß geben, anstatt dem Lande seinen natürlichen
Schutz zu verschaffen.«

lität verfolgte.[248] Die »Familie« sah sich durch diese neue Entwicklung freilich abermals in eine schwierige Lage versetzt. Die relative Zurückhaltung des Dresdner Hofs in bezug auf die außenpolitische Funktionalisierung der Heeresvermehrung seit 1744/45 verschaffte den Reformern zwar eine größere Selbständigkeit in ihrer Reichstagspolitik und ermöglichte ihr zugleich eine Annäherung an die »Patrioten«.[249] Andererseits aber mußte ihre Popularität bei der Szlachta schwinden, wenn sie ihre 1744 vorgezeichnete Politik nicht in aller Konsequenz fortsetzte.

Die »Familie« suchte die Verständigung mit den bisherigen Gegnern, für die die Aussöhnung mit den Tarło »za ojcowską J. K. P. N. M. insynuacyą«[250] den Weg bereitete.[251] Einen tragfähigen Ausgleich zwischen den Lagern brachten indessen auch die verschiedenen Vermittlungsversuche des Jahres 1746 nicht zustande. Denn auch und gerade in der internationalen Konstellation nach dem Dresdner Frieden verloren die außenpolitischen Spannungen beziehungsweise deren propagandistisches Echo in der Republik ebensowenig an Wirkung wie die anhaltende, durch vielfältige neue Gegensätze geschürte innere Polarisierung.[252] Das eher halbherzige Engagement des Hofs dagegen führte besonders 1746 dazu, daß auch die »Familie« versäumte, die ideologische Vorbereitung des Reichstags und die Steuerung der Landtagskampagnen mit hinreichendem Nachdruck zu betreiben. Zu einer Neugewichtung der politischen Kräfte kam es nicht.

Die Parteienformation auf den Reichstagen von 1746 und 1748, wie sie der Verlauf der Beratungen in der Landbotenkammer erkennen ließ, entsprach im Grunde wiederum der aussichtslosen Konstellation der Jahre 1738 und 1740: Erneut standen sich zwei gegnerische Lager gegenüber, deren relative Gleichgewichtigkeit einen fruchtbaren Ausgang letztlich ausschließen mußte. In der Fraktion der Reformgegner fanden sich 1746 wie 1748 die alten Kontrahenten des Hofes, die erklärten Feinde des russisch-sächsischen Systems, mit den Verteidigern der adli-

---

[248] Vgl. H. Krawczak, *Sprawa aukcji wojska...*, in: *Studia i materiały...*, Bd. 7,2 (1961), S. 34.

[249] Eine solche Annäherung schien sich zwischenzeitlich aufgrund der sächsisch-französischen Vereinbarungen vom April 1746 anzubahnen. Wie die »Familie« jedoch vorausgesehen hatte, blieb dieser Kurswechsel in der Politik Brühls letztlich eine Episode, deren Einfluß auf die Reformdebatte relativ gering zu veranschlagen sein wird.

[250] »...auf die väterliche Eingebung S. Königl. Hoheit.«

[251] Vgl. K. Waliszewski, *Potoccy i Czartoryscy...*, S. 58.

[252] A.a.O., S. 76.

gen Privilegien zusammen, die sich bei den Landboten nicht nur aus magnatischen Schichten, sondern auch aus der mittleren Szlachta Wolhyniens, Podoliens, der Ukraine und Litauens rekrutierte[253] und als eine gewissermaßen »wilde«, das heißt, nicht von aristokratischen Führern gesteuerte Opposition die Schwäche der eigentlichen »patriotischen« Partei ausglich. Gegen diese heterogene reformfeindliche Parteiung trat nun eine gut konsolidierte Reformfraktion an, welche durch die von Poniatowski und August Czartoryski vorgeschlagenen Kompromißprojekte — falls keine Einigung über Steuertarife erzielt werden konnte, sollte auf beiden Reichstagen jeweils alternativen, nämlich eher kompromißfähigen Projekten gefolgt werden — [254] zwar neue Anhänger unter den Unentschlossenen finden konnte, einen durchschlagenden Mobilisierungserfolg jedoch nicht mehr erzielte.

Beide Reichstage in den Jahren 1746 und 1748 endeten dementsprechend ergebnislos: Für den ersten hatten bereits die Ergebnisse der Wahllandtage in Wahrheit ein Patt der Kräfte garantiert, und er verlief *de facto* so perspektivelos, daß die Geschichtsschreibung ihn als den »sejm bezduszny« (»seelenlosen Reichstag«) bezeichnete; der zweite allerdings führte zu einer politischen Polarisierung zwischen Konservativen und Reformern, die den unterschwelligen Wandel im politischen Leben der Adelsrepublik seit 1733/36 noch einmal deutlich manifestierte. Schon in den Landboteninstruktionen von 1748 zeichnete sich die Reichweite des bevorstehenden Konfliktes ab, indem einzelne Wojewodschaften, teils in offenkundiger Resignation, teils in mutmaßlich provokativer Absicht, auf alle konstruktiven Reformvorschläge verzichteten[255] oder gänzlich unrealistische Projekte vorlegten.[256] Andere Sejmiki dagegen machten sich — möglicherweise in Erwägung der auf den bisherigen Reichstagen gesammelten Erfahrungen — Vorschläge zu eigen, die einen Kompromiß zwischen den Lagern repräsentierten,[257]

---

[253] H. Krawczak *Sprawa aukcji wojska...*, in: *Studia i materiały...*, Bd. 7,2 (1961), S. 36.

[254] So wurden 1748 zwei Alternativprojekte unterbreitet: »Refleksye strony naznaczenia komisji do taryf anno 1748 na sejmie warszawskim« sowie »komisja ekonomiczna z sejmu ordynaryjnego warszawskiego«; W. Konopczyński (Hrsg.), *Dyaryusze sejmowe...*, Bd. 1, S. 326 ff.

[255] So die Instruktionen von Brześć; *a.a.O.*, S. 311 f.

[256] Instruktion von Reußen; *a.a.O.*, S. 310 f.

[257] *A.a.O.*, S. 313 ff.

und eine Reihe der großpolnischen und litauischen Landtage bestanden zumindest uneingeschränkt auf jenen Steuertarifen, welche die »Familie« früher vorgeschlagen hatte.

Die Stellungnahmen zahlreicher Deputierter in der Landbotenkammer aber zeugten von einem bereits gefestigten Bewußtsein von den reformerischen Erfordernissen. Nicht nur die Interessenpolitik der »älteren Brüder«, sondern auch die Widerstände in der Szlachta fanden ihre Kritik. Gegen vielfältige Opposition beharrten sie darauf, daß es »nicht nur des Herren Poniatowski Interesse ist, sondern das des ganzen Ritterstandes«, wenn er eine bevollmächtigte Wirtschaftskommission verlange, und daß schließlich »nicht nur die Hälfte [...] sondern alle Erträge der Krongüter geopfert werden müssen«, wenn es um das Wohl des Staates gehe.[258]

Mochten solche Stimmen in der Minderheit bleiben und den Sieg der Opposition auch nicht abwenden, so stellte die Artikulation derartiger politischer Ziele in den Reihen der Szlachta selbst indirekt einen Erfolg der Reformpartei dar. Die »Familie« allerdings konnte diesen politischen Terraingewinn in der Aktivierung von reformerischen Kräften in den folgenden Jahren nicht mehr nutzen. Denn die beiden folgenden Reichstage, während derer die Czartoryski formal noch ihre Position als Hofpartei behaupteten, standen bereits im Zeichen des Verfalls jenes Bündnisses zwischen Krone und »Familie«, welches eine wesentliche Voraussetzung für die Reforminitiative der dreißiger und vierziger Jahre gebildet hatte. Die Reformer wechselten nun selbst in die Rolle der Opposition über und übernahmen für sich die taktische Perspektive der »Patrioten«: das Zuwarten auf den Moment, in dem eine grundsätzliche Veränderung der innenpolitischen Konstellationen möglich sein würde.

Die letzte Phase der Reformreichstage Augusts III., die Jahre 1748 bis 1752/53 sind insofern bereits geprägt durch den Verzicht der »Familie« auf ihre Rolle als Partei. Ihre Machtposition als stärkste Fraktion des Senats konnten die Czartoryski nach dem Tod Józef Potockis und der vorübergehenden Krise innerhalb der »patriotischen« Parteiung zwar bis 1750 noch einmal außerordentlich stärken, ihre politische Konzeption jedoch hatte sich schon soweit gewandelt, daß weder Poniatowski noch Adam Czartoryski eine Fortsetzung der bisherigen Reichstagsinitiative mehr ernsthaft erwogen.[259] Der auslösende Faktor für

---

[258] *A.a.O.*, S. 122 ff.

[259] Über den Wandel der politischen Konzeptionen der »Familie« nach 1748 vgl. besonders J. Nieć, *Młodość ostatniego elekta...*, S. 30 ff.

diese Wende in der Entwicklung der innenpolitischen Fronten war jedoch nicht, wie oft wiederholt wurde,[260] das persönliche Zerwürfnis zwischen den Czartoryski und dem ‚korrupten‘ sächsischen Minister Brühl, wahrscheinlich auch nicht primär die Resignation der »Familie« angesichts der zurückliegenden reformpolitischen Mißerfolge — denn dafür hätte gerade der *Sejm boni ordinis* von 1748 nicht den Anlaß geben müssen. Vielmehr ging die Initiative zum Bruch des fünfzehnjährigen innenpolitischen Bündnisses von der sächsischen Politik aus, deren gewandelte polenpolitische Perspektiven seit 1750 die Kooperation mit den polnischen Reformern entbehrlich werden ließen. Ebenso natürlich, wie Sachsens bündnispolitisches Interesse an Polen August III. nach 1736, besonders aber nach 1740 mit den Verfechtern der Heeresreform verbunden hatte, so unvermittelt konnte diese politische Verbindung dann auseinandergehen, als der Hof auf eine bündnispolitische Instrumentalisierung der Reform nicht mehr rechnen durfte und fortan die Sicherung der Thronfolge als einziges polenpolitisches Ziel verfolgte.[261]

In den Plänen Brühls fiel die Entscheidung zum innenpolitischen Kurswechsel wahrscheinlich schon nach dem Reichstag von 1748, als die Reformpolitik Poniatowskis und der Czartoryski sich bereits weitgehend von den Zielen und Interessen des Hofs gelöst hatte und sich die »Familie« als Partei zu einer autonomen politischen Kraft zu entwickeln begann, die möglicherweise zu einem reformerischen Erfolg kommen mochte, dann aber gewiß nicht mehr in Abhängigkeit von Sachsen zu halten war. Für die Sicherung der wettinischen Thronfolge dagegen bedurfte es keiner selbständigen politischen Fraktion, sondern eher einer traditionellen Hofparteiung, für deren Rolle sich letztlich die »patriotische« Opposition ihrem politischen Charakter nach sehr viel besser eignete. Und so betrieb Brühl zunächst verdeckt, dann aber immer offener von 1751 an die allmähliche politische Isolation der »Familie« und seit 1752/53 deren direkte innenpolitische Entmachtung zugunsten seiner zukünftigen Anhänger, der Mniszech, Rzewuski, Ogiński, Radziwiłł und Sapieha. Die »Familie« aber verfolgte ihre reformpolitischen und von nun an auch ihre eigenen dynastischen Pläne nicht mehr im Rahmen der Reichstagspolitik, sondern in der neuen Perspektive der Verbin-

---

[260] Zur Diskussion darüber J. K. Hoensch, *Sozialverfassung und politische Reform...*, S. 238 f.

[261] Über Sachsens dynastische Pläne in dieser Phase ausführlich W. Konopczyński, *Sejm grodzieński...*, in: *Kwartalnik Historyczny*, Bd. 21 (1907), S. 59 ff.

dung mit Rußland. Die alten innenpolitischen Fronten zwischen magnatischem Konservatismus und Reformertum sowie zwischen Krone und Republik waren also praktisch schon in Auflösung begriffen, als die Reichstage von 1750 und von 1752 zum letzten Mal über die *naprawa Rzeczypospolitej* verhandelten.[262]

Wenn es ein verfassungsgeschichtliches Phänomen gibt, welches die Regierungszeit Augusts III. als eine Periode des Übergangs und damit auch der inneren Krise kennzeichnet, dann ist es die Tatsache, daß die beiden großen inneren Konflikte der Adelsrepublik in der Sachsenzeit, der »zwischen sächsischem Absolutismus und goldener Freiheit« sowie der zwischen *Potoccy und Czartoryscy*, in chronologischer Gleichzeitigkeit auftraten, obwohl sie eigentlich ungleichzeitige, das heißt, verfassungsgeschichtlich ungleichgewichtige und im Grunde verschiedenen Epochen zugehörige Erscheinungen waren. Der Konflikt zwischen Krone und Republik, wie er schon vor der Sachsenzeit begründet wurde,[263] aber erst unter August dem Starken auf den Gegensatz von libertärer Rechtsordnung und verfassungsfeindlichem *dominium absolutum* sich zuspitzte, überdauerte die Zäsur des Jahres 1717 wie die Episode des Interregnums von 1733/36 in der Gestalt einer gleichsam immanenten Interessendivergenz und einer daraus resultierenden Außerkraftsetzung des Funktionsprinzips altständisch-republikanischer Verfassung. Mochte dieser Konflikt *inter maiestatem et libertatem*, wie ihn auch noch Karwicki in seiner verfassungstheoretischen Reflexion über den zwiespältigen Charakter einer republikanisch verfaßten Monarchie als in der Ordnung des Staates selbst angelegten Machtkampf der drei Stände charakterisiert sah,[264] auch unter der Herrschaft Augusts III. keine akute Geltung mehr erlangen, so erhielt er sich doch dadurch als latente verfassungspolitische Gefahr für die Adelsrepublik, daß Rußlands protektionistische und interventionistische Steuerungspolitik der Krone als Machtfaktor jederzeit wieder Gewicht und Einfluß hätte verleihen können. Rußlands Garantie der adelsrepublikanischen Verfassung wirkte in dieser Beziehung nach 1736, vollends aber nach 1740, als Bestužev sich vermeintlich die erfolgreiche Realisierung der königlichen Reformpläne in Polen zum Ziel setzte, als ein eigentlich

---

[262] Siehe auch oben.
[263] A. Wyczański, *Polska — Rzeczą Pospolitą szlachecką...*, S. 340 f., sowie H. Olszewski, *Sejm Rzeczypospolitej...*, S. 127 ff.
[264] K. G. Hausmann, *Die politischen Begriffe...*, S. 125 ff.

verfassungszerstörender Faktor in der inneren Entwicklung der Republik.

Es wäre jedenfalls eine Unterschätzung der Bedeutung des Gegensatzes von Krone und Republik, wie er in der Regierungszeit Augusts III. wirksam war, wollte man darin lediglich einen vordergründigen Anlaß für adelsrepublikanische Oppositionspropaganda sehen. In dem Widerstand gegen die wettinische Dynastie und die durch sie repräsentierte *status quo*-Politik der Nachbarmächte besaß die oppositionelle Politik der Potocki durchaus eine gewisse Rationalität. Zwar wurden dadurch letztlich keine wirklichen Alternativen zum Konzept der »Familie« eröffnet: Die Obstruktion auf den Reichstagen schadete den Interessen der Krone zweifellos weniger als denen der Republik; und die außenpolitische Orientierung an der *Barrière de l'Est* bot, wie sich zeigte, keine Grundlage für eine wirksame Politik gegen das russisch-sächsische System. Indes lassen die Bestrebungen der Potocki in den dreißiger und vierziger Jahren — ihre eigenen außenpolitischen Aktivitäten ebenso wie die zahlreichen Konföderationsprojekte — auch erkennen, daß Teile der »patriotischen« Opposition den Widerstand gegen die Krone mit einem eigenen politischen Konzept zur Wiederherstellung der Souveränität der Republik verbanden.

Ebensowenig aber war es ein Zufall, daß die Parteiung der erklärten Feinde Augusts III., der bedingungslosen »patriotischen« Opposition gegen die Krone und ihre Reichstagspolitik, auch weitgehend identisch war mit den reform- und modernisierungsfeindlichen Kräften in den Reihen der Magnaten und der besitzenden Szlachta. Die Potocki und ihre Parteigänger verteidigten gegen August III. freilich *de facto* nicht die Adelsdemokratie, sondern ihren aristokratisch-oligarchischen Herrschaftsanspruch, ihren regionalen Autonomismus sowie ihre ökonomischen Privilegien — wodurch die »Patrioten« unmittelbar in den Konflikt mit den akuten Reformforderungen und -bestrebungen gerieten, das heißt, in jenen Konflikt, der im Gegensatz von *Potoccy* und *Czartoryscy* gefaßt wird. Dieser neue Konflikt im Rahmen der Reformauseinandersetzungen der Reichstage, in deren Verlauf die Czartoryski sich zur politischen Partei profilierten und das Konzept der Überwindung der durch die *oligarchia magnacka* geprägten Gesellschaftsverfassung Gestalt gewann, wurde bereits auf einer anderen politischen Ebene ausgetragen. Er wies in mancher Hinsicht voraus auf die Epoche der großen Reformen und der »Geburt der modernen Nation«, in der die verfassungspolitisch wieder vereinten Stände die »Wiederherstellung der Republik« zum Erfolg brachten.

In der Regierungszeit Augusts III. jedoch kreuzten sich beide Konflikte und spalteten die Adelsnation in zwei gegnerische Parteien, von denen die eine die Erhaltung des gesellschaftlichen und politischen *status quo* den Risiken einer durch den sächsischen König gesteuerten Reform vorzog, die andere dagegen die Sache der staatlichen Modernisierung auch um den Preis eines förmlichen Souveränitätsverlusts gegenüber Rußland zu betreiben entschlossen war. In solcher Verknüpfung der innenpolitischen Wirkungsfaktoren aber entstand eine machtpolitische Gleichgewichtssituation in der Adelsrepublik, durch deren Wirkung auf den Reichstagen die Reform verzögert, die Beschlußfassung behindert und letztlich die Verfassung außer Funktion gesetzt wurde.

Nicht etwa nur im Rückstand an politischer Aufklärung ist also der gewichtigste Grund dafür zu suchen, daß sich der Niedergang Polens in der späten Sachsenzeit scheinbar unaufhaltsam fortsetzte, in der stanislaischen Epoche aber — trotz Bewahrung der republikanischen Verfassung — das Reformwerk vollendet werden konnte, sondern in der Tatsache, daß die Reformepoche der zweiten Jahrhunderthälfte bereits keinen Konflikt *inter maiestatem et libertatem* mehr kannte, während dieser sich unter der Regierung Augusts III. mit dem eigentlichen Modernisierungskonflikt zu einer übermächtigen inneren Krise verband.

DRITTES KAPITEL

Staatliche Modernisierung
und wirtschaftliche Stagnation

Es waren freilich weder die mächtepolitischen Aspekte der Heeresreformfrage noch die parteienpolitischen Gegensätze, welche eigentlich im Vordergrund der Reichstagsdebatten in den Jahren 1736 und 1748 standen. Den beherrschenden Konflikt der Reformreichstage bildete vielmehr der um die fiskalischen Grundlagen der Heeresvermehrung — um die Frage, welcher Teil der Nation die ökonomischen Lasten der Reform würde tragen müssen. Der Streit um die *koekwacja* zwischen den Steuerlasten der Provinzen, um die »gerechte *kwarta*« von den Starosteien, um Lustrationen und um Zölle nahm jedenfalls den breitesten Raum in den Beratungen ein; und an den diesbezüglichen Interessengegensätzen schienen die Reichstage auch unter den günstigsten politischen Vorzeichen stets gleichsam zwangsläufig zu scheitern.

Die ältere Forschung hat in dieser Tatsache vor allem ein Indiz für den Mangel an Reformwillen bei der Adelsnation der Sachsenzeit gesehen. Allzu gering war vermeintlich die Einsicht in die Krise des eigenen Staates, als daß sich Magnaten und Szlachta zum Verzicht auf einen Teil ihrer ökonomischen Privilegien bereitgefunden hätten. Demnach aber wäre auch das fiskalische Debakel des polnischen Staats letztlich auf dessen adelsrepublikanische Verfassung beziehungsweise auf die sie tragende gesellschaftliche und politische Mentalität zurückzuführen. Denn nur auf dem Hintergrund des ‚sarmatischen Republikanismus‘ schien erklärbar, daß sich adliger Partikularismus so beharrlich jener fiskalischen Modernisierung hatte widersetzen können, welche die Nachbarstaaten im Zeichen des Absolutismus ohne Ausnahme verwirklicht hatten.

Es ist indessen nicht zu übersehen, daß das Scheitern der Bestrebungen zur Steuerreform zugleich durch konkrete wirtschaftliche Ursachen — das heißt, nicht allein durch negative Einstellungen der Adelsnation zur Frage der Reform — bedingt war. Zweifellos war die ökonomische Entwicklung Polens auch in den dreißiger und vierziger Jahren noch immer überschattet von den Wirkungen der großen Regression, in welche der Produktivitätsverlust, der Verfall der Außenhandelskonjunktur und die Zerstörungen der Kriege die Republik im Verlauf des 17. Jahrhunderts gestürzt hatten. Eine Konsolidierung der adligen Revenuen zeichnete sich erst zögernd in einzelnen Produktionsbereichen und einzelnen Regionen ab; die sozialen wie die regionalen Diskrepanzen hatten sich im Zuge des wirtschaftlichen Wandels eher vertieft denn nivelliert; und die Basis für einen Kompromiß über die Umverteilung neuer, wesentlich höherer Steuerlasten, wie sie auf den Reformreichstagen seit 1736 zur Debatte stand, erwies sich in Wahrheit als außerordentlich schmal.

So bedarf es in der Tat einer genaueren Reflexion darüber, welches Gewicht den wirtschaftlichen Interessengegensätzen innerhalb der Reichstagsdebatten um »Schatz und Heer« zukam. Zu erörtern steht, inwieweit die Chancen, zu einer tragfähigen Einigung über neue Besteuerungsgrundlagen und *taryfy* zu gelangen, auch durch ökonomische Gegebenheiten eingeschränkt waren und inwieweit hinter den Disputen, welche die Reichstagsparteien darüber führten, andere, gewichtigere Motive standen als die Absicht, politische Obstruktion zu üben oder partikulare Interessen blind zu verteidigen. Mit anderen Worten: Es geht um die Klärung der Frage, ob wirtschaftliche Krisenfaktoren an sich, das heißt, unabhängig von anderen Ursachen, maßgeblich zum Scheitern der Heeresreformpläne der Zeit Augusts III. beigetragen haben.

Der Adel und die Krise der Gutswirtschaft

Die Grundfragen der wirtschaftlichen Entwicklung Polens in der frühen Neuzeit sind in der Forschung der letzten Jahrzehnte außerordentlich intensiv erörtert worden.[1] Dies gilt für die Ausprägung der export-

---

[1] Über die wirtschaftliche Entwicklung des 18. Jhs. im Überblick Witold Kula, *L'histoire économique de la Pologne du XVIIIe siècle*, in: *Acta Poloniae Historica*, Bd. 4 (1961), S. 133—146; Andrzej Wyczański, *Polska — Rzeczą pospolitą szlachecką, 1454— 1764*, Warszawa 1965, S. 307 ff.; Jerzy Topolski, *Gospodarka*, in: B. Leśnodorski (Hrsg.), *Polska w epoce Oświecenia...*, S. 171 ff. — Zur historiographischen Diskussion um die ökonomischen Ursachen der Teilungen auch Jerzy Michalski, *Historiografia polska wobec problematyki pierwszego rozbioru*, in: *Przegląd Historyczny*, Bd. 63 (1972), S. 425—436; J. Topolski, *Poglądy...*, in: *Stosunki polsko-niemieckie...*, passim; von

orientierten Gutswirtschaft im Polen des 16. Jahrhunderts und das universelle Phänomen der »Arbeitsteilung« zwischen West- und Osteuropa[2] ebenso wie für die Auswirkungen der sogenannten Krise des 17. Jahrhunderts,[3] für die Regressionserscheinungen der Folgezeit und auch für die Anfänge des wirtschaftlichen Strukturwandels im 18. Jahr-

deutscher Seite zuletzt der Beitrag von Georg W. Strobel, in: *Die erste polnische Teilung 1772* (= Studien zur Geschichte des Deutschtums im Osten, Bd. 10), Köln-Wien 1974. —Vgl. außerdem die noch immer nützliche Gesamtdarstellung von Jan Rutkowski, *Historia gospodarcza Polski*, 2. Aufl., Warszawa 1953; sowie Władysław Rusiński, *Rozwój gospodarczy ziem polskich w zarysie*, 3. Aufl., Warszawa 1973.

[2] Grundlegend für die neuere Forschung Stanisław Arnold, *Podłoże gospodarczospołeczne polskiego Odrodzenia*, Warszawa 1954; Jerzy Topolski, *Gospodarstwo wiejskie w dobrach arcybiskupstwa gnieźnieńskiego od XV do XVIII wieku*, Poznań 1958; ders., *Narodziny kapitalizmu w Europie XIV—XVII wieku*, Warszawa 1963 (mit wichtigen Beobachtungen zur Ost-West-Problematik); Andrzej Wyczański, *Studia nad folwarkiem szlacheckim w Polsce 1500—1580*, Warszawa 1960; Witold Kula, *Teoria ekonomiczna ustroju feudalnego*, Warszawa 1962 (mit grundlegenden Überlegungen zur Funktionsweise der Gutswirtschaft); Władysław Rusiński, *Drogi rozwojowe folwarku pańszczyźnianego*, in: *Przegląd Historyczny*, Bd. 47 (1956), S. 617—655; Antoni Mączak, *U źródeł nowoczesnej gospodarki europejskiej*, Warszawa 1967; ders., *Między Gdańskiem a Sundem*, Warszawa 1972; Marian Małowist, *Wschód a zachód Europy w XIII—XVI wieku*, Warszawa 1973. — Zur wirtschaftstheoretischen Erfassung der Ost-West-Beziehungen im Europa der frühen Neuzeit auch Jerzy Topolski, *Causes of Dualism in the Economic Development of Modern Europe. A Tentative New Theory*, in: *Studia Historiae Oeconomicae*, Bd. 3 (1968), S. 3—12; ders., *La réféodalisation dans l'économie des grands domaines en Europe centrale et orientale (XVIe—XVIIIe ss.)*, in: *Studia Historiae Oeconomicae*, Bd. 6 (1971), S. 51—63.

[3] Zur Forschungsdiskussion vgl. Maria Bogucka, *Handel bałtycki a bilans handlowy Polski w pierwszej połowie XVII wieku*, in: *Przegląd Historyczny*, Bd. 59 (1968), S. 245—252; dies., *Handel zagraniczny Gdańska w pierwszej połowie XVII wieku*, Wrocław 1970; Antoni Mączak, *Eksport zbożowy i problemy polskiego bilansu handlowego w XVI—XVII wieku*, in: *Pamiętnik X powszechnego zjazdu historyków polskich*, Bd. 1, Warszawa 1968, S. 174—190; Jerzy Topolski, *Okres przewagi gospodarki folwarczno-pańszczyźnianej od połowy XVI do kónca XVIII wieku*, in: *Studia z dziejów gospodarstwa wiejskiego*, Bd. 8 (1966), S. 16—19 (vgl. auch die anderen einschlägigen Beiträge dieses Bandes mit den Materialien der Agrargeschichtstagung von 1964); Andrzej Wyrobisz, *Zagadnienie upadku rzemiosła i kryzysu gospodarczego miast w Polsce, wiek XVI czy XVII*, in: *Przegląd Historyczny*, Bd. 58 (1967), S. 132—138. —Vgl. auch die Diskussion zur Frage der Zusammenhänge der polnischen Krise mit der europäischen Krise des 17. Jahrhunderts in den Jahrgängen 53 und 54 von *Przegląd Historyczny;* ferner Andrzej Wyczański, *La base intérieure de l'exportation polonaise de céréales dans la seconde moitié du XVIe siècle*, in: *Der Außenhandel Ostmitteleuropas 1450—1650*, Köln-Wien 1971, S. 260—270, sowie Andrzej Nowak, *Początki kryzysu sił wytwórczych na wsi wielkopolskiej w końcu XVI i na początku XVII wieku*, Poznań 1975.

hundert.[4] Es hat sich zeigen lassen, daß der Ausbau der gutswirtschaftlich organisierten Agrarproduktion angesichts der günstigen Außenhandelskonjunktur des 16. Jahrhunderts trotz positiver Auswirkungen in der Anfangsphase die Ökonomie Polens langfristig in eine tiefgreifende Strukturkrise hineinführte. Er setzte einerseits einen Regressionsprozeß auf einer niedrigeren Stufe der wirtschaftlichen Diversifizierung in Gang, der zur Verödung des inneren Marktes und zur Stagnation der Entwicklung im nicht-agrarischen Sektor, besonders des städtischen Lebens, führte.[5] Andererseits geriet angesichts extensiver Wirtschaftsweise und bei fehlenden Impulsen zur Produktivitätssteigerung auch die agrarische Produktion langfristig in einen Qualitätsrückstand; die Ertragsraten der polnischen Getreideerzeugung entwickelten sich nicht in ähnlich günstiger Weise wie in anderen europäischen Regionen.[6] Zudem bewirkte schließlich die Dynamik des europäischen Preisgefüges, daß Polen als Agrarexporteur allmählich in eine unvorteil-

---

[4] Besonders Witold Kula, *Początki układu kapitalistycznego w Polsce XVIII wieku*, in: *Przegląd Historyczny*, Bd. 42 (1951), S. 36—81; ders., *Sur les transformations économiques de la Pologne au dix-huitième siècle*, in: *Annales historiques de la Révolution Française*, Bd. 36 (1964), S. 261—277; Władysław Rusiński, *Kilka uwag o istocie ekonomiki feudalnej w XV—XVIII wieku*, in: *Roczniki Dziejów Społecznych i Gospodarczych*, Bd. 27 (1965), S. 9—33; Jerzy Topolski, *Gospodarka polska w XVIII wieku na tle europejskim*, in: *Pamiętnik X powszechnego zjazdu historyków polskich*, Bd. 3, Warszawa 1971, S. 475—487; ders., *Wskaźnik rozwoju gospodarczego Polski od X do XX wieku*, in: *Kwartalnik Historyczny*, Bd. 58 (1967), S. 995—1012 (französisch in: *Studia Historiae Oeconomicae*, Bd. 2 [1967], S. 3—29); ders., *A propos de la conception d'un modèle de l'histoire économique de la Pologne (XVe—XVIIIe ss.)*, in: *Studia Historiae Oeconomicae*, Bd. 13 (1978), S. 3—18.

[5] Dazu allgemein Antoni Mączak, *Problemy gospodarcze*, in: Janusz Tazbir (Hrsg.), *Polska XVII wieku. Państwo, społeczeństwo, kultura*, Warszawa 1969, S. 84—119; über die längerfristigen Entwicklungen des inneren Marktes der Forschungsbericht von Krystyna Kuklińska, *Les roles joués par les marchés intérieurs et extérieurs dans le développement du commerce polonais au XVIIIe siècle*, in: *Studia Historiae Oeconomicae*, Bd. 11 (1976), S. 87—100. — Zur Frage der Stadtentwicklung in der Sachsenzeit vgl. auch das instruktive Einleitungskapitel bei Edmund Cieślak, *Konflikty polityczne i społeczne w Gdańsku w połowie XVIII wieku*, Wrocław u. a. 1972.

[6] Über die Entwicklung der Ertragsraten und die sie bestimmenden Faktoren ist eine außerordentlich lebhafte Diskussion geführt worden; vgl. vor allem Alina Wawrzyńczyk, *Stan badań nad wysokością plonów w rolnictwie polskim XVI—XVIII wieku*, in: *Kwartalnik Historii Kultury Materialnej*, Bd. 8 (1960), S. 103—118; Stanisław Śreniowski, *W kwestii plonów w ustroju folwarczno-pańszczyźnianym Polski XVI—XVIII wieku*, in: *Roczniki Dziejów Społecznych i Gospodarczych*, Bd. 14 (1952), S. 107—120; Leonid Żytkowicz, *Ze studiów nad wysokością niskich plonów zbóż w Polsce od XV do*

hafte Marktposition geriet. Denn aufgrund des rascheren Ansteigens der Preise für gewerbliche Waren sank der relative Wert der Erlöse aus den Getreideexporten, und die Revenuen des gutsbesitzenden Adels mußten sich real kontinuierlich verringern.[7]

So trafen die Krisen, welche aufgrund äußerer Entwicklungen seit der ersten Hälfte des 17. Jahrhunderts über Polen hereinbrachen, das wirtschaftliche Leben des Landes besonders nachhaltig. Der Verfall der Getreidepreise auf den europäischen Märkten, gepaart mit einem Absinken der Produktivität der Getreideproduktion, bewirkten, daß die Erträge der Gutswirtschaft nunmehr rapide zusammenschrumpften. Als aber die großen Kriege der Mitte des 17. Jahrhunderts sowie am Beginn des 18. Jahrhunderts zudem weite Teile des Landes entvölkerten und deren Landwirtschaft verwüsteten, schien das wirtschaftliche Gefüge der Republik in seinen Grundlagen erschüttert. Zu wirksamer Anpassung an die veränderten wirtschaftlichen Verhältnisse war die adlige Gutwirtschaft jetzt nur noch bedingt in der Lage. Sie reagierte mit der Intensivierung der Exploitation bäuerlicher Arbeit sowie mit der forcierten Konzentration auch aller nicht-agrarischen wirtschaftlichen Funktionen auf das Vorwerk — mit der Folge, daß innerer Markt und städtische Wirtschaft vollends paralysiert wurden, die Pauperisierung der bäuerlichen Bevölkerung rasch fortschritt und die agrarischen Wirtschaftsgrundlagen aufgrund der extensiven Nutzungsweisen immer stärker in Verfall gerieten. Unter der Einwirkung der großen Kriege hatte das gutswirtschaftliche System mithin erst seine extreme Ausprägung erfahren, und es war damit seit der zweiten Hälfte des 17. Jahrhunderts zugleich in jene fundamentale Krise eingetreten, welche Polen in einen signifikanten ökonomischen Rückstand gegenüber den meisten europäischen Staaten geraten ließ.[8]

XVIII wieku, in: *Kwartalnik Historii Kultury Materialnej*, Bd. 14 (1966), S. 457—490; ders., *Następstwa ekonomiczne i społeczne niskich plonów zbóż w Polsce od połowy XV do połowy XVIII wieku*, in: *Roczniki Dziejów Społecznych i Gospodarczych*, Bd. 34 (1973), S. 1—28; vgl. auch Wojciech Szczygielski, *Le rendement de la production agricole en Pologne du XVIe au XVIIIe siècle sur le fond européen*, in: *Kwartalnik Historii Kultury Materialnej*, Bd. 14 (1966), Suppl.: Ergon, Bd. 5, S. 795—803.

[7] Vgl. neben der in Anm. 3 genannten Literatur Wojciech Szczygielski, *Die ökonomische Aktivität des polnischen Adels im 16.—18. Jahrhundert*, in: *Studia Historiae Oeconomicae*, Bd. 2 (1967), S. 83—101; zur Forschungsdiskussion über die Position Polens innerhalb der europäischen Handelsbeziehungen Władysław Rusiński, *The Role of Polish Territories in the European Trade in the Seventeenth and Eighteenth Centuries*, in: *Studia Historiae Oeconomicae*, Bd. 3 (1968), S. 115—134.

[8] Die Frage, ob die Krise der Gutswirtschaft durch die Kriege des 17. Jahrhunderts

Besonders kontrovers ist in der Forschung nun die Frage diskutiert worden, wann der Tiefpunkt dieses Regressionsprozesses überschritten war, das heißt, ab wann Impulse zur Wirkung kamen, welche einen Wandel der wirtschaftlichen Strukturen einleiteten und dadurch auch langfristig eine Regeneration ermöglichten.[9] Diese Frage ist um so schwerer zu beantworten, als namentlich für die erste Hälfte des 18. Jahrhunderts nur wenige gesicherte Erkenntnisse über die Hauptlinien der wirtschaftlichen Entwicklung vorliegen. Im Vergleich zu den vielfältigen neuen ökonomischen Aktivitäten der zweiten Jahrhunderthälfte haben Gutswirtschaft und Gewerbe der Sachsenzeit deutlich geringere Beachtung durch die wirtschaftsgeschichtliche Forschung gefunden. Zudem sind verallgemeinernde Aussagen über die Trends des 18. Jahrhunderts dadurch erschwert, daß die regionalen Unterschiede der Wirtschaftsentwicklung gegenüber dem 17. Jahrhundert sich offenkundig vertieft hatten.[10]

Dennoch erlauben die verfügbaren Informationen, wie vor allem Jerzy Topolski in einer Reihe von Untersuchungen hat zeigen können,[11] die Anfänge des wirtschaftlichen Umschwungs zeitlich mit relativer Genauigkeit zu identifizieren. Demnach ist anzunehmen, daß die ersten signifikanten Ansätze zu einer erneuten Dynamisierung des wirtschaftlichen Lebens in Polen in das zweite Viertel des 18. Jahrhunderts fielen. So läßt sich im Bereich der agrarischen Produktion zumindest für einige Regionen, besonders deutlich für Teile Kleinpolens und das königliche Preußen, eine Strukturverbesserung in jenen Jahrzehnten konstatieren. Sie betraf unter anderem die technische Verbesserung der Agrarproduktion (und damit tendenziell auch die erneute Steigerung der Ertragsraten nach der langen Phase der Stagnation im 17. Jahrhun-

---

mit verursacht oder durch diese lediglich in ihrem Verlauf beschleunigt worden ist, hat in der Historiographie sehr unterschiedliche Antworten gefunden; außer Zweifel steht jedoch, daß das gutswirtschaftliche System erst in der zweiten Hälfte des 17. Jahrhunderts jene spezifisch regressiven Formen ausgebildet hat, welche auch noch in der ersten Hälfte des 18. Jahrhunderts dominierten. Vgl. A. Wyczański, *Polska...*, S. 312 ff.

[9] Siehe Anm. 4.

[10] Zur Frage der regionalen Differenzierung vgl. Stanisław Mielczarski, *Rynek zbożowy na ziemiach polskich w drugiej połowie XVI i w pierwszej połowie XVII wieku. Próba rejonizacji*, Gdańsk 1962; Helena Madurowicz-Urbańska, *Forschungen über die landwirtschaftlichen Regionen Polens im Zeitraum vom 16. bis zum 19. Jahrhundert*, in: *Studia Historiae Oeconomicae*, Bd. 7 (1972), S. 91—98.

[11] Siehe Anm. 4, sowie Janina Bierniarzówna, *Projekty reform magnackich w połowie XVIII wieku*, in: *Przegląd Historyczny*, Bd. 42 (1951), S. 304—330.

dert), in höherem Maße jedoch die Organisation der Produktion im Rahmen vor allem des Großgrundbesitzes. Hier zeigten sich Ansätze zum Übergang von der Vorwerkswirtschaft zur Zinswirtschaft — zunächst meist in Reaktion auf allzu rasch steigende Verwaltungskosten auf den gutswirtschaftlich organisierten Latifundien —, und es kam nun auch zum Freikauf von der Fron seitens der Bauern; verstärkt wurde diese Tendenz zur Zinswirtschaft zudem durch die intensivierte Binnenkolonisation auf der Grundlage bäuerlicher Neusiedlung, besonders in Gestalt der »Holländereien«.[12] Begünstigt durch eine langsame Wiederbelebung des inneren Marktes sowie durch die gleichzeitige Rekonsolidierung der internationalen Agrarmarktkonjunktur kam dergestalt sehr allmählich ein gewisser Aufschwung in Gang — ein Aufschwung freilich, der erst in der zweiten Jahrhunderthälfte signifikante Fortschritte zeitigte.

Diesen Feststellungen zur Entwicklung im Agrarsektor korrespondieren aber auch die Beobachtungen, welche Witold Kula und andere Forscher in bezug auf die Entwicklungen im Bereich der gewerblichen, besonders der manufakturellen Produktion machen konnten.[13] Die Indizien für eine Dynamisierung erscheinen hier sogar deutlicher als in der Landwirtschaft. Zwar zeitigte das erneute Anwachsen des bürgerlichen Handelskapitals vorerst nur bescheidene Wirkungen hinsichtlich der Belebung des nicht-adligen Unternehmertums; der Zuwachs an Handelskapital in den Städten kam zunächst vor allem dem Finanzmarkt selbst zugute, während die Manufaktur ein eher marginaler Faktor bürgerlicher Wirtschaftsaktivität blieb.[14] Durch das nicht-bürgerliche, vor

---

[12] Zu den Hintergründen der Tendenz zur Umwandlung von Fron- in Zinswirtschaft u. a. Jan Rutkowski, *Zagadnienie reformy rolnej w Polsce XVIII wieku na tle reform przeprowadzonych we wsiach miasta Poznania*, Poznań 1925; Jerzy Topolski, *Problem oczynszowań w Polsce XVIII wieku na tle reformy klucza kamieńskiego w r. 1725*, in: *Roczniki Dziejów Społecznych i Gospodarczych*, Bd. 15 (1953), S. 57—76; W. Szczygielski, *Die ökonomische Aktivität...*, in: *Studia...*, Bd. 2 (1967), S. 98 f.; zu der vieldiskutierten Frage der Binnenkolonisation der frühen Neuzeit und besonders der Holländereien zuletzt auch Oskar Kossmann, *Die Deutschen in Polen seit der Reformation. Historisch-geographische Skizzen*, Marburg/Lahn 1978; über Ansiedlung und Zins auf den *ekonomie* E. Stańczak, *Kamera saska...*, passim.

[13] Grundlegend die Untersuchungen von Witold Kula, *Szkice o manufakturach w Polsce XVIII wieku. Badania nad dziejami przemysłu i klasy robotniczej w Polsce*, 2 Bde, Warszawa 1956; Nachweise der spezielleren Literatur in ders., *L'histoire économique...*, in: *Acta Poloniae Historica*, Bd. 4 (1961), S. 141 ff.; J. Topolski, *Gospodarka polska...*, in: *Pamiętnik X powszechnego zjazdu...*, Bd. 3, S. 457 ff.

[14] Vgl. auch Witold Kula, *Kształtowanie się kapitalizmu w Polsce*, Warszawa 1955,

allem magnatische Unternehmertum, das über ein hinreichendes Kapitalreservoir verfügte, wurden jedoch Grundlagen für eine manufakturelle Industrialisierung geschaffen. Obgleich auf der Basis des agrarischen Großgrundbesitzes organisiert — und zunächst auch vielfach auf dessen Bedürfnisse vorwiegend ausgerichtet —, gingen von der »Leibeigenenindustrie« der großen Latifundien wesentliche Anstöße für die Kapitalinvestition in diesem Sektor aus.

Solchen positiven Befunden hinsichtlich der langfristigen Entwicklungstendenzen stehen allerdings andere, eher negative Beobachtungen gegenüber, welche die wirtschaftliche Situation des Landes insgesamt — die Lage der Mehrheit der bäuerlichen Bevölkerung, aber auch des Gros von mittlerer und kleiner Szlachta — vor der Mitte des 18. Jahrhunderts betreffen.[15] So scheint sich die wirtschaftliche Aktivität der Mehrheit des Adels bis zum Ende der Sachsenzeit im wesentlichen in den alten Bahnen bewegt zu haben. Offensichtlich blieben die investiven Anstrengungen neuer Art auf die schmale Schicht der vermögendsten Magnatenschaft und der kirchlichen Großgrundbesitzer beschränkt, während die Mehrheit der besitzenden Szlachta (nicht zuletzt aus Mangel an Kapital) ihre Einkünfte weiterhin im Rahmen der Vorwerkswirtschaft mit ihren herkömmlich extensiven Erwerbsformen sichern mußte.[16] Dementsprechend waren die negativen Einflüsse, welche das gutswirtschaftliche System seit dem 17. Jahrhundert auf den gesamtwirtschaftlichen Mechanismus ausgeübt hatte, auch nach der Jahrhundertwende wirksam: Der Konkurrenzdruck der Gutswirtschaft auf das bürgerliche Wirtschaftsleben nahm vorerst kaum spürbar ab. Ebensowenig verringerte sich im allgemeinen die Belastung der bäuerlichen Bevölkerung; auf nationalem Maßstab jedenfalls scheint der Trend zur Verarmung des Dorfes, welche seit langem die Grundlagen der Agrarproduktion gefährdet hatte, auch in den Jahrzehnten nach dem Ende des großen Nordischen Krieges noch nicht gebrochen worden zu sein.[17]

S. 21 ff. — Im Handel wie im Bankwesen zeichnete sich allerdings bereits in der ersten Jahrhunderthälfte eine bemerkenswerte Belebung des bürgerlichen Wirtschaftslebens ab; so wurde 1741 etwa in Warschau das florierende Bankhaus Tepper gegründet.

[15] Vgl. auch Jozef Leskiewicz, *Sur le niveau et les composants du revenu foncier en Pologne du XVIe au XVIIIe siecle*, in: *Première conférence internationale d'histoire économique*, Stockholm 1960, S. 409—414; A. Wyczánski, *Polska...*, S. 322 ff. bzw. 328 ff.

[16] Vgl. W. Szczygielski, *Die ökonomische Aktivität...*, in: *Studia...*, Bd. 2 (1967), S. 90 ff.

[17] Zum Stand der außerordentlich intensiven Forschungsdiskussion um die Entwicklung der bäuerlichen Wirtschaft sowie der materiellen und sozialen Lage der Bau-

Für die dreißiger bis fünfziger Jahre des 18. Jahrhunderts, die Jahrzehnte der Reformreichstage Augusts III., ergibt sich somit ein zwiespältiges Bild. Sind die Indizien für die Anfänge einer günstigeren Entwicklung des wirtschaftlichen Lebens in einigen Bereichen unverkennbar, so bestehen gleichzeitig Zweifel daran, ob man diese Anfangsphase des ökonomischen Wandels bereits als eine Periode spürbaren Aufschwungs im materiellen Leben bezeichnen kann. Gerade für unseren Fragezusammenhang kommt diesem Problem besondere Bedeutung zu. Denn die Frage nach den wirtschaftlichen Rahmenbedingungen der Reformbemühungen auf den Reichstagen ist auch und vor allem eine Frage nach dem ‚wirtschaftlichen Klima‘ der fraglichen Zeit: Erfolgte die Reforminitiative in einer Phase der wirtschaftlichen Entspannung, welche den relevanten sozialen Gruppen konkrete Perspektiven der Verbesserung, zumindest aber der Sicherung ihrer ökonomischen Positionen eröffnete, so konnte der Plan einer ‚gesellschaftlichen Investition‘, wie sie die projektierte Reform darstellte, Unterstützung finden. Stellte sich die wirtschaftliche Situation aus der Perspektive der Zeitgenossen indessen wenig aussichtsreich dar, so mußte die Neigung, zugunsten der Reform Einbußen an den ohnehin schmalen und unsicheren eigenen Einkünften hinzunehmen, gering bleiben — zumal dann, wenn nicht eine annähernd gleichmäßige, das heißt, »gerechte« Belastung aller Steuerzahler zu gewährleisten war. Dementsprechend wäre näher zu erörtern, in welcher Weise die wirtschaftlichen Verhältnisse der späten Sachsenzeit sich in der ökonomischen und sozialen Situation der einzelnen Schichten des Adels niederschlug und wie sie dessen Einstellung zu ökonomisch-fiskalischen Fragen geprägt haben mögen.

Ein universelles Krisenmoment, welches zweifellos auch noch in der späten Sachsenzeit die wirtschaftliche Lage des polnischen Adels insgesamt beeinträchtigte, bildeten die erwähnten Kriegsfolgen. Nach den Kriegen mit Schweden und Rußland waren in Pommerellen 30 Prozent der Dörfer zerstört, in Masowien 10 Prozent, in Podolien 15 Prozent, und die Zahl der Bauernstellen hatte sich in den genannten Gebieten um 50 Prozent verringert. Der Nordische Krieg, über den weniger Daten vorliegen, hatte im Gebiet von Grodno die Zerstörung von 80 Prozent der Höfe zur Folge, im Krakauer Gebiet desgleichen.[18] Auf den Gütern

---

ernschaft im Überblick Władysław Rusiński, *Strukturwandlungen der bäuerlichen Bevölkerung Polens im 16.—18. Jahrhundert*, in: *Studia Historiae Oeconomicae*, Bd. 7 (1972), S. 99—119.

[18] A. Wyczański, *Polska...*, S. 310.

des Krongroßmarschalls Franciszek Bieliński bei Osiek zerstörten die Kriege bis 1660 sogar 174 der insgesamt 206 Bauernhufen und 375 der 449 Wohngebäude.[19] Ebenso in der Starostei Leżajsk am San, wo die Zahl der Hufen in der gleichen Zeit von 64,75 auf 26,75 zurückging.[20] Zweifellos wurden nicht alle Provinzen des Landes in dieser Weise betroffen, doch es ließen sich noch zahlreiche Beispiele ähnlich radikaler Verwüstung finden. Durch die Kriege wie auch durch die Pestepidemien der Jahre 1659 bis 1663 und 1705 bis 1714 verringerte sich analog die Bevölkerungsdichte. In den Städten Warschau, Posen, Danzig und Krakau sank sie um etwa 50 Prozent; in den weißrussischen Gütern von Szkłów lebte 1720 nur noch 29 Prozent der Bevölkerung von 1650.[21] Umgerechnet auf die Gesamtzahl der Landesbewohner, beliefen sich die Bevölkerungsverluste bis nach dem Nordischen Krieg nach Schätzungen auf etwa 30 Prozent.[22]

Diese Regression betraf grundsätzlich alle Inhaber von Landgütern gleichermaßen, verringerte ihre relativen Erträge aber vermutlich in einem Umfang, der kleinere Güter in besonders schwer betroffenen Gebieten ruiniert haben muß. Aufgeteilt war der gesamte Landbesitz im 18. wie in den beiden vorangegangenen Jahrhunderten unter die Krone (13 Prozent aller Bauernstellen), die Kirche (9 Prozent) und Magnaten und Szlachta (78 Prozent). Die Gutswirtschaft mit Fronbauern hatte sich zuerst auf den Besitztümern der mittleren Szlachta mit durchschnitt-

---

[19] Vgl. Janina Leskiewiczowa, *Dobra osieckie w okresie folwarczno-pańszczyźnianej XVI—XIX wieku*, Wrocław 1957, S. 42 f.

[20] Vgl. Józef Półćwiartek, *Położenie ludności wiejskiej starostwa leżajskiego w XVI—XVIII wieku*, Warszawa-Kraków 1972, S. 348.

[21] Über die Bevölkerungsverluste der Städte A. Wyczański, *Polska...*, S. 309 ff.; Kazimierz Mik, *Ruch naturalny i rozwój zaludnienia Krakowa w drugiej połowie XVIII w.*, in: *Przeszłość demograficzna Polski. Materiały i studia*, Bd. 2, Warszawa 1968, S. 119—137, hier S. 133 f.; über die Güter von Szkłów Maria Barbara Topolska, *Dobra szkłowskie na Białorusi wschodniej w XVII i XVIII wieku*, Warszawa 1969, S. 21; dies., *Peculiarities of the Economic Structure of White Russia in the Sixteenth — Eighteenth Centuries*, in: *Studia Historiae Oeconomicae*, Bd. 6 (1967), S. 37—49; weitere Vergleichszahlen bei Stanisław Cackowski, *Gospodarstwo wiejskie w dobrach biskupstwa i kapituły chełmińskiej w XVII—XVIII wieku*, 2 Bde, Toruń 1961—1963; Bogdan Baranowski, *Gospodarstwo chłopskie i folwarczne we wschodniej Wielkopolsce w XVIII wieku*, Warszawa 1958; Władysław Szczygielski, *Produkcja rolnicza gospodarstwa folwarcznego w Wieluńskiem w XVI do XVIII w.*, Łódź 1963.

[22] *Zarys historii gospodarstwa wiejskiego w Polsce*, Bd. 2, Warszawa 1964, S. 73 ff.; europäische Vergleichszahlen in: *Cambridge Economic History of Europe*, Bd. 4, Cambridge 1967, S. 42 f.; demnach betrugen zum Beispiel die Bevölkerungsverluste des Reichs aufgrund des Dreißigjährigen Krieges etwa 20 Prozent.

lich je einem Dorf — im 16. Jahrhundert 60 Prozent allen Landbesitzes in Polen — entwickelt. Bis ins 18. Jahrhundert verringerte sich die Zahl der Wirtschaftseinheiten jedoch ganz erheblich zugunsten der Großgrundbesitzungen. Der Anstieg der Rentabilitätsschwelle der Betriebsgrößen durch Produktivitätsrückgang, sowie Transport- und Absatzprobleme bewirkten zum Beispiel im Lubliner Land eine Umschichtung, die zur Vereinigung von 50 Prozent des Landes bei Gütern von über 500 Hufen führte; die Besitzer von Gütern unter 100 Hufen teilten sich dagegen in nur noch 10 Prozent des Landes,[23] wodurch die »Kleinbesitzer« nicht nur benachteiligt, sondern zum Teil sogar regelrecht expropriiert wurden. Dies hat exemplarisch auch eine Untersuchung für die Wojewodschaft Łęczyca gezeigt.[24]

Historiker haben die besitzende Szlachta klassifiziert in drei Schichten: die *szlachta zagonowa*, die einen sehr kleinen Besitz ohne jede Hintersassen in eigener Arbeit bewirtschaftete, die *szlachta cząstkowa* mit der Verfügung über den Teil eines Dorfes oder auch nur über eine Fronbauernfamilie sowie die Szlachta mit einer normalen Wirtschaft, bestehend aus einem Gut.[25] Von ihnen separiert sind die Besitzer größerer Güterkomplexe mit mehreren Dörfern zu nennen — je nach regionalen Verhältnissen zählten diese in Großpolen etwa zu den Magnaten, in Litauen aber lediglich zur »mittleren Szlachta« (*szlachta średnia*) —, sowie die wirklichen Magnaten, die Besitzer der insgesamt 110 Latifundien in Polen und Litauen. Zu den größten gehörten die Radziwiłł, Sapieha, Sanguszko, Czartoryski, Brzostowski, Branicki, Zamoyski und Potocki in Litauen und Kleinpolen, sowie die Bniński oder Mielżyński

---

[23] Vgl. A. Wyczański, *Polska...*, S. 309 ff.; Tadeusz Sobczak, *Zmiany w stanie posiadania dóbr ziemskich w województwie łęczyckim od XVI do XVIII wieku*, in: *Roczniki Dziejów Społecznych i Gospodarczych*, Bd. 17 (1956), S. 166—191; Władysław Szczygielski, *Zmiany w stanie posiadania i w strukturze własnościowej szlachty powiatu wieluńskiego od połowy XVI do końca XVIII wieku*, in: *Rocznik Łódzki*, Bd. 1/4 (1958), S. 259—281; M. B. Topolska, *Dobra szkłowskie...*, S. 21; vgl. auch Bogdan Baranowski, *La spécifité de l'économie en Pologne centrale du XVI au XVIII siècles*, in: *Studia Historiae Oeconomicae*, Bd. 5 (1970), S. 129—142.

[24] Vgl. B. Baranowski, *Gospodarstwo chłopskie...*, S. 21 u. 79.

[25] So die Klassifizierung bei Andrzej Zajączkowski, *Główne elementy kultury szlacheckiej w Polsce. Ideologia a struktury społeczne*, Wrocław-Warszawa-Kraków 1961, S. 31. Allerdings ist diese Typologie aufgrund ihrer beschränkten regionalen Gültigkeit kritisiert worden (vgl. die Rezension von J. Maciszewski in *Przegląd Historyczny*), denn vor allem die litauischen und weißrussischen Strukturen wiesen offenbar extremere soziale Klüfte auf.

in Großpolen. In diesen Gebieten wie auch in der Ukraine befand sich der meiste Besitz in Magnatenhand, während vor allem in Masowien die mittlere und kleine Szlachta dominierte.[26]

Die Größe der Latifundien läßt sich nach dem Maßstab normaler Szlachtagüter kaum noch bemessen, eher nach deutschen Territorialherrschaften. Karol Radziwiłł besaß allein 16 Städte und mehr als 600 Dörfer; Feliks Potocki hatte angeblich 130 000 eigene Bauern,[27] und die Güter des Erzbistums Gnesen machten gar mit einer Ausdehnung von 27 000 km² 0,4 Prozent der Gesamtfläche Polen-Litauens aus, weswegen sie bezeichnend auch *państwo prymasowskie* genannt wurden.[28] Auch die Güter von Szkłów, die seit 1731 den 39 Teilbesitztümern der Familie Czartoryski zugehörten, umfaßten immerhin 1000 km² Grundfläche mit 162 Dörfern und Städten, die sie — wie August Czartoryski — zum Teil durch befristete oder erbliche Verpachtung an die kleine Szlachta gleichsam »feudalisierten«.[29] Die Lubomirski schließlich besaßen 1739 an erblichen Gebieten insgesamt 1010 Dörfer, Siedlungen und Städte mit 213 Vorwerken. Dazu kamen die von der Krone verliehenen *królewszczyzny*, die mehr als 50 Prozent des Gesamtbesitzes ausmachten.[30] Die aus Kronbesitz ursprünglich verpachteten oder verpfändeten, dann aber als *panis bene merentium* verliehenen »Starosteien«, die weit zahlreicher waren als die eigentlichen königlichen Tafelgüter (*ekonomie*), unterschieden sich vom Allodialbesitz der Magnaten nur darin, daß von ihnen die gering bemessenen Heeresabgaben gemäß dem *komput* von 1717 zu leisten waren. Sie stellten gleichsam ein stabiles Vermögensreservoir der sozialen und politischen Elite der Adelsrepublik dar. Obgleich keine förmlichen Ansprüche bestimmter Gruppen des Adels auf die Ausstattung mit Krongütern bestanden, war die Verfügung über Krongüter *de facto* ein Privileg der politisch und sozial einflußreichen Magnatenschaft; die faktischen Ansprüche auf die Starosteien wuchsen entsprechend dem sozialen Geltungszuwachs der jeweiligen Familie. Dadurch aber wurden die Begünstigten in den Stand gesetzt, ihre wirt-

---

[26] *Zarys historii gospodarstwa wiejskiego w Polsce*, Bd. 2, Warszawa 1964, S. 92 ff.

[27] Jan Rutkowski, *Le régime agraire en Pologne au XVIIIe siècle*, Paris o. J., S. 68.

[28] Jerzy Topolski, *Rozwój latyfundium arcybiskupstwa gnieźnieńskiego od XVI do XVIII wieku*, Poznań 1955, S. 153. Der Begriff *państwo* wurde hier durchaus in der doppelten Bedeutung von »Herrschaft« und »Staat« verstanden.

[29] M. B. Topolska, *Dobra szkłowskie…*, S. 31 f.

[30] Vgl. Andrzej Homecki, *Produkcja i handel zbożowy w latyfundium Lubomirskich w drugiej połowie XVII i pierwszej XVIII wieku*, Wrocław-Warszawa-Kraków 1970, S. 12 ff.; siehe auch T. Korzon, *Wewnętrzne dzieje…*, Bd. 1.

schaftliche Basis weit über ihren Allodialbesitz hinaus zu erweitern. So verfügte zum Beispiel Jan Zamoyski neben den Einkünften aus 200 eigenen Dörfern und Städten über die Erträge von insgesamt 600 Dörfern, die Krongütern zugehörten.[31]

Dieses gewaltige wirtschaftliche Übergewicht der Magnaten, begründet durch die Akkumulation des Grundbesitzes in ihren Händen, bildete zugleich die Grundlage für vielfältige wirtschaftliche Einflüsse auf die übrige Adelsgesellschaft. »Die Magnaten«, so formulierte es Andrzej Wyczański, »stellte die ruinierte Szlachta vollständig in ihren Dienst. Nicht nur dieser Umstand, ebenso wie der Umfang ihrer sich kilometerweit erstreckenden Güter, entschied jedoch über das gesellschaftliche Übergewicht der Magnatenschaft. Kreditgeschäfte, Einflußnahme auf die Vergabe von Ämtern, wie sie die Magnaten ausübten, machten die Szlachta der Umgebung von ihnen abhängig; und so gebot die Magnatenschaft über ganze Landstriche und bildete einen weitaus gewichtigeren wirtschaftlichen, politischen und militärischen Machtfaktor am Ort als der ferne König mit seiner kleinen, schlecht besoldeten Armee und Verwaltung.«[32]

Die genannten Entwicklungen, wie auch Zersplitterungen von Gütern durch Erbteilung, nivellierten vor allem den mittleren Besitz, der im 16. Jahrhundert noch 60 Prozent der Dörfer Kronpolens umfaßt hatte. So gehörte 1789 Grabienice Małe im kleinadligen Masowien schon neun verschiedenen Adelsfamilien, und von solchen Dörfern gab es sehr viele in manchen Teilen der Adelsrepublik.[33] Die landlose Szlachta (*gołota*) war, da ihr Handel und Gewerbe untersagt waren, auf verschiedene Dienstverhältnisse verwiesen. Falls Besitzlose nicht als Zinspflichtige Land bei einem Magnaten pachteten, übernahmen sie städtische Ämter, versahen verschiedenartige Dienste an den Höfen der Magnaten (*szlachta domowa*) oder lebten vom Geldverleih.[34]

Ursache und zugleich Folge dieser drastischen Verschiebungen in der Verteilung des Grundbesitzes aber war eine radikale Verschlechterung der Position von mittlerem und kleinem Grundbesitz im Rahmen des

---

[31] Vgl. *Zarys historii gospodarstwa...*, S. 34 ff.; über die wirtschaftliche und soziale Bedeutung der Krongüter jetzt die instruktive Studie von Zofia Zielińska, *Magnateria polska czasów saskich. Funkcje urzędów i królewszczyzn w procesie przeobrażeń warstwy społecznej*, Wrocław 1977.

[32] A. Wyczański, *Polska...*, S. 329 f.

[33] A. Zajączkowski, *Główne elementy kultury szlacheckiej...*, S. 32 ff.

[34] *A.a.O.*, S. 33 f.

Agrarmarktgefüges. Hatten der Preisverfall seit dem 17. Jahrhundert und die Kriegszerstörungen unmittelbare Einbußen von beträchtlichem Umfang gebracht, so waren es in der Folgezeit die Kapitalarmut, die ungünstige Ertragslage und die angespannte Situation auf den Märkten, welche der Regeneration der Adelswirtschaft im Wege standen.[35] In jedem Falle mußten die Chancen der Mehrheit des Adels, ihre Einkünfte zu konsolidieren und Anschluß an Wiederaufbau und ökonomischen Aufschwung zu finden, geringer erscheinen als die der magnatischen Wirtschaft, die über Kapitalreserven verfügte. Witold Kula gab zu bedenken: »La propriété des magnats, si elle ne l'emportait pas par ses résultats techniques, ne pouvait-elle dépasser la propriété de la petite noblesse par ses résultats économiques? C'est un problème qui n'a pas été étudié, mais la réponse est probable. La masse de la production comme le travail gratuit des paysans permettaient à la propriété des magnats d'organiser de manière indépendante l'écoulement de ses produits dans les ports comme Gdańsk i Królewiec, où le rapport des prix état beaucoup plus avantageux pour le vendeur.«[36]

In der Tat liegt bis heute keine systematische Untersuchung über die ökonomische Differenzierung zwischen Magnaten und besitzender Szlachta vor, welche für die gesamte Adelsrepublik in der ersten Hälfte des 18. Jahrhunderts gültige Aussagen ermöglichen würde.[37] Indizien für den von Witold Kula angedeuteten Differenzierungsprozeß aufgrund der ungleichen Zugangsmöglichkeiten zu den Märkten lassen sich jedoch sehr wohl erkennen, und zwar sowohl aufgrund von Forschungen über die Entwicklung der Agrarmarktkonjunkturen im allgemeinen,[38] als auch aufgrund von Erkenntnissen über regionale Verände-

---

[35] Zur Frage der Bedeutung der Marktbeziehungen und ihrer Entwicklung für den ökonomischen Wandel im 18. Jahrhundert vgl. auch Jerzy Topolski, *Model gospodarczy Wielkopolski w XVIII wieku*, in: *Studia i materiały do dziejów Wielkopolski i Pomorza*, Bd. 10 (1972), H. 2, S. 57—71.

[36] W. Kula, *Sur les transformations économiques...*, in: *Annales...*, Bd. 36 (1964), S. 267.

[37] Vgl. zuletzt den Forschungsbericht bei J. Gierowski, *Historia Polski...*, S. 260 ff.

[38] Vgl. Stanisław Hoszowski, *Handel Gdańska w okresie XV—XVIII w.*, in: *Zeszyty naukowe WSE w Krakowie*, Bd. 11 (1960), S. 3—67; ders., *The Polish Baltic Trade in the 15th—18th Centuries*, in: *Poland at the XI th International Congress of Historical Sciences*, Warszawa 1960, S. 117—154; Czesław Biernat, *Statystyka obrotu zbożowego Gdańska od połowy XVII w. do 1795 r.*, in: *Zapiski Historyczne*, Bd. 23 (1957), S. 126—130; ders., *Statystyka obrotu towarowego Gdańska w latach 1651—1815*, Warszawa 1962; W. Rusiński, *The Role of Polish Territories...*, in: *Studia...*, Bd. 3 (1968), S. 118 ff. Über die

rungen der Binnenmarktstrukturen[39] sowie der wirtschaftlichen Aktivitäten des Großgrundbesitzes.[40]

Das Volumen des Danziger Getreideexports, der wichtigste Indikator für die Marktkonjunktur, blieb bis zur Jahrhundertmitte gering.[41] Im Schnitt erreichte es kaum 20 Prozent der höchsten Exportziffern des vorangegangenen Jahrhunderts.[42] Nicht alle Größenordnungen getreideerzeugender Güter in Polen verzeichneten aber den prozentual gleichen Rückgang des Exportanteils an ihrer Produktion. Trotz des radikalen Exportrückgangs konnten die großen Güter weiter einen beträchtlichen Teil ihrer Getreideproduktion absetzen, wenn auch deutlich weniger als in besseren Zeiten. Von den Gütern der Lubomirski wurden auch nach dem Nordischen Krieg sogar noch mehr als 50 Prozent der Getreideerträge in Danzig verkauft.[43] Bereits daran wird deutlich, daß *de facto* die Zerstörungen durch die vorausgegangenen Kriege die Großproduzenten weniger geschädigt hatten als die kleineren Erzeuger. Die Erholung des polnischen Exportmarktes nach der härtesten Baisse der Jahrhundertwende fiel, entsprechend auch dem Absatzvolumen, den Latifundien zu.

Hintergründe der Entwicklung im europäischen Getreidehandel auch J. A. Faber, *The Decline of the Baltic Grain-Trade in the Second Half of the Seventeenth Century*, in: *Acta Historiae Neerlandica*, Bd. 1, Leiden 1966, S. 108—131.

[39] Vgl. Anm. 10; weiterhin Stanisław Gierszewski, *Les modifications subies par le transport fluvial de marchandises en Pologne aux XVIe — XVIIIe s. en tant que facteur des transformations économiques*, in: *Studia Historiae Oeconomicae*, Bd. 13 (1978), S. 127—138.

[40] Neben den erwähnten Arbeiten über einzelne Güterkomplexe vgl. allgemein Maria Różycka-Glassowa, *Gospodarka rolna wielkiej własności w Polsce XVIII wieku*, Wrocław 1964; weiterhin Józef Burszta, *Handel magnacki i kupiecki między Sieniawą a Gdańskiem od końca XVII do końca XVIII wieku*, in: *Roczniki Dziejów Społecznych i Gospodarczych*, Bd. 16 (1954), S. 174—238; Wasyl I. Mieleszko, *Handel i stosunki handlowe Białorusi Wschodniej z miastami nadbałtyckimi w końcu XVII i w XVIII w.*, in: *Zapiski Historyczne*, Bd. 33 (1968), S. 675—712; Maria Barbara Topolska, *Związki handlowe Białorusi wschodniej z Rygą w końcu XVII i na początku XVIII wieku*, in: *Roczniki Dziejów Społecznych i Gospodarczych*, Bd. 29 (1968), S. 9—31; Zenon Guldon, *Związki handlowe dóbr magnackich na prawobrzeżnej Ukrainie z Gdańskiem w XVIII wieku*, Toruń 1966; aufschlußreich in diesem Zusammenhang auch Bogdan Baranowski u. a. (Hrsg.), *Instrukcje gospodarcze dla dóbr magnackich i szlacheckich z XVII—XIX wieku*, Bd. 1, Wrocław 1958.

[41] Vgl. M. Różycka-Glassowa, *Gospodarka rolna...*, S. 145; S. Hoszowski, *The Polish Baltic Trade...*, in: *Poland at the IX International Congress...*, S. 117 ff.

[42] Im Jahre 1618 116 000 Lasten; 1731—1750 durchschnittlich kaum 20 000.

[43] A. Homecki, *Produkcja i handel zbożowy...*, S. 33.

Die kleineren Produzenten benachteiligte in ihren Marktchancen, neben den relativ höheren Produktionskosten bei geringerer Arbeitsrationalität, vor allem die fehlende Möglichkeit des Transportes ihrer Produkte zu dem günstigsten Markt, besonders nach Danzig. Traditionell produzierten sie allgemein nur solche Güter für den Export, die nicht zu weit von den Schiffahrtswegen entfernt lagen. Verkehrsmäßig ungünstig liegende Güter dagegen zogen ihre Einnahmen eher aus Pacht, Geldzins oder dem Verkauf von Bier und Branntwein, wozu teilweise fast die ganze Getreideproduktion verarbeitet wurde.[44] Den Transport der Getreideerträge von den für den Export produzierenden Gütern nach Danzig organisierten die Magnaten selbst. Die Lubomirski unterhielten zum Beispiel feste und teils nur saisonweise gebrauchte, mit festen Stapelplätzen versehene Anlegestellen an der Weichsel sowie entsprechende Transportschiffe — es wird die Zahl von 172 Lastkähnen genannt. Die Abwicklung des Transportes zu den Stapelplätzen, die Beschaffung der Schiffskapazitäten, Verladung, Transport nach Danzig, möglicherweise eine weitere Lagerung in Danzig sowie schließlich den Verkauf besorgte ein Beamter des Magnaten, der *szyper generalny* mit seinen Helfern an den einzelnen Verschiffungsstellen.[45] Falls die Kapazitäten der magnateneigenen Schiffe nicht ausreichten, wurden zusätzliche Transportmittel gemietet; war dagegen überschüssiger Transportraum vorhanden, so kauften die Beauftragten der Magnaten Getreide auf den regionalen Märkten, um es mit dem eigenen weiterzuverkaufen. Gelegentlich wurde auch Getreide von kleineren Gütern gegen Bezahlung mit nach Danzig transportiert; ebenso nutzte der nicht-adlige Handel diese Transportmöglichkeit.[46]

In Danzig verkaufte der *szyper generalny* — je nach Marktsituation — direkt vom Schiff oder magazinierte das Getreide unter Umständen bis zum nächsten Jahr, was jedoch wegen der hohen Lagerkosten — bis 10 Prozent des Wertes, — wenn möglich vermieden wurde.[47] Die 10 Pro-

---

[44] Zur wachsenden Bedeutung der Propination für die Gutswirtschaft in der Periode der Krise vor allem Józef Burszta, *Wieś i karcma. Rola karczmy w życiu swi pańszczyź nianej*, Warszawa 1950; Marian Szczepaniak, *Karczma, wieś, dwór. Rola propinacji na wsi wielkopolskiej od połowy XVII do Schylku XVIII w.*, Warszawa 1977; vgl. auch M. B. Topolska, *Dobra szkłowskie...*, S. 142; A. Homecki, *Produkcja i handel zbożowy...*, S. 56.

[45] *A.a.O.*, S. 43 ff.

[46] Vgl. J. Burszta, *Handel magnacki...*, in: *Roczniki...*, Bd. 16 (1954), S. 180 ff.

[47] A. Homecki, *Produkcja i handel zbożowy...*, S. 49 ff.

zent Lagerkosten konnten allerdings durch den Spekulationsgewinn bei günstigem Verkauf mehr als ausgeglichen werden. Man orientierte sich über den günstigsten Verkaufstermin anhand der wöchentlich in Danzig bekanntgemachten Amsterdamer Preislisten.[48] Analog entwickelten sich die Preise in Danzig.[49] Die Möglichkeit, die Marktchancen im Getreideexport auf solche Weise zu nutzen, war in jedem Fall der kleinen Gruppe von relativ kapitalkräftigen Großproduzenten vorbehalten. Dies aber bedeutete, daß das Gros der Getreideproduzenten, soweit sie überhaupt einen nennenswerten Anteil ihrer Erträge zur Vermarktung bringen konnten, auf wesentlich schlechtere Absatzmöglichkeiten verwiesen blieb. Allenfalls die Ausweitung der Propination schuf wohl auf den Regionalmärkten Entlastung.

Bereits die Entwicklung der Warschauer Preise läßt erkennen, daß die Binnenmarkterträge nicht nur deutlich unter denen von Danzig lagen, sondern — angesichts der extremen Preisschwankungen zwischen einzelnen Monaten beziehungsweise Jahren — auch keine stabilen Umsätze garantierten.[50] Vermochte der Anbieter bei ungünstiger Preisentwicklung auf dem ihm erreichbaren Markt nicht den Verkauf aufzuschieben oder auf einen anderen Markt auszuweichen, drohten ihm erhebliche Einbußen.[51] Zudem mußte er gewärtigen, daß auch die export-

---

[48] Zur Frage der Marktorientierung in und außerhalb Amsterdams Violet Barbour, *Capitalism in Amsterdam in the Seventeenth Century*, Baltimore 1950, S. 21 f.

[49] Dies illustriert nicht zuletzt ein Vergleich der Amsterdamer und Danziger Preise: Die Preisdaten für Amsterdam in holländischen Lasten und einem festgesetzten Verrechnungsgulden, für Danzig in Danziger Lasten und mit unmittelbarer Silberwertangabe aufgeführt bei N. W. Posthumus, *Inquiry into the History of Prices in Holland*, Bd. 1, Leiden 1946, S. 5; beziehungsweise Tadeusz Furtak, *Ceny w Gdańsku w latach 1701—1815*, Lwów 1935, S. 90 f.
Umgerechnet auf einen einheitlichen Gewichts- und Wertmaßstab (den jeweiligen Silberpreis) lassen die jährlichen Preise in einem Vergleich über einen mittleren Zeitraum darauf schließen, daß die Preisentwicklung in Danzig der in Amsterdam relativ nahe gefolgt ist. Es sind hier geringere Differenzen abzulesen als etwa im Vergleich der Danziger Preise mit den wesentlich niedrigeren von Warschau.
Gewisse Ungenauigkeiten bei dem ersten Vergleich ergeben sich freilich durch die Tatsache, daß es sich bei den Danziger Preisen um Einzelhandelswerte handelt, im Gegensatz zu den Amsterdamer Großhandelspreisen. Die Danziger Preise wären also vergleichsweise niedriger und mit weniger Abweichungen im Verlauf der Preiskurve gegenüber Amsterdam anzusetzen.

[50] Vgl. die entsprechenden Preistabellen bei T. Furtak, *Ceny w Gdańsku...*, S. 212; sowie Stanisław Siegel, *Ceny w Warszawie w latach 1701—1815*, Lwów 1936, S. 179.

[51] S. Siegel, *Ceny w Warszawie...*, S. 79; über die Interpretierbarkeit der publizierten Preistabellen auch Stanisław Hoszowski, *Usefulness of the History of Prices in Economy Research of the Late-Feudal Poland*, in: *Studia Historiae Oeconomicae*, Bd. 5 (1970), S. 3—18.

orientierten Erzeuger bei schwacher Konjunktur im internationalen Getreidehandel verstärkt auf die binnenländischen Märkte drängten und sich die Konkurrenz dadurch erheblich verschärfte.[52] Grundsätzlich entschied somit die Mobilität der Produzenten in bezug auf die Märkte — die Verfügung über Transportmittel wie über Kapitalreserven — über die Absatzchancen; und zweifellos stand die adlige Gutswirtschaft hier im Schatten des magnatischen ‚Agrarunternehmertums'.

Ähnlich unterschiedlich gestalteten sich die wirtschaftlichen Chancen von Szlachta und Magnatentum aber auch hinsichtlich der Möglichkeiten, die eigene Produktion auszuweiten und zu verbessern. Allgemein rekurrierte die Gutswirtschaft hier zunächst freilich auf das Mittel der Erhöhung der bäuerlichen Lasten, namentlich der Fronleistungen.[53] So stieg die Fron, die im 16. Jahrhundert auf Krongütern pro Hufe zwei Tage wöchentlich betrug, im 18. Jahrhundert auf im Durchschnitt acht bis zwölf Tageleistungen an und erreichte in manchen Regionen um die Jahrhundertmitte sogar sechzehn Tage,[54] wobei diese Normen sehr unterschiedliche Leistungen meinten, aber die »Fußtage« *(dzień pieszy)* auch nur halbsoviel galten wie ein realer Frontag, der mit bauerneigenem Gespann geleistet wurde *(dzień sprzężajny)*. Außerdem wurden regional im 17. Jahrhundert die Ablösung der Fron verboten, durch *ordynacje wejskie* die Ableistung der Frontage wöchentlich an zusammenhängenden Tagen verordnet sowie einige Dienste der Bauern — etwa das Jäten — von der Anrechnung auf die Fronleistung ausgenommen.[55] In der Starostei Leżajsk in der Wojewodschaft Reußen wurden neben 12 bis 16 Tage Fron pro Hufe im 18. Jahrhundert auch Dienste beim Flößen gefordert.[56] Dabei überstiegen die Verpflichtungen der Bauern

---

[52] Vgl. A. Homecki, *Produkcja i handel zbożowy...*, S. 17.

[53] Vgl. A. Wyczański, *Polska...*, S. 314 ff. — In den von den Bevölkerungsverlusten des Jahrhundertanfangs besonders hart betroffenen Regionen wurde fehlende bäuerliche Arbeitskraft zum Teil auch durch Lohnarbeit substituiert; freilich bot dieses Verfahren angesichts der Knappheit an freien Arbeitskräften kaum Entwicklungsmöglichkeiten; vgl. dazu auch J. Leskiewiczowa, *Dobra osieckie...*, S. 47 f.

[54] Außerdem bewirkten die regressive Entwicklung der Geldbeziehungen, die Forderung zusätzlicher Natural- und Dienstleistungen sowie die Errichtung gutsherrlicher Monopole — vor allem in der Propination —, daß sich die Abhängigkeit der Bauern von der Grundherrschaft vertiefte. — Aber auch die auf Kron- und Tafelgütern einsetzende Umstellung auf Zins bot angesichts der Marktentwicklung für die Bauern Risiken. Vgl. die Instruktionen für die Güter der Radziwiłł in Litauen; *Instrukcje gospodarcze...*, Bd. 1, S. 184 ff.

[55] *A.a.O.*, S. 69 ff.

[56] J. Półćwiartek, *Położenie ludności wiejskiej...*, S. 104 ff.

auf den Szlachtabesitzungen in bezug auf die Fronlast im Prinzip die Lasten der Bauern auf *królewszczyzny* und Kirchengütern, die andererseits mit erheblich höheren Staatsabgaben als die Szlachtabauern belastet waren. Die letzteren entrichteten Staats- und Kirchenabgaben (10—25 Prozent ihrer Gesamtlasten) meist in Naturalien;[57] die Kronbauern aber hafteten für die in Geld abzugebende *hiberna*, die im Zusammenhang mit dem Nordischen Krieg mehrfach erhöht worden war und zur völligen Ausplünderung durch die selbst requirierenden Soldaten führte.[58]

Mit dem Ansteigen der bäuerlichen Lasten ging die Verringerung des durch Bauern bewirtschafteten Landes einher. Auf den bischöflichen Gütern von Kulm veränderte sich das Verhältnis von Bauernland zu Gutsland von 7 : 1 (1614) auf 4 : 1 (1759);[59] in Łęczyca hatte sich das Verhältnis im 18. Jahrhundert bis auf 1 : 1 verändert.[60] Doch nicht nur der Umfang des gesamten Bauernlandes verringerte sich, sondern auch die Größe der einzelnen Bauernstellen: in der Starostei Leżajsk etwa von durchschnittlich 0,56 Hufen im 16. Jahrhundert auf weniger als 0,1 Hufen im 18. Jahrhundert. Dazu trug die verzögerte Aufbauleistung durch die Grundherren nach den Kriegen bei wie auch die Tatsache, daß die Vermehrung des nichtbesteuerten Vorwerkslandes gegenüber den steuerpflichtigen Bauernhöfen im Interesse der Grundeigner lag.[61] Hinzu kam bei den Bauern die Tendenz zur Aufgabe oder Nichtvergrößerung des selbst bewirtschafteten Landes unter den sich verschlechternden Eigenertragsbedingungen und damit die Verringerung des Arbeitskräfte-

---

[57] B. Baranowski, *Histoire de le'économie rurale...*, S. 82 f.

[58] Welche konkrete Auswirkung Abgaben bestimmter Art hatten, bleibt letztlich unklar, da zahlenmäßige Durchschnittseinnahmen der Bauern als Indikatoren für deren objektive Lage sinnvoll nicht zu errechnen sind. Der *Zarys historii gospodarstwa wiejskiego w Polsce* gibt solche Durchschnittswerte an (vgl. Bd. 2, S. 46 f.), obwohl der Gewinn bei der beschriebenen Preislabilität zum Beispiel für 1 Scheffel Weizen zwischen 3 und 20 złp schwanken konnte, ein Durchschnittswert daher keine reale Aussage darstellt. (Vgl. die vierteljährlichen Roggenpreise in Warschau bei S. Siegel, *Ceny w Warszawie...*, S. 10 f.) Ein reguläres Verhältnis von Abgabe und Gewinn kann für Kriegszeiten ohnehin nicht angenommen werden. Die Erhebung der *hiberna* glich daher eher einer Requirierung durch feindliche Truppen.

[59] S. Cackowski, *Gospodarstwo wiejskie w dobrach biskupstwa i kapituły chełmińskiej w XVII—XVIII wieku*, Bd. 2, Toruń 1963, S. 20 ff.

[60] B. Baranowski, *Gospodarstwo chłopskie...*, S. 83.

[61] J. Półćwiartek, *Położenie ludności wiejskiej...*, S. 132 ff. — Zwar wurden in jedem Fall die Steuern von den Bauern erbracht. Doch bei erhöhten Steuern verringerte sich die Grundherren-Leistung, die den Bauern maximal abzufordern war.

potentials für die Gutsherren. Die Fron der sich selbst versorgenden Bauern genügte nicht mehr vollständig zur Bewirtschaftung der Vorwerke; Tagelöhner dagegen waren nur in unzureichender Zahl verfügbar.[62]

Der Weg zu einer strukturellen Verbesserung der Produktionssituation stand unter diesen Verhältnissen jedoch wiederum nur dem Großgrundbesitz offen. Gemeint ist der Weg über die Aufgabe des Fronsystems zugunsten der Zinswirtschaft. Auch hierzu waren Kapitalreserven erforderlich, um eine längere Phase der Reorganisation zu überbrücken. Denn die Festsetzung eines für den Grundherrn angemessenen Zinses hätte die zinspflichtigen Bauern in kurzer Zeit ruiniert, ein tragbarer Zinssatz dagegen ließ die Einnahmen kurzfristig noch unter die Erträge der stagnierenden Vorwerkswirtschaft absinken. Daher konnte man nur bei sehr großen Güterkomplexen zu dieser Reformmaßnahme greifen, »bei denen es um Gewinne ging, nicht aber um die Unterhaltung einer Szlachtafamilie«, und sie konnte nur solche Dörfer einbeziehen, deren Produktion noch das reine Subsistenzminimum überschritt, das heißt überhaupt zur Vermarktung ihrer Produkte in der Lage waren.[63]

Aber auch bei den großen Magnatenbesitzungen befand sich in der ersten Hälfte des 18. Jahrhunderts der Prozeß solcher Umwandlungen erst im Anfangsstadium. Nicht durch Zufall forderte gerade 1733 der Sejmik von Wilna für den folgenden Reichstag einen Beschluß über die Umsetzung der Fronbauern in den *królewszczyzny* auf Zinsabgaben, um die Staatserträge zu steigern.[64] Das gleiche belegt der wachsende Prozentsatz von Zinsdörfern auf den Bischofsgütern von Gnesen: von 11 Prozent (1720), 9 Prozent (1750), 27 Prozent (1770) auf 47 Prozent (1780),[65] und auch August Czartoryski reformierte erst 1760 bis 1762 seine Güter in Szkłów, hob alle verpachteten und eigenen Fronhöfe auf und verwandelte die Bauernstellen in Zinshöfe, wodurch die Einkünfte aus diesen Besitzungen nun erheblich stiegen.[66] Aber auch dort, wo die Vorwerke ausgebaut wurden, nahm der Gewinn aus den zahlenmäßig

---

[62] Das »Uniwersał Marszałka wielkiego koronnego Franciszka Bielińskiego do oficjalistów dóbr« von 1749 zum Beispiel verbot strengstens das Pendeln landloser Bauern zur Saisonarbeit auf fremden Gütern, die für viele Bauern die einzige Möglichkeit für einen ausreichenden Erwerb bot. Vgl. *Instrukcje gospodarcze...*, Bd. 1, S. 209 f.

[63] A. Wyczański, *Polska...*, S. 317 f. Vgl. dazu auch J. Bierniarżówna, *Projekty reform magnackich...*, in: *Przegląd Historyczny*, Bd. 42 (1951), S. 321.

[64] *A.a.O.*, S. 311; vgl. auch E. Stańczak, *Kamera saska...*, S. 116 ff.

[65] J. Topolski, *Rozwój latyfundium...*, S. 132.

[66] M. B. Topolska, *Dobra szkłowskie...*, S. 34.

nicht vermehrten Zinshöfen an Gewicht gegenüber den Vorwerkseinnahmen im Gesamtertrag der Güter zu — allerdings eher aufgrund sinkender Rentabilität der Vorwerkswirtschaft als aufgrund einer Belebung der Geldwirtschaft. Denn einer entscheidenden Ausweitung des lokalen Warenaustausches und somit auch der nichtagrarischen Produktion wirkte die starke Belastung der Zinsbauern durch die Geldabgaben entgegen. Da die Hauptprodukte (Getreide und Vieh) durch Gutsherrenabgaben und der schätzbare Gesamtertrag verkäuflicher Produkte durch Staatsabgaben besteuert wurden, hatte die Ausdehnung der Produktion solcher abgabepflichtiger Marktgüter wenig Anreiz; es bestand im Gegenteil die Tendenz der Beschränkung der Produktion und deren Verlegung auf eine universellere Kleinerzeugung (Geflügel, Eier, Gemüse, Obst) für eine autarke Eigenversorgung unter Umgehung des labilen Marktes, abgesehen von der unerläßlichen Marktproduktion zur Deckung des Zinses.[67]

Die Tatsache schließlich, daß Investitionen von gutswirtschaftlichen Einkünften in Handel und gewerblicher Produktion auch in der ersten Hälfte des 18. Jahrhunderts eine Domäne der Magnaten blieben, bedarf kaum der Erwähnung.[68] Für unseren Fragezusammenhang bedeutsam ist jedoch die Feststellung, daß die manufakturellen Aktivitäten der großen Magnatenfamilien zunächst wohl auch nur in sehr begrenztem Umfang zur Belebung des wirtschaftlichen Lebens im allgemeinen beigetragen haben. Die Manufakturen »étaient fondées par les magnats pour la mobilisation économique des possibilités potentielles de production qui résidaient dans leurs propriétés. Elles devaient, en premier lieu, répondre chacune aux besoins de son propre magnat, de sa maison de son armée privée, produire tous les nécessaires et donc épargner l'argent pour l'achat des articles de luxe, pour la coûteuse lutte politique.«[69]

Weder die Entstehung eines bürgerlichen Kapitalmarktes, noch die Belebung des innerpolnischen Handels resultierten daraus. Die Zölle für den nichtadligen Handel von 10 bis 12 Prozent bestanden gegenüber

---

[67] Diese Verringerung und Umstrukturierung der Produktion läßt sich sowohl für die eigentliche bäuerliche Wirtschaft konstatieren als auch für die mit eigener Arbeitskraft wirtschaftende kleine Szlachta. Dadurch wurde in vielen Regionen eine sehr weitreichende Reautarkisierung der ländlichen Wirtschaft und effektiv eine Verödung des inneren Marktes herbeigeführt. Darüber W. Kula, *Sur les transformations économiques...*, in: *Annales...*, Bd. 36 (1964), S. 265 ff.

[68] Vgl. W. Kula, *Szkice o manufakturach...*, Bd. 1, Teil 1, S. 35 ff.

[69] Ders., *Sur les transformations économiques...*, in: *Annales...*, Bd. 36 (1964), S. 272.

dem zollfreien Handel des Adels weiter, wie auch die inneren privaten Wegzölle — allein diese betrugen für den Transport einer Wagenladung von Kiev nach Breslau 32 Taler.[70] Die Magnaten selbst betrieben dagegen aus eigenen Mitteln Handel, vermittelt durch meist jüdische Agenten. Beispiele dafür bilden die Weichselschiffahrtsgeschäfte des Hetmans Sieniawski und die Unternehmungen Józef Potockis, der ständige Handelsbeziehungen nach Leipzig unterhielt.[71]

Die verschiedenen Indikatoren für die wirtschaftliche Entwicklung der ersten Jahrhunderthälfte, wie sie sich im Licht der bisherigen Forschung darstellen, weisen mithin auf eine rapide fortschreitende Differenzierung zwischen Szlachta und Magnaten hin. Offensichtlich hatte die Mehrheit des Adels keinen Anteil an dem beginnenden wirtschaftlichen Aufschwung der späten Sachsenzeit. Im Gegenteil: Der wirtschaftliche Niedergang des kleinen und mittleren Adels schien in mancher Hinsicht in den Jahren der Reformreichstage sogar beschleunigt. Für die darauf aufbauende Frage nach den tatsächlichen Vermögensverhältnissen der verschiedenen Szlachtaschichten findet sich allerdings keine sichere Materialgrundlage. Allein für die großen Magnatenfamilien gibt es annähernde Zahlen, die jedoch nicht etwa zuverlässigen statistischen Quellen entstammen und zudem, abgelöst von der Angabe der Einnahmequellen, nichts über Tendenzen der Einkommensentwicklung aussagen. »On estimait les revenues de Xavier Branicki à 2 millions de florins, de Félix Potocki à 3 millions, d'Adam Czartoryski à 3 600 000 florins, de Charles Radziwiłł à 5 millions de florins.«[72] 1790/91 hatte der Primas Poniatowski Einkünfte von genau 930 271 złp 21 gr.[73] Der einzige mögliche Schluß aus diesen Angaben ist aber, daß die Einkünfte aus den ganz großen Besitzungen trotz der erwähnten Krisenmerkmale und trotz inflationärer Entwicklung sehr hoch blieben. Ihrer Stabilisierung diente die Möglichkeit der Verlagerung von Produktion und Verwertung im Falle von Krisen in bestimmten Bereichen. Konkret zeigen sich solche Verlagerungen etwa in der Umsetzung auf Zinswirt-

---

[70] Vgl. »Instruktarz celny z wyrażeniem taksy wszelkich towarów« von 1738; in: Józef Gierowski (Hrsg.), *Rzeczpospolita w dobie upadku, 1700—1740. Wybór źródeł*, Wrocław 1955, S. 39 ff.

[71] Vgl. Josef Reinhold, *Polen-Litauen auf den Leipziger Messen des 18. Jahrhunderts*, Weimar 1971, S. 39 f.

[72] J. Rutkowski, *Le régime agraire...*, S. 68.

[73] J. Topolski, *Rozwój latyfundium...*, S. 15. Diese Erträge gelten jedoch für eine Zeit, in der sich die Agrarkonjunktur gegenüber der ersten Jahrhunderthälfte schon erheblich verbessert hatte.

schaft wie auch in der häufig beobachteten Umstellung der Güterproduktion von Marktgetreide auf die Erzeugung von Bier und Branntwein, dessen Vertrieb mit zum Teil 50 Prozent Gewinn für viele Betriebe zur Haupteinnahme wurde. Kurzfristige Schwankungen in der Produktion waren dagegen unvermeidlich.[74]

Repräsentative Daten über die Einnahmen der Latifundien werden freilich für die ersten Jahrhunderthälfte kaum zu gewinnen sein.[75] Einen Einblick vermitteln jedoch die Aufstellung der Einkünfte für einzelne Güterkomplexe, wie sie etwa für die Güter des Kulmer Bistums[76] oder für die von Szkłów[77] bekannt sind. Es zeigt sich, daß die Entwicklung der Realeinkünfte hier im wesentlichen parallel zu dem konstatierten allgemeinen Konjunkturzyklus verlief: Nach den starken Einbrüchen des 17. Jahrhunderts stiegen die Einnahmen seit dem zweiten Viertel des 18. Jahrhunderts wiederum kontinuierlich an und erreichten bald nach der Jahrhundertmitte etwa wieder das Niveau der Zeit vor der großen Krise; auf den Gütern von Szkłów hatten die Realeinkünfte 1759 gerade die Höhe überschritten, welche sie zu Anfang des 17. Jahrhunderts erreicht hatten.

Für den nichtmagnatischen Adel haben solche Berechnungen keinerlei Grundlage. Jan Rutkowskis Durchschnittsangaben über die Einkünfte der mittleren Szlachta im 18. Jahrhundert — 1000 bis 2500 złp jährlich[78] — sind fragwürdig, da sich die Produktions- und Preisschwankungen auf solche »kleinen« Wirtschaftseinheiten sehr viel radikaler als auf die großen Güterkomplexe auswirkten und in manchen Jahren Geldeinkünfte wahrscheinlich ganz ausblieben. Derart tendierte die Entwicklung besonders der Szlachta mit kleinem Besitz zum weitgehenden Rückzug vom Markt und relativ autarken Versorgung aus den eigenen Gütern. Die Erholung der europäischen Getreidehandelskonjunktur seit den fünfziger und sechziger Jahren des 18. Jahrhunderts aber erfolgte zu spät, um diesen Regressionsprozeß zu revidieren und der gesamten Adelsnation wieder zu wirtschaftlichem Aufstieg zu verhelfen.

Diese deutliche Polarisierung der sozialwirtschaftlichen Entwicklungstendenzen zwischen Magnaten und Massenadel, die in der zweiten

[74] Vgl. S. Cackowski, *Gospodarstwo wiejskie...*, Bd. 2, S. 78 f.
[75] Vgl. auch A. Wyczański, *Polska...*, S. 318 ff.
[76] S. Cackowski, *Gospodarstwo wejskie...*, Bd. 2, passim.
[77] Vgl. M. B. Topolska, *Dobra szkłowskie...*, S. 140.
[78] *Le régime agraire...*, S. 69.

Hälfte des 18. Jahrhunderts ihren Höhepunkt erreichte, stellte das Prinzip der republikanischen Gleichheit seit dem 17. Jahrhundert tatsächlich sozial immer stärker in Frage und ermöglichte die Herausbildung einer *oligarchia magnacka,* in deren Rahmen die politischen Auseinandersetzungen der Sachsenzeit ausgetragen wurden. Denn in den meisten Gebieten Polen-Litauens gab es praktisch keine sozial unabhängige kleine Szlachta mehr, außer in Masowien, Podlachien sowie verstreut in Litauen und Kleinpolen, und nur in Großpolen bildete eine mittlere, mäßig begüterte Szlachta eine ganz eigene adelssoziale Schicht. Sehr viele Kleinadlige waren durch die magnatische Konkurrenz, gelegentlich auch durch Gewalt, und durch Erbteilung vollständig expropriiert. Die Möglichkeiten zum Ausweichen auf andere Erwerbstätigkeiten außerhalb der Landwirtschaft waren gering — zwischen 1505 und 1677 hatte eine Reihe von Konstitutionen den Szlachcicen die Ansiedlung in der Stadt und die Ausübung von Handel und Gewerbe verboten.[79] Falls sie sich nicht als Freibauern auf dem ihnen verbliebenen Land oder als eine Art »Zinsbauern« als Pächter bei einem Magnaten betätigten, blieb ihnen der Dienst bei der *szlachta dworska* oder *domowa* der Magnaten oder in einem öffentlichen, oft städtischen Amt, für einige auch nur die Existenz als städtisches Lumpenproletariat. Dadurch aber geriet ein erheblicher Teil der Szlachta auf den Weg zur endgültigen sozialen Deklassierung.[80] Er konnte im Extremfall, durch das Ausscheiden aus der Schicht des landbesitzenden Adels *(ziemianie),* überhaupt zum faktischen Verlust der adligen Standschaft führen, zumindest aber zum Absinken in die Reihen des faktisch mediatisierten, das heißt, auch seiner politischen Rechte in Wahrheit depravierten Kleinadels.[81]

In der Tat wies die Adelsgesellschaft eine sehr deutliche innere Hierarchie auf, die den realen wirtschaftlichen Abstufungen recht genau folgte. Grundelement der politischen Soziologie des Adels bildete das adlige Gut mit der davon abhängigen, politisch gegenüber dem Gutsinhaber zwangsläufig loyalen landlosen Adelsklientel. Auf der Grundlage

[79] A. Zajączkowski, *Główne elementy kultury szlacheckiej...,* S. 29 ff.
[80] Vgl. H. Roos, *Der Adel der polnischen Republik...,* in: *Der Adel...,* S. 50 f.; J. K. Hoensch, *Sozialverfassung und politische Reform...,* S. 105. — Zur Frage der Deklassierung des verarmten Adels und seiner sozialen Transformation im späten 18. Jahrhundert vor allem Jerzy Jedlicki, *Klejnot a bariery społeczne. Przeobrażenia szlachectwa polskiego w schyłkowym okresie feudalizmu,* Warszawa 1968.
[81] Vgl. dazu auch die aufschlußreichen Schilderungen der politischen Verhältnisse auf landschaftlicher Ebene bei M. Matuszewicz, *Pamiętniki...,* S. 190 ff.

miteinander verbundener Gutseinheiten formierten sich »kleine Nachbarschaften«, die durch einen Führer ihrer politischen Orientierung mit einem Magnaten der Wojewodschaft oder Landschaft zu einer »großen Nachbarschaft« verbunden waren. Die in der Autorität eines oder auch mehrerer Magnaten repräsentierte »große Nachbarschaft« schloß sich ihrerseits einem der großen Magnatenlager auf Staatsebene an. Stabil blieb dabei in jedem Fall die »kleine Nachbarschaft«, die, abhängig von wechselnden Machtverhältnissen, ihren Anschluß an die eine oder die andere »große Nachbarschaft« oder auch unmittelbar an ein politisches Lager auf nationaler Ebene vollzog. Unter dem Gesichtspunkt ihrer politischen Gliederung war die Adelsrepublik insofern keine »Föderation von Gutshöfen«, obgleich das in rechtlicher Hinsicht so erscheinen könnte. Sie war eine Föderation von Nachbarschaften, vor allem von kleinen Nachbarschaften, in vielen Fällen aber auch von großen, im Maßstab von Wojewodschaften. Der nachbarlich-föderative Aspekt, die informelle Bindung hatte dabei für das Gesellschaftsgefüge vielleicht größeres Gewicht als der staatliche Zusammenhang. »Große Nachbarschaften« und große politische Lager rivalisierten so um die Anhängerschaft der »kleinen Nachbarschaften« in konkreten politischen Auseinandersetzungen.[82]

Innerhalb dieses Gefüges kam den Magnaten in den meisten Regionen der Republik eine beinahe universelle politische Lenkungsfunktion zu. In der Verfügung über die lokalen Ämter und Staatsinstitutionen konzentrierten die »älteren Brüder« die Repräsentanz des Staates ganz auf sich. Julian Ursyn Niemcewicz überliefert in seinem *Zbiór pamiętników o dawnej Polsce*: »Fürst Czartoryski, General von Podolien, der die Richter für alle Städte, also die Kriminalgerichte ernannte und der unermeßliche Güter besaß, von denen nicht wenige auf Lebenszeit denjenigen überlassen wurden, die dem Hause Czartoryski wohlwollend gegenüberstanden, konnte sicher sein, daß man ihn ohne irgendwelche Schwierigkeiten zum Sejmabgeordneten wählen würde.«[83] Die Magnaten verfügten nicht nur über Einfluß auf die eigenständige mittlere Szlachta, sondern auch über persönlich von ihnen abhängige Wähler in unter Umständen ebenso großer Zahl. Das galt verstärkt für Litauen

---

[82] Ausführlich erörtert bei A. Zajączkowski, *Głowne elementy kultury szlacheckiej...*, S. 70 ff., sowie bei J. K. Hoensch, *Sozialverfassung und politische Reform...*, S. 106 ff.

[83] Bd. 5 *(Pamiętniki czasów moich)*, Puławy 1830, S. 29 f. — Über die Modalitäten, nach denen etwa die Landbotenwahlen durch die großen Herren nachträglich bestätigt wurden, vgl. auch M. Matuszewicz, *Pamiętniki...*, S. 191.

und die Ukraine, wo die Potocki, Sapieha und Radziwiłł eine regelrechte Landesherrschaft über die Regionen um ihre eigenen Besitzungen ausübten und einen großen eigenen Hofstaat unterhielten. »In diesen östlichen Landschaften konnte, wie eine gleichzeitige Aufzeichnung sagt, niemand ein Amt erhalten, niemand einen Prozeß gewinnen, niemand zum Reichstage oder zum Tribunal gewählt werden, niemand eine Prälatur oder eine reiche Pfarre erhalten, ohne die Protection der Potocki.«[84]

Politisches Gewicht erlangte diese regionale Vorherrschaft der Magnatengeschlechter vor allem in der Steuerung der Landtage und damit indirekt auch der Reichstage.[85] Die Praktiken, nach denen die Landtage zum Teil gelenkt wurden, hat Zofia Zielińska am Beispiel der Landtagspolitik der Radziwiłł rekonstruiert.[86] Die Magnaten bestimmten ihre jeweiligen Ziele bereits vor dem *sejmik*, gingen mögliche Pakte mit anderen Magnatenparteien ein oder entschlossen sich bei ungünstiger Ausgangslage zur »Zerreißung« des Landtags. Ihre Interessen vertrat in der politischen Mobilisierung der Szlachta ein *director* — ein Angehöriger der mittleren Szlachta und Führer einer »kleinen Nachbarschaft« mit besonderer Popularität unter den anderen Adligen der gleichen Schicht. Vom Erfolg, mit dem er die Gruppe seiner *przyjaciele*, wie seine »Herren Brüder« genannt wurden, auf dem *sejmik* dirigierte und damit die »kleinen Nachbarschaften« vereinigte, hing zu einem großen Teil die Durchsetzung eines besonderen politischen Programms für den Magnaten ab, wogegen die Zerreißung einfach zu bewerkstelligen war.[87] Zu den *przyjaciele* des *director* gehörten dessen Verwandte, Hofangehörige oder anderweitig von ihm Abhängige sowie seine Anhänger aus der gleichen Schicht mit ihrer Klientel.

Unterhalb der »Führer« rangierten in der Hierarchie der Landtagsakteure die *ductores populi*, die, meist selbst der landlosen Szlachta zugehörig, einzelne Gruppen der untersten Adelsschicht unter Weisung des *director* anführten. Der Magnat entlohnte die Szlachta gemäß ihren Funktionen: Der *director* wurde mit einem regionalen Amt oder einem

---

[84] Nach R. Roepell, *Polen um die Mitte des 18. Jahrhunderts...*, S. 74.

[85] Der Stand der Forschung resümiert bei Jerzy Michalski, *Les diètines polonaises au XVIII siècle*, in: *Acta Poloniae Historica*, Bd. 12 (1965), S. 87—107 sowie bei J. K. Hoensch, *Sozialverfassung und politische Reform...*, S. 388 ff.

[86] Vgl. Zofia Zielińska, *Mechanizm sejmikowy i klientela radziwiłłowska za Sasów*, in: *Przegląd Historyczny*, Bd. 62 (1971), S. 397—419.

[87] *A.a.O.*, S. 400.

Gut aus Magnatenland entlohnt; Land sowie höhere Geldbeträge erhielten auch die *ductores*, die kleine Szlachta nur geringe Entlohnung.
Den Führern der mittleren Szlachta kam so eine entscheidene Rolle zu
— sie vermittelten zwischen Magnaten und der übrigen Szlachta in der
Bildung einer Adelsfraktion zu einem konkreten politischen Gegenstand. Versuchte eine magnatische Gruppe ein positives politisches
Programm durchzusetzen, so war sie auf den beschriebenen Weg der
Gewinnung von Anhängerschaften verwiesen; bei ihnen lag aber auch allein die Möglichkeit zur Initiative für positive politische Vorhaben; eine
Politik der mittleren Szlachta mit konsistentem Programm war unter
diesen Verhältnissen nicht denkbar, wie die Tatsache belegt, daß ein *director* seine politische Funktion auch gegenüber den *przyjaciele* verlor,
wenn er nicht mehr die Unterstützung des auftraggebenden Magnaten
hatte.[88] Eine eigene politische Initiative, soweit sie sich nicht mit den
Projekten der Magnaten vereinbaren ließ, konnte gewaltsam unterdrückt oder auch nachträglich durch Sanktionen in den lokalen wirtschaftlichen, rechtlichen, aber auch den politischen Angelegenheiten ge-
ahndet werden. Erhob sich aber eine Mehrheit der auf dem Landtag anwesenden Szlachcicen — trotz Drohungen, Versprechungen und be-
zahltem Auftrag — gegen die Pläne des magnatischen Protektors, so
konnte das *liberum rumpo* hier noch immer sehr viel gefahrloser praktiziert werden als auf dem Reichstag.[89]

Zweifellos waren die politischen Steuerungsmöglichkeiten, über welche die führenden Magnatenfamilien verfügten, dessen ungeachtet nicht
unbegrenzt. Davon zeugen die Anzeichen für eine Polarisierung zwischen sozialen Positionen auf den Reformreichstagen Augusts III.[90]
ebenso wie etwa Marcin Matuszewiczs Bericht über seine Erfahrungen
mit den parteienpolitischen Konflikten auf dem *sejmik* von Brześć.[91]
Dennoch erwies sich der magnatische Einfluß auf die wirtschaftlich und
sozial schwächeren Schichten des Adels als stark genug, um über die
Lenkung der Landtage einen erheblichen Teil der Landboten der
Reichstage in der politischen Disziplin ihrer eigenen Parteiung zu halten. Es läßt sich jedenfalls ein deutlicher Zusammenhang zwischen der

---

[88] *A.a.O.*, S. 418.

[89] Vgl. dazu die oben zitierte Klage eines Landboten von 1748 gegen die Steuerung
der Landtage durch die Magnaten; siehe S. 175.

[90] H. Krawczak, *Sprawa aukcji wojska...*, in: *Studia i materiały...*, Bd. 7,2, S. 36.

[91] M. Matuszewicz, *Pamiętniki...*, Bd. 1, S. 190 ff.

politischen Gewichtsverteilung auf den Reichstagen und der regionalen
Differenzierung nach Gebieten mit starkem wirtschaftlichen Übergewicht der Magnaten erkennen.

So wird man in der wirtschaftlichen Entwicklung in der ersten Hälfte
des 18. Jahrhunderts in der Tat einen Faktor sehen müssen, welcher einem Erfolg der Reforminitiative der Zeit Augusts III. entgegenwirkte.
Der wirtschaftliche Aufschwung, dessen erste Anzeichen in den dreißiger Jahren sichtbar wurden, erreichte bis zur Jahrhundertmitte offenbar
nicht genug Dynamik, um dem Adel insgesamt neue ökonomische Perspektiven zu eröffnen. Im Gegenteil: In der anhaltenden Konkurrenz
um Ertragssteigerung und Absatzchancen hatten sich die Aussichten
des Adels, seine Revenuen zu sichern, eher verschlechtert denn verbessert, und die Vertiefung der wirtschaftlichen und sozialen Kluft zwischen Magnaten und Szlachta hatte die negativen Einflüsse der *oligarchia magnacka* deutlich verstärkt. Auf die Reformversuche der Reichstage zwischen 1736 und 1752 aber wirkte sich diese wirtschaftlich-so-
ziale Krisenentwicklung in dreifacher Weise aus: Angesichts des
anhaltenden wirtschaftlichen Drucks mußten die Möglichkeiten, zusätzliche wirtschaftliche Ressourcen für eine »Vermehrung von Schatz
und Heer« zu erschließen, insgesamt gering erscheinen; da die wirtschaftliche und soziale Hegemonie der Magnatenschaft nicht nur nicht gebrochen sondern sogar gestärkt worden war, verfügten die konservativ-
altmagnatischen Kräfte über eine vergleichsweise breite Grundlage für
eine obstruktive, reformfeindliche Politik; und der Interessengegensatz
zwischen Magnaten und Adelsmehrheit schließlich mußte dort, wo er
trotz magnatischer Steuerung politisch zur Austragung gelangte, eine
Einigung über die Verteilung neuer, erhöhter Steuerlasten erheblich er-
schweren.

Steuerreform und »naprawa Rzeczypospolitej«

Die Rekonstruktion des Ablaufs der Reformdiskussionen seit 1736
läßt die hemmende Wirkung, welche von den erörterten wirtschaftlichen und sozialen Krisenmomenten ausging, deutlich zutage treten.
Die Gegensätze zwischen den sozial wie regional differenzierten Interessengruppen innerhalb der Adelsnation erwiesen sich als ein Konflikt-
potential, aufgrund dessen ein Kompromiß in der Frage der Neuvertei-
lung der Steuerleistungen nahezu unerreichbar erscheinen mußte. Vor
allem aber zeigte sich bereits in der Anfangsphase der Verständigung
über den Rahmen der angestrebten Steuerreformen, daß eine grundle-

gende Sanierung der Staatsfinanzen, das heißt, eine Erschließung neuer Steuerquellen in dem für die Heeresreform erforderlichen Umfang auch jetzt nicht durchzusetzen sein würde.

Wie schon die Heeresreformversuche während des Nordischen Krieges und in der Folge die Erfahrungen mit dem *komput* von 1717 bewiesen hatten, genügten die überkommenen Besteuerungsformen nicht mehr, um den potenzierten Finanzbedarf zu decken. Die bloße Erhöhung von geltenden Steuersätzen mußte bestehende Steuerungsgerechtigkeit vertiefen — und in einzelnen Bereichen gar zu unerträglichen ökonomischen Belastungen führen —, ohne daß eine signifikante Steigerung der Staatseinnahmen dadurch langfristig sicherzustellen war.[92] So wäre eine dauerhafte Verbesserung der fiskalischen Situation im Grunde nur auf jenem Weg erreichbar gewesen, welchen auch andere europäische Staaten beschritten hatten, nämlich durch die Einführung einer Art von Akzise und vor allem einer allgemeinen Grundsteuer.[93] Diesen Schritt zur Aufhebung der adligen Steuerprivilegien jedoch vermochte die Republik angesichts der andauernden wirtschaftlichen Spannungen nicht zu tun; die fiskalischen Neuerungen, auf welche sie die Reformdebatte konzentrieren sollte, wären in jedem Falle unterhalb jener Schwelle geblieben, welche die großen europäischen Mächte in der Modernisierung ihrer Steuersysteme in der Regel überschritten hatten.

Ob diese Tatsache, wie die Historiographie überwiegend geurteilt hat, nicht auf eine reale wirtschaftliche Notlage des Landes schließen läßt, sondern vor allem auf den Standesegoismus von Magnaten und Szlachta,[94] kann im Blick auf die dreißiger bis fünfziger Jahre des 18. Jahrhunderts kaum mit Sicherheit entschieden werden. Es besteht indessen kein Zweifel daran, daß eine wesentlich höhere Steuerbelastung der Adelsgüter und ihrer Wirtschaftsaktivitäten von den Akteuren der Reichstage selbst für ökonomisch unrealisierbar und ruinös erachtet wurde. Immer wieder kam in den Debatten der Landbotenkammer die bedrängte Lage der Szlachta zur Sprache, die bereits unter den bestehenden Verhältnissen in vielen Regionen vom endgültigen Ruin bedroht sei. Aber auch in den Reihen der Senatoren fehlte es nicht an skeptischen Stimmen, die angesichts der anhaltenden wirtschaftlichen Krise

---

[92] Siehe Einleitung.
[93] Vgl. M. Nycz, *Geneza reform skarbowych...*, S. 261 ff.
[94] Vgl. J. K. Hoensch, *Sozialverfassung und politische Reform...*, S. 433 ff.; H. Krawczak, *Sprawa aukcji wojska...*, in: *Studia i materiały...*, Bd. 7,2 (1961), S. 41.

vor übermäßiger Belastung des Adels warnten und weiterreichende Reformen auf bessere Zeiten vertagt wissen wollten.[95]

In der Tat ist die Begründetheit der auf den Reichstagen vorgetragenen Sorgen und Klagen auch nicht grundsätzlich von der Hand zu weisen. Durchaus glaubwürdig erscheinen vielfach die Darstellungen der Notsituationen in verschiedenen Provinzen, von denen Landboteninstruktionen und Deputierte in den Reichstagsdebatten berichten. So wurde auf beinahe jedem Sejm von den Opponenten der Reform über die verheerenden Raubzüge der Hajdamaken geklagt: Die Landboten der südöstlichen Wojewodschaften berichteten in jedem Jahr von Hajdamakenheeren, die weit ins Innere Wolhyniens und Podoliens vordrangen, alle Dörfer plünderten und die Güter verwüsteten.[95a] Angesichts der beständigen Verluste, so erklärte 1748 der podolische Landbote Darowski, erwirtschafteten 100 Bauern in seiner Wojewodschaft nur soviel wie 10 in anderen Landschaften der Republik;[96] neue Steuern zu Lasten der Adelsgüter aber würden die Bauern unweigerlich zur Flucht über die Kosakengrenze nötigen,[97] und die südöstlichen Länder, so Trypolski aus Kiev 1746, müßten sich unweigerlich in eine »arabische Wüste« verwandeln.[98] Ähnliche Bilder von desolaten wirtschaftlichen Zuständen aber wurden auch von anderen Landschaften gezeichnet. Wo immer Heuschreckenplagen, die häufig grassierende Rinderpest, aber auch Kontributionslasten für das Heer oder Zerstörungen durchziehender russischer Armeen das Land heimsuchten, gerieten die in langsamem Wiederaufbau und zögernder wirtschaftlicher Konsolidierung begriffenen Dörfer erneut in äußerste Not.[99] Selbst bei den in der Regel positiv zu den Reformplänen eingestellten Landschaften Großpolens herrschte daher die Ansicht vor, daß »ein so zerstörtes Land kaum in der

---

[95] Vgl. etwa das Votum A. Grabowskis auf dem Sejm von 1744; M. Skibiński, *Europa a Polska...*, Bd. 2: *Dokumenty*, S. 250 f.

[95a] Vgl. besonders den Bericht eines Kiever Landboten auf Sejm von 1750; W. Konopczyński (Hrsg.), *Dyaryusze sejmowe...*, Bd. 3, S. 17 f. — Die Angaben der Berichte auf den Reichstagen decken sich mit der hervorragenden Schilderung von Charakter und Wirkungen der Hajdamakenzüge bei J. Kitowicz, *Opis obyczajów...*, S. 331 ff.

[96] W. Konopczyński (Hrsg.), *Dyaryusze sejmowe...*, Bd. 1, S. 250; dieselbe Feststellung traf 1746 der Landbote Gurowski (Kiev), *a.a.O.*, Bd. 2, S. 188.

[97] M. Skibiński, *Europa a Polska...*, Bd. 2: *Dokumenty*, S. 322.

[98] W. Konopczyński (Hrsg.), *Dyaryusze sejmowe...*, Bd. 2, S. 169.

[99] Vgl. etwa die Ausführungen der Bischöfe von Ermland und Przemyśl sowie des Wojewoden von Płock auf dem Reichstag von 1748, *a.a.O.*, Bd. 1, S. 29 ff.

Lage ist, den gegenwärtig geltenden Abgabeverpflichtungen nachzukommen«, und daß künftig auch die »Abgabe des *pogłówne* unter keinen Umständen« weiter von der Szlachta gefordert werden dürfe.[100]

Gewiß besteht Grund zu der Annahme, daß solche Klagen der Provinzen vielfach auch wohlkalkulierte Übertreibung waren. Nicht durch Zufall aber standen die bewußten Klagen oft in Zusammenhang mit Polemik gegen den Eigennutz der »großen Herren«, die zu Recht bezichtigt wurden, ihre aus dem Besitz von Krongütern resultierenden Steuerpflichten ohne Not zu vernachlässigen. Solange diejenigen Besitzungen, welche wirtschaftlich am meisten prosperierten und zugleich »ex natura sua«, das heißt, als Krongüter, in erster Linie für die Deckung der Staatsausgaben bestimmt waren, nicht gebührend belastet wurden, konnte auch die Szlachta sich nicht zu zusätzlichen Opfern verstehen;[101] mit Vehemenz wehrten sich Landboten aus allen Provinzen dagegen, daß, wie ein litauischer Deputierter 1744 erklärte, »die Herren alle Lasten auf die arme Szlachta abwälzen wollen«.[102]

Wie auch immer aber die Klagen der Szlachta und ihr Widerstand gegen jegliche »aggravatio stanu szlacheckiego« durch Besteuerung der Adelsgüter zu bewerten sein mögen — die Debatten um die Steuerreform standen jedenfalls im Zeichen außerordentlicher wirtschaftlicher Spannungen. Auch wenn die Einsicht in die Notwendigkeit einer Besteuerung des Adels im Zuge der Reformdebatten gewachsen sein mag, so war eine Einigung darüber doch unerreichbar; bis zuletzt beharrte mancher *sejmik* in seiner Landboteninstruktion auf dem Gebot, daß entsprechenden Projekten *etiam cum discrimine sejmu* zu widerstehen sei.

Effektiv schied so eine aussichtsreiche Reformmöglichkeit aus der Diskussion um die möglichen Mittel für eine Heeresvermehrung aus; die nicht-adlige Wirtschaft aber bot nur geringes zusätzliches Steuerpotential; und für die Erschließung andersartiger staatlicher Einnahmequellen — etwa die immer wieder empfohlene erneute Inbetriebnahme der alten Silberbergwerke — fehlte es an dem notwendigen Investitionskapital.[102a]

---

[100] So die Landboteninstruktion des kujawischen sejmik für den Reichstag von 1738; A. Pawiński, *Rządy sejmikowe...*, Bd. 5, S. 70.

[101] So das Votum des Landboten Sulistrowski auf dem Sejm von 1748; W. Konopczyński (Hrsg.), *Dyaryusze sejmowe...*, Bd. 1, S. 73.

[102] M. Skibiński, *Europa a Polska...*, Bd. 2: *Dokumenty*, S. 376.

[102a] Die allerdings hohen Erträge aus der Salzförderung von Wieliczka und Bochnia flossen zwar dem Staat zu; sie waren jedoch für die Deckung anderer Kosten als der des

Entsprechend wenig erfolgversprechend nahmen sich daher auch die ersten, in den dreißiger Jahren konzipierten Steuerreformprojekte aus. Die beiden, offenbar von Anhängern Leszczyńskis 1733 als reformpropagandistische Flugblätter lancierten Pläne, das »Projekt intraty na aukcyę wojska« sowie das »Projekt wystawienia piechoty i dragonii«, etwa sprachen zwar von einer Vervierfachung der Söldnerzahlen, vermochten aber als Finanzierungsquellen nicht mehr zu nennen, als die *kwarta*, Juden- und Schanksteuer, sowie Mühlen- und Manufakturgebühren —[103] wodurch wahrscheinlich nicht einmal eine Verdoppelung des stehenden Heeres zu bewerkstelligen gewesen wäre. Und auch August Czartoryskis erstes Projekt zur Reform von »Schatz und Heer« aus dem Jahre 1734 zeigte keine wirklichen steuerpolitischen Perspektiven auf.[104] ,Radikalere' Reformvorschläge dagegen, wie das ursprüngliche Programm Przebendowskis für den Reichstag von 1717 sowie das noch 1733 vorgelegte »Projekt komputu wojska w koronie głów 67.814 kosztuje 23 570 648 złotych«,[105] in denen eine hohe direkte Besteuerung allen Landbesitzes gefordert wurde, blieben — obwohl steuerpolitisch vernünftig — nach 1736 praktisch unbeachtet.

Den eigentlichen Rahmen, in dem sich die Debatten der Reichstage Augusts III. um neue Steuertarife in den eineinhalb Jahrzehnten nach dem Interregnum bewegen sollten, steckten erst die detaillierten Projekte der *komisya prymasowska* von 1737/38 ab: der Bericht jeder Kommission, welche unter Vorsitz Teodor Potockis und im Auftrag des Reichstags von 1736 mögliche Quellen für die projektierte Heeresvermehrung ermittelt hatte.[106] Nicht nur ihre Zusammensetzung aus Senatoren und Angehörigen des Ritterstandes war durch die Konstitution des *Sejm pacyfikacyjny* festgelegt worden, sondern auch die Richtlinien ihrer Arbeit. Impliziert ist hier wie in den zusätzlichen Kommentaren

---

Heeres, nämlich für die Finanzierung von Verwaltung und Gesandtschaftsverkehr reserviert. Vgl. R. Rybarski, *Skarbowość Polski...*, S. 116 f.

[103] In Auszügen zitiert bei H. Olszewski, *Doktryny prawno-ustrojowe...*, S. 248.

[104] Siehe oben, S. 172 f.

[105] H. Olszewski, *Doktryny prawno-ustrojowe...*, S. 50. »Projekt eines Heeresbudgets für die Krone für 67 814 Mann, das 23 570 648 złp beträgt«.

[106] Eigentlich sollte die Kommission Potockis lediglich für das Heer der Krone Polen zuständig sein, eine zweite Kommission unter dem Kastellan von Krakau, Janusz Antoni Wiśniowiecki in Grodno über das litauische Heer beraten. Die Litauer konnten ihren Auftrag jedoch nicht erfüllen, da die Deputierten des Ritterstandes ständig fernblieben und die ersatzweise geplante Lustration der litauischen Krongüter von den Starosten verhindert wurde.

des Warschauer Senatsrats vom September aus demselben Jahr, daß
eine Besteuerung des Grundbesitzes oder andere Novitäten vorab auszuschließen seien.[107] Die Kommission des Primas folgte diesen Richtlinien zumindest insofern, als sie — trotz heftiger Dispute während ihrer
Beratungen in Warschau — die Adelsgüter als Steuerquellen unangeta-
stet ließ. Bezüglich anderer neuer Einnahmen für den Staatsschatz gingen ihre Vorschläge über die Tarife von 1717 doch hinaus. Sie erstellte
einen erweiterten Katalog von Steuersätzen, der ein Jahr nach dem
Reichstag von 1736 als »Resultatum komisyi do aukcyi wojska seymem
pacyfikationis anni 1736 naznaczonej« veröffentlicht und dem folgenden Sejm von 1738 unterbreitet wurde.[108] Gleich dem Prinzip des *komput* von 1717 kalkulierte das Projekt des Primas ausschließlich mit fixen
Beträgen, also mit direkten Steuern, welche dem Staatsschatz der Krone
Polen 3 369 580 złp mehr eintragen und eine Aufstockung des Heers um
14 172 Soldeinheiten *(porcje)* ermöglichen sollte. Neben der *kwarta
sprawiedliwa*, der tatsächlich auf ein Viertel der Erträge anzuhebenden
Abgabe der Krongüter, der verdoppelten Judensteuer, der *hiberna* der
geistlichen Güter sowie einer auf ganz Polen und Litauen ausgedehnten
Schanksteuer *(ultima consumentia)* sah die Kommission nun jedoch folgende weitere Einnahmequellen vor: einen für alle Stände gültigen allgemeinen Zoll auf Importen und Exporten, eine feste individuelle Abgabe von allen Kaufleuten *(donativum kupieckie)*, eine separate Kauf-
mannssteuer für jüdische Händler (neben der allgemeinen Judensteuer
zu zahlen), Verkauf von Stempelpapier, Besteuerung der »Kolonien«
und Einführung eines Tabak- und Spielkartenmonopols.[109]
Alle Punkte dieses Katalogs möglicher Steuertarife waren im einzelnen genau spezifiziert, die voraussichtlichen Erträge bis auf den Gro-
schen vorauskalkuliert, und die wirtschaftlichen Folgen für den Adel
in den verschiedenen Bereichen seiner unternehmerischen Interessen
dargestellt. Zweifellos repräsentierte das außerordentlich moderate Reformprogramm einen bereits bis ins Detail ausgewogenen Kompromiß
mit den partikularen Ansprüchen der einzelnen auf dem Reichstag vertretenen Schichten von Szlachta und Magnaten. Das Vermögen der
mittleren und kleineren Szlachta hatte die Kommission vorsorglich ge-
schont; für die *kwarta sprawiedliwa* waren, obgleich das Projekt neue

---

[107] *Volumina legum*, Bd. 6, S. 665 f. u. 674.
[108] Dem Inhalt nach wiedergegeben bei H. Krawczak, *Sprawa aukcji wojska...*, in:
Studia i materiały..., Bd. 7,2 (1961), S. 13 f.
[109] A.a.O., S. 14; die Kopfsteuer sollte abgelöst werden.

Lustrationen forderte, vorerst keine wesentlich erhöhten Summen eingesetzt worden, und Schanksteuer sowie staatliche Monopole, so kommentierte der Bericht, stellten keine »aggravatio dóbr ziemskich« dar,
da man durch höhere Preise alle Lasten auf die Käufer abwälzen
könne.[110]

Dennoch bot auch dieses Minimalprogramm, das schließlich nur eine
Vermehrung der Kronarmee von 18 000 auf 32 000 Mann ermöglicht
hätte (falls die Summen nicht zu hoch kalkuliert waren und zudem nicht
die gleichen Fehlbestände wie im bereits existierenden Heer auftraten),
Konfliktstoff genug. Nicht nur die Abneigung der Magnatenschaft gegen eine Lustration der Krongüter kam in der obstruktiven Haltung, in
der vor allem die litauischen Landboten verharrten,[111] zum Ausdruck.
Anlaß zu breiter Opposition gaben vielmehr auch die Projekte für die
Schanksteuer sowie vor allem für den Allgemeinen Zoll. Denn die erste
Abgabe hätte die Einkünfte der Gutswirtschaft geschmälert: Das *cło generalne* drohte die Erlöse aus den Getreideexporten zu schmälern und
zugleich, durch die Verteuerung der Warenimporte, auch eine indirekte
Vermögenseinbuße zu bewirken; die Schanksteuer, *czopowe* und *sze-
lężne*, aber galt als wichtigste Einnahmequelle der Wojewodschaften,
auf welche die Landtage nicht zugunsten des Staatsschatzes verzichten
mochten. Weitere ‚unüberwindliche‘ Hindernisse auf dem Weg zu
einer Einigung bildeten das (von Masowien abgelehnte) Projekt der
Mühlensteuer und schließlich der Konflikt um die geforderte *koekwacja*.[112] Die Vertreter der südöstlichen Landschaften setzten der Aufhebung ihrer Steuerprivilegien gegenüber den anderen Provinzen beharr-
lichen Widerstand entgegen oder verlangten doch zumindest einen Kompromiß, welcher der wirtschaftlichen Notsituation ihrer Region durch
begrenzte Steuererleichterungen Rechnung tragen sollte.[113] Neben dem
Konflikt um den Generalzoll und die Verwendung der Schanksteuer
konzentrierten sich auf diesen Punkt auch besonders die Kontroversen
in der Landbotenstube des Sejm.[114]

[110] Vgl. die Erläuterungen der Senatoren bei Eröffnung des Reichstags von 1738;
Teka Podoskiego..., Bd. 4, S. 349 ff.

[111] *A.a.O.*, passim.

[112] *A.a.O.*, z. B. S. 458 bzw. 461.

[113] Zur Frage der fiskalischen Sonderstellungen der östlichen Landschaften Kleinpolens siehe auch oben S. 27.

[114] Vgl. auch H. Krawczak, *Sprawa aukcji wojska...*, in: *Studia i materiały...*, Bd. 7,2
(1961), S. 15 f.

Das sorgfältig ausgearbeitete Projekt der Heereskommission des Primas Teodor Potocki sowie der darüber entbrennende Streit auf dem Reichstag von 1738 bewiesen, daß die Steuerpolitik in einen fatalen Engpaß geraten war. Es war deutlich geworden, daß die Probleme, welche sich aus dem tradierten Steuersystem der Republik ergaben und welche in der Reform von 1717 nicht hatten gelöst werden können, auch zwanzig Jahre später kaum zu bewältigen sein würden. Bereits jetzt hatte sich die Kontroverse an jenen Punkten entzündet, welche auch während der folgenden Reichstage stets im Mittelpunkt schwieriger Auseinandersetzungen stehen sollten. Selbst wenn darüber aber eine Einigung zu erzielen war, so stand noch immer in Zweifel, ob auf solcher Grundlage eine signifikante Verbesserung der Staatsfinanzen und die projektierte Heeresvermehrung zu realisieren sein würden: »ad normam 1717 r.« ließ sich nach 1736 keine Abgabenordnung mehr orientieren, welche dem Ziel der Heeresvermehrung entsprochen und zugleich die Zustimmung der Adelsnation gefunden hätte. Diese Einsicht aber bildete die Grundlage des in den folgenden Jahren ausformulierten Reformprogramms der »Familie«, dessen Umrisse sich in Stanisław Poniatowskis Reichstagsprojekten seit 1738 abzeichneten.

Während die Mehrzahl der senatorischen Vota bei Eröffnung des Sejm von 1738 ihre Vorschläge zur Finanzierungsfrage an den vorgegebenen Projekten der Kommission des Primas orientierten — einzig der Kiever Wojewode Stecki trat mit dem »klassenverräterischen« Vorschlag einer allgemeinen Ertragssteuer von 10 Prozent auf der gesamten adligen Gutswirtschaft hervor[115] — wies Poniatowski generell auf die Unzulänglichkeit der alten Steuerquellen hin.[116] Auch er stimmte zwar den von der Kommission geforderten allgemeinen Tarifen, »cło generalne« und »kwarta sprawiedliwa« zu, gab jedoch zu bedenken, »daß es nicht genügt, einen Wechsel auf die Heeresvermehrung auszustellen«,[117] ohne für die Grundlagen sicherer Staatseinnahmen in der Zukunft Sorge zu tragen. Daher gelte es vor allem, Handel und Gewerbe wieder in Blüte zu bringen, und zwar durch Heranziehen ausländischer Kaufleute und Handwerker, die bisher durch hohe Besteuerung und religiöse Intoleranz ferngehalten worden seien. »Jeżeli żydzi bywają tolerowani

---

[115] *Teka Podoskiego...*, Bd. 4, S. 392. Er wiederholte diesen Vorschlag auch auf dem Reichstag von 1740 (*a.a.O.*, S. 566), und Stanisław Poniatowski griff ihn auf in seinem »List ziemianina«.

[116] *A.a.O.*, S. 393 f.

[117] *Ebda.*

dlatego, że są bez magistratur, czemuż cudzoziemcom dla pożytku Rzplitej takimże sposobem nie ma być dozwolona wolność mieszkania, budowania się i handlowania?«[118]; und mit Rücksicht auf den erwarteten Widerstand der Geistlichkeit fügte er hinzu: »a byłaby przez to żarliwemu duchowieństwu materya nawracenia do wiary swiętej.«[119] Mit einem Wort: Es genügte nicht, daß man die alten Steuertarife bis zum völligen Ruin der mit den Abgaben Belasteten steigerte oder leere Forderungen aufstellte, deren Durchsetzung eine politische und ökonomische Unmöglichkeit war; man mußte vielmehr den Grund für eine Verbesserung des Steuerpotentials legen.

In der Landbotenkammer freilich fanden solche Überlegungen zunächst, wie gesagt, ebensowenig Resonanz wie die Forderung Steckis nach einer allgemeinen Besteuerung der Adelsgüter. Dessen ungeachtet folgte Poniatowski prinzipiell auch auf dem Reichstag von 1740 dem eingeschlagenen Weg. Der Wojewode von Masowien erneuerte seine Forderung, fremde Handwerker und »Kapitalisten« heranzuziehen und ihnen Sicherheit sowie religiöse Toleranz zu gewährleisten, um Handel, Bergbau und Manufakturen zu fördern und die wirtschaftliche Potenz des Landes zu steigern.[120] »Nie wątpię«, erklärte Poniatowski auf dem Sejm, »że Ichmcie panowie podskarbowie pryjdą w pomoc przynajmniej tym nieodbitym Rzplitej potrzebom. Lubo zas ad proportionem expensy szczupłe w skarbie dochody, zalecone od majestatu bezpieczeństwo miastom i miasteczkom, zalecone bezpieczeństwo handlujących, restauracya żup olkuskich, otworzenie mennicy, zachęcenie pospólstwa do różnych manufaktur, są to środki do napełnienia i ludźmi i pieniędźmi kraju i ojczyzny naszej, byleśmy je tak fundamentalnie ułożyły, aby żadna rewolucya tej raz ugruntowanej i potrzebnej nie mogła zalterować rewolucyi i pomieszać ekonomii, na co tak liche zdanie moje do osądzenie WM Panom podaję.«[121] Auch die Vorschläge der

---

[118] »Wenn die Juden bei uns geduldet werden, weil sie ohne ständische Rechte sind, warum sollte man den Ausländern in dieser Weise nicht die Freiheit geben, [im Lande] zu leben, zu bauen und zu handeln?«

[119] »...und die eifrige Geistlichkeit hätte dadurch Gelegenheit, sie zum heiligen Glauben zu bekehren.«

[120] *Teka Podoskiego...*, Bd. 4, S. 548 ff.

[121] *A.a.O.*, S. 550 f.: »Ich zweifele nicht, daß die Herren Schatzkanzler der Republik in dieser unabweisbaren Sache zu Hilfe kommen werden. Doch angesichts der geringen Mittel brauchen wir Menschen und Geld für unser Land, um die von der Krone empfohlene Sicherung der großen und kleinen Städte, die Sicherung der Handeltreibenden, die Erschließung der Gruben von Olkusz, die Eröffnung einer Münze, die Beschaf-

Krone zielten freilich in diese Richtung — wenngleich der Hof in seinen konkreten Projekten lediglich auf die Vorschläge der *komisja prymasowska* verwies und diejenigen Punkte, welche den Widerstand der Landboten wecken mochten, zu vermeiden versuchte.[122] Allgemein aber wurden Maßnahmen zur Belebung des wirtschaftlichen Lebens der Nation in königlichen Universalen und Instruktionen an die Landtage nahegelegt.

Jedoch erst der »List ziemianina do przyjaciela z inszego województwa, pisane ante annum 1744, id est przed sejmem« von Stanisław Poniatowski formulierte das Reformkonzept zur wirtschaftlichen und sozialen Modernisierung der Republik aus.[123] Neben den genannten Maßnahmen zur Heranziehung fremden Kapitals, zur Belebung des inneren Marktes und zur Ablösung der Nationalökonomie von der bisherigen rein agrarischen Struktur sah das erweiterte Programm nun auch staatliche Maßnahmen zur Verbesserung der Bevölkerungsstruktur und zur Schaffung der Grundlagen für einen neuen Landesausbau vor. »Wiem ja bardzo dobrze, jak wielką szkodę w ludziach powietrze, głód, choroby, rewolucye poczyniły. Nie tajno mi, że nikt w dobrach swoich zaciągać nie pozwala, że codzień się poddanych upominają i onych odbierają.«[124] Daher sollten nicht allein für Handel und Gewerbe, sondern auch zur ländlichen Kolonisation Zuwanderer aus dem Ausland geworben werden; vor allem die Kirche aber müsse Opfer bringen, indem sie nur jenen den Eintritt in ihre Klöster gewähre, die Dienst im Heer der Republik abgeleistet haben, und indem sie vor allem die Arbeitskraft der Bauern durch Verringerung der kirchlichen Feiertage freisetze. »Zapatrując się zasłośnym okiem na tak wiele w kraju naszym pustek, na tak

---

fung von Arbeitskräften für verschiedene Manufakturen verwirklichen zu können, damit die einmal befestigte und notwendige Revolution nicht verändert und die Wirtschaft von keiner Erschütterung wieder zerrüttet werden kann, was ich den Herren zu erwägen geben möchte.« — Vgl. auch das Votum Teodor Czartoryskis, *a.a.O.*, S. 522 ff.

[122] Die Steuerprojekte der Krone gemäß den Vorschlägen der *komisja prymasowska* spezifiert auch in einem Programm des neuen Primas Krzysztof Antoni Szembek, »Vertrauliche Ansicht über die gegenwärtige Reichstagskampagne im Jahre 1740«; darüber H. Krawczak, *Sprawa aukcji wojska...*, in: *Studia i materiały...*, Bd. 7,2 (1961), S. 17.

[123] Der Text bei K. Kantecki, *Stanisław Poniatowski...*, Bd. 2, S. LXXXIX ff.

[124] *A.a.O.*, S. XCVIII ff.: »Ich weiß sehr gut, welch großen Schaden unter dem Volk Unwetter, Hunger, Krankheiten und Unruhen angerichtet haben. Mir ist nicht unbekannt, daß niemand auf seinen Gütern rekrutieren läßt, daß aber täglich Hörige reklamiert und abgezogen werden.«

obszerne odłogiem leżące role, mamy słuszną przyczynę prosić Stolicej
świętej o umniejszenie tak wielu świąt tygodniowych, które próżnia-
kom, do wielkich, miasto nabożeństwa, dają okazyą zbrodni.«[125] Es folgen in dem umfangreichen Katalog weitere Vorschläge begleitender
staatlicher Förderungsmöglichkeiten für die allgemeine Belebung der
Wirtschaft — so zur Errichtung einer Gendarmerie für die Unterstützung der lokalen Gerichte, zur Einführung einer staatlichen Armen-
pflege, zur Ausgabe einer öffentlichen Garantie für Waren- und Geld-
kredite im nationalen Handel und nicht zuletzt zur Eröffnung einer
staatlichen Bank.[126]

Die übergeordnete Zielrichtung aller wirtschaftlichen Reformvorschläge Poniatowskis ist offensichtlich: Die projektierten Maßnahmen
sollten langfristig eine Lösung der nationalen Wirtschaft von der agrarischen Monokultur der Getreideproduktion, eine Öffnung der Wirtschaft für einen lebensfähigen inneren Markt und effektiv die solide
Grundlage für eine progressive indirekte Besteuerung schaffen helfen.
Aber, obwohl dieses große Konzept die einzigen realen Perspektiven für
eine wirtschaftliche »Wiederherstellung der Republik« vorzeichnete,
mußte ihm die Realisierung unter den politischen wie den wirtschaft-
lich-konjunkturellen Voraussetzungen der späten Sachsenzeit versagt
bleiben. Denn solche radikalen Perspektiven für die *naprawa Rzeczypospolitej*, wie sie die »Familie« unter Poniatowskis Führung und mit be-
dingter Unterstützung des Hofs aus der tagespolitischen Aufgabe der
Heeresreform heraus entwickelte, überschritten nicht nur die investito-
rischen Möglichkeiten des Staates, sondern auch den politischen Horizont selbst der Kreise der Adelsnation, bei denen die eigentliche politische Propaganda der Hofpartei für die Vermehrung von *skarb i wojsko*
nach 1736/1740 eine stärkere positive Resonanz fand.[127] Nicht in seinem
Werben für freien und staatlich geförderten Handel, für langfristige
Ansiedlungspolitik oder für den Ausbau staatlicher Wirtschaftslen-
kung konnte Poniatowski daher auf den Reformreichstagen unter Au-

---

[125] *A.a.O.*, S. C: »Wenn wir mit tränenverschleierten Augen die in unserem Lande so
zahlreichen Wüstungen ansehen, diese weiten, brach liegenden Felder, so haben wir
guten Grund den Heiligen Stuhl zu bitten, er möge die vielen wöchentlichen Feiertage
verringern, die den Faulenzern anstatt zum Gottesdienst Gelegenheit zum Müßiggang
geben.«

[126] *A.a.O.*, S. CIII f.

[127] Vgl. auch H. Krawczak, *Sprawa aukcji wojska...*, in: *Studia i materiały...*, Bd. 7,2
(1961), S. 39.

gust III. die Stichworte für die Reformdebatten geben. Wohl aber sollten die Forderungen in bezug auf die Steuerpflichtigkeit von Kron- und Kirchengütern, aber auch hinsichtlich allgemeiner Abgaben wie Zoll und Schanksteuer allmählich breitere Resonanz finden.

Tatsächlich ließ bereits der Sejm von 1740 erkennen, daß in dieser Richtung eine gewisse Dynamisierung der Reformdiskussion erfolgt war. Obgleich der Hof seine propagandistischen Anstrengungen in der Vorbereitung des Reichstags ebenso begrenzt gehalten hatte wie die »Familie«, waren die Verhandlungen der Landbotenkammer einem Kompromiß in der Steuerreformfrage diesmal wesentlich näher gekommen als zwei Jahre zuvor; in den Reihen der Landboten selbst waren Initiativen entwickelt worden, und die Verfechter einer obstruktiven Politik im Sinne magnatischer Interessen sahen sich stärker als früher in die Defensive gedrängt. Dieser Entwicklung aber trug die »Familie« Rechnung, indem sie neben ihrem Werben für umfassende Wirtschaftsreformen zugleich ein konkretes, an dem Konzept der *komisja prymasowska* orientiertes Programm einer — nach ihrem Verständnis — ‚provisorischen‘ Reform entfaltete.

Die Protagonisten der »Familie« vermieden dabei, sich durch unpopuläre Forderungen bezüglich der Besteuerung des adligen Grundbesitzes in allzu deutlichen Gegensatz zu der Einstellung der Mehrheit unter den Landboten zu setzen; statt dessen konzentrierten sie ihre Vorschläge auf die vollständige Ausschöpfung der auch durch die Opposition nur schwer anfechtbaren, weil bereits früher praktizierten Abgaben, nämlich auf die maximale Ausnutzung der *kwarta*, der *hiberna*, des Allgemeinen Zolls und der Schanksteuer.[128] Sie befanden sich damit im Einklang sowohl mit den *propozycje od tronu*, den vom Kanzler der Krone unterbreiteten Vorschlägen des Hofs, als auch mit den erklärten Zielen der Potocki.[129] Die Rede Poniatowskis in der achten Sitzung des Reichstags von 1740 ging in ihren Forderungen freilich, wie erwähnt, über ein strikt kompromißorientiertes Reformkonzept hinaus. Die *kwarta sprawiedliwa* war nach seiner Ansicht nicht nur durch Lustrationen festzulegen, sondern durch eine Anhebung des abzugebenden Ertragsanteils um fünfzig Prozent zu annähernd einem »wahrhaftigen Viertel«

---

[128] Ihre vota von 1738 und 1740 vgl. in: *Teka Podoskiego...*, Bd. 4, S. 350 f. u. 393 bzw. S. 522 ff.

[129] Für 1738 und 1740 vgl. *a.a.O.*, S. 344 f. bzw. 536 ff. Über die Vorschläge Potockis von 1740 vgl. M. Skibiński, *Europa a Polska...*, Bd. 1, S. 100 f.

zu machen.[130] Der Allgemeine Zoll sollte ergänzt und in seiner positiven
Wirkung unterstützt werden durch die »Aufhebung der privaten, willkürlich ausgedachten Zölle, welche den Kaufleuten unerträglich sind
und ihnen große Schwierigkeiten bereiten«.[131] Allerdings beharrte Poniatowski auch auf dem *progłówne generalne* als einer auch den Adel be-
lastenden, aber einstweilen unverzichtbaren Einnahme des Staates; im
Unterschied zum Hof war die »Familie« in diesem Punkt nicht zu Konzessionen an die unter der Szlachta herrschende Stimmung bereit —
schien doch der praktische Nutzen einer Reform zweifelhaft, wenn die
erhofften Mehreinnahmen zur Substitution der Kopfsteuer dienen sollten. So erklärte Poniatowski: »Pogłówne generalne zowiemy haraczem,
lubo bardzo niesłusznie, kiedyśmy go dobrowolnie na siebie włożyły;
kiedy zaś przypomnieć sobie zechcemy ciężką wojnę szwedzką, niez-
nośne przez lat dwadzieścia miesięczne kontrybucje [...] toć był praw-
dziwy haracz, którego przyszłe nie unikniemy czasy, jeżeli o publicznem
nie pomyślimy bezpieczeństwie.«[132]
Der *List ziemianina* von 1744 forderte darüber hinaus eine Abgabe von
10 Prozent aller Gutserträge. Er entwickelte auch weitere Kommentare
und Ergänzungen. So hob Poniatowski vor allem die fiskalische Wich-
tigkeit wie auch die wirtschaftliche Tragbarkeit der Schanksteuer und
des Allgemeinen Zolls hervor, verlangte eine Lustration auch für die Judensteuer und nannte zusätzliche kleinere Einnahmequellen, die Ansätze einer indirekten Besteuerung bilden mochten: etwa die Einführung eines staatlichen Postwesens oder eine Besteuerung der Mühlen auf
privatem und königlichem Grund.[133] Besonderes Gewicht legte Poniatowski ebenso noch einmal auf die Frage der *kwarta* von der *królewsz-
czyzna,* deren ursprünglicher Zweck nicht Belohnung der großen Magnatenfamilien, sondern die Erwirtschaftung des Heeresunterhalts sei.
»Od skarbu idę do starostw i innych dóbr królewskich, których desty-
nacya jako dwa ma objekta, najprzód obronę Rzeczypospolitej, potem

---

[130] *Teka Podoskiego...*, Bd. 4, S. 549.

[131] *A.a.O.*, S. 551.

[132] *A.a.O.*, S. 550: »Wir nennen die Kopfsteuer einen Tribut, obgleich ohne Grund,
denn wir haben sie uns selbst auferlegt; wenn wir uns aber an den schweren schwedischen
Krieg erinnern, die während zwanzig Jahren erhobenen unerträglichen monatlichen
Kontributionen [...], das war tatsächlich ein Tribut, dem wir auch in Zukunft nicht
entgehen werden, wenn wir nicht an die öffentliche Sicherheit denken.«

[133] K. Kantecki, *Stanisław Poniatowski...*, Bd. 2, S. XCII ff.

nagrodę zasłużonym, tak ażeby dla wykonania obudwóch, dawne prawa nieodmiennie zachowane były, i kwarta sprawiedliwa szła z nich, jak należy na wojsko, nic słuszniejszego.«[134]

Auch in den königlichen Universalen und Instruktionen an die Landtage sowie in den Projekten Załuskis und Podoskis wurden alle diese Punkte für den Reichstag von 1744 in einen Katalog von möglichen neuen und alten Tarifen zusammengefaßt, die nach den Erfahrungen der beiden vorangegangenen Reichstage eine Chance hatten, gebilligt zu werden, und die besondere Ermahnung damit verbunden, die Herren Landboten sollten vor allem die *kwarta* sowie Zoll und Schanksteuer als die wichtigsten Einnahmequellen um jeden Preis beschließen.[135] Aber auch weitere Varianten wurden vorgeschlagen: neben Jan Tarłos ablenkender Forderung höherer kirchlicher Leistungen[136] der Plan, je 50 zur Stellung eines Soldaten zu verpflichten, wie Hetman Massalski riet,[136] die Bildung einer Landmiliz in den *powiaty* nach den außer Gebrauch gekommenen Vorbildern der *piechota łanowa* (»Hufeninfanterie«) so Załuski u. a. in seinem Projekt,[137] oder der eigenwillige Plan Steckis, von jedem Träger eines Ordens oder eines fremden Titels und Amtes die Aufstellung einer eigenen Heeresabteilung zu verlangen.[138] In jedem Fall waren in den zahlreichen Steuertarifvorschlägen — die der Landbotenkammer des Grodnoer Reichstags 1744 zur Beratung vorlagen, alle denkbaren Möglichkeiten für eine kurzfristige Auffüllung der Staatskasse zugunsten der Heeresvermehrung zusammengefaßt.

Tatsächlich zeitigte die intensive gemeinsame Reformpropaganda von Hof und »Familie« sowie ihr Bemühen um eine entsprechende Lenkung der *sejmiki przedsejmowe* 1744 besondere Wirkung. Der Grodnoer Sejm kam einer Einigung über ein Minimalprojekt der Steuerreform zumindest näher als jeder andere Reichstag Augusts III.: Die Landbotenkammer schritt in der Steuerdebatte ungewöhnlich zügig voran, neben

---

[134] *A.a.O.*, S. XCIII: »Vom Staatsschatz gehe ich zu den Starosteien und anderen Krongütern über, die gleichsam zwei Zwecke erfüllen, zuerst die Verteidigung der Republik, dann erst die Belohnung der Verdienten; so gibt es nichts natürlicheres, als daß, damit beide Zwecke erfüllt werden, die alten Gesetze eingehalten werden und das wahrhaftige Viertel von ihnen dem Heer zufällt, wie es sich gehört.«

[135] Königliche Instruktion und Thronrede von 1744 bei M. Skibiński, *Europa a Polska...*, Bd. 2: *Dokumenty*, S. 93 ff. bzw. 307 f.

[136] *A.a.O.*, Bd. 1, S. 676.

[137] Dazu auch H. Krawczak, *Sprawa aukcji wojska...*, in: *Studia i materiały...*, Bd. 7,2 (1961), S. 25.

[138] M. Skibiński, *Europa a Polska...*, Bd. 2: *Dokumenty*, S. 306.

der Anhebung aller bestehenden Steuersätze (bis auf das *pogłówne generalne*, das aufgehoben werden sollte) schienen sowohl Generalzoll als auch Schanksteuer bei schwächer werdender Obstruktion durchsetzbar — selbst gegen die kleinpolnische Opposition, die mit dem Streit um *koekwacja* und Lustration geschickt taktierte. Erst ganz am Ende hatte die Obstruktion Erfolg.[138a] Es hatte sich in jedem Fall gezeigt, daß unter dem Druck der Mehrheit der Landboten durchaus ein gewisser Konsens zu erzielen war — zumal dann, wenn das Reformprogramm das Potential öffentlicher Stimmung gegen die Widerstände zu mobilisieren vermochte. Der neuerliche Mißerfolg mußte freilich zugleich entmutigen; alle Möglichkeiten, die Republik zugunsten der Reform zu aktivieren, schienen 1744 ausgeschöpft worden zu sein, ohne daß sich letztlich der Erfolg einstellte.

In den folgenden Jahren reduzierte die Reformpartei daher wiederum sukzessive ihre einmal erhobenen Forderungen — in der Hoffnung, zu einem minimalen gemeinsamen Projekt zu gelangen, das zumindest eine geringe Aufstockung der Truppenzahlen erlaubt hätte. Offenbar nahm die »Familie« in ihren Vorschlägen für den Reichstag von 1746 die Aufhebung der Allgemeinen Kopfsteuer in Aussicht, falls man sich dafür auf die neue *kwarta*, den Zoll und die Schanksteuer einigen könne.[139] Der Kanzler erklärte, daß der König keinerlei Empfehlungen mehr geben wolle,[140] und einige Reformanhänger, die früher für weitreichende Neuerungen eingetreten waren, rieten nun ausschließlich zu einer einfachen Wiederbelebung der Landmiliz zu Lasten der Bauern oder schlicht zur Verdoppelung der im *komput* von 1717 aufgeführten Abgabensummen.[141] Als indessen auch dieser *sejm bezduszny* zu keinem Ergebnis gelangte, unternahm die »Familie« 1748 einen letzten Versuch, indem sie dem *Sejm boni ordinis* lediglich die Bildung einer Steuerkommission vorschlug, die — möglichst mit dem Recht ausgestattet, auf *królewszczyzny* und privaten Gütern Lustrationen durchzuführen — die tatsächlich vorhandenen Steuerquellen ermitteln und in ihrem Bericht eine zuverlässige sowie vor allem unanfechtbare Grundlage für die Entscheidungen des nächst folgenden Reichstags liefern sollte.[142] Aber wie die

---

[138a] Siehe oben S. 148.
[139] Votum des litauischen Unterkanzlers Michał Czartoryski; W. Konopczyński (Hrsg.), *Dyaryusze sejmowe...*, Bd. 2, S. 84.
[140] A.a.O., S. 60 f.
[141] A.a.O., S. 79 f.
[142] A.a.O., Bd. 1, S. 326 ff.

Projekte der *komisya prymasowska* und die in der Folge erstellten Pläne
scheiterte auch dieses letzte Projekt an den erneut aufbrechenden Gegensätzen in den kontroversen Fragen, welche auch vor und nach 1744
erschienen waren.[143] Damit aber endete die reichstagspolitische Initiative von Hof und »Familie«, welche in verschiedenen Varianten seit
1736 eine Kompromißgrundlage zu schaffen versucht hatten.

Welche Momente nun im Ablauf der jeweiligen Reichstage darüber
entschieden hatten, in welcher Weise sich die Mehrheiten letztlich gestalteten und welche Kompromisse zu erreichen waren, ist aus zwei
Gründen freilich kaum mit Gewißheit zu rekonstruieren. Es ist einerseits oft schwer zu unterscheiden, wo opponierende Landboten mit
Rücksicht auf ihre wirtschaftlichen Privilegien gegen die Abgabenpro-
jekte der Reformanhänger votierten und wo der steuerpolitische Streit
— wie im Fall des Einspruchs von Maryan Potocki gegen die Aufhebung
des *cło brzeskie* im Jahre 1748 —[144] nur den Vorwand gab für Hem-
mungs- und Verzögerungsversuche. Auf der anderen Seite spiegeln sich
in den Argumenten der Debatten auch die Gegensätze zwischen
Szlachta und Magnaten nur indirekt, da ein großer Teil der Landboten
— obwohl das Magnatentum in der *izba poselska* schwach repräsentiert
war[145] — in unmittelbarer Abhängigkeit von ihren magnatischen Patro-
nen standen und willenlos als deren politische Instrumente fungierten,
andere Landboten dagegen solche Abhängigkeiten zeitweise politisch
durchbrachen (etwa 1744) oder, je nach sozialer Struktur der Her-
kunftsregionen, von vornherein eine eigenständige Politik gegenüber
der Aristokratie der »älteren Brüder« vertraten. Alle akuten Konflikte
der Sachsenzeit, der zwischen Krone und Republik, der zwischen Potoccy und Czartoryscy, aber auch der latente Konflikt zwischen *stara
magnateria* und Szlachta, gingen insofern in die steuerpolitischen Debatten der Reichstage über *skarb i wojsko* ein. Am deutlichsten traten
die eigentlichen wirtschaftlichen und steuerpolitischen Gegensätze gerade auf jenem Reichstag hervor, auf dem die »Familie« sich bereits mit
ihrem eigenen Reformkonzept in die Defensive begeben hatte, nämlich
auf dem *Sejm boni ordinis* von 1748.[146] Während die Fragen der außen-

---

[143] Vgl. auch die Einleitung zu dem Protokoll von 1748 von Konopczyński; *a.a.O.*,
S. X ff.

[144] Siehe oben, S. 139; ebenso der Streit um die *koekwacja* 1744.

[145] Vgl. die genaue Untersuchung von Stanisław Kutrzeba, *Skład sejmu polskiego
1493—1793*, in: *Przegląd Historyczny*, Bd. 2 (1906), S. 43—76, 179—202, 309—341.

[146] Krawczak stellt die beiden Reichstage von 1746 und 1748 mit Recht unter den
Begriff »antagonizmy dzielnicowe« (»regionale Gegensätze« und zugleich »partikulare

politischen Optionen nach dem Aachener Frieden in den Hintergrund getreten waren, die Steuerreformdebatten der zurückliegenden Reichstage aber zu einer weitreichenden Klärung der möglichen Position und zugleich zu einer Polarisierung der Fraktionen in den Abgabenfragen geführt hatte, standen sich nun in der Landbotenkammer zwei Parteiungen gegenüber, die in relativer Unabhängigkeit von den vorgegebenen Kompromißvorschlägen der »Familie« sowie von den Vota der »Patrioten« ihre eigenen Positionen verfochten.[147] Die Landboteninstruktionen von den Wojewodschaften und Landschaften *(ziemie)* stimmten wohl darin überein, daß eine direkte oder indirekte Besteuerung der Landgüter nicht zu dulden sei, also neue Tarife gefunden werden müßten, »które byłyby sine aggravatione stanu szlacheckiego i ludu ubogiego«,[148] »sine aggravatione dóbr ziemskich«.[149] Meist aber wurde diese Eventualität gar nicht in Betracht gezogen.[150] Darin freilich wichen die Landtage auch nicht von dem von jeher vertretenen Standpunkt ab, und, obgleich in den Jahren nach 1736 eine große Zahl von Landtagen ein Verbot des *liberum rumpo* auf dem Reichstag gefordert hatte, geboten die Instruktionen den Deputierten gewohnheitsmäßig, die Abgabenfreiheit der erblichen Güter »etiam cum discrimine sejmu« zu schützen.[151] So heißt es auch in der Instruktion der Wojewodschaft Krakau, die der Reform wohl ambivalent gegenüberstand, für das Jahr 1744: ».. . jeżeli zaś propozycya proponowana była ażeby in praeiudicium dóbr szlacheckich i ziemskich jakimkolwiek pretekstem na aukcyą wojska naznaczone być miały podatki, tedy obstabunt przy tem Ichmć. pp. posłowie, ażeby in casu upierania się inszych przy tem prowincyi na to nie pozwalać będą, etiam cum discrimine sejmu, amore boni publici obligujemy.«[152]

Gegensätze«); *Sprawa aukcji wojska...*, in: *Studia i materiały...*, Bd. 7,2 (1961), S. 30.

[147] *A.a.O.*, S. 36.

[148] Instrukcja czerska; W. Konopczyński (Hrsg.), *Dyaryusze sejmowe...*, Bd. 1, S. 315: ».. . die ohne Belastung des Ritterstandes und des armen Volkes wären.«

[149] Instrukcja zakroczymska; *a.a.O.*, S. 319: ».. . ohne Belastung der Landgüter«.

[150] Vgl. auch H. Krawczak, *Sprawa aukcji wojska...*, in: *Studia i materiały...*, Bd. 7,2 (1961), S. 35.

[151] Instrukcja ruska für den Sejm von 1738; *Teka Podoskiego...*, Bd. 4, S. 383.

[152] M. Skibiński, *Europa a Polska...*, Bd. 2: *Dokumenty*, S. 189: »Wenn vorgeschlagen werden sollte, die Adelsgüter unter irgendeinem Vorwand für die Heeresvermehrung mit Abgaben zu belasten, so verpflichten wir die Herren Landboten um des allgemeinen Wohls willen, sich dem zu widersetzen und, falls andere Provinzen darauf beharren, es nicht zu gestatten, auch um den Preis, den Erfolg des Reichstags zu gefährden.«

Diese Einhelligkeit in der Ablehnung einer allgemeinen Güterbe-
steuerung zeugte einerseits wohl von der wirklichen Notlage mancher
Teile der Szlachta; andererseits jedoch trafen sich gerade 1748 in dieser
Frage ganz unterschiedliche politische Motivationen in derselben Forderung. Ein Teil des Adels, sei es unter Kontrolle magnatischer Pa-
trone, sei es aus eigenem Antrieb, war offenbar entschlossen, seine Stan-
desprivilegien rücksichtslos zu verteidigen, auch wenn die eigenen Einkünfte Reserven für eine höhere Besteuerung boten.[153] Andere Landboten dagegen sprachen zugunsten jenes Teils der ärmeren Szlachta, die
sich kategorisch weigerte, auf eigene Einkünfte zu verzichten, solange
der Starost, »der sechsspännig daherfährt«,[154] die gerechte Abgabenbe-
lastung der von ihm gehaltenen Krongüter verweigerte (wobei der
Protest gegen die »älteren Brüder« ebenso in obstruktiver Absicht
gegen die »Familie« gerichtet sein konnte wie gegen die magnatische
Opposition).

So wurde die kritische Frage einer Neufestsetzung der *kwarta* wie der
hiberna schon in den Instruktionen der mehrheitlich oppositionellen
Landtage entweder vollständig übergangen oder zurückgestellt hinter
andere, vorgeblich ergiebigere Tarifvorschläge. In der Instruktion des
Landtags von Kulm etwa wurde zwar die Aufhebung privater Zölle, die
Wiedereröffnung der Bergwerke sowie die Errichtung von Manufakturen gefordert; zur Vermehrung des Staatsschatzes schlug man jedoch
nur die Besteuerung der reichen Stadt Danzig vor — während die *hiberna* von den zahllosen bischöflichen Vorwerken keine Erwähnung
fand.[155] Die Nutzung der Bergwerke spielte auch in den Instruktionen
von Płock und Kujawien eine Rolle, nicht aber die konsequente Besteuerung der Krongüter, deren Beiträge zur Heeresfinanzierung man
entweder bei den Tarifen von 1717 belassen wollte oder allenfalls vorschlug, daß die Starosten nach bestem Wissen ihre Erträge deklarieren
mochten.[156] Und wenn schließlich die Wojewodschaft Bełz ausschließlich verlangte, man solle den Binnenzoll für die Flußschiffahrt nach
Danzig aufheben,[157] so hatte sie damit nicht die Belebung des bürgerlichen Handels im Sinn; die Frage der Lustrationen fand keinerlei Erwähnung.

[153] Entsprechende Vorwürfe wurden namentlich in der Diskussion um die strittige
koekwacja jedenfalls immer wieder gegen den begüterten Adel der südöstlichen Landschaften erhoben.
[154] W. Konopczyński (Hrsg.), *Dyaryusze sejmowe...*, Bd. 1, S. 123.
[155] *A.a.O.*, S. 312.
[156] *A.a.O.*, S. 313 bzw. A. Pawiński, *Dzieje ziemi...*, Bd. 5, S. 109 ff.
[157] W. Konopczyński (Hrsg.), *Dyaryusze sejmowe...*, Bd. 1, S. 312.

Vielfach allerdings bestanden die Landtage weiter auf der Erfüllung aller Forderungen der *komisya prymasowska* von 1738, »jako to: koekwacya ruskich województw, kwarty augmentowane, monopolia z tiutoniowego, tabacznego, papierowego etc., legis sumptuariae reassumptio, donativum kupieckie, praecisis protestationibus wszelkim osobom cło generalne, accessus z podatku, pogłówne żydowskie particulariter wybierane, szeleżne generalne, ad extremum duchowny podatek a latino et graeco ritu.«[158] Oder sie gingen in ihren Vorschlägen zur Belastung kirchlicher Güter und *królewszczyzny* sogar noch über die Tarife der Kommission sowie die alten Projekte der »Familie« hinaus und sprachen von einer völligen Neuaufteilung der Starosteien, um die Krongüter wieder ganz ihrem öffentlichen Zweck zuzuführen, von der Verpflichtung für die Inhaber von Krongütern an den Grenzen, auf eigene Kosten die notwendigen Grenztruppen zu unterhalten und von der Forderung an die reichen Bischöfe und Äbte des Landes, einen Teil ihrer persönlichen Einkünfte »ad obsequium Rzplitej« zu opfern. »Brakującą potem sumę pokryje szlachta czopowem i szeleżnem.«[159]

In der Landbotenkammer des Reichstags von 1748 erlangten solche radikalen Forderungen allerdings oft auch obstruktive Funktion — so in den spektakulären Auftritten des Landboten von Smolensk, der etwa seinen »Bruder« aus Kowno lobte, »który z królewszczyzny połowę prowentów na wojsko ustąpić deklarował: on zaś nie tylko połowę, ale całą intratę sakryfikować przyrzekł z królewszczyzny, którą za tysiąc talerów bitych kupił . . .«.[160] Man schloß sich nicht nur seinen Klagen gegen die Unterdrückung der kleinen Szlachta in den Einflußregionen der großen Magnatengeschlechter an,[161] sondern unterstützte sogar die Forderung, die geplante Wirtschaftskommission mehrheitlich mit Angehörigen des Ritterstandes zu besetzen, um die wahrheitsgetreue Lustration der Starosteien und Ökonomien sicherzustellen. Er könne nicht gestatten,

[158] *A.a.O.*, S. 308, »nämlich der Angleichung (der Steuern) der reußischen Wojewodschaften, der erhöhten *kwarta*, den Monopolen auf Tabak, Papier etc., legis sumptuariae reassumptio, Allgemeinem Zoll, Akzisen, individuell erhobener Judensteuer, allgemeiner Schanksteuer und eine geistliche Abgabe von lateinischer und griechischer Konfession«.

[159] So das Finanzierungsprojekt des preußischen Landtags; *a.a.O.*, S. 311: »Die danach noch fehlende Summe trägt die Szlachta über die Schanksteuer.«

[160] *A.a.O.*, S. 123: ». . . der von seinem Krongut die Hälfte der Erträge für das Heer abtreten wolle: er aber versprach, daß er nicht nur die Hälfte, sondern alle Einkünfte vom Krongut opfern werde, das er für 1000 Taler gekauft hat.«

[161] *A.a.O.*, S. 124; Votum des podolischen Landboten Gurowski.

sagte Michał Franciszek Dylewski in der einundzwanzigsten Sitzung der Kammer, »ażeby ichmość pp. senatorowie i ministrowie zasiadali na komisyi generalnej, alegując z starodawnych kronik racyą, że gdy 12 wojewodów rządziło państwem, naówczas w ojczyźnie żadnego nie było porządku«.[162]

Indessen gab es auf der Gegenseite sehr wohl auch sachliche und konstruktive Argumentation, in der sich die Kritik an dem Mangel an Opferbereitschaft der großen Herren mit realistischen Forderungen verband. Dabei erstrebten die Reformanhänger einen Kompromiß, der als Grundlage für weitere Schritte dienen mochte.

Zumindest wollte man nicht mehr auf die Fixierung jener Steuerauflagen verzichten, denen die beiden vorangegangenen Reichstage im Prinzip bereits zugestimmt hatten und denen sich auch die Opposition nicht öffentlich zu widersetzen wagte: die Höherbesteuerung der geistlichen und magnatischen Latifundien, den allgemeinen Zoll und die Schanksteuer. Die regionalen Steuerkommissionen sollten zur effektiven Feststellung der Tarife mit Stimmenmehrheit auf den Landtagen gewählt werden und bezüglich der ermittelten Beträge eine *potestas decisiva* erhalten.[163] Um aber allen neuen Einsprüchen den Vorwand zu nehmen, erklärten sich die Anhänger des Kommissionsprojekts bereit, zusätzliche Tarife jeder Art zu akzeptieren — »salva tamen zniesienia pogłównego conditione«. Vor allem verlange man, so der Landbote Kuczyński aus Biało in Podlachien, »kwartę z starostwa, dając sponsionem po sobie, że gdyby jaką królewszczyznę z łaski J. Kr. Mości gratis miał, tedyby i połowy intraty nie żałował. Nie wątpił i o duchownych ichmciach, którzy pingue Christi mają beneficium, że jako ad dandam benedictionem tak i ad subsidium charitativum swojej nie będą żałować ręki. In reliquo wszystkie oświadczył się akceptować podatki.«[164]

Trotz der Popularität ihrer Vorschläge vermochte diese Reformfraktion der Landboten aber auch dann keine ausreichende Mehrheit auf ihre Seite zu bringen, als die »Familie« in den *sesje prowincjonalne* ihre Sache unterstützte und in der Frage der Kompetenzen sowie des Wahlmodus für die neue Kommission einen Kompromiß zu vermitteln

---

[162] *A.a.O.*, S. 154: »...daß die Herren Senatoren und Minister in der allgemeinen Kommission sitzen sollten, indem er sich auf die Weisheit alter Chroniken berief, nach denen keine Ordnung im Vaterlande herrschen konnte, wenn 12 Wojewoden den Staat regierten.«

[163] Votum des Landboten Krasiński aus Sandomierz, *a.a.O.*, S. 124.

[164] *A.a.O.*, S. 131.

suchte.[165] Es erhob sich zwar kein direkter Widerspruch gegen die billigerweise geforderten Tarife; doch in den formalen Einwänden — besonders von podolischen und litauischen Landboten geltend gemacht — behaupteten sich die Widerstände gegen jegliche Steuerbeschlüsse bis zum Ende.[166]

Ohne Zweifel scheiterte auch dieser *Sejm boni ordinis* nicht primär an den ökonomischen und sozialen Gegensätzen innerhalb der Adelsnation. Denn die »Übelgesonnenen«, die aus spezifischen partikularen Motiven die geforderte Erhöhung der Abgaben zu verhindern entschlossen waren, hätten selbst niemals ein ernsthaftes Gegengewicht zu den großen Parteiungen der Potoccy und Czartoryscy sowie ihren zahlreichen Anhängern unter der Szlachta bilden können. Die eigentlichen Träger der »patriotischen« Opposition aber brauchten auch angesichts einer rigorosen Besteuerung der Krongüter sowie der magnatischen Handels- und Schankerträge nicht für ihre wirtschaftliche und soziale Vormachtstellung zu fürchten. Dennoch zeigten auch die Auseinandersetzungen des Reichstags von 1748 einmal mehr, daß die aus der besonderen wirtschaftlichen Lage des Landes resultierenden Interessengegensätze ein außerordentlich gewichtiges Hindernis darstellten. Wäre es tatsächlich zum Beschluß über jene Steuersätze gekommen, über die — wie die Erfahrungen der Reichstage von 1744 und 1748 lehrten — grundsätzlich eine Einigung möglich schien, so hätte das Ziel der Reform noch immer in weiter Ferne gestanden — ein stehendes Heer von angemessener Stärke hätte sich aufgrund der projektierten Steuern tatsächlich nicht finanzieren lassen.[167]

Selbst die erhöhte *kwarta* der Starosteien und Tafelgüter, wie sie nach den Lustrationen von 1764 erhoben wurde, brachte noch unter verbesserten gesamtwirtschaftlichen Voraussetzungen 1766 nur etwa 3 Millionen złp in Polen und Litauen ein,[168] also gerade soviel wie jene Allgemeine Kopfsteuer allein in Polen, die seit dem Nordischen Krieg erhoben worden war und deren Abschaffung die Landboten aller Reichstage nach 1736 zur Bedingung für die Verabschiedung jeglicher neuer Steuertarife gemacht hatten.[169] Von den übrigen genannten Tarifen

---

[165] *A.a.O.*, S. 134.
[166] H. Krawczak, *Sprawa aukcji wojska...*, in: *Studia i materiały...*, Bd. 7,2 (1961), S. 37.
[167] Vgl. J. Wimmer, *Wojsko Rzeczypospolitej...*, S. 307 ff.
[168] J. K. Hoensch, *Sozialverfassung und politische Reform...*, S. 425.
[169] Vgl. R. Rybarski, *Skarbowość Polski...*, S. 38 f.

aber waren nur Bruchteile von diesen Beträgen zu erwarten, zumal wenn sie, wie die Monopole, aber auch die erforderliche neue Steueradministration gewisse staatliche Investitionen voraussetzten. Mag man freilich für die Regierungszeit Augusts III. letztlich auf Spekulationen über die möglichen materiellen Resultate einer erfolgreichen Reform angewiesen sein, so geben die Steuerregister der Jahre nach 1776 schließlich doch einen gewissen Anhaltspunkt: Nachdem sämtliche in den dreißiger bis fünfziger Jahren verworfenen Abgaben unter Stanisław August endlich beschlossen und wirklich eingezogen worden waren, betrugen die staatlichen Einnahmen in den ersten Jahren ganze 12 018 442 Polnische Gulden,[170] nämlich etwa dreißig Prozent mehr, als der *komput* von 1717.[171]

Dem Verdikt der Historiographie, die polnische Adelsnation der Zeit Augusts III. habe in ihrem Unvermögen, ein neues Steuersystem zu beschließen und sich selbst eine angemessene Belastung zugunsten des Staates aufzuerlegen, einen eklatanten Mangel an Reformwillen und Reformfähigkeit unter Beweis gestellt, kann gewiß nicht kategorisch widersprochen werden. Deutlich lassen die Auseinandersetzungen der Reichstage erkennen, daß die partikularistische Interessenpolitik, wie sie seitens der Opposition eines jeden Reichstags betrieben wurde, eine der wesentlichen Ursachen für das Scheitern der Steuerreform war. Zumindest ist nicht zu leugnen, daß die Adelsnation ungeachtet der Bedrohung ihres eigenen Staates nicht bereit war, die gleichen Opfer auf sich zu nehmen, welche der Adel der absolutistischen Nachbarmächte zu tragen gezwungen war.

Indessen weckt die nähere Betrachtung der wirtschaftlichen Voraussetzungen, unter denen die Reforminitiativen der späten Sachsenzeit standen, Zweifel an der These, die Reichstage Augusts III. hätten ausschließlich bornierten Standesegoismus an den Tag gelegt. Denn es läßt sich nicht verkennen, daß die negativen wirtschaftlichen Aussichten, denen sich die Republik vor der Jahrhundertmitte gegenüber sah, die Bereitschaft zu wirtschaftlichen Opfern gleichsam zwangsläufig beein-

---

[170] *A.a.O.*, S. 367, Tabelle 1. — Die Einbußen aufgrund der ersten Teilung wären freilich mit aufzurechnen, allerdings ebenso die Einnahmesteigerungen aufgrund der verbesserten wirtschaftlichen Konjunktur nach der Jahrhundertmitte.

[171] Vgl. dazu im einzelnen Leonard Ratajczyk, *Wojsko i obronność Rzeczypospolitej 1788—1792*, Warszawa 1975, passim.

trächtigen mußten. Die rudimentären Ansätze zur wirtschaftlichen Regeneration seit den zwanziger und dreißiger Jahren entlasteten die Mehrheit des Adels offensichtlich nicht. Sie waren vielleicht sogar zunächst eher geeignet, jenen wirtschaftlichen und sozialen Gegensatz zwischen Magnatentum und Adelsmehrheit zu vertiefen, welcher auch noch die Zeit der Reformreichstage überschattete. Nach Kriegszerstörungen und struktureller Krise der Gutswirtschaft stand jedenfalls auch nach 1736 die entscheidende Wende noch aus, welche der Reformbestrebung auch eine wirtschaftliche Dynamik hätte geben können.

So erscheint es erklärlich, daß trotz der Bereitschaft zur Reform, wie sie auf den Reichstagen artikuliert wurde, der Durchbruch zu einer tragfähigen Lösung im fiskalischen Bereich nicht gelang: Auf den Reichstagen von 1740 und 1744 besonders hatte sich gezeigt, daß die Adelsnation zu einem Konsens über begrenzte Verbesserungen wenigstens grundsätzlich fähig war; wenn aber diese Verbesserungen dennoch allzu geringfügig dimensioniert waren, so offenbar deshalb, weil auch der gesamtwirtschaftliche Rahmen des Reformversuchs sich als zu eng erwiesen hatte. Zweifellos wird man mithin von wirtschaftlichen Krisenfaktoren sprechen müssen, welche die Reforminitiative beeinträchtigten und — im Zusammenwirken mit den anderen Krisenfaktoren — deren Scheitern verursachten.

SCHLUSSWORT

Im Resümee der besonderen wirtschafts-, verfassungs- und außenpolitikgeschichtlichen Entwicklungen, die es unter der Frage nach den Gründen für das Scheitern der ersten großen Reforminitiative der Adelsrepublik im 18. Jahrhundert zu erörtern und zu gewichten galt, sei noch einmal auf Claude Rulhières berühmt gewordene *Geschichte der Anarchie in Polen und der Teilung dieser Republik* aus dem Jahre 1808 zurückverwiesen. Auch wenn die unmittelbare forschungsgeschichtliche Nachwirkung dieser in Europa einst verbreitetsten Darstellung der neuzeitlichen Geschichte Polens nicht über die zweite Hälfte des 19. Jahrhunderts hinausgereicht haben mag, so repräsentiert sie doch eine historiographische Perspektive auf die Geschichte der späten Adelsrepublik, von der im Kern auch noch die moderne Forschung geprägt ist. Von der europäischen Geschichtsschreibung im allgemeinen jedenfalls hat jenes Urteil keinen grundsätzlichen Widerspruch gefunden, welches Rulhière über die politische Mentalität in Polen unter der Regierung Augusts III. fällte: »Aussi la plupart des Polonais regardaient-ils cette anarchie, comme le plus beau système de gouvernement qui ait jamais été établie sur la terre. Ils n'attribuaient le blâme général des autres nations qu'à l'avilissement des esprits, qu'a produit dans l'Europe presqu'entière l'autorité oppressive des gouvernemens modernes. Un très-petit nombre de citoyens sentait, il est vrai, qu'une situation si bizarre ne pouvait durer long-temps, qu'il n'y a point de véritable prospérité pour des hommes sans défense, et qu'au premier moment la république tomberait dans une horrible confusion. Mais dans ce nombre même quelques-uns retenus par la crainte d'occasionner ce funeste ébranlement, s'ils tenaient une réforme, réprimaient leur zèle, ne voulaient hazarder aucune tentative, et abandonnaient leur sort et celui de leur patrie au temps et à la fortune.«[1] Obwohl Rulhière — im Gegensatz zu der Mehrzahl der im Verlauf des 19. Jahrhunderts über Polens Untergang schreibenden Historiker — ein überzeugter Verteidiger der republika-

[1] C. Rulhière, *Histoire de l'Anarchie de la Pologne...*, Bd. 1, S. 195 f.

nischen Tradition in Polen sowie der Mai-Verfassung war, zeigt diese
Charakterisierung zugleich die Distanz, ja das Unverständnis, aus dem
heraus der »moderne« Republikaner die politische und gesellschaftliche
Verfassung der *Rzeczpospolita* um die Mitte des 18. Jahrhunderts betrachtet. Das Prinzip der individuellen Freiheit mag ihm in der Tradition der Szlachta-Demokratie wertvoll erscheinen; das Fehlen aller Institutionen und Initiativen indessen, an welchen sich die Modernität eines Staats schlechthin bemaß, mit einem Wort: das Fehlen der »bürgerlichen« Mentalität im politischen Handeln der Adelsnation, ließ auch
Rulhière zu dem Schluß kommen, daß erst die »nation éclairée« den
Wandel zur neuzeitlichen Republik in der zweiten Jahrhunderthälfte
habe vollziehen können; die polnische Gesellschaft in der Regierungszeit des letzten wettinischen Königs aber habe noch ganz in der Ordnung und dem Geist der »barbarie féodale« gelebt und, obwohl der sichere Untergang vor Augen stand, die Entschlossenheit zur Reform
und die Opferbereitschaft von wahren *citoyens* nicht aufgebracht.

Ähnlich anachronistische Momente in der Reflexion über die Entwicklungstendenzen des 18. Jahrhunderts aber haften in gewissem Maße
auch der verwissenschaftlichten Geschichtsschreibung des späten 19.
und des 20. Jahrhunderts an. Die reale Funktionskrise der adelsrepublikanischen Verfassung Polens in der Sachsenzeit, wie sie durch unterschiedliche außenpolitische, wirtschaftliche und innenpolitische Faktoren ausgelöst worden war, galt als politisch-moralische Krise der Adelsnation und ihrer altständischen Verfassung selbst. Das partikulare
Machtstreben der Aristokraten und der kleinliche Egoismus der
Szlachta, so mußte es scheinen, vereinten sich in einem *Ancien Régime*
von politischer Anarchie und gesellschaftlicher Willkür, das im beharrlich verteidigten *liberum veto,* der *pupilla libertatis* der altständisch-li-
bertären Verfassung, seine politische Grundlage bewahrte. Den Reforminitiativen unter der Regierung Augusts III. konnte unter diesen Gesichtspunkten freilich nur eine ephemere Bedeutung zuerkannt werden
— denn solange die Adelsnation die Unantastbarkeit ihrer republikanischen Freiheiten höher schätzte als die »Wiederherstellung der Republik«, mußte der Streit der Reichstage um *skarb i wojsko* aussichtslos
bleiben, wenn er nicht gar nur den Anlaß bot für die Machtkämpfe der
rivalisierenden Magnatengeschlechter. Die moderne verfassungsge-
schichtliche Historiographie aber tradiert dieses Interpretationsmuster
zumindest insofern, als sie im Ablauf der Reichstage in der Sachsenzeit
noch ausschließlich das Wirken jenes sozialen Mechanismus erkennt,
welcher in der aus der Krise des Feudalismus hervorgegangenen Gesellschaftsverfassung, nämlich der *oligarchia magnacka* seine Grundlage

hatte. Auch nach solcher generellen Einschätzung wäre also die Reform-
ära Augusts III. weniger eine Phase des Übergangs als vielmehr ein
letzter Nachklang des in Wahrheit bereits überholten Konfliktes zwischen den politischen Kräften der vormodernen gesellschaftlichen For-
mation. Erst die Katastrophen des Siebenjährigen Kriegs und der ersten
Teilung aber, so scheint es, hat den »modernen« Tendenzen zu gesellschaftlicher Durchsetzung verholfen.

Auch wenn aber schon eine einfache Gegenüberstellung von Verfalls-
symptomen der Sachsenzeit und konstruktiven Modernisierungsansätzen
der Ära Stanislaus Augusts den Zäsurcharakter des Jahres 1764 sinnfäl-
lig macht, so berechtigt dieser Befund doch noch nicht zu dem Schluß,
daß es keinen positiven Zusammenhang zwischen beiden Epochen gegeben habe. Im Gegenteil: Gerade die radikale Unterscheidung zwischen
der Epoche der gescheiterten und der der erfolgreichen Reformen läßt
die sich überschneidenden konstruktiven wie regressiven Entwicklungstendenzen in der Adelsrepublik um die Jahrhundertmitte gänzlich
aus dem Blick geraten. Sie wirft namentlich die kaum zu beantwor-
tende Frage auf, wie auf eine Epoche universellen und geradezu zwangs-
läufigen Verfalls der rapide Modernisierungserfolg des ausgehenden 18.
Jahrhunderts folgen mochte, obgleich sich die wesentlichen Tendenzen
in der inneren Entwicklung der Adelsrepublik innerhalb eines solchen
Zeitraums nicht grundsätzlich geändert haben konnten.

Tatsächlich erhellt aus der näheren Betrachtung der Regierungszeit
Augusts III., daß auch die stets in den Mittelpunkt historiographischer
Kritik gestellte altständisch-republikanische Verfassung keineswegs
alle politische und gesellschaftliche Funktionsfähigkeit eingebüßt
hatte. Weit davon entfernt, ein Instrument der ‚Willkür‘ des Einzelnen,
der borniert egoistischen Interessenpolitik jedes Szlachcicen und Magnaten zu sein, gewährte die Landtags- und Reichstagsverfassung der
Adelsrepublik selbst noch in der Sachsenzeit die Fortentwicklung einer
politischen Öffentlichkeit in der Adelsnation sowie die Behauptung einer wenn auch sehr beschränkten Reaktionsmöglichkeit gegenüber der
oligarchia magnacka. Obwohl die obstruktiven Kräfte auf den Reformreichstagen von 1736 bis 1752 effektiv das Übergewicht behielten, setzten die Reichstagskonflikte doch offenbar einen unterschwelligen
Wandel in Gang, der in der ‚Parteienbildung‘ wie in der Formulierung
des Programms einer »Wiederherstellung der Republik« die Grundlagen für die stanislaische Reforminitiative schuf. Mit Recht verweist
Rousseau in seinen *Considérations sur le gouvernement de la Pologne*
darauf, daß Polen das Land in Europa sei, das aufgrund seiner republi-

kanischen Tradition die Bildung einer politischen Nation am weitesten vorangetrieben habe.[2]

Die faktische Funktionskrise der Reichstagsverfassung dagegen, wie sie aus dem Verfall der »Konkurrenz« zwischen den Ständen der Republik und der Spaltung der Nation in zwei annähernd gleichstarke rivalisierende Parteien resultierte, hatte ihren Ursprung nicht allein in einer eigendynamischen Entwicklung der Verfassung beziehungsweise einer »Bewußtseinskrise« der Adelsnation gegenüber den gewandelten Anforderungen des Staats. Sie gründete vielmehr ebenso in solchen Faktoren, die außerhalb des eigentlichen verfassungs- und gesellschaftspolitischen Bereichs lagen und sich in eigener, zur Mitte des 18. Jahrhunderts durch die Adelsrepublik selbst bereits nicht mehr beeinflußbarer Dynamik zu einer existentiellen Krise des polnischen Staates verbanden: in dem krisenhaften wirtschaftlichen und sozialen Wandlungsprozeß sowie der Souveränitätskrise der Adelsrepublik im Schatten der expansiven Nachbarmächte Preußen und Rußland. Beide Entwicklungen reichten in ihren Ursprüngen in die Zeit vor der Reforminitiative Augusts III. zurück und behaupteten ihre Geltung — wenngleich mit unterschiedlichem Gewicht — auch in der zweiten Hälfte des 18. Jahrhunderts. In den dreißiger bis fünfziger Jahren begründeten sie eine Konstellation, in der die Initiative zur Reform von »Schatz und Heer« nicht erfolgreich sein konnte.

---

[2] Jean Jacques Rousseau, *Oeuvres complètes*, Bd. 3, Paris 1964, S. 954. — Allzu skeptisch erscheint aus dieser Sicht die Beurteilung der Polen-Einschätzung Rousseaus bei Jerzy Michalski, *Rousseau a sarmacki republikanizm*, Warszawa 1977; vgl. dazu auch Bronisław Baczko, *Rousseau. Samotność i wspólnota*, deutsch: *Rousseau. Einsamkeit und Gemeinschaft*, Wien-Frankfurt/Main-Zürich 1970, S. 442 ff.

QUELLEN- UND LITERATURVERZEICHNIS

Quellen

Archiv knjazja Voroncova, 40 Bde, Moskva 1870—1895, hier Bd. 1, 2, 4, 6, 7.

Biernat, Czesław, *Statystyka obrotu towarowego Gdańska w latach 1651—1815*, Warszawa 1962.

Broglie, Albert Duc de, *Le Secret du roi. Correspondance secrète de Louis XV avec ses agents diplomatiques 1752—1774*, 2 Bde, 3. Aufl., Paris 1879.

Correspondance secrète inédite de Louis XV sur la politique étrangère, bearb. von M. E. Boutaric, 2 Bde, Paris 1866.

Czasy saskie. Wybór źródeł, hrsg. von Józef Feldman, Kraków 1928.

Dyaryusze sejmowe z wieku XVIII, hrsg. von Władysław Konopczyński, 3 Bde, Warszawa 1911—1937.

[Friedrich II., König von Preußen], *Oeuvres de Frédéric le Grand*, 30 Bde, hrsg. von J. D. E. Preuss, Berlin 1846—1857.

[Friedrich II., König von Preußen], *Politische Correspondenz Friedrichs des Großen*, 46 Bde, Berlin 1879—1939, hier: Bde 1—9.

[Friedrich II., König von Preußen], *Die politischen Testamente Friedrichs des Großen*, Berlin 1920 (deutsch: 1922).

Furtak, Tadeusz, *Ceny w Gdańsku w latach 1701—1815*, Lwów 1935.

Historia Polski 1648—1764, hrsg. von Bohdan Baranowski u. a., Warszawa 1956.

Jabłonowski, Jan Stanisław, *Skrupuł bez skrupułu...*, hrsg. von Kazimierz Turowski, Kraków 1858.

Jezierski, Franciszek Salezy, *Wybór pism*, hrsg. von Zdzisław Skwarczyński, Warszawa 1952.

Instrukcje gospodarcze dla dóbr magnackich i szlacheckich z XVII—XIX wieku, hrsg. von Bohdan Baranowski u. a., 2 Bde, Wrocław 1958—1963.

Instrukcje gospodarcze dla dóbr pszczyńskich, hrsg. von Stefan Inglot u. a., Wrocław 1963.

[Justi, Johann Heinrich Gottlob], *Leben und Charakter des Grafen von Brühl, in vertraulichen Briefen entworfen*, 3 Bde, Göttingen 1760—1761.

Karwicki, Stanisław Dunin, *De ordinanda republica seu de corrigendis defectibus in statu Reipublicae Poloniae*, hrsg. von Stanisław Krzyżanowski, Kraków 1871.

Kitowicz, Jędrzej, *Opis obyczajów za panowania Augusta III*, hrsg. von Roman Pollak, Wrocław 1951, 3. Aufl., 1970.

Kitowicz, Jędrzej, *Pamiętniki czyli Historia polska*, hrsg. von Przemysława Matuszewska, Warszawa 1971.

Konarski, Stanisław, *O skutecznym rad sposobie albo o utrzymywaniu ordynaryinych seymów*, 4 Bde, Nachdruck der Ausg. 1760—1763, Warszawa 1923.

Kronika Podhorecka 1706—1779, hrsg. von Leon Rzewuski, Kraków 1860.

Lauda sejmików ziemi dobrzyńskiej, hrsg. von Franciszek Kluczycki, Kraków 1887.

Lauda sejmikowe wiszeńskie, lwowskie, przemyskie i sanockie. 1731—1772, hrsg. von Antoni Prochaska (= Akta grodzkie i ziemskie, Bd. 23), Lwów 1928.

Lauda sejmikowe halickie. 1696—1772, hrsg. von Wojciech Hejnosz (= Akta grodzkie i ziemskie, Bd. 25), Lwów 1935.

Lengnich, Gottfried, *Ius publicum regni Poloni,* 2 Bde, Gedani 1742—1746; *Prawo pospolite królestwa polskiego,* 2. Aufl., Kraków 1836.

[Leszczyński, Stanisław], *Głos wolny wolność ubezpieczający,* hrsg. von Andrzej Rembowski, Warszawa 1903.

[Matuszewicz, Marcin], *Pamiętniki Marcina Matuszewicza, kasztelana brzeskolitews-kiego 1714—1765,* hrsg. von Adolf Pawiński, 4 Bde in 2, Warszawa 1876.

Ojczyste wspomniki w pismach do dziejów dawnej Polski, hrsg. von A. Grabowski, Kraków 1845.

[Osterman, Andrej Ivanovič], *General'noe sostojanie del i interesov vserossijskich so vsemi sosednimi gosudarstvami v 1726 g.,* in: *Severnyj Archiv,* Jg. 1828, Nr. 1, S. 3—61.

[Osterman, Andrej Ivanovič], *Iz perepiska barona A. I. Ostermana. Pis'ma kn. B. I. Kurakinu i gr. A. P. Golovkinu 1727—1729,* hrsg. von M. A. Polievktov (= Čtenija v Imperatorskom Obščestve Istorii i Drevnostej Rossijskich pri Moskovskom Universitete, Jg. 1913, 246, III).

Polskie ustawy i artykuły wojskowe od XV do XVIII wieku, hrsg. von Stanisław Kutrzeba, Kraków 1937.

Polskie ustawy wiejskie XV—XVIII w., hrsg. von Stanisław Kutrzeba und Alfons Mańkowski, Kraków 1938.

Recueil des Instructions données aux Ambassadeurs et Ministres de France depuis les Traités de Westphalie jusqu'à la Révolution Française, Bd. 1 ff., Paris 1884 ff., hier: Bd. 1 *(Autriche),* 2 *(Suède),* 4 u. 5 *(Pologne),* 8 u. 9 *(Russie),* 16 *(Prusse).*

Rzeczpospolita w dobie upadku 1700—1740. Wybór źródeł, hrsg. von Józef Gierowski, Wrocław 1955.

Sbornik (Imperatorskago) Russkago Istoričeskago Obščestva, 148 Bde, S. Peterburg/Petrograd 1876—1916, hier:

Bde 5—6: Berichte der sächsischen Gesandten am russischen Hof,

Bd. 80: Berichte der englischen Gesandten am russischen Hof 1736—1739,

Bd. 85: Berichte der englischen Gesandten am russischen Hof 1740—1741,

Bd. 86: Berichte der französischen Gesandten am russischen Hof 1738—1740,

Bd. 91: Berichte der englischen Gesandten am russischen Hof 1741,

Bd. 92: Berichte der französischen Gesandten am russischen Hof 1741,

Bd. 96: Berichte der französischen Gesandten am russischen Hof 1741,

Bd. 99: Berichte der englischen Gesandten am russischen Hof 1742—1744,

Bd. 100: Berichte der französischen Gesandten am russischen Hof 1742—1743,

Bd. 102: Berichte der englischen Gesandten am russischen Hof 1744—1749,

Bd. 103: Berichte der englischen Gesandten am russischen Hof 1746—1748,

Bd. 105: Berichte der französischen Gesandten am russischen Hof 1743—1745,

Bd. 110: Berichte der englischen Gesandten am russischen Hof 1746,

Bd. 148: Berichte der englischen Gesandten am russischen Hof 1750—1753.

Siegel, Stanisław, *Ceny w Warszawie w latach 1701—1815,* Lwów 1936.

Skibiński, Mieczysław, *Europa a Polska w dobie wojny o sukcesyę austryacką w latach 1740—1745,* Bd. 2: *Dokumenty,* Kraków 1913.

Sobranie traktatov i konvencij zaključennych Rossiej s inostrannymi gosudarstvami, hrsg. von Fedor Fedorovič Martens, 13 Bde, S. Peterburg 1874—1902, hier Bd. 5.

Supliki chłopskie XVIII wieku z archivum prymasa Michała Poniatowskiego, hrsg. von Janina Leskiewicz und Jerzy Michalski, Warszawa 1954.

Szczuka, Stanisław, *Eclipsis Poloniae orbi publico demonstrata,* polnisch: *Zaćmienie Polski światu powszechnem wykazane...,* hrsg. von Franciszek Kluczycki, Kraków 1902.

Teka Gabryela Junoszy Podoskiego, hrsg. von Kazimierz Jarochowski, 6 Bde, Poznań 1854—1862, hier Bd. 4.

Volumina legum. Prawa, konstytucye y przywileie Królestwa Polskiego y Wielkiego Xięstwa Litewskiego, y wszystkich prowincyi należących na walnych seymiech koronnych od seymu wiślickiego roku pańskiego 1374 aż do ostatniego seymu uchwalone, Bde 1—8: 2. Ausg. Petersburg 1860, Bd. 9: Kraków 1889, Bd. 10: Warszawa 1952, Neudruck: Warszawa 1980, hier Bde 4—6.

Zbiór pamiętników o dawnej Polsce, hrsg. von Julian Ursyn Niemcewicz, 5 Bde, Puławy 1830.

Zuverlässige Lebensbeschreibung des Grafen von Brühl und des Kabinettsministers A. I. Fürsten von Sulkowski, Frankfurt-Leipzig 1766.

Literatur

Adamus, Jan, *Nowe badania nad dziejami sejmu polskiego i genezą liberum veto,* in: *Czasopismo prawno-historyczne,* Bd. 13 (1961), S. 169—186.

Arnold, Stanisław, *Podłoże gospodarczo-społeczne polskiego Odrodzenia,* Warszawa 1954.

Askenazy, Szymon, *Epoka saska,* in: *Pamiętnik III zjazdu historyków polskich w Krakowie,* Kraków 1900, S. 5—19.

Askenazy, Szymon, *Dwa stulecia, XVIII i XIX. Badania i przyczynki,* 2 Bde, Warszawa-Kraków 1903—1910.

Der Außenhandel Ostmitteleuropas 1450—1650. Die ostmitteleuropäischen Volkswirtschaften in ihren Beziehungen zu Mitteleuropa, hrsg. von Ingomar Bog, Köln-Wien 1971.

Badania nad historią gospodarczo-społeczną w Polsce. (Problemy i metody), hrsg. von Jerzy Topolski u. a. (= Badania z dziejów społecznych i gospodarczych, Bd. 56), Poznań 1978.

Bagger, Hans, *Ruslands alliancepolitik efter freden i Nystad. En studie i det slesvigske restitutionsspørgsmål indtil 1732,* København 1974.

Baranowski, Bohdan, *Gospodarstwo chłopskie i folwarczne we wschodniej Wielkopolsce w XVIII wieku,* Warszawa 1958.

Baranowski, Bohdan u. a., *Histoire de l'économie rurale en Pologne jusqu'à 1864,* Wrocław-Warszawa-Kraków 1966.

Baranowski, Bohdan, *La spécifité de l'économie en Pologne centrale du XVI au XVIII siècles,* in: *Studia Historiae Oeconomicae,* Bd. 5 (1970), S. 129—142.

Baranowski, Bohdan, *Z dziejów antifeudalnych ruchów chłopskich na Podlasiu,* Warszawa 1953.

Barbour, Violet, *Capitalism in Amsterdam in the Seventeenth Century,* Baltimore 1950.

Bardach, Juliusz, *Sejm szlachecki doby oligarchii*, in: *Kwartalnik Historyczny*, Bd. 74 (1967), S. 365—372.

Bardach, Juliusz u. a., *Historia państwa i prawa polskiego*, Warszawa 1979.

Bartoszewicz, Julian, *Szkice z czasów saskich*, Kraków 1880.

Bartoszewicz, Julian, *Znakomici mężowie polscy w XVIII wieku*, 3 Bde, Petersburg 1855—1856.

Bartoszewicz, Kazimierz, *Radziwiłłowie*, Warszawa-Kraków 1928.

Barudio, Günter, *Das Zeitalter des Absolutismus und der Aufklärung, 1648—1779* (= Fischer Weltgeschichte, Bd. 25), Frankfurt am Main 1981.

Baszanowski, Jan, *Z dziejów handlu polskiego w XVI—XVIII w. Handel wołami*, Wrocław 1977.

Baumgart, Peter, *Epochen der preußischen Monarchie im 18. Jahrhundert*, in: *Zeitschrift für Historische Forschung*, Bd. 6 (1979), S. 287—316.

Becker, Reinhold, *Der Dresdner Friede und die Politik Brühls*, Leipzig 1902.

Biernat, Czesław, *Statystyka obrotu zbożowego Gdańska od połowy XVII w. do 1795 roku*, in: *Zapiski Historyczne*, Bd. 23 (1957), cz. 4, S. 124—130.

Bierniarżówna, Janina, *Projekty reform magnackich w połowie XVIII wieku. Nowe dążenia ekonomiczne*, in: *Przegląd Historyczny*, Bd. 42 (1951), S. 304—330.

Binerowski, Zbigniew, *Materiały do dziejów handlu wewnętrznego Polski w połowie XVIII wieku*, in: *Rocznik Gdański*, Bd. 24 (1965), ersch.: 1967, S. 229—234.

Bittner, Konrad, *Beiträge zur Geschichte des Lebens und Wirkens Heinrich Johann Friedrich (Andrej Ivanovič) Ostermanns. Aus dem Archiv der Stadt Bochum*, in: *Jahrbücher für Geschichte Osteuropas*, N.F., Bd. 5 (1957), S. 106—126.

Bobińska, Celina, *W sprawie rozwoju rynku wewnętrznego w XVIII wieku. Uwagi o kompleksowej metodzie badań*, in: *Kwartalnik Historyczny*, Bd. 70 (1963), S. 441—448.

Bobrzyński, Michał, *Dzieje Polski w zarysie*, 3 Bde, Warszawa 1887, 4. Aufl. 1927.

Bogucka, Maria, *Handel bałtycki a bilans handlowy Polski w pierwszej połowie XVII wieku*, in: *Przegląd Historyczny*, Bd. 59 (1968), S. 245—252.

Bogucka, Maria, *Handel zagraniczny Gdańska w pierwszej połowie XVII wieku*, Wrocław 1970.

Boroviczény, Aladár v., *Graf von Brühl. Der Medici, Richelieu und Rothschild seiner Zeit*, Zürich-Leipzig-Wien 1930.

Boyé, Pierre, *Stanislas Leszczyński et le troisième traité de Vienne*, Nancy 1898.

Branig, Hans, *Preußen und Rußland während des ersten Schlesischen Kriegs*, Phil. Diss., Greifswald 1930.

Burszta, Józef, *Handel magnacki i kupiecki między Sieniawą nad Sanem a Gdańskiem od końca XVII do połowy XVIII wieku*, in: *Rocznik Dziejów Społecznych i Gospodarczych*, Bd. 16 (1954), S. 174—238.

Burszta, Józef, *Wieś i karczma. Rola karczmy w życiu wsi pańszczyźnianej*, Warszawa 1950.

Bystroń, Jan Stanisław, *Dzieje obyczajów w dawnej Polsce*, Warszawa 1960.

Cackowski, Stefan, *Gospodarstwo wiejskie w dobrach biskupstwa i kapituły chełmińskiej w XVII—XVIII w.*, 2 Bde, Toruń 1963.

The Cambridge Economic History of Europe, Bd. 4, Cambridge 1967.

Cassels, Lavender, *The Struggle for the Ottoman Empire, 1717—1740*, London 1966.

Cegielski, Tadeusz, *Poglądy na rozbiory Polski*, in: *Kwartalnik Historyczny*, Bd. 83 (1976), S. 636—642.

Chandler, David G., *The Art of War on Land*, in: *The New Cambridge Modern History of Europe*, Bd. 6, Cambridge 1970, S. 741—762.

Cieński, Andrzej, *Pamiętnikarstwo polskie XVIII wieku*, Wrocław usw. 1981.

Cieślak, Edmund, *Konflikty polityczne i społeczne w Gdańsku w połowie XVIII w. Sojusz pospólstwa z dworem królewskim*, Wrocław u. a. 1972.

Czapliński, Władysław, *Dwa sejmy w roku 1652. Studium z dziejów rozkładu Rzeczypospolitej szlacheckiej w XVII wieku*, Wrocław 1955.

Czapliński, Władysław, *Licht- und Schattenseiten der polnischen Adelsrepublik*, in: Österreichische Osthefte, Bd. 13 (1971), H. 2, S. 113—130.

Czapliński, Władysław, *Polish Seym in the Light of Recent Research*, in: *Acta Poloniae Historica*, Bd. 22 (1970), S. 180—192.

Czapliński, Władysław, *Rola sejmów XVII wieku w kształtowanie się kultury politycznej w Polsce*, in: Józef Andrzej Gierowski (Hrsg.), *Dzieje kultury politycznej w Polsce*, Warszawa 1977, S. 42—50.

Czapliński, Władysław, *Rządy oligarchii w Polsce nowożytnej*, in: *Przegląd Historyczny*, Bd. 52 (1961), S. 445—463.

Czapliński, Władysław, *Sejm Rzeczypospolitej epoki oligarchii*, in: *Czasopismo prawnohistoryczne*, Bd. 19 (1967), Nr. 2, S. 171—180.

Czapliński, Władysław, *Z problematyki sejmu polskiego w pierwszej połowie XVII wieku*, in: *Kwartalnik Historyczny*, Bd. 77 (1970), S. 31—45.

Czapliński, Władysław/Stanisław Płaza, *Polskie państwo szlacheckie*, in: *Kwartalnik Historyczny*, Bd. 77 (1970), S. 906—919.

Danielson, J. R., *Die nordische Frage 1746—1751*, Helsingfors 1888.

Delbrück, Hans, *Geschichte der Kriegskunst im Rahmen der politischen Geschichte*, Teil 4: Neuzeit, Neudruck der Ausg. von 1920, Berlin 1962.

Dembski, Krzysztof, *Wojska nadworne magnatów polskich w XVI i XVII wieku*, in: Zeszyty naukowe uniwersytetu im. Mickiewicza w Poznaniu, Nr. 3, Historia, zesz. 1, S. 49—96.

Dickson P. G. M./Sperling, John, *War Finance, 1689—1714*, in: *The Cambridge Modern History of Europe*, Bd. 6, Cambridge 1970, S. 284—319.

Dzieje kultury politycznej w Polsce, hrsg. von Józef Andrzej Gierowski (= Prace XI powszechnego zjazdu historyków polskich, Bd. 3), Warszawa 1977.

Dzieje Polski, hrsg. von Jerzy Topolski, 2. Aufl., Warszawa 1978.

Die erste polnische Teilung, hrsg. von Friedhelm B. Kaiser und Bernhard Stasiewski (= Studien zur Geschichte des Deutschtums im Osten, Bd. 11), Köln-Wien 1974.

Faber, J. A., *The Decline of the Baltic Grain-Trade in the Second Half of the Seventeenth Century*, in: *Acta Historiae Neerlandica*, Bd. 1, Leiden 1966, S. 108—131.

Fabre, Jean, *Stanislas-Auguste Poniatowski et l'Europe des lumières*, Paris 1952.

Feldman, Józef, *Stanisław Leszczyński*, 2. Aufl., Warszawa 1959.

Feldman, Józef, *Polska w dobie wielkiej wojny północnej 1704—1709*, Kraków 1925.

Feoktistov, E. M., *Otnošenija Rossii k Prussii v carstvovanie Elizavety Petrovny*, in: *Russkij Vestnik*, Bd. 159 (1882), S. 150—216 u. 160 (1882), S. 331—376, 574—663.

Frančić, Mirosław, *Powstanie chłopskie w starostwie libuskim i sąsiednich królewszczyznach w połowie XVIII wieku*, in: *Kwartalnik Historyczny*, Bd. 61 (1954), S. 130—164.

Furtak, Tadeusz, *Kilka zagadnień z demografii historycznej szlachty polskiej*, in: *Rocznik Dziejów Społecznych i Gospodarczych*, Bd. 6 (1937), S. 31—58.

Gawroński, Franciszek Rawita, *Historya ruchów hajdamackich (w. XVIII)*, 2 Bde, Brody 1913.

Die Geheimnisse des sächsischen Cabinets Ende 1745—Ende 1756. Archival. Vorstudien für die Geschichte des 7-jährigen Krieges, 2 Bde, Stuttgart 1866.

Gerlach, Jan, *Chłopi w obronie Rzeczypospolitej. Studium o piechocie wybranieckiej*, Lwów 1939.

Gierowski, Józef Andrzej, *August III*, in: *Poczet królów i książąt polskich*, Warszawa 1978, S. 433—443.

Gierowski, Józef Andrzej, *Historia Polski 1505—1864*, Bd. 1—2, Warszawa 1978.

Gierowski, Józef Andrzej, *Między saskim absolutyzmem a złotą wolnością. Z dziejów wewnętrznych Rzeczypospolitej w latach 1712—1715*, Wrocław 1953.

Gierowski, Józef Andrzej, *Polska, Saksonia i plany absolutystyczne Augusta II*, in: Bogusław Leśnodorski (Hrsg.), *Polska w epoce Oświecenia. Państwo-społeczeństwo-kultura*, Warszawa 1971, S. 60—105.

Gierowski, Józef Andrzej, *Pruski projekt zamachu stanu w Polsce w 1715 r.*, in: *Przegląd Historyczny*, Bd. 50 (1959), S. 753—767.

Gierowski, Józef Andrzej, *Sejmik generalny księstwa Mazowieckiego na tle ustroju sejmikowego Mazowsza*, Wrocław 1948.

Gierowski, Józef Andrzej, *Sytuacja międzynarodowa Polski w czasach saskich*, in: *Pamiętnik VIII powszechnego zjazdu historyków polskich w Krakowie*, Bd. 1,1, Warszawa 1958, S. 191—205.

Gierowski, Józef Andrzej, *Traktat przyjaźni Polski z Francją z 1714 r.*, Warszawa 1965.

Gierowski, Józef Andrzej, *U źródeł polskiego Oświecenia*, in: Andrzej Zahorski (Hrsg.), *Wiek XVIII. Polska i świat* (Festschrift B. Leśnodorski), Warszawa 1974, S. 41—50.

Gierowski, Józef Andrzej, *W cieniu Ligi północnej*, Wrocław 1971.

Gierowski, Józef Andrzej, *Władysław Konopczyński jako badacz czasów saskich*, in: *Studia Historyczne*, Bd. 22 (1979), H. 1, S. 71—74.

Gierszewski, Stanisław, *Les modifications subies par le transport fluvial de marchandises en Pologne aux XVIe—XVIIIe siècles en tant que facteur des transformations économiques*, in: *Studia Historiae Oeconomicae*, Bd. 13 (1978), S. 127—138.

Goldberg, Jakób, *Stosunki agrarne w miastach ziemi wieluńskiej w drugiej połowie XVII i w XVIII w.*, Łódź 1960.

Górski, Konstanty, *Historia artyleryi polskiej*, Warszawa 1902.

Górski, Konstanty, *Historia jazdy polskiej*, Kraków 1894.

Górski, Konstanty, *Historia piechoty polskiej*, Kraków 1893.

Grabski, Andrzej Feliks, *Orientacje polskiej myśli historycznej*, Warszawa 1972.

Grabski, Władysław M., *Kilka uwag o początkach szkoły rycerskiej Stanisława Augusta Poniatowskiego*, in: *Zeszyty naukowe uniwersytetu Łódzkiego*, seria 1, *nauki humanistyczno-społeczne*, zesz. 40 (1965), S. 93—114.

Grodziski, Stanisław, *Ludzie luźni. Studium z historii państwa i prawa polskiego*, Kraków 1961.

Grzybowski, Konstanty, *Teoria reprezentacji w Polsce epoki Odrodzenia*, Warszawa 1959.

Guldon, Zenon, *Związki handlowe dóbr magnackich na prawobrzeżnej Ukrainie z Gdańskiem w XVIII wieku*, Toruń 1966.

Haliczowa, Anna, *Próba utworzenia przez Augusta II korpusu kadetów dla Polaków*, in: *Zeszyty naukowe uniwersytetu Łódzkiego*, seria 1, *nauki humanistyczno-społeczne*, zesz. 40 (1965), S. 87—91.

Handbuch der deutschen Militärgeschichte, 1648—1939, Bd. 1, Frankfurt am Main 1965.

Handbuch der deutschen Wirtschafts- und Sozialgeschichte, hrsg. von Hermann Kellenbenz, Bd. 1, Stuttgart 1971.

Handbuch der Geschichte Rußlands, hrsg. von Manfred Hellmann, Gottfried Schramm und Klaus Zernack, Bd. 2: *Vom Randstaat zur Hegemonialmacht*, Lfg. 1 ff., Stuttgart 1981 ff.

Hausmann, Kurt Georg, *Die politischen Begriffe und Wertungen in der polnischen Aufklärung. Zum Selbstverständnis der Polen in ihrer Reformpublizistik am Ende der Adelsrepublik (zweite Hälfte 18. Jahrhundert)* [Typoskript], Phil. Diss., Göttingen 1957.

Herbst, Stanisław, *L'armée polonaise et l'art militaire au XVIII siècle*, in: *Acta Poloniae Historica*, Bd. 3 (1960), S. 33—48.

Hermann, Carl Hans, *Deutsche Militärgeschichte*, Frankfurt am Main 1966.

Hermann, Ernst, *Andeutungen über die russische Politik des Reichsgrafen Heinrich v. Brühl*, in: *Archiv für die sächsische Geschichte*, N.F., Bd. 2 (1876), S. 1—60.

Historia chłopów polskich, hrsg. von Stefan Inglot, Bd. 1, Warszawa 1970.

Historia państwa i prawa Polski, hrsg. von Juliusz Bardach, Bd. 1—2, 4. Aufl., Warszawa 1973.

Historia Polski, hrsg. von Tadeusz Manteuffel u. a., Bd. 1,2: Mitte 15. Jahrhundert bis 1764, Warszawa 1958.

Historia wojskowości, hrsg. von Stanisław Okęcki, Warszawa 1960.

Hoensch, Jörg K., *Sozialverfassung und politische Reform. Polen im vorrevolutionären Zeitalter* (= Beiträge zur Geschichte Osteuropas, Bd. 9), Köln-Wien 1973.

Hoensch, Jörg K., *Der Streit um den polnischen Generalzoll 1764—1766. Zur Rolle Preußens und Rußlands beim Scheitern der Finanzreform Stanisław Augusts*, in: *Jahrbücher für Geschichte Osteuropas*, N.F., 18 (1970), S. 355—388.

Hoffmann, Karol Boromeusz, *Historya reform politycznych w dawnej Polsce*, Leipzig 1867.

Homecki, Adam, *Produkcja i handel zbożowy w latyfundium Lubomirskich w drugiej połowie XVII i pierwszej XVIII wieku*, Wrocław-Warszawa-Kraków 1970.

Horn, David Bayne, *Sir Charles Hanbury Williams and European Diplomacy, 1747—1758*, London u. a. 1930.

Horrowitz, Sidney, *Albert Vandal and Franco-Russian Relations, 1740—1746*, in: *Journal of Central European Affairs*, Bd. 14 (1954), S. 123—142.

Horrowitz, Sidney, *Franco-Russian Relations, 1740—1746*, Phil. Diss., New York 1951.

Hoszowski, Stanisław, *Dynamika rozwoju zaludnienia Polski w epoce feudalnej (X—XVIII w.)*, in: *Rocznik Dziejów Społecznych i Gospodarczych*, Bd. 13 (1951), S. 137—193.

Hoszowski, Stanisław, *Handel Gdańska w okresie XV—XVIII wieku*, in: *Zeszyty naukowe Wyższej Szkoły Ekonomicznej w Krakowie*, Bd. 11 (1960), S. 3—67.

Hoszowski, Stanisław, *The Polish Baltic Trade in the 15th—18th Centuries*, in: *Poland at the XIth International Congress of Historical Sciences in Stockholm*, Warszawa 1960, S. 117—154.

Hoszowski, Stanisław, *Usefulness of the History of Prices in Economy Research of the Late-Feudal Poland*, in: *Studia Historiae Oeconomicae*, Bd. 5 (1970), S. 3—18.

Hubatsch, Walther, *Das Zeitalter des Absolutismus 1600—1789*, Braunschweig 1965.

Hübner, Carl, *Zur Geschichte der kursächsischen Politik beim Ausbruch des österreichischen Erbfolgestreites*, Phil. Diss., Leipzig 1892.

Hyczko, Gustawa, *Straty i zniszczenia wojenne we wsiach lubelskich oraz ich skutki w latach trzeciej wojny północnej (1700—1721)*, in: Rocznik Dziejów Społecznych i Gospodarczych, Bd. 28 (1968), S. 33—54.

Jany, Curt, *Geschichte der königlich-preußischen Armee bis zum Jahre 1807*, Bd. 1—2, Berlin 1928—1929.

Jedlicki, Jerzy, *Klejnot a bariery społeczne. Przeobrażenia szlachectwa polskiego w schylkowym okresie feudalizmu*, Warszawa 1968.

Ihnatowicz, Ireniusz/Antoni Mączak/Benedykt Zientara, *Społeczeństwo polskie od X do XIX wieku*, Warszawa 1979.

Istorija diplomatii, Bd. 1—2, 2. Aufl., Moskva 1959.

Kaczmarczyk, Zdzisław, *Oligarchia magnacka w Polsce jako forma państwa*, in: Pamiętnik VIII powszechnego zjazdu historyków polskich w Krakowie, Bd. 1,1, Warszawa 1958, S. 59—74.

Kamiński, Andrzej, *Konfederacja sandomierska wobec Rosji po traktacie altransztadzkim 1706—1709*, Wrocław 1969.

Kantecki, Klemens, *Stanisław Poniatowski, kasztelan krakowski, ojciec Stanisława Augusta*, Bd. 1—2, Poznań 1880.

Kaplan, Herbert H., *The First Partition of Poland*, New York-London 1962.

Karge, Paul, *Die russisch-österreichische Allianz von 1746 und ihre Vorgeschichte*, Göttingen 1887.

Karwin, Józef u. a., *Z dziejów wychowania wojskowego w Polsce od początku państwa polskiego do roku 1939*, Warszawa 1965.

Katz-Suchy, Juliusz, *Zarys historii dyplomacji*, Warszawa 1966.

Klueting, Harm/Edeltraud Klueting, *Heinrich Graf Ostermann*, Bochum 1976.

Koehl, Robert L., *Heinrich Brühl. A Saxon Politician of the 18th Century*, in: Journal of Central European Affairs, Bd. 14 (1954), S. 311—328.

Konopczyński, Władysław, *Dzieje Polski nowożytnej*, Bd. 2, Warszawa 1936.

Konopczyński, Władysław, *Od Sobieskiego do Kościuszki*, Kraków 1921.

Konopczyński, Władysław, *Feldmarszałek Flemming*, in: Roczniki Historyczne, Bd. 18 (1949), S. 136—180.

Konopczyński, Władysław, *Fryderyk Wielki a Polska*, Poznań 1947.

Konopczyński, Władysław, *Le liberum veto. Etude sur le développement du principe majoritaire*, Paris 1930.

Konopczyński, Władysław, *Materiały do dziejów polityki »familii«*, in: Kwartalnik Historyczny, Bd. 25 (1911), S. 245—254 u. 455—472.

Konopczyński, Władysław, *Mrok i świt. Studia historyczne*, Warszawa 1911.

Konopczyński, Władysław, *Polscy pisarze polityczni XVIII wieku*, hrsg. von Emanuel Rostworowski, Warszawa 1966.

Konopczyński, Władysław, *Polska a Szwecja od pokoju oliwskiego do upadku Rzeczypospolitej. 1660—1795*, Warszawa 1924.

Konopczyński, Władysław, *Polska a Turcja 1683—1792*, Warszawa 1936.

Konopczyński, Władysław, *Polska w dobie wojny siedmioletniej*, Bd. 1—2, Warszawa 1909—1911.

Konopczyński, Władysław, *Sejm grodzieński 1752 roku*, in: Kwartalnik Historyczny, Bd. 21 (1907), S. 59—104 u. 321—378.

Konopczyński, Władysław, *Stanisław Dunin Karwicki (1640—1724)*, in: *Przegląd Historyczny*, Bd. 37 (1948), S. 261—275.

Konopczyński, Władysław, *Stanisław Konarski*, Warszawa 1926.

Korzon, Tadeusz, *Dzieje wojen i wojskowości w Polsce*, Bd. 3, 2. Aufl. Lwów u. a. 1923.

Korzon, Tadeusz, *Wewnętrzne dzieje Polski za Stanisława Augusta (1764—1794)*, Bde 1—6, 2. Aufl. Kraków u. a. 1897—1898.

Koser, Reinhold, *Geschichte Friedrichs des Großen*, Bde 1—4, 7. Aufl., Berlin 1921—1925, Neudruck 1963.

Koser, Reinhold, *Preußen und Rußland im Jahrzehnt vor dem Siebenjährigen Krieg*, in: *Preußische Jahrbücher*, Bd. 47 (1881), S. 285—306.

Kossmann, Oskar, *Die Deutschen in Polen seit der Reformation. Historisch-geographische Skizzen. Siedlung — Sozialstruktur — Wirtschaft*, Marburg/Lahn 1978.

Kot, Stanisław, *Rzeczpospolita polska w literaturze politycznej zachodu*, Kraków 1919.

Kowecki, Jerzy, *Pospolite ruszenie w insurekcji 1794 r.*, Warszawa 1963.

Kowecki, Jerzy, *Les transformations de la structure sociale en Pologne au XVIIIe s.*, in: *Acta Poloniae Historica*, Bd. 26 (1972), S. 5—30.

Krawczak, Hieronim, *Sprawa aukcji wojska na sejmach za panowania Augusta III*, in: *Studia i materiały do historii wojskowości*, Bd. 7 (1961), T. 2, S. 3—44.

Królikowski, Bohdan, *Marcina Matuszewicza o czasach saskich świadectwo*, in: *Kwartalnik Historyczny*, Bd. 75 (1968), S. 385—396.

Kuchowicz, Zbigniew, *Jeszcze o zdrowie i niezdrowie magnatów XVII i XVIII w.*, in: *Kwartalnik Historyczny*, Bd. 77 (1970), S. 394—403.

Kuchowicz, Zbigniew, *Społeczne konsekwencje postępującej degeneracji możnowładztwa polskiego w XVII i XVIII w.*, in: *Kwartalnik Historyczny*, Bd. 76 (1969), S. 21—43.

Kuchowicz, Zbigniew, *Z badań nad stanem biologicznym społeczeństwa polskiego od schylku XVI do końca XVIII wieku*, Łódź 1972.

Kukiel, Marian, *Polskość i niemczyzna w cudzoziemskim autoramencie. Polskie regulaminy wojskowe z początku XVIII wieku*, in: *Przegląd Współczesny*, Bd. 10 (1931), Nr. 106, S. 203—226.

Kukiel, Marian, *Zarys historii wojskowości w Polsce*, 3. Aufl., Kraków 1929.

Kuklińska, Krystyna, *Les rôles joués par les marchés interiéurs et extérieurs dans le developpement du commerce polonais au XVIIIe siècle*, in: *Studia Historiae Oeconomicae*, Bd. 11 (1976), S. 87—100.

Kula, Witold, *L'histoire économique de la Pologne du XVIIIe siècle*, in: *Acta Poloniae Historica*, Bd. 6 (1961), S. 133—146.

Kula, Witold, *Kształtowanie się kapitalizmu w Polsce*, Warszawa 1955.

Kula, Witold, *Początki układu kapitalistycznego w Polsce XVIII wieku*, in: *Przegląd Historyczny*, Bd. 42 (1951), S. 36—81.

Kula, Witold, *Sur les transformations économiques de la Pologne au dix-huitième siècle*, in: *Annales. Histoire de la Révolution Française*, Bd. 36 (1964), H. 3, S. 261—277.

Kula, Witold, *Szkice o manufakturach w Polsce XVIII wieku. Badania nad dziejami przemysłu i klasy robotniczej w Polsce*, Bd. 1—2, Warszawa 1956.

Kula, Witold, *Teoria ekonomiczna ustroju feudalnego*, Warszawa 1962; engl.: *An Economic Theory of Feudal System*, London 1976.

Kutrzeba, Stanisław, *Grundriß der polnischen Verfassungsgeschichte*, Berlin 1912.

Kutrzeba, Stanisław, *Historia ustroju Polski w zarysie. Korona*, 8. Aufl., Warszawa 1949.

Kutrzeba, Stanisław, *Skład sejmu polskiego*, in: *Przegląd Historyczny*, Bd. 2 (1906), S. 43—76, 179—202, 309—341.

Łaszewski, Ryszard, *Sejm polski w latach 1764—1793*, Toruń 1973.

Lech, Marian J., *Autorament cudzoziemski wojsk Wielkiego Księstwa Litewskiego w epoce saskiej*, in: *Studia i materiały do historii wojskowości*, Bd. 7 (1961), T. 1, S. 91—112.

Lech, Marian J., *Jazda autoramentu polskiego wojsk Wielkiego Księstwa Litewskiego w dobie saskiej*, in: *Studia i materiały do historii wojskowości*, Bd. 7 (1961), T. 2, S. 45—93.

Lech, Marian J., *Milicje Radziwiłłów jako oręż feodałów w walce z ruchami chłopskimi na Białorusi i Litwie*, in: *Rocznik Białostocki*, Bd. 3 (1962), S. 33—60.

Lech, Marian J., *Powstanie chłopów białoruskich w starostwie krzyczewskim (1740 r.)*, in: *Przegląd Historyczny*, Bd. 51 (1960), S. 314—330.

Lech, Marian J., *Regimenty gwardii w Warszawie 1717—1764*, in: *Rocznik Warszawski*, Bd. 3 (1962), S. 108—123.

Lech, Marian J., *Skład narodowy i społeczny wojsk Rzeczypospolitej 1717—1762*, in: *Zeszyty historyczne uniwersytetu Warszawskiego*, Bd. 3 (1963), S. 102—122.

Lech, Marian J., *Wojsko Wielkiego Księstwa Litewskiego w dobie saskiej w walce z ruchami chłopskimi na Białorusi*, in: *Rocznik Białostocki*, Bd. 2 (1961), S. 101—142.

Lechicka, Jadwiga, *Cezura 1740 r.*, in: *Pierwsza konferencja metodologiczna historyków polskich*, Bd. 2, Warszawa 1952, S. 139—141.

Leitsch, Walter, *Der Wandel der österreichischen Rußlandpolitik in den Jahren 1724—1726*, in: *Jahrbücher für Geschichte Osteuropas*, N.F., Bd. 6 (1958), S. 33—91.

Lemke, Heinz, *Die Brüder Załuski und ihre Beziehungen zu Gelehrten in Deutschland und Danzig*, Berlin 1958.

Lemke, Heinz, *Zur Geschichte Polens im 18. Jahrhundert*, in: *Jahrbuch für die Geschichte der sozialistischen Länder*, Bd. 13 (1969), S. 185—199.

Łepkowski, Tadeusz, *Polska — narodziny nowoczesnego narodu*, Warszawa 1967.

Lerer, David, *La politique française en Pologne sous Louis XV, 1733—1772*, Toulouse 1929.

Leskiewiczowa, Janina, *Dobra osieckie w okresie gospodarki folwarczno-pańszczyźnianej, XVI—XIX wieku*, Wrocław 1957.

Leskiewiczowa, Janina, *Sur le niveau et les composants du revenu foncier en Pologne du XVIe au XVIIIe siècle*, in: *Première conférence internationale d'histoire économique*, Paris-La Haye 1960, S. 409—414.

Leśnodorski, Bogusław, *Parlamentaryzm w Polsce*, Kraków 1947.

Leśnodorski, Bogusław, *Les partages de la Pologne. Analyse des causes et essai d'une théorie*, in: *Acta Poloniae Historica*, Bd. 8 (1963), S. 7—30.

Leśnodorski, Bogusław, *Rozbiory Polski. Układ elementów działających*, in: Ders., *Historia i współczesność*, Warszawa 1967, S. 101—150.

Leśnodorski, Bogusław, *Le siècle des lumières en Pologne. L'état des recherches dans le domaine de l'histoire politique, des institutions et des idées*, in: *Acta Poloniae Historica*, Bd. 21 (1969), S. 141—175.

Libera, Zdzisław, *Problemy polskiego Oświecenia. Kultura i styl*, Warszawa 1969.

Lodge, Richard, *The First Anglo-Russian Treaty, 1739—1742*, in: *English Historical Review*, Bd. 43 (1928), S. 354—375.

Lodge, Richard, *Russia, Prussia and Great Britain 1742—1744*, in: *English Historical Review*, Bd. 45 (1930), S. 579—611.

Łoziński, Władysław, *Prawem i lewem*, 2 Bde, Lwów 1904.

Łoziński, Władysław, *Życie polskie w dawnych wiekach*, Lwów 1912; deutsch: *Polnisches Leben in vergangenen Zeiten*, München o. J.

Maciszewski, Jarema, *Szlachta polska i jej państwo*, Warszawa 1969.

Mączak, Antoni, *Eksport zbożowy i problemy polskiego bilansu handlowego w XVI— XVII wieku*, in: *Pamiętnik X powszechnego zjazdu historyków polskich*, Bd. 1, Warszawa 1968, S. 174—190; deutsch in: Ingomar Bog (Hrsg.), *Der Außenhandel Ostmitteleuropas 1450—1650*, Köln-Wien 1971, S. 28—46.

Mączak, Antoni, *Zur Grundeigentumsstruktur in Polen im 16.-18. Jahrhundert*, in: *Jahrbuch für Wirtschaftsgeschichte*, Jg. 1967, Nr. IV, S. 111—161.

Mączak, Antoni, *Między Gdańskiem a Sundem*, Warszawa 1972.

Mączak, Antoni, *Polska, Europa i metody porównawcze*, in: *Przegląd Historyczny*, Bd. 65 (1974), S. 551—556.

Mączak, Antoni, *U źródeł nowoczesnej gospodarki europejskiej*, Warszawa 1967.

Madurowicz-Urbańska, Helena, *Forschungen über die landwirtschaftlichen Regionen Polens im Zeitraum vom 16. bis zum 19. Jahrhundert*, in: *Studia Historiae Oeconomicae*, Bd. 7 (1972), S. 91—98.

Mahrer, Eva, *Die englisch-russischen Beziehungen während des österreichischen Erbfolgekrieges*, Phil. Diss., Wien 1972.

Małowist, Marian, *Polens wirtschaftliche Entwicklung vom 15. bis ins 17. Jahrhundert*, in: *Jahrbuch für die Geschichte der UdSSR und der volksdemokratischen Länder Europas*, Bd. 7 (1963), S. 201—215.

Małowist, Marian, *Polska a przewrót cen w Europie w XVI i XVII w.*, in: *Kwartalnik Historyczny*, Bd. 68 (1961), S. 315—319.

Mediger, Walter, *Moskaus Weg nach Europa. Der Aufstieg Rußlands zum europäischen Machtstaat im Zeitalter Friedrichs des Großen*, Braunschweig 1952.

Mediger, Walter, *Rußland und die Ostsee im 18. Jahrhundert*, in: *Jahrbücher für Geschichte Osteuropas*, N.F., Bd. 16 (1968), S. 85—103.

Metcalf, Michael F., *Russia, England and Swedish Party Politics, 1762—1766. The Interplay between Great Power Diplomacy and Domestic Politics during Sweden's Age of Liberty*, Stockholm-Totowa 1977.

Michalski, Jerzy, *Les diétines polonaises au XVIIIe siècle*, in: *Acta Poloniae Historica*, Bd. 12 (1965), S. 87—107.

Michalski, Jerzy, *Historiografia polska wobec problematyki pierwszego rozbioru*, in: *Przegląd Historyczny*, Bd. 63 (1972), S. 425—436.

Michalski, Jerzy, *Plan Czartoryskich naprawy Rzeczypospolitej*, in: *Kwartalnik Historyczny*, Bd. 63 (1956), H. 4/5, S. 29—43.

Michalski, Jerzy, *Rousseau a sarmacki republikanizm*, Warszawa 1977.

Mielczarski, Stanisław, *Rynek zbożowy na ziemiach polskich w drugiej połowie XVI i w pierwszej połowie XVII wieku. Próba rejonizacji*, Gdańsk 1962.

Mieleszko, *Handel i stosunki handlowe Białorusi Wschodniej z miastami nadbałtyckimi w końcu XVII i w XVIII w.*, in: *Zapiski Historyczne*, Bd. 33 (1968), S. 675—712.

Mik, Kazimierz, *Ruch naturalny i rozwój zaludnienia Krakowa w drugiej połowie XVIII w.*, in: *Przeszłość demograficzna Polski. Materiały i studia*, Bd. 2, Warszawa 1968, S. 119—137.

Morawski, Kazimierz Maryan, *Le »secret du Roi« en Pologne*, in: *La Pologne au VIIe congrès international des sciences histoirques à Varsovie*, Bd. 1, Warszawa 1933, S. 315—321.

Müller, Michael G., *Rußland und der Siebenjährige Krieg*, in: *Jahrbücher für Geschichte Osteuropas*, N.F., Bd. 28 (1980), S. 198—219.

Narodziny i rozwój nowoczesnej kultury polskiej, hrsg. von Jerzy Wojtowicz und Jerzy Serczyk, Wrocław u. a. 1976.

Nekrasov, Georgij Aleksandrovič, *Rol' Rossii v evropejskoj meždunarodnoj politike 1725—1739 gg.*, Moskva 1976.

Nekrasov, Georgij Aleksandrovič, *Russko-švedskie otnošenija i politika velikich deržav v 1721—1726 gg.*, Moskva 1964.

Nieć, Julian, *Młodość ostatniego elekta, St. A. Poniatowskiego. 1732—1764*, Kraków 1935.

Nowak, Andrzej, *Początki kryzysu sił wytwórczych na wsi wielkopolskiej w końcu XVI i pierwszej połowie XVII w.*, Poznań 1975.

Nowak, Tadeusz, *Polska technika wojenna XVI—XVIII wieku*, Warszawa 1970.

Nowak-Dłużewski, Juliusz, *Stanisław Konarski*, Warszawa 1951.

Nycz, Michal, *Geneza reform skarbowych Sejmu Niemego. Studium z dziejów skarbowo-wojskowych z lat 1697—1717*, Poznań 1938.

O naprawę Rzeczypospolitej XVII—XVIII w. (Festschrift Władysław Czapliński), Warszawa 1965.

Očerki istorii SSSR. Rossija vo vtoroj četverti XVIII veka, Moskva 1956.

Ochmański, Władysław, *Wiedza rolnicza w Polsce od XVI do połowy XVIII wieku*, Wrocław 1965.

Olszewski, Henryk, *Doktryny prawno-ustrojowe czasów saskich. 1697—1740*, Warszawa 1961.

Olszewski, Henryk, *Praktyka limitowania sejmików*, in: *Czasopismo Prawno-Historyczne*, Bd. 13 (1961), S. 33—55.

Olszewski, Henryk, *Sejm Rzeczypospolitej epoki oligarchii 1652—1763*, Poznań 1966.

Pawinski, Adolf, *Rządy sejmikowe w Polsce na tle stosunków województw kujawskich* (= Dzieje ziemi kujawskiej oraz akta historyczne do nich służące, Bd. 1), Warszawa 1888.

Petroff, Bobi, *Die Politik Friedrich Augusts II. von Sachsen, Königs von Polen, während des Türkenkrieges 1736—1739*, Phil. Diss., Leipzig 1902.

Piotrowski, Stanislaw, *Uchwały podatkowe sejmiku generalnego wiszeńskiego 1572—1772*, Lwów 1932.

Pochilevič, D. L., *W sprawie kryzysu i upadku gospodarki obszarniczej Rzeczypospolitej w II poł. XVII i I poł. XVIII w.*, in: *Kwartalnik Historyczny*, Bd. 65 (1958), S. 742—763.

Półćwiartek, Józef, *Położenie ludności wiejskiej starostwa leżajskiego w XVI—XVIII wieku*, Warszawa-Kraków 1972.

Polen und die polnische Frage in der Geschichte der Hohenzollernmonarchie (= Jahrbuch für die Geschichte Mittel- und Ostdeutschlands, Bd. 30), Berlin 1981.

Polska XVII wieku. Państwo, społeczeństwo, kultura, hrsg. von Janusz Tazbir, Warszawa 1969.

Polska służba dyplomatyczna XVI—XVIII wieku, hrsg. von Zbigniew Wójcik, Warszawa 1966.

Polska w epoce Oświecenia. Państwo, społeczeństwo, kultura, hrsg. von Bogusław Leśnodorski, Warszawa 1971.

Polska w okresie drugiej wojny północnej 1655—1660, 3 Bde, hrsg. von Kazimierz Lepszy, Warszawa 1957.

Polski Słownik Biograficzny, Bd. 1 ff., Kraków-Wrocław 1935 ff.

Posthumus, N. W., *Inquiry into the History of Prices in Holland*, Bd. 1, Leiden 1946.

Puttkamer, Ellinor v., *Frankreich, Rußland und der polnische Thron 1733. Ein Beitrag zur Geschichte der französischen Ostpolitik*, Königsberg 1937.

Ratajczyk, Leonard, *Przyczynek do sprawy werbunku i poboru rekrutów na ziemiach polskich w XVIII wieku*, in: *Studia i materiały do historii wojskowości*, Bd. 15 (1969), T. 1, S. 61—72.

Ratajczyk, Leonard, *Wojsko i obronność Rzeczypospolitej 1788—1792*, Warszawa 1975.

Reformen im Bereich des politischen Lebens, der Verfassung und der Bildung in Polen und Deutschland im Zeitalter der Aufklärung (= Schriftenreihe des Georg-Eckert-Instituts für internationale Schulbuchforschung, Bd. 22/4), Braunschweig 1981.

Reinhold, Josef, *Polen-Litauen auf den Leipziger Messen des 18. Jahrhunderts*, Weimar 1971.

Rhode, Gotthold, *Staaten-Union und Adelsstaat. Zur Entwicklung von Staatsdenken und Staatsgestaltung in Osteuropa, vor allem in Polen/Litauen, im 16. Jahrhundert*, in: *Zeitschrift für Ostforschung*, Bd. 9 (1960), S. 185—215.

Roepell, Richard, *Polen um die Mitte des 18. Jahrhunderts*, Gotha 1876.

Roos, Hans, *Der Adel der Polnischen Republik im vorrevolutionären Europa*, in: *Der Adel vor der Revolution*, Göttingen 1971, S. 41—76.

Roos, Hans, *Der Fall der polnischen Nation und die Idee der Demokratie*, [Typoskript], Habil. Schr., Tübingen 1961.

Roos, Hans, *Ständewesen und parlamentarische Verfassung in Polen (1505—1772)*, in: Dietrich Gerhard (Hrsg.), *Ständische Vertretungen in Europa im 17. und 18. Jahrhundert*, Göttingen 1969, S. 310—367.

Rostworowski, Emanuel, *Francja Ludwika XV a Polska. Polityka, język, kultura*, in: *Pamiętnik X powszechnego zjazdu historyków polskich w Lublinie*, Bd. 3, Warszawa 1971, S. 503—523.

Rostworowski, Emanuel, *Historia powszechna. Wiek XVIII*, Warszawa 1977.

Rostworowski, Emanuel, *H. Kołłątaj wobec zagadnienia obywatelskiej siły zbrojnej 1784—1793*, in: *Przegląd Historyczny*, Bd. 42 (1951), S. 331—364.

Rostworowski, Emanuel, *Legendy i fakty XVIII wieku*, Warszawa 1963.

Rostworowski, Emanuel, *Na drodze do pierwszego rozbioru. Fryderyk II wobec rozkładu przymierza francuzko-austriackiego w latach 1769—1772*, in: *Roczniki Historyczne*, Bd. 18 (1949), S. 181—202.

Rostworowski, Emanuel, *O polską koronę. Polityka Francji w latach 1725—1733*, Wrocław-Kraków 1958.

Rostworowski, Emanuel, *Ostatni król Rzeczypospolitej. O ustanowieniu i upadku konstytucji 3. Maja*, Warszawa 1966.

Rostworowski, Emanuel, *Podbój Śląska przez Prusy a pierwszy rozbiór Polski*, in: *Przegląd Historyczny*, Bd. 63 (1972), S. 389—412.

Rostworowski, Emanuel, *Polska w układzie sił politycznych Europy XVIII wieku*, in: Bogusław Leśnodorski (Hrsg.), *Polska w epoce Oświecenia*, Warszawa 1971, S. 11—59.

Rostworowski, Emanuel, *Sprawa aukcji wojska na tle sytuacji politycznej przed Sejmem Czteroletnim*, Warszawa 1957.

Rostworowski, Emanuel, *Zdrowie i niezdrowie polskich magnatów XVI—XVIII w.*, in: *Kwartalnik Historyczny*, Bd. 76 (1969), S. 865—887.

Różycka-Głassowa, Maria, *Gospodarka rolna wielkiej własności w Polsce XVIII wieku*, Wrocław 1964.

Rudnicki, Kazimierz, *Biskup Kajetan Sołtyk 1715—1788*, Kraków 1906.

Ruffmann, Karl-Heinz, *Die diplomatische Vertretung Großbritanniens am Zarenhof im 18. Jahrhundert*, in: *Jahrbücher für Geschichte Osteuropas*, N. F., Bd. 2 (1954), S. 405—421.

Rulhière Claude, *Histoire de l'anarchie de la Pologne et du démembrement de cette république*, 4 Bde, Paris 1807.

Rusiński, Władysław, *Drogi rozwojowe folwarku pańszczyźnianego*, in: *Przegląd Historyczny*, Bd. 47 (1956), S. 617—655.

Rusiński, Władysław, *Kilka uwag o istocie ekonomiki feudalnej w XV—XVIII wieku*, in: *Rocznik Dziejów Społecznych i Gospodarczych*, Bd. 27 (1965), S. 9—33.

Rusiński, Władysław, *The Role of Polish Territories in the European Trade in the 17th and 18th Centuries*, in: *Studia Historiae Oeconomicae*, Bd. 3 (1968), S. 115—134.

Rusiński, Władysław, *Rozwój gospodarczy ziem polskich w zarysie*, 3. Aufl., Warszawa 1973.

Rusiński, Władysław, *Strukturwandlungen der bäuerlichen Bevölkerung Polens im 16.— 18. Jahrhundert*, in: *Studia Historiae Oeconomicae*, Bd. 7 (1972), S. 99—119.

Russocki, Stanisław, *Modernisierung oder Reform? Die Einstimmigkeit der Reichstagsbeschlüsse in Polen und ihr Wandel im 18. Jahrhundert*, in: Werner Conze u. a. (Hrsg.), *Modernisierung und nationale Gesellschaft im ausgehenden 18. und im 19. Jahrhundert*, Berlin 1979, S. 28—33.

Russocki, Stanisław, *Nad periodyzacją dziejów Polski*, in: *Przegląd Humanistyczny*, Bd. 24 (1980), S. 1—17.

Russocki, Stanisław, *Le système représentatif de la république nobiliaire de Pologne*, in: Karl Bosl (Hrsg.), *Der moderne Parlamentarismus und seine Grundlagen in der ständischen Repräsentation*, Berlin 1977, S. 279—296.

Rutkowski, Jan, *Historia gospodarcza Polski*, Warszawa 1953.

Rutkowski, Jan, *Le régime agraire en Pologne au XVIIIe siècle*, Paris 1927; auch in: *Revue d'Histoire Économique et Sociale*, Bd. 14/15 (1926/27), S. 473—505.

Rutkowski, Jan, *Studia z dziejów wsi polskiej XVI—XVIII wieku*, Warszawa 1956.

Rutkowski, Jan, *Zagadnienie reformy rolnej w Polsce XVIII wieku na tle reform przeprowadzonych we wsiach miasta Poznania*, Poznań 1925.

Rybarski, Roman, *Skarbowość Polski w dobie rozbiorów*, Kraków 1937.

Schmidt, Otto Eduard, *Minister Graf Brühl und Karl Heinrich von Heinecken. Briefe und Akten, Charakteristiken und Darstellungen zur sächsischen Geschichte (1733— 1763)*, Leipzig-Berlin 1921.

Schmitt, Henryk, *Dzieje Polski XVIII i XIX wieku*, Bd. 1: *Panowanie Fryderyka Augusta III*, Kraków 1866.

Seraphim, Ernst, *Geschichte Liv-, Est- und Kurlands von der Aufsegelung des Landes bis zur Einverleibung in das russische Reich*, Bd. 2, Reval 1896.

Serejski, Marian Henryk, *Europa a rozbiory Polski. Studium historiograficzne*, Warszawa 1970.

Siemieński, Józef, *Organizacja sejmiku ziemi dobrzyńskiej*, Kraków 1906.

Skibiński, Mieczysław, *Europa a Polska w dobie wojny o sukcesyę austryacką w latach 1740—1745*, Bd. 1—2, Kraków 1911—1913.

Smoleński, Władysław, *Przewrót umysłowy w Polsce wieku XVIII. Studia historyczne*, Neudruck der 2. Aufl. von 1923, Warszawa 1979.

Sobczak, Tadeusz, *Zmiany w stanie posiadania dóbr ziemskich w województwie łęczyckim od XV do XVIII wieku,* in: *Rocznik Dziejów Społecznych i Gospodarczych,* Bd. 17 (1956), S. 166—191.

Sobociński, Władysław, *O historii sądownictwa w Polsce magnackiej XVIII w.,* in: *Czasopismo Prawno-Historyczne,* Bd. 13 (1961), S. 139—168.

Sobociński, Władysław, *Pakta konwenta. Studium z historii prawa polskiego,* Kraków 1939.

Socha, Ziemowit Zbigniew, *Hiberna. Studium z dziejów skarbowości w dawnej Polsce,* Lwów 1937.

Solov'ev Sergej Michajlovič, *Istorija Rossii s drevnejših vremen,* Bd. 11 (21/22) u. 12 (23/24), Moskva 1964.

Šreniowski, Stanisław, *Organizacja sejmiku halickiego,* Lwów 1938.

Šreniowski, Stanisław, *W kwestii plonów w ustroju folwarczno-pańszczyźnianym Polski XVI—XVIII wieku,* in: *Rocznik Dziejów Społecznych i Gospodarczych,* Bd. 14 (1952), S. 107—120.

Stańczak, Edward, *Kamera saska za czasów Augusta III,* Warszawa 1973.

Staszewski, Jacek, *Absolutyzm oświecony a Polska XVIII wieku,* in: *Zeszyty naukowe uniwersytetu Łódzkiego. Nauki humanistyczno-społeczne,* seria 1, zesz. 48 (1979), S. 33—48.

Staszewski, Jacek, *Jednomyślność a liberum rumpo,* in: *Acta universitatis Wratislaviensis,* Nr. 477, Historia 31, Wroclaw 1979, S. 81—85.

Staszewski, Jacek, *O miejsce w Europe. Stosunki Polski i Saksonii z Francją na przełomie XVII i XVIII wieku,* Warszawa 1973.

Staszewski, Jacek, *Pomysły reformatorskie czasów Augusta II. Uwagi o dziełach i programach,* in: *Kwartalnik Historyczny,* Bd. 82 (1975), S. 736—764.

Stone, Daniel, *Polish Politics and National Reform 1775—1788,* New York 1976.

Stoye, J. W., *Soldiers and Civilians,* in: *The New Cambridge Modern History of Europe,* Bd. 6, Cambridge 1970, S. 762—790.

Stroynowski, Andrzej, *Sprawa reformy królewszczyzn w kulturze polskiego Oświecenia,* in: *Zeszyty naukowe uniwersytetu Łódzkiego, nauki humanistyczno-społeczne,* seria 1, zesz. 8 (1978), S. 3—17.

Sutton, John L., *The King's Honor and the King's Cardinal. The War of the Polish Succession,* Lexington/Kentucky 1980.

Szczepaniak, Marian, *Karczma, wieś, dwór. Rola propinacji na wsi wielkopolskiej od połowy XVII do schyłku XVIII wieku,* Warszawa 1977.

Szczepański, Bolesław, *Poddaństwo chłopów w dobrach prywatnich powiatu konińskiego w wieku XVIII,* in: *Roczniki Historyczne,* Bd. 36 (1970), S. 127—158.

Szczygielski, Wojciech, *Die ökonomischen Aktivitäten des polnischen Adels im 16.—18. Jahrhundert,* in: *Studia Historiae Oeconomicae,* Bd. 2 (1967), S. 83—101.

Szczygielski, Wojciech, *Produkcja rolnicza gospodarstwa folwarcznego w Wieluńskiem w XVI do XVIII w.,* Łódź 1963.

Szczygielski, Wojciech, *Le rendement de la production agricole en Pologne du XVIe au XVIIIe siècle sur le fond européen,* in: *Kwartalnik Historii Kultury Materialnej,* Bd. 14 (1966), Suppl.: *Ergon,* Bd. 5, S. 795—803.

Szczygielski, Wojciech, *Zmiany w stanie posiadania i w strukturze własnościowej szlachty powiatu wieluńskiego od połowy XVI do końca XVIII w.,* in: *Rocznik Łódzki,* Bd. 1/4 (1958), S. 259—281.

Szujski, Józef, *Dzieje Polski podług ostatnich badań spisane*, 4 Bde (= Dzieła, Seria II, Bd. 1—4), Kraków 1894—1895.

Topolska, Maria Barbara, *Dobra szkłowskie na Białorusi wschodniej w XVII i XVIII wieku*, Warszawa 1969.

Topolska, Maria Barbara, *Peculiarities of the Economic Structure of White Russia in the 16th—18th Centuries*, in: Studia Historiae Oeconomicae, Bd. 6 (1971), S. 37—49.

Topolska, Maria Barbara, *Związki handlowe Białorusi wschodniej z Rygą w końcu XVII i na początku XVIII wieku*, in: Rocznik Dziejów Społecznych i Gospodarczych, Bd. 29 (1968), S. 9—31.

Topolski, Jerzy, *A propos de la conception d'un modèle de l'histoire économique de la Pologne (XVIe—XVIIIe s.)*, in: Studia Historiae Oeconomicae, Bd. 13 (1976), S. 3—18.

Topolski, Jerzy, *Causes of Dualism in the Economic Development of Modern Europe. A Tentative New Theory*, in: Studia Historiae Oeconomicae, Bd. 3 (1968), S. 3—12.

Topolski, Jerzy, *Gospodarka*, in: Bogusław Leśnodorski (Hrsg.), *Polska w epoce Oświecenia*, Warszawa 1971, S. 171—211.

Topolski, Jerzy, *Gospodarka polska w XVIII wieku na tle europejskim*, in: Pamietnik X powszechnego zjazdu historyków polskich w Lublinie, Bd. 3, Warszawa 1971, S. 457—487.

Topolski, Jerzy, *Gospodarstwo wiejskie w dobrach arcybiskupstwa gnieźnieńskiego od połowy XV do XVIII wieku*, Poznań 1958.

Topolski, Jerzy, *Model gospodarczy Wielkopolski w XVIII wieku*, in: Studia i materiały do dziejów Wielkopolski i Pomorzą, Bd. 10 (1972), H. 2, S. 57—71.

Topolski, Jerzy, *Moralizatorstwo czy wyjaśnienie; o głównym motywie polskiej historiografii poświęconej rozbiorom*, in: Przegląd Historyczny, Bd. 63 (1973), S. 615—623.

Topolski, Jerzy, *Narodziny kapitalizmu w Europie XIV—XVII wieku*, Warszawa 1965.

Topolski, Jerzy, *Okres przewagi gospodarki folwarczno-pańszczyźnianej od połowy XVI do końca XVIII wieku*, in: Studia z dziejów gospodarstwa wiejskiego, Bd. 8 (1966), S. 16—19.

Topolski, Jerzy, *Poglądy na rozbiory Polski*, in: Stosunki polsko-niemieckie w historiografii. T. 1: Studia z dziejów historiografii polskiej i niemieckiej, Poznań 1974, S. 410—515.

Topolski, Jerzy, *Problem oczynszowań w Polsce XVIII wieku na tle reformy klucza kamieńskiego w r. 1725*, in: Rocznik Dziejów Społecznych i Gospodarczych, Bd. 15 (1953), S. 57—76.

Topolski, Jerzy, *La réféodalisation dans l'économie des grands domaines en Europe Centrale et Orientale (XVI—XVIII ss.)*, in: Studia Historiae Oeconomicae, Bd. 6 (1971), S. 51—63.

Topolski, Jerzy, *Reflections on the First Partition of Poland*, in: Acta Poloniae Historica, Bd. 27 (1973), S. 89—104.

Topolski, Jerzy, *Wskaźnik rozwoju gospodarczego Polski od X do XX wieku*, in: Kwartalnik Historyczny, Bd. 58 (1967), S. 995—1012.

Tradycje szlacheckie w kulturze polskiej, Warszawa 1976.

Um die polnische Krone. Sachsen und Polen während des Nordischen Krieges 1700—1721, hrsg. von Józef Gierowski und Johannes Kalisch, Berlin 1962.

Vahle, Hermann, *Die polnische Verfassung vom 3. Mai 1791 im zeitgenössischen deutschen Urteil*, in: Jahrbücher für Geschichte Osteuropas, N.F., Bd. 19 (1971), S. 347—370.

Vandal, Albert, *Une Ambassade Française en Orient sous Louis XV 1728—1741*, Paris 1887.

Vandal, Albert, *Louis XV et Elisabeth de Russie. Etude sur les relations de la France et de la Russie au XVIIIe siècle*, 2. Aufl., Paris 1882.

Vielrose, Egon, *Ludność Polski od X do XVIII wieku*, in: *Kwartalnik Historii Kultury Materialnej*, Bd. 5 (1957), S. 3—49.

Vischer, Melchior, *Münnich. Ingenieur, Feldherr, Hochverräter*, Frankfurt am Main 1938.

Waliszewski, Kazimierz, *Potoccy i Czartoryscy. Walka stronnictw i programów politycznych przed upadkiem Rzeczypospolitej 1734—1763*, Bd. 1, Kraków 1887.

War and Society in East Central Europe, Bd. 1, hrsg. von Béla K. Király und Gunther E. Rothenberg, New York 1979.

Wilder, Jan A., *Okiem cudzoziemca. Ze wspomnień cudzoziemców w dawnej Polsce*, Warszawa 1959.

Wilson, Arthur McCandless, *French Foreign Policy during the Administration of Cardinal Fleury, 1726—1743*, Cambridge 1936.

Wimmer, Jan, *L'infantérie dans l'armée polonaise aux XV—XVIIIe siècles*, in: *Histoire militaire de la Pologne. Problèmes choisis*, Warszawa 1970.

Wimmer, Jan, *Wojsko polskie w drugiej połowie XVII wieku*, Warszawa 1965.

Wimmer, Jan, *Wojsko Rzeczypospolitej w dobie wojny północnej (1700—1717)*, Warszawa 1956.

Wimmer, Jan, *Zagadnienie badań nad historią finansowania wojska jako jeden z podstawowych elementów historii wojskowości*, in: *Studia i materiały do historii wojskowości*, Bd. 15 (1969), T. 2, S. 3—18.

Wołoszyński, Ryszard, *Polska w opiniach Francuzów XVIII wieku. Rulhière i jego współczesni*, Warszawa 1964.

Wołoszyński, Ryszard/Andrzej Woltański, *Recherches sur le siècle des Lumières en Pologne de 1961 à 1968*, in: *Acta Poloniae Historica*, Bd. 21 (1969), S. 141—175.

Wyczański, Andrzej, *La base intérieure de l'exportation polonaise des céréales dans la seconde moitié du XVI siècle*, in: Ingomar Bog (Hrsg.), *Der Außenhandel Ostmitteleuropas 1450—1650*, Köln-Wien 1971, S. 260—270.

Wyczański, Andrzej, *Polska — Rzeczą pospolitą szlachecką, 1454—1764*, Warszawa 1965.

Wyczański, Andrzej, *Studia nad folwarkiem szlacheckim w Polsce 1500—1580*, Warszawa 1960.

Wyrobisz, Andrzej, *Zagadnienie upadku rzemiosła i kryzysu gospodarczego miast, wiek XVI czy XVII*, in: *Przegląd Historyczny*, Bd. 58 (1967), S. 132—138.

Zahorski, Andrzej, *Warszawa za Sasów i Stanisława Augusta*, Warszawa 1970.

Zajączkowski, Andrzej, *Główne elementy kultury szlacheckiej w Polsce. Ideologia a struktury społeczne*, Wrocław-Warszawa-Kraków 1961.

Zarys dziejów wojskowości w Polsce, Bd. 2 (1648—1864), Warszawa 1966.

Zarys historii gospodarstwa wiejskiego w Polsce, Bd. 2, Warszawa 1964.

Zarys historii Polski, hrsg. von Janusz Tazbir, Warszawa 1979.

Zernack, Klaus, *Das Jahrtausend deutsch-polnischer Beziehungsgeschichte als geschichtswissenschaftliches Problemfeld und Forschungsaufgabe*, in: Wolfgang H. Fritze/Klaus Zernack (Hrsg.), *Grundfragen der geschichtlichen Beziehungen zwischen Deutschen, Polaben und Polen*, Berlin 1976, S. 3—46.

Zernack, Klaus, *Negative Polenpolitik als Grundlage deutsch-russischer Diplomatie in der Mächtepolitik des 18. Jahrhunderts,* in: Uwe Liszkowski (Hrsg.), *Rußland und Deutschland* (Festschrift Georg v. Rauch), Stuttgart 1974, S. 144—159.

Zernack, Klaus, *Preußen als Problem der osteuropäischen Geschichte,* in: *Studia Historica Slavo-Germanica,* Bd. 6 (1977), S. 31—48.

Zernack, Klaus, *Schwerpunkte und Entwicklungslinien der polnischen Geschichtswissenschaft nach 1945,* in: *Historische Zeitschrift,* Sonderheft 5 (1972), S. 202—323.

Zernack, Klaus, *Stanislaus August Poniatowski. Probleme einer politischen Biographie,* in: *Jahrbücher für Geschichte Osteuropas,* N.F., Bd. 15 (1967), S. 371—392.

Zernack, Klaus, *Das Zeitalter der nordischen Kriege als frühneuzeitliche Geschichtsepoche,* in: *Zeitschrift für Historische Forschung,* Bd. 1 (1974), S. 55—79.

Zernack, Klaus, *Von Stolbovo nach Nystad. Rußland und die Ostsee in der Politik des 17. und 18. Jahrhunderts,* in: *Jahrbücher für Geschichte Osteuropas,* N.F., Bd. 20 (1972), S. 77—100.

Ziekursch, Johannes, *Die polnische Politik der Wettiner im 18. Jahrhundert,* in: *Neues Archiv für sächsische Geschichte und Landeskunde,* Bd. 26 (1905), S. 107—121.

Ziekursch, Johannes, *Sachsen und Preußen um die Mitte des 18. Jahrhunderts. Ein Beitrag zur Geschichte des österreichischen Erbfolgekrieges,* Breslau 1904.

Zielińska, Teresa, *Magnateria polska epoki saskiej. Funkcja urzędów i królewszczyzn w procesie przeobrażeń warstwy społecznej,* Wrocław usw. 1977.

Zielińska, Zofia, *Mechanizm sejmikowy a klientela radziwiłłowska za Sasów,* in: *Przegląd Historyczny,* Bd. 62 (1971), S. 397—419.

Żytkowicz, Leonid, *Następstwa ekonomiczne i społeczne niskich plonów zbóż w Polsce od połowy XV do połowy XVIII wieku,* in: *Rocznik Dziejów Społecznych i Gospodarczych,* Bd. 34 (1973), S. 1—28.

Żytkowicz, Leonid, *Ze studiów nad wysokością niskich plonów w Polsce od XV do XVIII wieku,* in: *Kwartalnik Historii Kultury Materialnej,* Bd. 14 (1966), S. 457—490.

NAMEN- UND SACHREGISTER

EINZELVERÖFFENTLICHUNGEN
DER HISTORISCHEN KOMMISSION ZU BERLIN

Band 18

Grundfragen der geschichtlichen Beziehungen
zwischen Deutschen, Polaben und Polen

Referate und Diskussionsbeiträge aus zwei wissenschaftlichen Tagungen
Herausgegeben von Wolfgang H. Fritze und Klaus Zernack
1976. Großoktav, X, 154 Seiten, Leinen
(Publikationen zur Geschichte der deutsch-polnischen Beziehungen, Band 1)

Band 24

Wolfgang Wippermann

Der Ordensstaat als Ideologie

Das Bild des Deutschen Ordens
in der deutschen Geschichtsschreibung und Publizistik
Mit einem Geleitwort von Klaus Zernack
1979. Großoktav, XIV, 456 Seiten, Leinen
(Publikationen zur Geschichte der deutsch-polnischen Beziehungen, Band 2)

Band 33

Polen und die polnische Frage
in der Geschichte der Hohenzollernmonarchie
1701—1871

Referate einer deutsch-polnischen Historiker-Tagung
vom 7. bis 10. November 1979 in Berlin-Nikolassee
Herausgegeben von Klaus Zernack
Mit einem Geleitwort von Otto Büsch
1982. Großoktav, VIII, 176 Seiten, Leinen

Band 37

Preußen · Deutschland · Polen
im Urteil polnischer Historiker

Eine Anthologie, Band 1: Millennium germano-polonicum
Herausgegeben von Lothar Dralle
Mit einem Vorwort von Klaus Zernack
1983. Großoktav, VIII, 193 Seiten, Broschur
(Publikationen zur Geschichte der deutsch-polnischen Beziehungen, Band 4)

COLLOQUIUM VERLAG · BERLIN

Jahrbuch für die Geschichte Mittel- und Ostdeutschlands

Im Auftrage der Historischen Kommission herausgegeben
von OTTO BÜSCH
in Verbindung mit den Sektionsleitern der Historischen Kommission zu Berlin
GERD HEINRICH, STEFI JERSCH-WENZEL, ILJA MIECK,
WOLFGANG RIBBE, HENRYK SKRZYPCZAK, WILHELM TREUE,
KLAUS ZERNACK

Redaktion: Sabine Nielsen

Das Gebiet der historischen Landeskunde Mittel- und Ostdeutschlands ist ein Forschungsbereich, dem das Interesse der Geschichtswissenschaft auf vielfältige Weise zugewandt bleibt. Unter den verschiedenen Publikationsmitteln, die in abgestufter und quantitativ unterschiedlich umfangreicher Weise die wissenschaftlichen Ergebnisse dieses Zweigs der Historik einer gelehrten oder interessierten Öffentlichkeit zugänglich machen, nimmt das *Jahrbuch* mit seiner Untergliederung in Aufsatzteil, Rezensionen und Zeitschriftenumschau einen hervorragenden Platz als Forschungs- und Informationsorgan ein. Außer Aufsätzen und Miscellen, die die gesamte Vergangenheit der thematisch abgegrenzten Region umfassen, bietet das *Jahrbuch* neben rund 150 Einzelbesprechungen je Band eine ergänzende Bibliographie zum Berichtszeitraum, die auch populärwissenschaftliche Veröffentlichungen und Dokumentationen berücksichtigt. In der Zeitschriftenumschau werden jährlich etwa 500 deutschsprachige und eine Fülle von polnischen, sowjetischen, tschechoslowakischen, englischsprachigen und anderen Zeitschriften ausgewertet. Mit diesem weitgespannten Angebot hat sich das *Jahrbuch* in der Öffentlichkeit eine Anerkennung erworben, die nicht zuletzt darauf zurückzuführen sein dürfte, daß für die Geschichte des mittel- und ostdeutschen Gesamtgebiets derzeit kein deutsches Periodikum von auch nur annähernd vergleichbarer Informationsdichte existiert.

Die Bände 1—10 sind im Verlag Max Niemeyer, Tübingen, erschienen, die Bände 11—20 im Verlag Walter de Gruyter & Co., Berlin-New York.

Band 21. Großoktav, VII, 701 Seiten. 1972. Leinen
Band 22. Großoktav, VII, 584 Seiten. 1973. Leinen
Band 23. Großoktav, VII, 536 Seiten. 1974. Leinen
Band 24. Großoktav, VI, 486 Seiten. 1975. Leinen
Band 25. Großoktav, VII, 490 Seiten. 1976. Leinen
Band 26. Großoktav, VII, 493 Seiten. 1977. Leinen
Band 27. Großoktav, VII, 647 Seiten. 1978. Leinen
Band 28. Großoktav, VII, 602 Seiten. 1979. Leinen
Band 29. Großoktav, VII, 482 Seiten. 1980. Leinen
Band 30. Großoktav, VII, 502 Seiten. 1981. Leinen
Band 31. Großoktav, XIV, 539 Seiten. 1982. Leinen

COLLOQUIUM VERLAG · BERLIN